U0530248

弗吉尼亚·伍尔夫传
作家的一生

[英]林德尔·戈登——著 谢雅卿——译

上海文艺出版社

献给 Siamon

目录

前言 1

维多利亚时代的典范

第一章　生命之根基 7

第二章　最可爱的人 28

第三章　家庭肖像 42

学徒时期

第四章　黑暗的二十年 61

第五章　疯病的问题 72

第六章　一个女人的教育 96

第七章　启航 128

谱写生命

第八章 自由与友谊	161
第九章 爱的试炼	188
第十章 反历史	239
第十一章 创造艺术家	265
第十二章 生命的样本	315
第十三章 生命历程	359
第十四章 公众之声	378

缩略表	437
注释	441
致谢	487
参考文献	489
索引	497
译后记	515

前言

这是关于一位作家如何战胜家庭悲剧和疾病的故事，写这个故事，是为了反驳强加在女性生命中的厄运和死亡情节——仿佛拥有天赋的女人是要遭天谴的。这样的传说持续至今，我们只需想想电影《时时刻刻》里的弗吉尼亚·伍尔夫那在劫难逃的形象（形成对照的是她外出购物的姐姐那种人们认为的"正常状态"——一位提着大包小包的盲目的消费者，这并不是画家凡妮莎·贝尔在真实生活中的样子）。多丽丝·莱辛几乎独自站在抗议者的阵营：她说，扮演那位作家的女明星"永远皱着眉头，以表明她有多少深刻难懂的想法。老天爷！那个女人在不生病的时候是多么享受她的生活；她喜欢聚会，喜欢她的朋友们，喜欢野餐、远足和短途旅行。我们真是热爱女受害者的形象啊；唉，我们真是爱这样的形象"。

早在1984年，《作家的一生》就提出了相似的观点，因为以下才是弗吉尼亚·伍尔夫对自己的认知：一个强健的步行者，一个"不知疲倦的探索者"，一个反对强权的抗议者——是的，她身上带着刺,但她也有感受友谊和爱情的非凡天赋。她的日记表明,在大部分时间里她比百分之九十的人都要快乐。只有对"传说"和老套的人生情节提出质疑,传记写作才能进步。《作家的一生》并未效仿任何形式的常规叙事,相反,我想要的是这样一种叙事,它在真实性所能允许的范围内尽可能详尽地追踪记忆和想象持续一生的流动,这样,我们才能看到弗吉尼亚·伍尔夫眼中的自己。她对生命的体验并不遵循惯常的线性时间顺序。这本书囊括了表面的大事件,但它们只是记忆的内在生活的轮廓——那些如海浪般涌向过往的记忆。1892年9月10日,那是一个星期六的早晨,弗吉尼亚正在康沃尔度假,她被邀请去灯塔远行。"船夫说,潮汐和风向都很完美,可以到那里去。阿德里安·斯蒂芬小少爷[她的弟弟]因为不被允许前行而大为失望。"十岁的弗吉尼亚就是这样在家庭报上记下了她最受欢迎的小说最初的灵感。她的伟大之处难以尽述,但其激涌在于记忆。

  本书的修订版提供了一个契机来展示她的伟大中尚未受到足够重视的一面:作为传记作家的一面。我指的并不是她的戏仿传记,也不是她受托为艺术批评家罗杰·弗莱(Roger Fry)写的那部传记。我想表达的是,她的作品越伟大,就越区别于在她十岁之前担任《国家人物传记大辞典》创始编辑的她的父亲的作品。在整个写作生涯里,她始终在探索未来传记写作的新方向。她甚至宣称"传记艺术尚在萌芽阶段——更准确地说——它甚至还没有诞生"。

  如果二十五年的时间没有带来任何观点上的变化,那是不合常理的。2003年,伦纳德·伍尔夫的小说《聪明的处女们》(*The Wise Virgins*)再版,书中讲述的他对弗吉尼亚·斯蒂芬的求爱故事似乎与七十年代末那一版有很大区别。2005年，一场在薇塔·萨克维尔-韦斯特（Vita Sackville-West）的出生地诺尔举办的座谈会也激励着人们去探寻弗吉尼亚·伍尔夫的独特魅力。此外，在过去几年里，她那篇关于玛丽·沃斯通克拉夫特（Mary Wollstonecraft）——《女权辩护》（*A Vindication of the Rights of Woman*）的作者——的杰作揭示出两人的共同之处：她们的生命都是处在未知边缘的实验性存在。当弗吉尼亚·伍尔夫谈到沃斯通克拉夫特"切入生命的活肉"的方式时，她也为自己的"远航"设定了一个标准。《作家的一生》从二十一世纪的视角做了修订，因为女性的关注点已经从权利和就业机会转向另一个迫在眉睫的问题：一个由"局外人"（Outsiders）组成的群体可能对全球政治做出何种贡献？伍尔夫的一生和所有作品已经预见了这个问题。

林德尔·戈登
2006年

维多利亚时代的典范

我们与死者同生：
瞧，他们回来了，携我们与他们俱来。
T. S. 艾略特，《四个四重奏》

第一章
生命之根基

弗吉尼亚·伍尔夫曾说，"如果生命有其根基"，它便是记忆。她作为一位作家的生命以两段挥之不去的记忆为基础：北康沃尔海岸和她的父母。清晨伊始，在夏日的圣艾夫斯，弗吉尼亚躺在家庭度假房的育儿室里，听到"海浪拍岸的声音，一、二，一、二……在黄色的百叶窗后面"。躺在温暖的床榻上半梦半醒之际，她听到了海浪的节奏，风把窗帘吹开，她看到一瞬间的光亮，感受到"能想象到的最纯粹的狂喜"。多年过后，她想让海浪的节奏贯穿于她最好的作品——《到灯塔去》和《海浪》之中。潮汐的翻涌与破碎代表了存在与终结的最多的可能性。

弗吉尼亚·伍尔夫出生于 1882 年，本名是阿德琳·弗吉尼亚·斯蒂芬（Adeline Virginia Stephen）*，她是朱莉娅（Julia）和莱斯利·斯蒂芬（Leslie Stephen）这两位非同寻常的维多利亚时代人物的第三个孩子，弗吉尼亚自己也很难说清父母二人谁更杰出。对海浪的记忆一定很早就有了，而对父母的记忆却具有不同性质，

---

* 当一个作家的姓氏因婚姻而改变，并且和本身就颇有名气的男性拥有同样的姓氏时，我们很难决定该如何称呼她。因此，使用"弗吉尼亚"通常是很方便的，不过，当她作为一个作家被提及时，我会使用她在作品上的署名"弗吉尼亚·伍尔夫"。

它并非一种感官记忆，而是源自理性分析。弗吉尼亚八到十岁时，父母成为她关注的焦点。她的父亲是个古怪的登山爱好者，也是一位杰出的编辑，他对待知识的诚实态度很折磨人，这种态度既让孩子们害怕，又使他们头脑活跃。她的母亲对贫病之人怀有强烈的使命感，并以实用的智慧和细腻的同情心照料他们。

在一张拍摄于1894年左右的模糊旧照上，朱莉娅·斯蒂芬正在和她年幼的四个孩子一起读书。弗吉尼亚神色羞怯，脸型因为过长而显得不够协调，她的体型瘦削纤弱，眼神敏锐，双目下缘像梨子一样浑圆。孩子们聚精会神，照片呈现出极其宁静的气氛。三十多年过后，弗吉尼亚·伍尔夫在《到灯塔去》中描绘了一个相似的场景。作为母亲的拉姆齐夫人大声朗读，她看着儿子的目光变黯淡，看着女儿被富有想象力的文字吸引，得出这样一个结论："他们再也不会比现在更幸福了。"*

在弗吉尼亚·伍尔夫试图重建并保存的维多利亚时代里，朱莉娅·斯蒂芬是最不容忽视的人。朱莉娅死于1895年，紧接着，她与前夫的女儿斯黛拉（Stella）在1897年去世，此后便是1904年莱斯利·斯蒂芬的死和1906年儿子托比（Thoby）的离世。十年间接踵而至的死亡封存了弗吉尼亚的青春时代，将其与她的余生割裂。"生命的一切恐惧都在眼前逼近。"死去的人在她的想象世界里萦回环绕，直到五十岁她还在日记里写道："……鬼魂在我脑海中古怪地变化着；就像活着的人，随着你对他们的听闻而改变。"

作为一位作家，弗吉尼亚·伍尔夫紧抓着往昔和亡灵们日

---

* 本书《到灯塔去》的引文中译参考瞿世镜译本，上海译文出版社，2008年。——译注

渐清晰的说话声,或许对她来说,他们比活在她身边的人更加真实。当亡灵的声音催促她走向空中楼阁时,它们会把她逼疯,而这些声音一旦得到控制就成为小说的素材。每经历一次死亡,她对过去的感受就愈发强烈。她的小说都是对这些已逝之人的回应。"……过去是美好的,"她说,"因为人不可能在当下就意识到某种情感。它会随着时间的流逝而不断延展,因此,我们只能对过去而非现在拥有最完整的情感。"逝者在记忆中日渐丰满,呈现出最终的形态;而活着的人却是混沌的,就像她自己一样仍在形成中,但这并不能阻碍她在想象中塑造他们。她把自己挚爱的人——父母、兄弟、姐姐、朋友、丈夫——转化为拥有固定观念的角色,使他们超越时代,永不消逝。

这部传记将追溯弗吉尼亚·伍尔夫对此类记忆的创造性回应。在盛年之时,她并不希望详述死亡本身,而是渴望描绘出流芳百世的人物肖像。这些肖像并不像照片那般写实:她会让对象变形,从而使个人的记忆符合某种历史的或普遍的模式。无私的拉姆齐夫人就是弗吉尼亚根据印象中的母亲来写的,但她被转化成维多利亚时代的典型人物,当她带着孩子们读书时,又成了母性的典范。通过这种方式,弗吉尼亚·伍尔夫让死者复活,把他们定格在书页上,就像《到灯塔去》中的画家莉莉·布里斯科把维多利亚时代的家庭永远定格在画布上一样。

在二十世纪二十年代早期,弗吉尼亚·伍尔夫留给公众的印象是一种鲜明的现代性,而到六十年代,这个形象朝着另一种片面的事实转变:一个支持女权运动的女性主义者弗吉尼亚·伍尔夫。尽管从她的所有作品(包括草稿)出发,这些形象我们都能看到,但很明确的是,她作为现代小说大祭司的阶段非常短暂,

第一章 生命之根基

而她的女权主义论辩也只是尝试改写而非摒弃维多利亚时代的女性典范。她回望过去寻找角色的原型，她的写作生涯一部分是被记忆、被对过去的强烈感觉，尤其是被与十九世纪的种种联系所决定的，而另一部分或许与她对"匿名"的渴望相关，这份渴望在她写作生涯的末期愈发明显，这意味着她抛弃了现代派作家那种自知自觉的优越感，转而关注无名大众，尤其是女性的生命，在他们身上，她寻求与强权和"头戴金色茶壶的帝王"的历史截然不同的"反历史"。

艺术是重要的，女性的命运也是，但她的美学实验和政治论辩只是探索未知事物的副产品。"我的体内似乎有个坐立难安的探索者"，她曾在日记里写道。正是这种探索精神促使她开始写作。叶芝认为，每个人心中"都有某个场景，某种冒险……这就是代表他隐秘生命的意象"。弗吉尼亚·伍尔夫心中反复出现的意象是一段探索的远航，或是藏在海浪中的某个潜伏形态的鳍。"为什么生命中没有这样一次探索呢？"她继续写道，"人们可以伸手触碰它，并说：'是它吗？'……我强烈又惊讶地感觉到那里有某种东西……"每天下午她会外出散步很长时间，伦敦就像一片"未被开垦的土地"一样召唤着她。她并没有漂浮在自我沉醉的意识流之上；她是一个好奇的探险家，追随着伊丽莎白时代的航海家或者，比如说，达尔文的脚步，渴望了解她所说的"人类处境的千奇百怪"。

弗吉尼亚·伍尔夫塑造并捍卫了现代小说。她留下将近四千封信件，四百篇文章，还有三十卷日记。没有任何一位作家的生命被这样完整地记录过。然而，这位女作家依然神秘难解——当然，情况也必定如此，因为对任何生命的理解都永无止境。作为布鲁姆斯伯里先锋艺术集团的领军人物和一位热爱写信的作家，她会在不同的人面前展现出不同的面目。"多奇怪啊，"她承认，"我竟然有这么多个自我。"然而，她总是掩藏起那个作为小说家的自我。她曾对一位友人说："为了写作，我必须是私人的、隐秘的，我要尽可能地隐姓埋名，潜藏自己。"

弗吉尼亚·伍尔夫在布鲁姆斯伯里引人瞩目的生活、她为人称道的奇思怪谈、她身患疾病时的离群索居，以及关于一位病弱的淑女、一副冷淡的肉体和一个远离真实世界又矫揉造作的唯美主义者的种种传说，被世人不断重复着。然而，以下才是塑造了她的作品的隐秘事件：童年的记忆、零散的教育、火山爆发般的疯疾、不同寻常的婚姻。将这些丰富的记忆拼凑起来，就是为她的隐秘人生寻找无可辩驳的证据，与她广为人知的公众生活相比，这种隐秘生活截然不同却又并行不悖。当她自己在《海浪》的草稿里解读一位作家的人生时，她写道，在公共自我和私人自我之间——在"外部和内在之间"——"存在某种不可避免的裂隙"。本书将囊括外部事实，但它们更多是通向她创作内核的渠道。

因此，与通常试图包罗万象的传记相比，这本书是建立在不同基础上的生命传记：它邀请读者通过伍尔夫本人的传记写作来了解她；它渴望在她变得伟大的过程中捕捉到她。为此，本书将以她的作品为核心，并搜寻其他中间素材：比如未完成的回忆录、小说草稿，以及她在世时未出版的作品，例如为她的写作事业奠定方向的早期作品《一位小说家的回忆录》（"Memoirs of a Novelist"）和她最后的未完成作品《阿侬》（Anon）*。

---

* Anon 一词有"匿名者"的意思。《阿侬》是弗吉尼亚·伍尔夫于1940年为英国中世纪晚期的无名诗人所写的随笔。——译注

"一位作家灵魂中的每个秘密,"弗吉尼亚·伍尔夫曾说,"一生中的每段经历、每种思想品质,都清晰地写在他的作品中。"这是有意夸张的说法,但对她而言,没有什么能比她的小说更真实地展示她最视若珍宝的人生经历。"我很疑惑,"她曾问自己,"我是不是……在写自传,却把它称作小说?"当然,小说总是有所夸张、有所选择的,因此,想从作品中读出真实的人生是个需要技巧的事,不过,如果我们把她的某些小说和日记、回忆录放在一起阅读,我们会发现,它们的确记录了使她的人生发生转折的决定性时刻。我要试着追踪那些时刻,从而去观察一个呈现给她自己而非其他人的弗吉尼亚·伍尔夫。她相信,人的一生中只有那么几个瞬间至关重要,而在大多数人的生命中,它们只能靠想象得来:"我们所知的一切都是从那一刻开始的。"她总是专注于那些"不被察觉的"瞬间,并把它们记录下来。她发现,这是由"接受触动的能力"所决定的。无声无形的"触动"本该是生命的支柱,但它们却常常被忽视。为了追踪这些按自身顺序出现的"触动",我不会一直按时间顺序来写这部传记。

弗吉尼亚·伍尔夫曾说,只有写作才能构成"我生命的整体"。大约三十五年里,她每天都坚持写作。她的大部分作品——包括笔记、草稿、未完成的短文、早期的日记,甚至是阅读计划——都被保存了下来,但为了准确定义她的写作事业的性质,我们必须把这些文献和正式作品结合起来看。她逃脱了惯常的分类,正因如此,大众媒体倾向于给她贴上"疯女人"或"自命不凡"这样的方便标签而忽视她的作品。我的目的并不是介绍她的每部作品,而是去展现她的写作事业的整体轮廓。为了看到其中的连贯脉络,我将追踪潜藏在弗吉尼亚·伍尔夫的小说中的生命观。她在小说中反复指出，生命的重要时刻并非像出生、婚姻与死亡这类传统观念中的节点，而是一些隐藏在普通日子里的普通事件。她曾在1921年的日记里回忆起1890年8月的一个普通夏日，回忆起海浪的声音和花园里的孩子们，她认定，自己的生命正是"扎根于此、被此渗透：究竟程度有多深，我永远也无法说清"。

我将弗吉尼亚·伍尔夫的一生分为三个阶段。第一个阶段是童年的场景——那些地点、人物和维多利亚时期的传统——也是她某几部小说的主题。她说："书籍就像……一棵树上到处结出的果子，而树根深深扎进我们最初的生命和最早的人生经验的泥土里。"这部传记的第一部分将重点关注朱莉娅和莱斯利·斯蒂芬，以及他们的女儿如何在《到灯塔去》中回忆他们。尽管弗吉尼亚·伍尔夫在日记和书信里多次提到，莱斯利·斯蒂芬就是那个维多利亚时代的暴脾气父亲拉姆齐先生的原型，但将一个活生生的人与小说角色画等号仍是件有风险的事。在莱斯利·斯蒂芬自己的回忆录和书信中，他展现出更加温和的一面，这与她女儿那部影响过大的小说不甚相同。在《到灯塔去》中，拉姆齐夫妇最初在他们自己的时代里以特写镜头的方式出现，而数年过后，他们是在画家莉莉·布里斯科的视角中呈现的，这位画家在第一次世界大战之后回望维多利亚时代。她在创作拉姆齐夫妇的画像时，表演了让弗吉尼亚·伍尔夫心醉神迷的剧目，即把个人的记忆转化为非个人的艺术。

真实的人物与创作的人物、真实的事件与创作的事件之间的游戏将在弗吉尼亚·伍尔夫第二阶段的人生中继续。从弗吉尼亚经历丧亲之痛到她自学成为作家，再到她构想出塑造了她的小说的种种理论，大约有二十年的时间。这是蛰伏与成长的阶段，她

第一章　生命之根基

开始将自己视为一个探险家、一只沉入海底的海怪或一位勇敢的航海者。她漫长的学徒期、精神世界的孤独、反复发作的疾病以及她的自我教育，都将作为一个年轻女子艰难走向觉醒的历程，在《远航》中得以呈现。

第三个漫长的人生阶段属于行动与成就。弗吉尼亚·伍尔夫谱写生命的成熟尝试、她如何放弃了体面的肯辛顿而去布鲁姆斯伯里寻找新的自由、她与伦纳德·伍尔夫不同寻常的婚姻，以及她在全新阶段的实验与努力，都将在《海浪》所描绘的生命图式中呈现出来。

这部传记将交替关注她的生活与作品，但落脚点始终在作品。对于弗吉尼亚·伍尔夫来说，生活和作品是相辅相成的。当然，也有来自文学与历史的其他影响，但生活还是她最主要的灵感源泉。她把早期生活中的悲剧、探索以及喜悦的瞬间都化作艺术，同时也把艺术的视角投入人生。

叶芝曾谈起作家通过艺术获得的成长，他将其称为"新人种的诞生"，这也适用于作为新女性的弗吉尼亚·伍尔夫。她曾对一位朋友说，自己被"训练得沉默寡言"。后来，尽管她以自由和智慧的言论主导了当时的伦敦知识界，她仍为小说保留了属于自己的一面。《远航》里那个性格古怪又渴望探索的雷切尔之死，《达洛维夫人》中那位疯狂的、沉湎于过去的塞普蒂默斯的自杀，都是弗吉尼亚·伍尔夫这部分自我在虚构作品中的呈现——它富有创造潜力，但也可能会被扭曲，并且总是面临毁灭的威胁。她的自我抑制使公开出版作品变成极度痛苦之事。

记忆的"根基"、"存在的瞬间"（moments of being）、女性的沉默：这些线索将我们引向弗吉尼亚·伍尔夫独一无二的写作生涯。不过,她也受到上个时代的陈旧习俗和社会风气的影响,如果没有这些她所说的"隐形存在",她的传记理论也将是不完整的。

十九世纪八十年代到九十年代的肯辛顿、主流的理想女性形象、教养良好的男人们隐藏的性欲、只为她的兄弟们保留的教育特权:弗吉尼亚在反抗维多利亚时代的社会环境的同时,也被它们塑造着。

她最大的抗争是与维多利亚时代的典型女性形象的抗争,那种固化的形象一直纠缠着她,或许比同时代的其他女人更为长久。在她五十多岁时,有一次邓肯·格兰特(Duncan Grant)因为区区风寒而感到难受,她懊恼地发现自己和姐姐正无意识地扮演"慈悲天使"的角色。1931年,在一次面向职业女性的演讲中,她说道:"你们这些更年轻、更幸福的一代人可能没有听说过'家中的天使'(Angel of the house)。她极富同情心,极具魅力,毫无私心……几乎每个体面的维多利亚时代家庭都有这样一个天使。当我开始写作时……她羽翼的影子落在我的纸页上,我听见她的裙子在屋里沙沙作响。但这个物种……从没有真实的生命。她——这是更难对付的——只是一个想象中的幻影,一个虚构的实体。她是一个梦魇,一个幽灵……"这个天使在初次撰写评论文章的年轻女孩耳边窃窃私语,告诉她,如果她想成功就必须服从。"我转向这位天使,扼住她的喉咙。我用尽全力杀死了她……如果我不杀她,她就会杀了我——作为作家的我。"

另一种抗争针对的是维多利亚时代女孩们的封闭生活,她反抗的不仅是身体上的禁锢和束缚,更是那种被引导的愚昧无知和情感上的惯性压抑。斯蒂芬一家人住在肯辛顿海德公园门22号,他们的房子朝向一个死胡同，那里安静而乏味，他们唯一能听到的声音就是通向肯辛顿公园的马路上遥远的车轮声和马厩里的马蹄声。她们向外望去，只能看到坐在轮椅上的老雷德格雷夫夫人（Redgrave），她看起来就像博物馆里装了轮子的文物展柜。

当然，与这种封闭生活密切相关的，是一种根深蒂固的体面观念，它使得弗吉尼亚和姐姐瓦妮莎的反抗如此持久又如此沉默。弗吉尼亚十五岁的时候，曾在一天晚上听到一个老头下流的呓语，第二天早上却被告知那只是一只猫。她一生都很厌恶同父异母的两个哥哥，这是对他们被压抑的性欲的一种合理反应。弗吉尼亚大约六岁时，她已成年的异父哥哥杰拉尔德·达克沃斯（Gerald Duckworth）曾把她抱到桌子上，触碰她的私处。她被迫参与了这次偷偷摸摸的行动，她感到很困惑，但她也本能地知道，这是件过于可耻、不能说出来的事。"当我想起这件事时，依然羞耻地发抖，"她在1941年对一位友人坦白。

在《往事札记》（"A Sketch of the Past"）里，弗吉尼亚·伍尔夫回忆起自己和姐姐是如何被教育要"安静地坐着，看着维多利亚时代的男人们表演钻聪明才智的马戏铁圈"[*]。《到灯塔去》以一种滑稽又冷淡的态度对待大英帝国的行政人员和高校教职人员，而这些职位恰恰是她的中上阶层家庭所赞许的追求。昆汀·贝尔（Quentin Bell）解释说，他们家族的男人总是以工作谋生，但绝不是那种使用双手的劳作。他们不属于有闲阶级或世袭统治阶级，也不从事任何商业活动，他们是"专家"。他们的子孙都受到严格的教育，因为成功取决于他们自己的努力。这个家族在上世纪贡

---

[*]《存在的瞬间》译文参考刘春芳、倪爱霞译本（《存在的瞬间》，花城出版社，2016年），部分译文有改动。——译注

献了许多专业人才,弗吉尼亚母亲的家族培养了不少东印度公司的官员,而斯蒂芬家族那边有律师、法官、中学和大学校长。弗吉尼亚气恼又不乏嫉妒地观察着只留给家里的男孩们的"钻铁圈"游戏,而他们似乎无一例外地擅长此类游戏。她写道:"我所有的男亲戚都很善于玩这个游戏,他们了解游戏规则,并为规则赋予重要意义。父亲特别重视校长报告、奖学金、荣誉学位考试和学院职位这类东西。费希尔家族的男孩子们[弗吉尼亚的表兄弟们]几乎拿到了所有的奖励、荣誉和学位。"

阻止女性受教育的言论"像树根一样坚固,又像海雾一样无形"。接受严苛教育的男人们渴望拥有少女般单纯、甜蜜、忠贞又温柔的家庭之花。如果让女人学习拉丁语或希腊语,这些花朵可能会枯萎。曾有一位维多利亚时代的母亲,她同意送女儿去剑桥大学格顿学院读书的条件是:她必须"像什么都没发生过那样"回到家中。

在各类文艺活动中,写作是女性最容易进入的,但仍未得到完全的赞许。范妮·伯妮(Fanny Burney)烧毁了"大量"早期作品,这是出于她自己的羞耻感——而非(弗吉尼亚认为的)继母的强迫。"文学不可能成为一个女人一生的事业",罗伯特·骚塞曾在给夏洛蒂·勃朗特的信中写道。勃朗特向他保证说,她作为一个家庭女教师,每日的工作量让她"没有一丁点儿时间去做梦"。她继续写道:"我承认,我的确常常在夜晚沉思,但我从不用我的想法去打扰别人。我小心翼翼地藏起自己心事重重或古怪反常的样子,以免生活在一起的人发现我的爱好……我不仅要用心履行一个女人应尽的一切义务,还得努力对它们感兴趣。我不是每次都能做到,因为,当我在教书或做针线活的时候,我更想

12

读书或写作；但我试着克制自己……"

不管弗吉尼亚如何批判维多利亚时代的观念，她依然很怀恋那时的人们的举止风度。在《夜与日》（1919）里，当凯瑟琳和她的母亲希尔伯里夫人一起翻看家庭相册时，弗吉尼亚·伍尔夫将维多利亚时代的人和自己这代人做了对比。希尔伯里夫人的原型是萨克雷的女儿安妮·里奇（Anny Ritchie）——莱斯利·斯蒂芬第一任妻子的姐姐。希尔伯里夫人翻看故人的照片，对她而言，维多利亚时代的人们"就像船，像壮丽的船，不停地向前进，不争先恐后，不像我们一样总是被琐碎的事困扰。她们像鼓着白帆的船，走自己的路"[*]。而在《岁月》中，佩吉——一位生活在二十世纪三十年代的理想破灭的医生——唯一崇拜的人就是她维多利亚时代的老姑母，她赞赏她语言中的力量，"仿佛她仍然满怀激情地相信——她，老埃莉诺——人类已经毁掉的东西。不可思议的一代人，她想。有信仰的人……"[†]

弗吉尼亚年轻时曾听过老斯特雷奇夫人（Lady Strachey）高声朗读剧本。她只有一只眼睛好用，却可以一口气读两个半小时，扮演剧中每一个角色。这个维多利亚时代的贵妇人——"多才多艺、精力旺盛、富于探索精神、思想先进"——深深吸引着弗吉尼亚：她顽强地对抗岁月与灾祸，热情洋溢又充满活力地追求高尚与诗意。对弗吉尼亚来说，这位维多利亚时代的贵妇人的行为举止充满美感，这种美建立在自制、同情、无私——一切文明素养的基础之上。

她自己的母亲也完美地展现了维多利亚时代的女性气质：所

---

[*] 《夜与日》译文参考唐伊译本，人民文学出版社，2003年。——译注
[†] 《岁月》译文参考蒲隆译本，人民文学出版社，2003年。——译注

有男人都很崇拜她,她也毫无疑问是个无私的女人。在美丽和俏皮的外表下,她是一位不知疲倦的护士;在慷慨付出情感的表象背后,她有着严格的判断标准。她的步态显露出果决与胆识。她笔直地撑着她的黑伞,带着一种"难以形容的充满期待的神色"靠近你,她的头微微抬起,以便双眼能够直视你。对她丈夫来说,她就是华兹华斯的理想的化身,是一个带着高尚的意图去提醒、安慰、指导别人的女人。弗吉尼亚记得,每天晚上,她的母亲都会写信为别人提供忠告和警示,对他们表达同情,"她眉宇间闪烁着智慧的光芒,目光深邃如炬……她历经世事,饱尝风霜,但是憔悴的脸上却看不出悲伤的痕迹"。她的努力有的放矢,几乎从不白费。正因如此,她留在别人心中的印迹是"无法抹除的,就像是打上烙印一般"。

从某种意义上说,弗吉尼亚·伍尔夫为人称道的"现代性"——那种努力逃离过去、创造当代新形式的努力——是站不住脚的。十九世纪深深地影响了她彬彬有礼的风度举止、她的沉默寡言、她对教育和自由的渴望、对鲜为人知的人的关注(像华兹华斯和哈代一样),以及最重要的,影响了她对于崇高(sublimity)瞬间的强调,正是这一点让她与浪漫主义诗人产生了联系。

童年时代在圣艾夫斯的夏日时光是永失的乐园,铭刻在她的记忆中。海浪、散步、海边的花园唤醒了"崇高的感觉"。康沃尔带给弗吉尼亚的就像湖区带给华兹华斯的一样,是一种自然中的情感现实,在往后的生命中,没有任何体验可以超越。

1882年春天,弗吉尼亚刚刚出生后,莱斯利·斯蒂芬像往常一样在康沃尔漫步,他偶然走过一段"能够想象到的最美的路程"。他看到缓缓倾斜的原野上长满荆豆,中间夹杂着成片的报春花和风铃草,远处可以望见圣艾夫斯海湾和沙丘。清甜的微风吹过广阔的原野,他描述说,空气柔软如丝绸,带着"新挤的牛奶般的鲜甜味"。

一时冲动,他去查看了正在招租的塔兰德屋(Talland House)。这栋房子是大西部铁路公司在十九世纪四十或五十年代修建的,不过,铁路在八十年代初期才延伸至圣艾夫斯。当时,这个四四方方的大房子就坐落在城外的一座山丘上,楼上的房间还没有家具,自来水管道也没有安装,不过,这里视野极好,对面就是海湾和戈德雷伊灯塔。莱斯利·斯蒂芬在这里度过一晚,他告诉妻子,他拉开窗帘躺在床上,只为能"看到海滩上嬉戏的孩子们"。有一条平坦的小路正通向下方的沙湾,"孩子们很容易就能走下去",他写道。

于是,每年七月中旬到九月中旬,斯蒂芬一家会搬到这里住一段时间。那时的圣艾夫斯尚未遭到破坏,仍然保持着十六世纪的风貌:房屋像一大堆贝类、牡蛎和海蚌,杂乱地覆在陡峭的山坡上。为了抵御海浪和大风的侵蚀,这些白色花岗岩石屋的墙壁都建得很厚。圣艾夫斯是一个地势崎岖、多风、街巷狭窄的渔村——一个远离他们单调而憋闷的伦敦居所的自然世界,在一年中的另外十个月,他们都难见天日。

每当弗吉尼亚回忆起塔兰德屋时,她总会想起花园里的孩子们。这个占地一两英亩的花园由十几个被灌木树篱分隔开的小草坪组成,它们沿着斜坡向大海延伸。每个角落、每片草坪都有自己的名字:咖啡园、板球场、厨房菜园、池塘。这里有能让孩子们滑滑梯的斜坡、缠结的醋栗灌木丛、泉水、远处的马铃薯和豌豆苗床，还有各类夏季果实：草莓、葡萄、桃子。"总之，"莱斯利·斯蒂芬在 1884 年写道，"这里就是一个小天堂……"

每天，孩子们都能吃到一大碟撒着焦糖的康沃尔奶油茶点。他们每周日都跟父亲一起步行到特伦克罗姆山（Trencrom）。从山上可以看到康沃尔两侧的海岸，一侧是圣迈克尔山，另一侧是圣艾夫斯海湾。通往山顶的小路藏在欧石楠花丛中。"爬山的时候，我们的腿被刮伤了；荆豆花黄灿灿的，有香甜的坚果味。"

正是这些零散的记忆而非正式的事件构成了《到灯塔去》的"根基"。弗吉尼亚无法忘记 1892 年 9 月到戈德雷伊灯塔的旅程，以及弟弟如何因为不能前行而垂头丧气，这些都记录在了孩子们自创的报刊《海德公园门新闻报》（The Hyde Park Gate News）里。《到灯塔去》留下了弗吉尼亚对朱莉娅·斯蒂芬的记忆：炎热的午后，她坐在走廊里看着孩子们玩板球。弗吉尼亚还记得塔兰德屋是多么脏乱破旧，客人们又是如何熙熙攘攘：有烟瘾的沃斯滕霍姆先生坐在蜂巢椅上，他是《到灯塔去》中那位独立诗人卡迈克尔先生的原型；还有基蒂·勒欣顿（Kitty Lushington）——保守的明塔·多伊尔的原型。基蒂听从斯蒂芬夫人的劝告，在铁线莲花丛下接受了另一个客人的求婚，孩子们立即把这个地方命名为"爱情角"。除此之外，这里还有一些本地居民：爱丽丝·科诺提着满满的洗衣篮，歪着身子，脚步沉重地走在车道上；珍妮·贝里曼打扫了房间——她们都在这个孩子牢固的记忆中占有一席之地，并在她的小说中延续生命。

塔兰德屋那田园诗般的生活持续了十年，直到 1893 年的夏天，屋子前面建起了一座"地狱般的宾馆"，斯蒂芬一家人也因此预见了圣艾夫斯的商业化。"从来没有一个地方让我如此魂牵梦萦，"

莱斯利·斯蒂芬给妻子写信说,"看着那儿的板球场,想着曾坐在那儿的所有人,对我而言几乎是痛苦的……"又过了一个夏天,他们还是放弃了这栋房子。十一年过后,弗吉尼亚的父母都已过世,兄弟姐妹重返故地,看到许多坚固的白色建筑拔地而起,在 1894 年的时候,那里只有一片欧石楠花丛,而曾经只有一条步行小径的荒野旁边也铺设了宽大的公路。

对弗吉尼亚来说,1905 年重返圣艾夫斯的旅程无异于一场朝圣(这个词经常出现在她的康沃尔日记里)。8 月 11 日的日记有意写成挽诗体,它记录了兄弟姐妹四人坐上大西部铁路火车时内心如何充满了希望。在英格兰这个小小的角落里,"我们会找到被封存的过去,仿佛在这段时间里它一直被悉心守护和珍藏,只等待着我们回去,回到那一天……啊,这种感觉多么奇妙,看着熟悉的陆地和海洋的轮廓再次在眼前呈现……那些无声无息却可以触摸到的轮廓,十多年来只能在梦里,或在清醒之时的幻象中出现"。他们再一次看到悬崖上的褐色岩石如瀑布一般倾泻入海;海湾的曲线"似乎环绕着一大片流质的雾";在那里,海岛的岬角发出簇簇光芒。

黄昏时分,他们乘着铁路支线到达海边,走出火车站时,他们想象自己只是结束了出门在外的漫长一天,正走在回家的路上。等他们到达塔兰德屋时,会猛地推开门,看到自己置身于熟悉的场景中。他们穿过马车道,登上坑坑洼洼的台阶,从灌木丛的缝隙向里窥视:"我们看到了那栋房子……石瓮紧靠着高高的花丛;我们目前看到的一切就好像是今天早上才刚离开这里。但我们也很清楚,不可能再往前走了;如果再前进一步,魔咒就会打破。那些灯光不是我们的灯光,声音也是陌生人的声音。"

他们在此逗留，幻想还能走近客厅的窗户——《到灯塔去》第一部分的情景框架——但他们不得不保持距离。"我们像幽灵一样徘徊在树篱的阴影中，直到听到脚步声，我们转身离开了。"

多年后，弗吉尼亚·伍尔夫又一次回到这里。1936 年 5 月，当她因为《岁月》而濒临崩溃时，又悄悄回到塔兰德屋的花园。黄昏中，这个五十四岁的女人透过一楼的窗户向屋内窥望，想重新找回那个早已逝去的维多利亚时代的夏天。

在弗吉尼亚很小的时候，她就被认定会成为一个作家。写作深深吸引着她，她说："从我还是个小孩子时，就喜欢在大人就餐时坐在圣艾夫斯客厅的绿绒沙发上，模仿霍桑的风格胡乱写些小故事。"她有幸出生在这个规模虽小却有权势，并且十分重视智力天赋的阶层。"昨天我和吉尼亚谈论了乔治二世，"1893 年 7 月，莱斯利·斯蒂芬在圣艾夫斯给妻子写信说，"她学习了很多东西，假以时日，她一定会成为一位作家……"五岁的时候，她每天晚上都会给父亲讲一个故事。后来，托比离家去学校后，他们还在夜晚的育儿室里共同创作了一个连环故事——就像在勃朗特家中一样——那是关于邻居迪尔克一家在育儿室的地板下发现金子的传奇故事，而邻居对此毫不知情。

"克莱门特，我亲爱的孩子"，凡妮莎用迪尔克夫人那种拿腔作调的语气鼓动弗吉尼亚，然后，扮演克莱门特的弗吉尼亚就会续接上之前的情节。壁炉里火光闪烁，她的声音慢慢停止，孩子们一个接一个地睡着了。

在圣艾夫斯的时候，她还创作了另一个连环故事，是"关于贝卡其和霍利温克斯在花园中的故事；邪恶的精灵住在垃圾堆里，

第一章 生命之根基

它们钻进鼠刺灌木丛，消失得无影无踪"——弗吉尼亚把这些细节讲给母亲和美国大使洛厄尔先生（James Russell Lowell，她的教父）听。几年之后，弗吉尼亚向《点滴》周刊（Tit-Bits）投稿了一篇关于船上的年轻女子的"极度浪漫的"故事——我们只知道这么多，但这正是她的第一部完整小说《远航》中的场景。

弗吉尼亚是个饱受赞扬的孩子。她五岁时就能用"最可爱的字体"写信，自那时起，父母就以自豪的心情回应着她，为她的演讲、充满兴致的小笑话和小故事而欣喜。这些故事都刊登在《海德公园门新闻报》里——从1891年2月到1895年4月，弗吉尼亚和凡妮莎每周都要制作一期。这份报纸嘲讽了上流社会的花边新闻所用的那种矫揉造作的语气，还有她们无所事事又头脑愚笨的异父哥哥："乔治·达克沃斯（George Duckworth）先生稍稍休息了几天后，又回到工作中。他走了……为了藏起他快被耗尽的大脑。"苏珊·特威兹穆尔（Susan Tweedsmuir）小时候曾去过海德公园门探访斯蒂芬姐妹，在她印象中，两姐妹是"令人担忧的"女孩，她们被封闭在可怕的沉默中。她们单独待在一起的时候，女孩们突然唱起了一首"粗俗的"新歌，"Ta ra ra bomteay"，但她们小心翼翼地不让高雅而病弱的外祖母杰克逊夫人听见。在楼上的卧房里，外祖母已经耗尽母亲的情感能量，但女孩们也只能对这种"奉献"听之任之。

在斯蒂芬一家的外缘，我们依稀可以看到莱斯利·斯蒂芬上一次婚姻中的女儿，二十一岁的劳拉。斯蒂芬家族从劳拉的母亲那儿继承了他们的住宅。那个时候，劳拉画了"一幅美丽的画，画中一个孩子站在门口，肩上站着一只凤头鹦鹉"。不过，大家都觉得劳拉脾气暴躁、性格偏激、地位低下——她被恶意地嘲讽为

"湖边夫人"*。在一次愚人节的恶作剧中,孩子们骗劳拉说她脸上有煤灰。"她开始使劲地擦脸,当别人跟她说煤灰跑到了另一侧脸颊时,她又开始揉擦别人告诉她煤灰跑去的另一侧脸颊。"这个复杂的句式显露出一种自鸣得意的意味,讽刺了这位比弗吉尼亚年长两倍多的异母姐姐的愚笨。三个月过后,1891 年 7 月,劳拉被送去了厄尔斯伍德精神病院,这是专门收治低能和弱智人士的地方。她的家人很少去探望她,不过,在 1891 年和 1892 年夏季的部分时间里,她被允许加入在圣艾夫斯度假的亲人们。当全家人出海远行的时候,劳拉被留在海滩上,远远地望着他们;当父亲领着孩子们散步时,劳拉再次被遗忘。她忙碌的父亲对她的迟缓很不耐烦,似乎也没有为她提供任何保护,而那帮聪明又年幼的弟弟妹妹们用他们的锋芒刺伤了劳拉,让她发疯。总之,劳拉的病因始终未被诊断出来,而收容机构最终毁了她。到 1897 年她被送去另一个精神病院——索斯盖特的布鲁克之家时,已经不认得自己的家人了。

《海德公园门新闻报》里有一篇洋洋洒洒的颂词,是献给(接替格莱斯顿和卡莱尔)当选伦敦图书馆馆长的莱斯利·斯蒂芬的:

> 次日,萨克雷的女儿里奇夫人来吃午餐时,从椅子上跳了起来,鼓掌表达喜悦之情。她的举止虽有些幼稚,却不失诚恳。而让斯蒂芬太太更快乐的地方在于,格莱斯顿先生只是副馆长……我们认为,伦敦图书馆优先选择斯蒂芬先生而非格莱斯顿先生是十分明智的,因为尽管格莱斯顿先生是个一流的政

---

* 在沃尔特·司各特爵士的诗中,"湖边夫人"("Her Ladyship of the Lake")是一个逃犯的女儿,是苏格兰高地的传奇女主人公。

治家，在写作方面他却无法与斯蒂芬先生匹敌。

此外，《新闻报》上还刊登过一篇令人捧腹的连载故事，关于一个怕老婆却野心勃勃的伦敦佬，他笨拙地学习农活，并滑稽地和他妻子争强斗胜。

弗吉尼亚的才智得到了激励，与此同时，她还沐浴在家人的爱护中。这份爱在莱斯利·斯蒂芬的信中表现得十分明显。"亲一亲我的宝贝那明亮的小眼睛"，他在一封给朱莉娅的信中这样结尾。1883 年，当弗吉尼亚快两岁时，他写道，"她坐在我的膝上读着比威克（那本写鸟的书）"，并时不时地把自己的脸颊贴近他的，索求"亲吻"。斯蒂芬为她的大胆感到喜悦，几个月后，他写道，当他告诉弗吉尼亚自己必须去图书馆时，她"小小的身躯紧紧地贴着我，明亮的眼睛透过蓬乱的发丝盯着我，她说：'别走，爸爸！'她看起来总是那么淘气，我从没见过这样的小捣蛋鬼"。不管莱斯利·斯蒂芬在弗吉尼亚的青春期变成什么样，毫无疑问，在她的童年时代，没有任何迹象表明他是人们公认的那个维多利亚时代的"暴君"。1886 年，当莱斯利埋头苦写他的传记辞典时，他想着弗吉尼亚的面容来安慰自己："我看到她的眼睛在发光，可爱的小牙齿闪闪发亮。"有一次，母亲注意到弗吉尼亚在读书时用手捻着一绺头发，这是在模仿她的父亲。1891 年，在她九岁生日时，莱斯利说，"她当然很像我"。

弗吉尼亚的想象力最初是被康沃尔海滩这样的自然场景塑造的，后来是维多利亚时代的伦敦这种社会场景，再后来，随着年龄的增长，她开始意识到父亲和母亲的独特性。那种促使她在《到灯塔去》中刻画父母形象的探索欲，首次表现在她向姐姐提出的一个大胆的问题中。据凡妮莎回忆，当她们还住在儿童室时，总在洗澡前光着身子蹦来蹦去："她突然问我，在父亲和母亲中，我更喜欢哪一个。"凡妮莎毫不犹豫地回答："母亲。"而弗吉尼亚解释了她为什么总体上更喜欢父亲一些。"我认为，"凡妮莎说，"她的偏爱并不像我的那般笃定和单纯。她已经能用批判的眼光看待父母，也或多或少地分析过自己对他们的感情了，但我却从未有意识地那样尝试过。"

第二章

最可爱的人 *

弗吉尼亚一生都对"我父亲那个老家伙"的个性着迷。她觉得自己更像父亲而不是母亲,这也让她对父亲更加挑剔,"但他是个惹人喜欢的人,从某种程度上来说,是个了不起的人"。她常常指责他:在她的青春期,父亲就像一位暴君。后来,当她上了年纪,才能理解是什么使莱斯利·斯蒂芬在同时代人和亲朋好友的眼中如此富有魅力。她翻阅父亲的书信和回忆录,从中寻找自己的镜像:"挑剔又敏锐的思维,有教养,坦诚。"然而,他们之间的矛盾从未得到解决,直到人生末年,她仍能同时从两个角度看待父亲:"作为子女,我想谴责他;而作为一个五十八岁的女人,我能够理解——或者应该说,容忍他。两种视角都是真实的吗?"

莱斯利·斯蒂芬是一个文人,这构成了他与弗吉尼亚之间坚不可摧的纽带,也让她和他的距离比其他孩子更近一些。弗吉尼亚对父亲的所有美好记忆都保留在海德公园门那栋高大住宅的顶楼里——这位学识渊博的绅士正在书房里仔细地擦干一篇文章上的油墨,接着又开始写另一篇。莱斯利·斯蒂芬想要成为一位哲

---

* 莱斯利·斯蒂芬的美国朋友詹姆斯·罗素·洛厄尔曾用这个词语形容他。

学家，但人们更多地把他看作批评家和传记作家，主要是因为他编写了《国家人物传记大辞典》和《十八世纪英国思想史》(*History of English Thought in the Eighteenth Century*)。

莱斯利·斯蒂芬能长久地停留在小女儿的想象世界，部分原因是他对她的教育，不过，早在弗吉尼亚成为他的学生之前，父女之间就有一条更为单纯的情感纽带，它比通常的亲子纽带更为牢固。那是莱斯利·斯蒂芬身上某些特质的天然魅力，它们在他的著作中并未凸显，反而更多地呈现在他的私人信件和回忆录中。

他写了两本完全不同的回忆录。第二本《早年印象》(*Some Early Impressions*)是在 1903 年他快要去世时完成的。这本书为出版而作，只记录了一些外在事件：十九世纪五十年代他在剑桥大学的经历——三十岁之前，他一直是这所学校一位气概坚定、身强力壮的老师；他在度假期间登上了阿尔卑斯山；1863 年，他公开宣扬不可知论，并因此失去教职；随后，他在伦敦成了颇有影响力的编辑和记者。然而，莱斯利·斯蒂芬人生中的所有私人事件都记录在了《陵墓书》(*Mausoleum Book*)这本更为私密的回忆录里，它比《早年印象》早八年写成，并不是为出版而作。

"我希望，"他对孩子们说，"通过努力修复某些记忆，我能帮到你们一点儿，我相信，这些记忆将是你们一生的财富。"

他在（他称之为）"写给朱莉娅的孩子们的信"中把自己描述成一个笨拙、乏味的老教师，他几乎不适合婚姻生活，只是一具长着修长四肢的可怜躯壳。他很诧异，自己竟然能得到两位优秀的女性的爱：1867 年，他与哈莉雅特·玛丽昂·萨克雷（Harriet Marion Thackeray）结婚，八年后她去世了，他又娶了朱莉娅·达克沃斯。莱斯利·斯蒂芬过分夸大了自己的缺陷，不过，事实上，他的确没有什么外表上的优势。他长着一双山羊似的蓝眼睛，头顶异常扁平，最显眼的是他蓬乱的红胡子，胡子里的嘴会低声说出让人不舒服的真话。他总是哼着鼻子，举止粗鲁，这被朱莉娅称为"糟糕至极"。孩子们按照表面意思接受了父亲对自己的夸张描摹——老年的他的确很接近这种形象，而那时正是孩子们形成持久印象的阶段——但他写给同时代人的信却显露出极多的可爱之处。"可爱"是种很难定义的特质，但我认为它出于一种善于表达且毫不扭捏的从容，有了这份从容，这个总是沉默又易怒的男人也能表达他的温柔。

在莱斯利·斯蒂芬对米妮·萨克雷的简短描述中，他必须直面这个沉默寡言的女人的性格，而沉默正是他的女儿在《远航》和其他小说中关注的问题。在米妮去世的二十年后，他想起她那张小狐狸似的脸庞，感到自己必须走到她平淡的表面背后——这位生活在维多利亚时代中期的少女在信中写下的都是平淡无奇的情感。米妮的天真、自然和纯洁并没有让她变成一个幼稚的妻子，但她的确拥有孩子般的无畏和率直。她的纯真与心胸狭隘的假正经完全相反。从一开始，米妮·萨克雷就以她无畏的坦率吸引着丈夫。她似乎没有什么想要隐藏的感情，也没有什么需要遮掩的爱意。在他们一起生活的最后几个月里，他们"仿佛相互看一眼就能了解并分享彼此的想法和感情"。

莱斯利·斯蒂芬在青年时代有过一段成熟的感情，而他中年时代的爱情则充满浪漫色彩。他对第二任妻子的爱慕更加盲目。他把她当作女神一样看待，而作为回应，他也被她溺爱纵容。他日渐老去，变得越来越孩子气地依赖她，没有她就"失魂落魄"、"怅然若失"。

当朱莉娅·达克沃斯的姨母、维多利亚时代的著名摄影师朱莉娅·玛格丽特·卡梅伦（Julia Margaret Cameron）离开英国去锡兰时，朱莉娅曾经恳求她"向上帝祷告让我快点死去吧。这是我最渴望的"。朱莉娅年轻时曾受过打击，此后从未完全恢复。在她的成长环境中有许多前拉斐尔派的艺术家，她曾拒绝了霍尔曼·亨特和托马斯·伍尔纳*的求婚，而嫁给了一个她无比崇拜的英俊而平凡的男人。然而，婚后仅四年，当他们的第三个孩子即将诞生时，赫伯特·达克沃斯（Herbert Duckworth）就去世了。弗吉尼亚听说，这个沉默的女人常常躺在他的坟墓上。后来，当朱莉娅的朋友米妮去世时，她去慰问了莱斯利·斯蒂芬。莱斯利看出，朱莉娅自身遭受的打击让她拥有"更深切、更敏锐的同情心，这让她能够理解所有悲伤痛苦的人"。他还意识到，她那种沉湎于过去的忧郁情绪不仅仅是对打击的回应，更是与生俱来的。那是家庭留下的印迹，比他自己那种极度情绪化的性格有更深的根源。

在这一时期，莱斯利·斯蒂芬给朱莉娅写的信展现了他大方得体的态度和细腻的情感。1877 年 2 月 2 日他第一次对朱莉娅求婚的那封信展现出了弗吉尼亚感受到的那种讨人喜欢的坦诚：

> 我最亲爱的朱莉娅：
> 　　我必须要跟你说一件事，这件事让我心神不宁——对你来说却无关紧要。不久前，我意识到我爱上你了——是一个男人爱他想娶的女人的那种爱……现在，直觉明确地告诉我，你对我并没有这种感觉。对此我没有丝毫幻想。我也确信你永远不

---

*　霍尔曼·亨特（Holman Hunt）和托马斯·伍尔纳（Thomas Woolner）都是英国前拉斐尔派的重要成员。——译注

会对我产生这种感觉。不仅如此，我相信，即使你爱上我，我也很难让你因为做我的妻子而感到幸福……不过，不管发生什么，只要我还活着就会一直爱你（在某种意义上）……我边写边感到自己又疯狂又邪恶，但对于那些遥远的记忆，我并不觉得自己是不忠的。

莱斯利·斯蒂芬并没有藏起他那些明显的缺点：他对于金钱的"焦虑"，他想把责任推卸给别人的意愿，他的粗鲁，以及除了彻底抱怨一通没有什么能让他打起精神的事实。他写道："我是那种不会伤害别人的厌世者，当你稍微了解我时，你可能会想打我一顿……"

朱莉娅的犹豫不决和这个男人本身无关，也和她自己的意愿无关，她只是在考虑两个现实问题。她在寡居期间做着看护工作，她告诉斯蒂芬，自己绝不能放弃这份事业。

"我可能会被叫去护理病人长达几个星期，也有可能要把残疾人带回家里照顾，"她说，"我可能会很忙，即使我很想，也不能常常见你。"

这并不是闲来无事的慈善事业。1883 年，朱莉娅出版了一本关于病房管理的书，这是一部专业作品[*]。她只专注于一个目标，那就是病人的身心健康，她没有受到风靡一时的护理方法或灵丹妙药的干扰，因此，人们能从她的实际操作中看到护理病人这项工作的纯粹原则。这本书非常注重细节：要用手掌轻轻托起病人的头部；在病人洗浴时要保持安静，因为这是他们少有的享受之一；仔细倾听病人说的话，哪怕他们说的是错的。许多年后，伦纳德

---

[*] 《病房笔记》(*Notes from Sick Rooms*)。

和弗吉尼亚·伍尔夫在霍加斯出版社（Hogarth Press）重印了这部书。我不知道它有没有被用于护士培训中，但它应该被选用。这本书富有人情味和幽默感，读起来很有趣。

莱斯利·斯蒂芬让她放心，说只要她愿意，就可以自由地工作："如果你必须去照顾病人或做什么其他事情，你完全可以离开家几个星期，我不会抱怨的……"他信守了承诺。在朱莉娅频繁外出工作的时候，他负责做家务和照顾孩子。1881年4月，他给她写信说："人们都觉得我让你离开是个错误，但我自认为这是正确的。"不论朱莉娅·斯蒂芬去哪，甚至是在圣艾夫斯的时候，她都曾被叫去照顾病人。弗吉尼亚回忆，当母亲走出穷人们的房间，路过孩子们的板球场时，脸上显露出严峻的神色。

虽然朱莉娅和莱斯利·斯蒂芬从不像他们的女儿们那样公然蔑视传统，但从他们的写作中可以看出，他们的思想和情感都非常直白、坦率和清醒，因而并不完全是循规蹈矩的。1877年4月，在他们结婚之前，莱斯利·斯蒂芬的沮丧情绪爆发了，因为传统观念阻碍他们经常见面。他愤怒地说，自己只能和她"隔着修道院的栅栏"聊天。如果朱莉娅尚不能同意与他真正结合，她愿意接受一个形式上的婚姻吗？朱莉娅拒绝了，因为她相信，只有一个女人能以"足够的激情"接受一个男人，她才应该结婚。

除了工作的问题，朱莉娅在情感方面也提出了难题。1877年8月，在莱斯利·斯蒂芬短暂来访之后，她写了两封加急信件寄到了湖区的科尼斯顿，当时，莱斯利正在那里度假。她坦承，自己并不适合婚姻，因为她已经如同"死水一般"。她长期处于麻木消极的状态之中，也不觉得自己能够恢复。

这些信件很容易被误解为朱莉娅对自己的性冷淡的坦白，但莱斯利·斯蒂芬并没有被唬住。他回信让朱莉娅放心，说自己不会用任何方式强迫她答应，如果她下定决心，可以随时来找他。终于，朱莉娅同意开始一段新生活，这是在头脑清醒的状态下做的决定。他们在1878年3月26日结婚。弗吉尼亚·斯蒂芬在《回忆录》（"Reminiscences"）里证实了二人婚姻中堪称典范的"平等原则"，而科尼斯顿的通信很可能构成了这种"平等"的根基，这也是弗吉尼亚渴望在自己的婚姻中获得的。

莱斯利·斯蒂芬和弗吉尼亚以丈夫和孩子的不同视角描述了这段婚姻，但他们的叙述中有两点是相通的。丈夫在《陵墓书》中写道："我可以自信地说，我的爱人重新拥抱生活了。"而在《到灯塔去》第一部分的结尾，女儿也通过父母一起阅读的场景展现了他们之间爱情的活力。与此同时，丈夫和女儿都认为，朱莉娅寡居的那些年让她变得格外严肃、忧郁。"哦，我亲爱的，"莱斯利·斯蒂芬在1885年自责地写道，"为了让你更快乐一些，我愿意付出所有。"

忧郁又清醒的高贵气质让朱莉娅·斯蒂芬如此美丽，然而，她在四十九岁的时候就早逝了。孩子们认定，母亲是被父亲过度的情感需求耗尽的。但她其实死于风湿热病，病情可以追溯到1879年，在她难产生下孩子的几个月后，她又去照看一位高烧的病人。1895年4月，莱斯利·斯蒂芬在写给她的最后一封信中表达了他的担忧，信件清楚地表明，尽管朱莉娅已经反复出现流感症状，她还是离开家照顾病人去了，并且，像往常一样，他让她想做什么就做什么。朱莉娅去世两年后，她的女儿斯黛拉也过世了，年幼的孩子们把父亲当成替罪羊，认为他是吞噬女人的食人怪。

《陵墓书》和他们之间的通信表明，朱莉娅·斯蒂芬的生活状况并没有孩子们想象的那样糟糕。她的丈夫那富于人性的理解力让他们之间的通信能够异常敏锐地截获某些信号。他相信，温柔也是一种男子气概，而女性的力量一直是显而易见的。"即便我能，我也不愿容忍你违背自己的判断行事"，莱斯利·斯蒂芬在早期写道。或许，斯蒂芬对待女性不落俗套的方式给了女儿一张重要的许可证，但与此同时，这也使他的认知盲区格外地让人恼火。

这位父亲的回忆录并没有提到太多关于斯蒂芬夫妇的事，要看到更完整的画面，女儿的证词也应该拿来补充。莱斯利·斯蒂芬曾向朱莉娅坦白，说他会放大自己的忧郁情绪（"恐慌"）来索取她细致入微的关爱。对莱斯利·斯蒂芬来说，这只是个小缺点，但对他的孩子们来说，这是一个大错。他的无病呻吟让他们气愤不已。

弗吉尼亚·伍尔夫把父亲刻画为拉姆齐先生，这个形象呈现出一种让人难以理解的多变，他从最可爱的人飞速变成"饥饿的猎狗"，之后又变回原样。他极具人性关怀——他一想到渔民和他们的工资就睡不着觉——但当他发现牛奶里有一只小虫时，又会把整个盘子嗖的一声扔出窗外。他的举止冷漠又伤人，但偶尔也会展现出超越单纯的客气的体贴善意。他把真理当作武器，嘲笑儿子詹姆斯，向他证明天气会阻止他渴望已久的灯塔之旅。不过，他对事实的尊重也标志着他带给孩子们的那种智性勇气：

> 他说的是事实，永远是事实。他不会弄虚作假；他从不歪曲事实；他也从来不会把一句刺耳的话说得婉转一点，去敷衍

讨好任何人,更不用说他的孩子们,他们是他的亲骨肉,必须从小就认识到人生是艰辛的,事实是不会让步的……

弗吉尼亚学会了公正对待那些微小的事实,到最后,它们可能会比其他事实更加重要。作为一位小说家,她需要收集自相矛盾的事实,从而以斯蒂芬家族祖辈们的那种审慎态度来看待笔下的人物——自十八世纪末以来,斯蒂芬家族每一代人都曾在法律界获得卓越成就。在《到灯塔去》中,她对拉姆齐先生的审视就像是证人的发言,述说着他性格中的优点和缺点。她推出一个又一个证人,让他们指控、辩护,在争论中一次又一次地权衡。

在《到灯塔去》的手稿里,有一部分删去的内容是青春期的女儿凯姆在想象中对父亲的审判。这场审判由于过于私人化而不宜出版,不过,与"猎狗"这样流于表面的讽刺相比,审判中所包含的复杂事实更有说服力。凯姆的弟弟、六岁的詹姆斯渴望乘船去灯塔,但他的愿望落空了,因为拉姆齐先生粗暴地断定,恶劣的天气会阻止这次旅行。就这样,父亲持续用他对事实的强势断言刺激着孩子们,尤其是他的儿子。十几岁的詹姆斯控诉父亲是个尖酸刻薄的野蛮人,对此,凯姆提出"辩护",她描述了这位安静的、穿着灰白衣衫的老绅士认真地阅读和写作的场景。在书房的灯光下,"嘲讽和苛刻都不复存在,他也不再发脾气,不再恼怒,不再有极端的虚荣、武断与专横(她望着他,一一核实了这些特质)"。

凯姆还以年龄为由为父亲辩护:"很难想象他已经有多么老,他们根本不知道,他过去经历了什么。"十九世纪九十年代,斯蒂芬家族的孩子们成长在一个足可以做他们的爷爷的男人的家中。

（弗吉尼亚出生时，莱斯利·斯蒂芬已经五十岁了。）他们看到的是一个维多利亚时代中期的名人，他的额头宽大，鼻梁高挺，他留着长长的灰白胡须，浓密的眉毛垂下来遮住眼睛。在家庭聚会前后，他会穿着巨大的登山靴，挥着他的登山杖跳来跳去，哼着小曲，"就像一只鸣叫的蚂蚱"。

凯姆最终承认，父亲"逃过"了审判。"你想抓住他，但他就像一只鸟儿一样展开翅膀，飞到我们到不了的地方，飞到远处某个光秃秃的树桩上停了下来。"当她回忆起父亲摘下一朵小黄花，而母亲把花别在裙子上时，她那种因为父亲"逍遥法外"而产生的"怨气"突然消散了。"她也放过了他……即使在那时也是一样的。他在海上有个小小的栖息地，她微笑着想，就像有时她想象自己是母亲时那样笑着。"

对于妻子的护理工作，莱斯利·斯蒂芬的态度很开明，但他从未意识到女人也是需要假期的。他常在英格兰长途旅行，每年都去阿尔卑斯山登山度假，但朱莉娅似乎只在照顾病人时才能离开家。只有那么一次，当莱斯利动身去阿尔卑斯山时，朱莉娅看起来格外疲倦，于是，他提议去酒店度假。不过，当朱莉娅大胆提出建议时，他又觉得那些地方太昂贵了，最终，他们留在布莱顿和亲戚们待在一起。莱斯利有时会离家"远行"，把八个孩子都留给她照顾，其中还包括他和前妻米妮生下的让人费神的孩子劳拉。"想起你和孩子们在一起我就觉得欢喜，"1884 年，他在康沃尔海滩浑然不觉地写信给她，"他们一定很开心。"

在斯蒂芬家的四个孩子中，弗吉尼亚从一开始就表现得最勇敢，最热情，也最喜欢父亲。母亲去世后，孩子们感到他们就像树苗一样被父亲"狂风"般无休止的叹息吹弯了腰，但弗吉尼亚无法像其他兄弟姐妹那样去指责父亲。在他们最不愉快的那几年里（1895 年到 1904 年），大儿子托比远离家乡去学校念书，凡妮莎和阿德里安则像叛乱者一样态度强硬，他们愤怒地坚守着对母亲的回忆。弗吉尼亚感到自己痛苦地分裂了。在《到灯塔去》的手稿里，她描写了年轻的凯姆在课堂上目睹父亲和弟弟争执时那种"完全的、彻底的痛苦"："他们在屋子里横冲直撞，而她只能靠在窗边，望着宁静的草坪。"凯姆再现了弗吉尼亚内心的冲突：她被拉姆齐先生阅读时的专注姿态、灵巧的双手、简洁直白的语言和年龄赋予他的那种他自己都没意识到的尊贵气质所吸引，但她不得不和其他孩子们站在一边反抗父亲。

很明显，在莱斯利·斯蒂芬生命的最后十年或者更早的时候，他与家人的关系剧烈地恶化了，但这只针对家人，在同时代的其他人眼中，他仍是最可爱的人：他继续写着动人的信件，凭借餐后演讲的机敏才智吸引着阿尔卑斯山俱乐部的人们。1901 年，伦纳德·伍尔夫在剑桥遇到他，他看见"一个蓄着胡须、英俊的维多利亚时代的老绅士，他有着优雅的绅士风度，形貌和头脑都出众，在他的脸上，全世界的悲苦留下了无法展平的、痛苦而高贵的皱纹"。然而，在家的时候，即便是最小的挫折也能让他大发雷霆。甚至朱莉娅还在世时，卧室的房门也会在清早砰的一声关上。在女儿眼里，由于维多利亚时代的妻子圣母般的纵容，父亲的喜怒无常愈发严重了。

十七岁的弗吉尼亚第一次充满感情地描绘了父亲的夸张肖像。在 1899 年的沃博伊斯日记里，她把他古怪的行为归结为遗传的作用，而很明显，她很高兴自己拥有同样的基因。斯蒂芬家族的人都身材修长，行动笨拙，好像每迈出一步都在愤世嫉俗似的。他们可能会一言不发地坐着，但他们清楚地知道外面天气阴沉，飘着细雨，而他们的客人正感到郁闷又无聊。这种冷静沉着的心态极其适合登山探险，却无法"让茶话会顺利进行"。

莱斯利·斯蒂芬对同情心的过量渴求主要源于他的挫败感。他自我贬低，但他的语气中仍有熟悉的令人喜爱的坦率，这可以从他 1893 年对朱莉娅的抱怨中看出：

> 我真希望自己能更自信些……我已经放弃了一件又一件事情，尝试了不同的路，几乎变成无所不能的人，但我所做的事却只表明我或许可以做得更好……你啊，可怜的人儿，几乎听尽了我所有的抱怨：我不常向其他人抱怨，当然也不怎么对自己发牢骚。

他把自己比作一事无成的卡苏朋*，就像朱莉娅那位不幸的大姐的丈夫哈尔福德·沃恩（Halford Vaughan）一样。在他看来，阿德琳·沃恩把自己的一生都献给了一个自命不凡的学者，后者一心扑在无谓的猜想上，失败感让他变得倔强又暴躁。

弗吉尼亚出生的时间正好是父亲事业的转折点。1882 年，《伦理学》(*The Science of Ethics*) 一书遭遇失败，在这本书里，莱斯利·斯蒂芬试图证明"善"对于社会仍有价值，但对个人来说却未必如此。他希望通过此书建立起作为一名思辨哲学家的声名，然而，读者的反应让他很失望，于是，他在 1882 年接受了出版商乔治·史密斯（George Smith）的建议，开始编写后来让他成名

---

* 爱德华·卡苏朋是乔治·艾略特的长篇小说《米德尔马契》中的人物。他是一位学问渊博的老学究。——译注

的《国家人物传记大辞典》。他主编的第一卷是在 1885 年出版的，最后一卷是 1900 年，并且，虽然莱斯利·斯蒂芬 1891 年就退休了，但他仍在继续撰稿。在弗吉尼亚整个童年时代，她的父亲写出了大量的传记作品。人们惯于称赞他"精炼"、"简洁"的辞典式写作风格，然而，虽然他的文笔依旧辛辣，却缺少了早期作品中的激情。莱斯利·斯蒂芬晚年放弃了他在阿尔卑斯随笔中那种风趣活泼的风格，转向枯燥无味的"学究式"文风。在卡莱尔的词条下，当他写到卡莱尔于 1840 年开始研究克伦威尔时，他突然爆发了略带挖苦的同情。斯蒂芬写道，卡莱尔"初次结识了无趣的'老学究'。他从未被一部传记辞典奴役过；收集沉闷的记录这种索然无味的工作让他唉声叹气，时常感到绝望"。以同样夸张的方式，莱斯利·斯蒂芬把《国家人物传记大辞典》的办公室（位于滑铁卢街 15 号）称作"我的受难地"。

他在后来给朱莉娅的信中把自己描绘成一个幽灵或一只冬眠的野兽，当朱莉娅外出时，他便断绝一切人际关系。在《到灯塔去》中，那位失败的哲学家也需要妻子来滋养他的生命。拉姆齐夫人必须让所有房间充满生机，以便"他能把自己贫瘠的生命浸润其中"（见手稿），她用闪光的毛线针棒和倚靠在她膝间的小儿子"英勇地创造出了整个世界"。那个小男孩意识到父亲荒谬的需求，他感到语言就像翻涌、跳跃却又被完美控制的海浪一样从母亲身上涌出来。为了让丈夫振奋精神，拉姆齐夫人用尽辞藻夸赞他，细数着邀请他去讲学的各个美国大学。只有这时，他才觉得自己"不是一个困在蜘蛛网里的孤苦伶仃的旁观者"。毫无疑问，这段充斥着怒火的草稿对莱斯利·斯蒂芬的形象刻画存在一定程度的歪曲。事实更清晰地呈现在 1887 年莱斯利给朱莉娅的一封信中，他在信里承认自己的过错，但也表达了让他们的婚姻如此特别的丰沛的情感："……你知道的，尽管你无法给我一套全新的神经系统，我所有的怒气、不耐烦、咒骂和哀叹都是（相对而言）微不足道的；在内心深处，我一直拥有巨大的满足感。"当然，我们必须承认，弗吉尼亚的愤怒有正当的理由。在《陵墓书》中，莱斯利·斯蒂芬坦言，他常常夸大自己的自怨自艾，以便"[从妻子那里]获得她甜美的赞誉。那实在是太美妙了，即使包含错误的判断，却也蕴藏着最温暖的爱意"。对他来说，这种夸张只不过是让自己振奋的一出戏，但事实上，这对妻子和年幼的孩子们的诚实品性来说是一种负担。"（那种说了谎的压力）"，弗吉尼亚在《到灯塔去》的手稿空白处潦草地写下。

朱莉娅去世后，莱斯利·斯蒂芬的性情立即恶化为最糟糕的状态。按照弗吉尼亚的描述，一种"东方式的"悲伤让他变得盲目，他无法理解孩子们也有权利拥有自己的感情，这最终使他失去了他们的同情。他年轻时登山的精力如今都化为剧烈的悲叹。他的女儿觉得他"很像一位希伯来先知"，让整个世界都充满可怕的痛苦。当这个男人步履蹒跚地离开朱莉娅的病床时，十三岁的弗吉尼亚伸出双臂，但他不耐烦地与她擦身而过。这一幕永远地留在她的记忆里，它象征着从 1895 年到 1904 年莱斯利·斯蒂芬去世的这段时间里，始终存在于他们之间的情感僵局。

第三章

家庭肖像

在一张照片上,九岁或十岁的弗吉尼亚托着下巴,出神地看着莱斯利和朱莉娅·斯蒂芬,他们正安静地坐在圣艾夫斯度假屋的沙发上读书。这两个神色严肃、身着维多利亚时代的深色服装的人,将被重塑为拉姆齐先生和拉姆齐夫人,在弗吉尼亚·伍尔夫描写童年的伟大小说《到灯塔去》中长存。

1925年5月,距离拍摄这张照片的日子已过去了三十三个年头,当弗吉尼亚·伍尔夫在塔维斯托克广场散步时,一段记忆的轮廓不由自主地浮现在她的脑海:父亲、母亲、花园里的孩子,母亲的去世,随后是失去亲人的家人们到灯塔去的旅行。"不过,一个人能说出事实吗?……关于父母的事实?"一个月后,一位朋友这样问她。但她已经下定决心去写一部全新的实验性传记。她不会按照传统的时间顺序来讲述父母的人生,而是选择在相隔十年之久的两个特定日子里描绘他们。她把外在事实当作无关紧要的标点符号(拉姆齐夫人的死只仓促地在括号里提到),而去大胆地描写她认为属于他们生命核心的东西,也就是支配行为的种种意识状态。当现代画家莉莉·布里斯科为她对这个家庭的遥远记忆赋予独特的形态时,这部小说的内容就成了为拉姆齐夫妇画真正的肖像。小说第一部分是对拉姆齐夫妇的特写，这部分描述了他们与孩子、客人和彼此之间的日常关系。这些都是家庭生活杂乱无章的原材料，而最终，画家必须从中提炼出自己的"构图"。"这并不是编造出来的，"当弗吉尼亚·伍尔夫沉浸在童年回忆时，她欢欣鼓舞地告诉自己，"这就是确凿的事实。"她写《到灯塔去》的速度是平时写作速度的二十倍，这似乎证明了她所说的"悬挂在我灵魂上的硕果正亟待采摘"。

一开始，弗吉尼亚认为，这部小说是以父亲为中心的："父亲那单一又强烈的个性"，她在 7 月 30 号的日记里写道。她最初的想法是要与一个自我中心主义者战斗，她后来说，如果父亲还活着，她自己的生命会被毁掉。然而，当她在 8 月 6 日发起"攻击"后，便立即发现，她写的其实是母亲。

朱莉娅·斯蒂芬有一部分是无人知晓的，即便在这个不断向她索取的家庭中，她无处不在，并且，由于要去伦敦的大街小巷照顾病人，她的活动范围甚至更广。莱斯利·斯蒂芬则是更容易把握的：因为弗吉尼亚了解他的时间更长，而且，尽管他的性格表面上看起来有很多矛盾之处，他的形象还是清晰的。但母亲是一个谜，或许，这正是吸引她的地方。她觉得朱莉娅那摄人心魄的美掩盖了某种东西，而这种东西对于激发她作为作家的潜在天赋是至关重要的。许多年后，弗吉尼亚直言，捕捉那个女人的真实面貌和画一幅塞尚的画一样困难。由于她写的是虚构传记而非严格意义上的传记，她可以把记忆里的真实场景和想象场景融为一体。儿子因为不能去灯塔而感到失望，母亲朗读、探访病人、敏锐地感知别人的需求：这些都是一个孩子能记得的细节。而想象填补了空白：父亲和母亲单独在一起时说了些什么？他们有那么多不同之处,是什么让他们的婚姻如此和谐?肖像画逐渐完成,但她担心它有太多编造的痕迹。当小说在1927年5月出版后,肖像的准确性得到姐姐的认可,她才终于松了一口气。"我真是太高兴了,你觉得拉姆齐夫人很像母亲,"弗吉尼亚给凡妮莎写信说,"但与此同时,她为何能与母亲如此相像也是个心理学谜题:一个小孩子怎么可能了解她呢;只不过她总是萦绕在我心头……"

主要问题在于,如何去描写一个性格鲜明却没有留下任何有揭示性的作品或言论的人。性格鲜明的人通常拥有独特的生命之音,但这个维多利亚时代的女人的生命之音被压抑得那么厉害,几乎没有发出过声响。为了给予母亲公正的评价,弗吉尼亚·伍尔夫必须忽略家人对这个人见人爱的美人的回忆,而去寻找朱莉娅的奇妙权威的源头——她的权威并不来源于任何形式上的权力或地位。弗吉尼亚必须着眼于一片蕴藏着可能性的阴面——如果朱莉娅的七个孩子中没有一个渴望发现它,那么这片阴面就永远也无法被公之于众。

为了揭示拉姆齐夫人鲜明的个性、同情心与洞察力,艺术家必须扫清一层层杂乱又布满灰尘的惯习:她那属于维多利亚时代的柔情和她对权力的愚昧崇拜:

> 她的确把所有的异性都置于她的卵翼之下,对他们爱护备至;她自己也说不上来,这是为了什么原因,也许是因为他们的骑士风度、英勇刚毅,也许是因为他们签订了条约、统治了印度、控制了金融,显示了非凡的气魄;归根结蒂,还是为了他们对她的态度,一种孩子气的信赖和崇敬;没有一个女人会对此漠然置之而不是欣然接受……

在小说开头，当拉姆齐夫人安抚儿子詹姆斯时，她把自己所有的想象力都用在这个六岁男孩身上，梦想着他成为帝国的行政官。而此时，被忽视的女儿们正嘲讽地表达着各种"反叛的想法"，她们质疑英格兰银行、印度帝国、一切权力的装饰物，还有戴戒指的手指和殷勤的态度。

当以一种批判性视角去想象拉姆齐夫人时，她的形象偏离了弗吉尼亚的童年记忆，她被认为是在迎合一种妄自尊大的风气。查尔斯·坦斯利是拉姆齐先生的崇拜者，他被比作只会沿着一条路走的"红色的、精力充沛的蚂蚁"。他的论文《某物对某人的影响》属于那种会把杰作埋葬在庞德称为"赤裸裸的事实"之下的学术研究。然而，由于坦斯利太把自己当回事了，他会蒙骗世人，以获得一种官方地位，这是他最热切的渴望。坦斯利觉得自己在拉姆齐夫人眼里威风堂堂，他穿着博士袍、头戴博士帽，走在学者的行列中，而此时，弗吉尼亚·伍尔夫把他的幻想与一张吸引了拉姆齐夫人的海报联系起来，以此表达她的嘲讽。那是一张马戏团广告的海报："鲜嫩的大腿、铁环、马匹和炫人眼目的红颜绿色……一百名骑手，二十匹正在表演的海豹……"

弗吉尼亚·伍尔夫对拉姆齐夫人的指责暗含于这一虚构场景里，并逐渐坚实地扎根于莉莉·布里斯科内心的声音——莉莉一直在画布上勾勒拉姆齐夫人的形象，并试图"定位"她与其他人的关系。拉姆齐夫人很同情坦斯利，但莉莉害怕他：从他身上，她看到了艺术家的敌人。坦斯利的无能让他轻视女人，因为她们低人一等的地位能够方便地满足他的虚荣心。拉姆齐夫人想用细腻又得体的关怀让他振奋士气，变得有人情味。她邀请他一同步行进城；在路上，她设法暗示，所有妻子都应服从于丈夫的事业。

而作为回应,他的心中涌出一阵笨拙的情感,他看见:

> 她从万花丛中轻盈地走来,怀里抱着凋谢的花蕾和坠地的羔羊;她的眼里星光闪烁,她的鬈发在风中飘拂——他接过了她的手提包。

然而,虽然拉姆齐夫人引发了坦斯利短暂的倾慕和过剩的殷勤,但他的自我中心主义已过于牢固,无法再对她表示更多关怀了。当天晚些时候,拉姆齐先生浇灭了妻子乘船去灯塔的希望,此时,坦斯利迅速加入他的保护人的阵营:"'明天不可能在灯塔着陆,'坦斯利啪的一声合拢他的双手说道。他正和她的丈夫一起站在窗前。"

拉姆齐夫人对男性的纵容与她对女性的苛刻形成对比。莉莉注意到,当拉姆齐夫人说着"结婚吧,结婚吧"时,她那充满掌控力的语气有种让人无法抗拒的力量。她在深夜来到莉莉的卧室,想把婚姻的理想强加在这个年轻的女人身上,但她并不了解这个女人的独立精神和思想境界。"一个不结婚的女人错过了人生中最美好的部分",她这样说道,但莉莉反过来"竭力主张她本人应该排除在这普遍的规律之外……她喜欢独身;喜欢保持自己的本色……这样,她就不得不面对拉姆齐夫人无比深邃的双目严厉的凝视,面对拉姆齐夫人简单的结论……她亲爱的莉莉,她的小布里斯科,可真是个小傻瓜"。

拉姆齐夫人心中满是维多利亚时代的信念,她深信女人只有在婚姻中才会有更好的命运,为此,她向一对年轻的情侣保罗·雷勒和明塔·多伊尔鼓吹一种他们无法承受的宏大情感。明塔是那种温柔善良的姑娘,对拉姆齐夫人百依百顺。她很容易被控制,因为她养成了女子气的种种缺点:她没法遏制情感的冲动,也太容易狂热。她为丢失的胸针失声痛哭,在刚刚同意保罗的求婚后,又情不自禁地"因为丢失了其他东西"而哭泣不止。她获得的安慰是保罗那双婴儿般的蓝色眼睛和家庭带来的安全感。而保罗获得的奖赏则是拉姆齐夫人的认可。

在野外郊游和家庭聚会上,朱莉娅·斯蒂芬也把她的"受害者们"引向圣坛,她就像一位发号施令的女皇,以强硬的手段迅速解决各类难题。她的一位女门生是浪漫多情的玛奇·西蒙兹,她曾出过书,并同她的父亲——作家约翰·阿丁顿·西蒙兹(John Addington Symonds)——一起游历,她嫁给了朱莉娅最无趣的亲戚之一,一位名叫威廉·沃恩的中学校长。失去母亲的基蒂·勒欣顿在圣艾夫斯时也受到朱莉娅庇护,她在1890年9月与利奥·马克西订婚了。和雷勒夫妇一样,马克西夫妇的婚姻也不怎么幸福。基蒂继承了朱莉娅·斯蒂芬身上所有保守的部分,而这一部分正是朱莉娅自己的女儿们不愿意接受的,尽管她们也被强烈地吸引着。基蒂是"一个拥有最迷人的魅力、最出尘脱俗的优雅淑女",她成了一位接待重要宾客的女主人。弗吉尼亚·伍尔夫在塑造达洛维夫人时充分展示了基蒂的魅力,不过,她最终还是把基蒂的灵魂赋予了明塔·多伊尔,把她写成了控制欲强烈的拉姆齐夫人手下那位迷人的受害者。

十年过后,拉姆齐夫人已经去世,莉莉·布里斯科回忆起这个维多利亚时代的女人,概述了她的种种错误。为了她的某种自我牺牲的需求,她把丈夫培养得迟钝麻木:他从不给予,一味索求。在莉莉冷峻的现代目光的审视下,拉姆齐夫人作为妻子那过剩的同情心显得有些落伍。莉莉的语气很挑剔，她用了一个卖弄学问的词"显而易见"（evidently）来质询拉姆齐夫人的感情，并且刻意使用了过去时态。当拉姆齐先生从莉莉身上榨取同情时——莉莉是离他最近的女人——她意识到，她无法做出维多利亚式的回应：

> 她肯定能够根据回忆来模仿她在许多女性脸上看到过的那种激动、狂热、俯首听命的表情……她们的热情燃烧起来……陷入一种狂热的同情，因她们所获得的报答而万分喜悦，虽然她并不明白其中的缘由，但显而易见，这种报答是人性可能给予她们的最高的幸福。

刻画朱莉娅·斯蒂芬的难题不在于模糊的记忆，而恰恰在于她那引人注目、难以忘怀的形象，就像在特洛伊长者面前走过的海伦一样。她的美貌和女性气质完美地融为一体，不断展现在圣艾夫斯的客厅里那个十岁孩子陶醉的眼中。在弗吉尼亚·伍尔夫的写作计划里，她设想的是"一座石像；一尊立在高处、始终面向深深夜色的塑像"。那么，她面向的究竟是有限的生命还是她未知的天性呢？白天的她对外表现得就像"家中的天使"，出于这个原因，她很容易遭受读者的批判，被当作对女性形象的扭曲。然而，在莉莉的画中，拉姆齐夫人却并非如此。莉莉看到了拉姆齐夫人的另一面，她几乎被白天的形象遮蔽了，但她依然昭示着女人潜在的天性。

莉莉把拉姆齐夫人画成了一个紫色的三角形。从莉莉支起画架，看到窗前给詹姆斯读书的拉姆齐夫人那一刻起，她就不曾试图展现外在的相似性，她想表现的是一个关于阴影与沉默的抽象概念。莉莉一开始就看到了"一个黑暗的楔形内核"，这类似于弗吉尼亚·伍尔夫在最初为这本书写的笔记里想象出了一个与背诵《轻骑兵的冲锋》的男人对立的形象*；有人从行动的姿态退回了她内心的秘密权威之中。

"唉，没办法独处真是种折磨！"朱莉娅曾这样说。这句话便是理解拉姆齐夫人那不为人知的一面的出发点。她的女儿只须想象一个维多利亚时代的家庭主妇，她要照顾包括八个孩子和三个客人在内的大家庭，通常来说，她不可能有机会一个人待着，不过，她突然获得了独处的时间。当她放下责任时，灯塔的光束便照在了她的身上。那是灯塔的第三道光，它似乎拥有魔力——拉姆齐夫人把它叫作"属于她的光束"——它印证了莉莉的直觉，即这个女人把自己的另一面如此深地藏在阴影里，以至于它通常是"不可见的"。画架背后的艺术家和小说背后的传记作家重现了灯塔的功能：她们一起照亮了一个女人未知的天性。然而，无论是艺术家还是主角本人都无法说清这种天性究竟是什么。

在这一刻，拉姆齐夫人被灯塔的光束注入了能量，她开始探寻自己的心灵，"把其中的实质精炼提纯，剔除了……一切谎言"。她的能量源于她"抛弃了外在的个性"。她意识到"我们的幻影，这个你们借以认识我们的外表，简直是幼稚可笑的"。

---

* 《轻骑兵的冲锋》（"The Charge of the Light Brigade"）是阿尔弗雷德·丁尼生爵士于1854年写下的一首叙事诗。该诗讲述了在克里米亚战争巴拉克拉瓦战役中，卡迪根勋爵（Lord Cardigan）带领英军轻骑兵向俄军发起冲锋的故事。在《到灯塔去》中，拉姆齐先生总是吟诵这首诗中的一句——"有人犯了大错"。——译注

人类学家已经注意到，他们对女性研究对象的记录是十分贫乏的，哪怕她们看起来很健谈，然而，除了那些可以直接观察到的信息（婚姻与职责），几乎没有其他记录。埃德温·阿德纳（Edwin Ardener）和雪莉·阿德纳（Shirley Ardener）夫妇认为，几个世纪以来，女性将自己的所思所想放入男性编码的语言，这使她们变成一个"沉默的"群体*。拉姆齐夫人不喜欢丈夫对待詹姆斯的粗暴方式——他告诉詹姆斯一个令人失望的事实：他不能乘船到灯塔去。当她的不满引发丈夫的谩骂时，她很快表示，自己已"无话可说"。不过，莉莉私下认为，这种沉默充满了对拉姆齐先生的挑战，他的声音已被纵容了太久，变得太聒噪，就像黄铜鸟嘴发出的声音似的。

　　"'我拥有女人的情感，却只有男性的语言'"，弗吉尼亚·伍尔夫曾在1920年的一篇书评里引用了这样一句话。†"去尝试已被接受的形式，抛弃一切不合时宜的东西，创造更恰当的其他形式，是一项必须完成的任务……"这个任务必须结合背景来看，也就是说，她的中上阶层背景要求她必须像淑女一样保持沉默。去提高作为作家的音量绝非易事，去建构没有现存语言能表达的情感也需要几近疯狂的勇气。她常常谈起曾给予她灵感或让她发疯的声音。莉莉·布里斯科发现，"要跟上她的思路，就像跟上一个难以笔录的说话极快的声音，而这声音就是她自己在说话，在没有任何提示的情况下，她说着无可否认的、永恒存在的、相互矛盾

---

*　当然，女性只是社会众多沉默群体中的一个，这些群体必须在自己的生命体验和社会大事件的主流模式之间建立联系。

†　弗吉尼亚·伍尔夫不十分准确地引用了《远离尘嚣》中芭斯谢芭说的话。芭斯谢芭曾说："女人很难用语言来定义她们的感情，因为语言主要是男人为了表达感情而创造的。"

的事实……"

詹姆斯·乔伊斯看到了锻造爱尔兰民族那尚未产生的良知的必要性，同样，弗吉尼亚·伍尔夫也开始创造尚未诞生的女性模范。他们二人都看到一座被语言守卫着的堡垒，也明白必须用语言来反抗。在《尤利西斯》中，那位爱尔兰演说家举了一个例子，说明作为游牧部落的犹太民族为何受到埃及人的统领。只有拒绝听从统治文明的警训，摩西才有可能走下西奈山，带来全新的"用被放逐者的语言刻写"的法典。

弗吉尼亚·伍尔夫的女性模范以她的母亲为原型，不过，这个母亲不仅是外在生活的戏剧性情节的浓缩，也不仅是维多利亚时代风行一时的传统女性形象的化身，她还是语言艺术本身的提纯。弗吉尼亚认为，女性的"摩西法典"被封存在她们的前语言（pre-verbal）状态中。当莉莉单独和拉姆齐夫人待在黑暗的卧室时，"她想象着，在那个女人的心灵密室中……就像帝王陵墓的宝藏一样，树立着记载了神圣铭文的石碑，如果谁能把这铭文念出来，他就会懂得一切，但这神秘的文字……永远不会公之于世"。传记作家和艺术家在莉莉身上共存，她们一齐问道："究竟是什么通过爱或技巧才能理解的艺术，让人得以闯进心灵的密室？……她渴望的不是知识，而是融为一体……不是用男性能理解的任何语言书写出来的东西，而是亲密无间的情感本身，那就是知识，她曾想，并把头倚靠在拉姆齐夫人的膝上。"拉姆齐夫人善于使用E. M. 福斯特称之为神秘的读心术的技巧。在晚宴上，她环顾餐桌，毫不费力地读懂了客人们的想法和感情，"她的目光就像一束悄悄潜入水下的灯光，照亮了水面的涟漪和芦苇、在水中保持平衡的鲽鱼和突然静止不动的鳟鱼，它们悬浮在水中，颤动不已"。她的

42

目光照亮了隐藏在礼仪技巧背后的秘密自我。运用这种天赋,她看穿了灯塔之光短暂揭露的一切谎言。

弗吉尼亚·伍尔夫从母亲身上继承了两种天赋,它们将构成她的艺术创作的根基。首先,朱莉娅·斯蒂芬能够迅速看透人们的性格。周日下午,朱莉娅常常在海德公园门的客厅里,大胆又妙语连珠地品评别人,对弗吉尼亚而言,这些评论很可能比《国家人物传记大辞典》中的事实性条目更有价值。

第二,朱莉娅把一个维多利亚时代的不可知论者的徒劳感留给了女儿,但这种徒劳感又被某种关怀所平衡。前夫去世的打击让朱莉娅变成"最积极的怀疑论者"。她对命运的服从让她怀着虔诚的心去珍视生活中的细微琐事,"仿佛她永远能听到巨大的时钟在滴答作响"。在《到灯塔去》的手稿中,雷勒的婚事刚一定下来,拉姆齐夫人就看到了它被往昔吞没,仿佛时光之流先是围着它旋转,然后把它冲进巨大的浪涛中:"是啊,无论什么时候发生了什么事,这就是人的第一反应——总是死亡。"无处不在的终结感体现在她女儿的所有小说中,在《海浪》里尤其明显。朱莉娅听着时钟的滴答声,而她的女儿则听到海浪拍打出生命的节奏。对她而言,抵御时光流逝的唯一方式就是赶在身后的滚滚洪流冲上来之前抓住此时此刻。她笔下大多数受过教育的人物都有这种使往昔凝固的能力。如果没有这种能力,他们将无法忍受历史。

我们起初看到的是父母二人盛年时的特写镜头。《到灯塔去》的第一部分以拉姆齐夫人朗诵莎士比亚的十四行诗为结尾,这些诗句描写了激发出不朽的艺术作品的美。作者想要通过莉莉的画和小说本身确保母亲那无与伦比的美好能永不消逝。"只要人还能呼吸,眼睛看得见,"莎士比亚写道,"我这诗就活着,使你万世流芳。"*莉莉过于谦卑，她无法相信自己的画不会被束之高阁，不过，她真正在乎的是，这漫长岁月中的一个瞬间，这个维多利亚时代末期的夏日午后，应该被记录下来。

拉姆齐夫人沉醉在"我与你在春天分离"的十四行诗†里。在诗中，诗人的挚爱仿佛是一切美的本质，当他不在时，自然界的近似物——"鲜红的玫瑰花"——便只是可怜的替代品。这首诗表达了小说家的心声，她的失落感如此深重，以至于感到当下所有形式的美都只不过在苍白地模仿她小时候窥见的那个完美形象：

好像仍是冬天，你已飘然而去，
我与这些幻影一块儿嬉戏，犹如我和你的倩影一起徘徊。

小说中父母一起读诗的场景恰似那张老照片，只不过小弗吉尼亚不在那里。父亲和母亲单独待在一起，成熟的小说家遥远地想象着他们私下的关系，恰似弗吉尼亚·伍尔夫透过塔兰德屋的窗户，看着这对相爱的幽灵上演着早已逝去的戏码。

这个场景中的两性情感是暗示而不是直接展示出来的。拉姆齐夫妇婚姻的成功之处在于，拉姆齐先生愿意对妻子的沉默做出富于创造力的回应（这与莱斯利·斯蒂芬一样）。拉姆齐夫人也说不清楚自己的爱的本质，"但他却明白了"——这就是第一部分的结语。

拉姆齐夫妇对彼此的感情是非凡的人性滋养的自然结果，这

---

* 莎士比亚十四行诗第十八首（Shall I compare thee to a summer's day）。——译注
† 莎士比亚十四行诗第九十八首（From you have I been absent in the spring）。——译注

第三章　家庭肖像

份滋养源自伟大的文学作品。拉姆齐先生在阅读司各特的作品时想，相对而言，巴尔扎克对性的兴趣是比例失调的；他为司各特的感情和幽默而兴奋地拍着大腿。当拉姆齐夫人观察到他已经沉浸在小说中并"控制着自己的感情"时，她也让自己在十四行诗中平静下来，沉入睡意朦胧的状态。她陷入莎士比亚爱意绵绵的诗句中，躺在由爱的精妙定义编织成的细网里，她渴望语言，渴望拉姆齐先生能"说点儿什么"。

拉姆齐夫妇渐渐靠近彼此，他们"不自觉地凑到一块儿，肩并着肩，靠得很近"。没有什么实际的行动或语言，只有一种微妙而意蕴丰富的亲密感在一寸寸增长，包容了一切性格上的细小差异。

在《回忆录》里，弗吉尼亚曾说，母亲第二次长达十五年的婚姻是迟来的完满。对于她的父母——最终也是对她自己——而言，婚姻是男女关系中最迷人的一种。拉姆齐夫妇善于"看见"彼此："但她知道……他正望着她……他已经醒过来了。"……"她转过身来，拿着袜子看着他。"那个在客厅里细心观察的孩子已见得足够多，她完全可以想象出这些场景。据她回忆，即使在一个孩子眼里，他们看着彼此时流露出的那种难以言喻的喜悦也是很美好的。他们之间的协奏曲是由"不和谐又不一致，但丰富而快速的音阶"来谱写的。后来，当莱斯利·斯蒂芬看着那张弗吉尼亚在背景里的老照片时，也强调了他们"内心深处流淌的平静而强烈的幸福感"。

随着朱莉娅的去世，笼罩着斯蒂芬一家的爱也彻底消失了。家人们之间的关系立刻变得尴尬而紧张。莱斯利·斯蒂芬越来越情绪化和不切实际；孩子们缩回充满不信任的沉默之中。弗吉尼亚自此开始了一段漫长的挣扎，往昔纠缠着她，但她必须重新开始，去建立一个作家的独立身份。在《到灯塔去》的战后部分，作为现代艺术家的莉莉·布里斯科寻找自我的经历，就是弗吉尼亚·伍尔夫作为作家的自我发现的虚构写照，这将在本书下一个部分呈现。

与此同时，即将到来的是二十年疾病缠身的日子，在这段时间里，弗吉尼亚被过去掌控着。过去似乎在以鬼魂的形式向现在"说话"——1915年某天早餐时，她听到了母亲在对她说话。"这个鬼魂对我来说简直是无法消灭的"，亨利·詹姆斯曾在朱莉娅去世后给斯蒂芬写信说。在这样的情况下，对鬼魂的感知并不代表某种诡异的入侵，而是过去在多大程度上依然存在的问题。

这种对鬼魂的感知最早出现在弗吉尼亚描写维多利亚时代的母亲的一篇手稿里。晚饭过后，拉姆齐夫人站在台阶上，她希望自己能被孩子们记住。如果她能占据孩子们的情感，那么从某种意义上来说她就能战胜死亡，想到这一点，她感到很欣慰。"他们会回到这个夜晚的。想到自己将被编织进他们一生的记忆里，她觉得很高兴……这样，她自己的死就无关紧要了。"

让朱莉娅"死而复生"如此容易又如此危险。弗吉尼亚只需阅读她表达爱意的信件，打开她的旧衣橱，或偶然听到某个家庭成员发出相似的笑声——笑声最后的三个音节会逐渐减弱，表达着纯粹的喜悦。而"危险"的原因在于，这种交流产生的兴奋感会不可避免地带来再次被遗弃的痛楚。在《到灯塔去》的手稿中，莉莉就感受到，她的身体那样疲乏空虚，却又带着渴望："幽灵、空气、虚无。"

弗吉尼亚对母亲去世的反应表现为三种形式。有时，她会因

第三章　家庭肖像

为无法遏制的思念而丧失行动能力。她常常反复做同一个梦，在梦里，母亲戴着白色的花环，像往常一样快步走着，穿过田野直至消失。后来，当斯黛拉和托比也去世后，梦中的母亲会在他们的陪伴下离去，弗吉尼亚曾三次试图加入他们。

在伦敦或在乡间的时候，她常常半闭着眼睛，想要在现实中找到做梦的感觉。她会俯瞰火车的车厢和公路的转弯处，然后某个障碍物就会挡住她的视线。在她的作品中也是如此——现实和梦境总是相互制约。莉莉无法凭借记忆完成画像；在沮丧的痛苦中，她呼唤着拉姆齐夫人的鬼魂：

"拉姆齐夫人！拉姆齐夫人！"她失声喊道，感到某种恐惧又回来了——不断地渴求，却一无所得。她还能承受那种恐惧的心情吗？

接着，鬼魂偷偷溜了回来："拉姆齐夫人——那个身影是她完美品德的一部分——就坐在椅子上，轻巧地晃动手里的针棒，编织着那双红棕色的绒线袜子，并在石阶上留下影子。"为了画面的构图，莉莉需要她的出现。

对于母亲的去世，弗吉尼亚最积极的回应是创造性的回应：莉莉最终完成了画像。弗吉尼亚·伍尔夫把传记当作一幅肖像画，而不是堆积事实的百科全书。她的对象必须像一件艺术品一样被创造出来。记忆和事实都是必不可少的，但归根结底，它们只是通向问题的向导。记忆给了她一束光，但只有想象力才能引导这束光。她提出两个难题，又用两个充满想象力的场景做出回答。第一个问题是，她的母亲是如何看待她自己的？让灯塔的光束照在难得独处的母亲身上是充满灵感的一笔。第二个问题是，父母私下的婚姻生活是什么样的？她从回忆中两人的眼神入手，将父母之间与日俱增的亲密关系戏剧化地呈现，这份亲密是如此完满，乃至抹除了所有的家庭矛盾。

这部肖像作品出版后，凡妮莎惊讶地发现，真实性可以通过想象而不是事实来实现。她写道：

科西嘉别墅［法国卡西斯］

［1927 年］5 月 11 日

我的比利，

　　……你在书的第一部分为母亲画了一幅肖像，在我看来，它比我能想象的任何画面都更像她。看到她起死回生几乎是痛苦的。你让人感受到了她性格中无与伦比的美好，这必定是世上最难做到的事。在长大成人之后，在一个平等的位置上，我仿佛又见到了她，能以这种方式再次和她相见，对我来说是惊人的创造力的壮举。你也给父亲画了像，我觉得也很清晰，但这好像并非难事（也许我是错的）。还有很多需要抓住的东西。但我仍然觉得，这是唯一展示了真实的他的作品。所以你要知道，就肖像描绘而言，你在我眼里是一个卓绝的艺术家。发现自己能再度和这两个人面对面是让人震撼的，我简直没办法思考别的事了……

你的凡·贝

一幅以情感力量让朱莉娅·斯蒂芬"起死回生"的画像必须是主观的。它不能展示完整的事实，比如说，这个女人是劳拉·斯蒂芬的继母，但她没有或没能保护劳拉逃脱可怕的命运：劳拉一生都关在精神病院里——她的生母绝不会允许这样的事发生。劳拉被遗忘了，并且，不论朱莉娅·斯蒂芬做了什么——无动于衷或是欣然同意——她都参与了这场被掩盖的悲剧。

弗吉尼亚对母亲的去世还有另一种反应，对她而言，这是最容易做到，却也最难以理解的。这种反应——简单地接受她的持续存在——并不病态，也不具创造性。"没有什么比死者在生者心中的地位更牢固"，她曾郑重其辞地写道。在《到灯塔去》的手稿里，那位现代艺术家就认为，她的维多利亚时代的精神导师依然存在：她不再是那个有血有肉的女人，而是另一位藏匿起来的女人，她会偷偷溜回来，左右别人的想法。在她死后十多年，"她依然无处不在——悄悄地，让自己不被察觉。她脱下了肉身的外衣，换上另一件衣衫"。朱莉娅·斯蒂芬就这样继续萦绕在女儿心头。在母亲去世的十多年后，弗吉尼亚写道："数不清有多少次，当我夜晚躺在床上、走在街上或是进入房间时，她就在那里；美丽，鲜活，说着她常说的话，发出熟悉的笑声；比任何活着的人都离我更近。"

学徒时期

即使在充满梦幻与想象的西印度各省,
人们也在追求自我解放,
——这是哪位威尔伯福斯*带来的呢?
亨利·梭罗,《瓦尔登湖》

* 威廉·威尔伯福斯（William Wilberforce，1795—1833）是英国国会议员、慈善家和废奴主义者。——译注

第四章

黑暗的二十年

弗吉尼亚·斯蒂芬一生中最黑暗的岁月（1895 年至 1915 年）是从母亲去世时开始的。最低谷出现在 1897 年最后几个月，在她的大姐斯黛拉去世之后。她十五岁那年经受了太多挫折：两位保护者的去世；父亲的情感回避；最严重的是，她的精神疾病开始出现，并随时可能发作——在这最初也是最脆弱的二十年里，病情以不同程度反复发作，最后一次恰好是 1915 年——她出版第一部小说的时候。

弗吉尼亚·斯蒂芬是如何克服这些困难成为一位作家的？接下来的两章将会讲述她的不幸遭遇；再往后两章则与她的解放有关：她开始利用她的独特资源，尤其是她接受的那种不规律的教育；她怎样把父亲当作榜样，最终又如何超越了他；她怎样创造性地运用她有限的人生经验，而作为一个未得到充分保护的身患疾病的年轻姑娘，她又如何敢于从这种立场出发，坚持她对社会的独特看法。

她的学徒时代格外漫长，一部分原因是她经受了种种挫折，不过，这些挫折在很大程度上都是她强加给自己的。对于即将出版的作品，她如何才能满足自己那毫不妥协的极高标准？她具有与同时代最具独创性的诗人 T.S. 艾略特相似的品质——克制。他们二人都甘愿投身于多年的沉默实践；都积累了很多作品却不打算公开发表。在当今时代，耐心或许不是常被提起的文学美德，但他们二人都很有耐心，这并不是谦卑的表现，而是一种警觉的自我尊重。

本书的第三部分将会追踪弗吉尼亚·伍尔夫的公共成就，但从某种意义上来说，第二部分关注的是更有趣的问题：一个作家的形成阶段。她那些独立的实验作品，尤其是《一位小说家的回忆录》（"Memoirs of a Novelist"，这篇作品在 1909 年被她父亲担任主编的《康希尔杂志》拒稿了），形成了一个理论储备库，其中的理论思想终将在她成熟的小说中找到表达方式。她所有的关键思想都诞生于这段漫长又困难的时期。

在《到灯塔去》中，横亘在维多利亚时代场景和现代女性之间的岁月，被表现为一段空白。但实际上，那段时间里充满了各种有影响力的人和戏剧性的事件，不过，弗吉尼亚的回忆实在是太痛苦了，她两次中断书写回忆录的尝试，还在她的自传小说中创造了一段突然断裂的时光。在这段日子里，时光飞逝，四季交替，模糊不清的岁月迅速被遗忘。

1897 年的日记和 1940 年《往事札记》中的一个回忆片段提供了她的困境的一些细节。该片段表明，她私下里和艾略特一样，觉得自己正从蝶蛹中爬出来，不过，艾略特将这个过程想象为一种自我完善——破茧而出的是一个真实、纯粹的自我，而弗吉尼亚却并不那么强调蜕变过程，她看到的是那个无壳生物的脆弱无助：它"用湿黏颤抖的足和触角推开蝶蛹爬出，在破碎的壳边等了一会儿；周围很潮湿：它的翅膀布满褶皱，它的眼睛睁不开，也飞不起来"。她就是这么看待十五岁的自己的，当时，她正承受着斯黛拉的死带来的突然打击。"即便是现在，"十年后她写道，"我仍不敢相信。"

弗吉尼亚的人生本可能在那时就停止了。她或许会一直处于精神失常状态。或者，她会努力变得"正常"，变成一个平淡无奇、规规矩矩的姑娘。但她没有选择任何一条路——转折点就在这里，在1897年。

斯黛拉死后，家里的三个男人便开始用不同的方式折磨这对年轻姐妹。莱斯利·斯蒂芬在朱莉娅去世后贪婪地渴求同情（"就像一头寻找猎物的狮子"）。自1895年到1897年，斯黛拉首当其冲地扮演了猎物的角色，用安抚和赞扬来满足他。而斯黛拉死后，当他看着二女儿凡妮莎时，"表现得异常唐突"。据弗吉尼亚说，凡妮莎的无动于衷激发了父亲前所未有的"狂躁"。她记得，每个周三，如果一周的支出超过十一英镑，"他的拳头就会砸到账簿上。他会大声怒吼。青筋暴起，面红耳赤。然后他喊道'我算是毁了'，接着又捶胸顿足……凡妮莎呆呆地站在他旁边……我从未这么愤怒和沮丧。没有任何语言能表达我的感受。"

第二个男人是斯黛拉的丈夫杰克·希尔斯（Jack Hills），他利用了她们的感情。弗吉尼亚回忆起一个场景，那是斯黛拉去世一个月后，家人们正在斯特劳德附近的佩恩斯威克度假，在一栋花园房里，她和杰克待在一起："他抓住了我的手。呻吟着。'它把我撕裂了'，他呻吟道。他在极度的痛苦中握紧我的手，好让痛苦得以忍受，仿佛他在遭受肉体的折磨一样。'但你无法理解，'他突然说道。'不，我能，'我小声说。潜意识里，我明白他的意思，

第四章　黑暗的二十年　　63

他想说的是性欲把他撕裂了,还有失去她的苦楚。两者都在折磨着他。外面黑漆漆的花园里那些［光秃秃的］树,在我看来是一个符号,一个象征,代表斯黛拉的死给他带来的刺骨的疼痛;还有给我们带来的;所有的一切。"对于杰克,姐妹二人是心甘情愿的受害者,不过弗吉尼亚也偶尔做出过反抗。杰克要求她们细致入微地分析他的悲伤,但反过来,除了把凡妮莎拖入一段短暂又无疾而终的关系中,他很少去了解她们的情绪。

最后是乔治,乔治的拥抱超越了得体的界限,但他自欺欺人地觉得,自己只是过度表达了兄长之爱。伪装成保护者的掠食者是最邪恶的,他表面上的嘘寒问暖偶尔能赢得她们的信任。在任何情形下,公序良俗都不允许她们提起这件事,因为控诉乔治会使她们心灵的纯洁性遭受质疑。

斯蒂芬夫人和斯黛拉曾保护她们远离一切情感暴力,然而,当她们去世后,"某种克制的情感爆发了"。在《到灯塔去》中,莉莉意识到,从前"这栋房子里充满了互不相关的激情",它们曾凝聚在年长的女性周围,现在却被释放出来。乔治是她们童年时代的英雄,他曾带着她们去坐公交车,到伦敦金融区的酒吧喝茶,还教她们如何用直板打板球,如今,他变成"一片翻涌着情感的海洋"。两位年轻姑娘年龄尚小,无法对他施加控制。她们只能躲避。因此她们一有机会就"单独散步"。

她们常常逃往肯辛顿公园,那时,公园还比较荒凉,她们躺在宽阔的草坪上阅读《点滴》杂志,细细地品尝花一便士买来的巧克力。姐妹两人曾在一间能俯瞰后花园的玻璃房里找到独处之地。凡妮莎画画,弗吉尼亚大声朗读萨克雷或乔治·艾略特的作品。弗吉尼亚说,就在那段时间,"妮莎和我形成了非常亲密的同盟关系。在人来人往的世界里,我们建立了自己的内核"。

在《往事札记》里,弗吉尼亚强调了死亡不体面的一面:它带来痛苦、暴躁、情绪失控。朱莉娅的死立即引发一种虚幻的阴郁气氛,在这样的氛围中,真实的痛苦几乎是受欢迎的。"我们对忧伤的感觉已经麻木了,提及死者,已经无法真诚地表达哀伤;不幸的是,它也没有激发我们对生者的感情;它是那样可怕,让生者和死者的感情都变得模糊起来……"弗吉尼亚逐渐意识到母亲的死带来的影响:紧闭着房门的卧室那恐怖的寂静、黑色的丧服、留着宽大黑边几乎没地方写字的信纸——情绪慢慢从这些场景中渗透出来。她的父亲把自己关在房里,与接踵而来的热心悼念者或是逆来顺受的斯黛拉待在一起。他会爆发出一阵阵哭喊声,房门开关时孩子们便能听到。吃饭的时候,他一遍遍地说自己想死,而孩子们只能呆呆地看着他。他们年纪太小,也太悲伤,没办法宽容对待他的夸张表演,更不可能带着幽默感。当他经过孩子们的房间,跌跌撞撞地爬上楼梯去他的书房时,他们听到他自言自语:"我真希望我死了,我真希望我死了——我希望我的胡子能长出来。"

造成疏远的还有另一个原因。孩子们以现代人的缄默面对死亡。死是不能提及的。而莱斯利·斯蒂芬作为上一代人,在面对死亡时表现出了情感的泛滥,他把死亡的场景置于人生戏剧的中心。孩子们觉得父亲是病态的,不过,他的情感宣泄或许比他们的紧闭嘴唇更自然一些。虽然弗吉尼亚指责父亲扼杀了他们的感情,但这种麻木或许来源于孩子们自己。导致虚构角色塞普蒂默斯·沃伦·史密斯的精神疾病的主要原因就在于他无法对最爱

第四章 黑暗的二十年

的人的死亡做出反应。弗吉尼亚永远无法原谅自己在母亲去世后的这段情感冻结期,这是她精神疾病的源头,她总是停留在这个时期。

就在此刻,二十八岁的斯黛拉成了孩子们心中无比重要的人物,这不仅因为她变成了母亲的替身,还因为她似乎设法打破了僵局。为了那位公认的"暴君"、她的继父,她做了很多牺牲,正是她的牺牲激励了孩子们。她面色苍白,掩藏起泪水,这在年幼的孩子们心中唤起了某种骑士情感,它是真切的,因而振奋人心。此外,从她与杰克·希尔斯之间的浪漫爱情中,孩子们也间接感受到喜悦,这让他们进一步恢复了活力。

在弗吉尼亚1897年的日记里,我们看到,斯黛拉承担起母亲的职责:她给弗吉尼亚和阿德里安洗澡,去厄尔斯伍德照顾他们智力低下的姐姐劳拉,还去劳教所探访。在很长一段时间里,她小心翼翼地隐藏起身体上的不适,而她苍白的面色是唯一的迹象。她保证了妹妹们买衣服的零花钱(从她们吝啬的父亲那儿给两人分别争取了四十和二十五英镑)。当她结婚时,还送给阿德里安一架显微镜。"我们依赖她,就像没有思考能力的人依赖某种自然力量似的",弗吉尼亚说。

弗吉尼亚·伍尔夫在《到灯塔去》和回忆录中用两种方式描述了斯黛拉(《到灯塔去》中的普鲁就是斯黛拉)。她很顺从,但那是一种有尊严的、不屈服的顺从。她唤起白色和纯洁的意象:"她总让我想起盛放的白花——接骨木花、欧芹花,那些能在六月的原野上看到的花朵……另外,蓝色的夜空中依稀可见的白色月亮也能让人想起她。还有花瓣半透明、硕大的白玫瑰。她有一头美丽的金发,前额的发丝拳曲着垂下来;脸上一点儿血色也没有。"1894 年夏天，斯黛拉违背了母亲的意愿，拒绝了她的第一位求婚者杰克·希尔斯。那天晚上，孩子们听到她在隔壁房间里哭泣。"结婚吧，结婚吧"，《到灯塔去》中的母亲竭力催促，并向她承诺幸福会得到保障。斯黛拉已经不再年轻。有很多人追求她，但出于对母亲深深的依恋，她一度很抗拒婚姻。

弗吉尼亚觉得杰克就像一只"顽固的刚毛㹴犬"。他在周日来访时一直坐在那里，"像猎狗对待骨头那样担忧他的言辞"。她能看出斯黛拉很敬重他，但"要与他正面相对，斯黛拉发现，哪怕是一个拥有最高的天赋的人，也需要长时间的考虑和不断的拒绝。他满足了许多需求，可就算他付出了这么多，也不需要用爱作为回报。然而，自从母亲去世之后，斯黛拉便不再那么刻意求全了。事实上，她对命运已经完全漠然……而杰克还像从前一样锲而不舍……"多年后，凡妮莎告诉儿子朱利安，朱莉娅还在世的时候，斯黛拉曾拒绝结婚，后来，她是因为离开母亲活不下去才病死的。弗吉尼亚或许也感受到了斯黛拉对母亲的依恋。

"母亲知道吗？"弗吉尼亚在斯黛拉宣布订婚时问她。

"是的。"斯黛拉小声低语。

弗吉尼亚把愤怒转移到杰克身上，在日记里，她把杰克称作斯黛拉的"可怜的小青年"。当她必须（作为女伴）陪同这对新人去博格诺度假时，她说："我一整天心情都很糟糕……我强烈抗议到那里去。"1897 年 2 月 13 日，她写道："在泥泞、多雾、乏味又无比恼人的博格诺（这个名字真适合它*），如果再下一星期的雨，我们一定会被逼到码头尽头，跳进肮脏的黄色海水里去。"当斯黛

---

* 博格诺（Bognor）的词根"bog"是沼泽的意思。——译注

拉外出度蜜月时,弗吉尼亚把雨伞折成两半,"极其愤怒地带着脾气"上床睡觉了。

或许,她的恼火也是为斯黛拉的身体状况担忧的表现。斯黛拉小时候就患过风湿病。在为母亲服丧期间,她穿着黑裙子,脸色愈发苍白。1896年圣诞节,她还曾患过胃寒的毛病。1897年2月下旬,弗吉尼亚曾陪她去伊丽莎白·加勒特·安德森大夫(她是英格兰第一位女医生)那里问诊。斯黛拉认为自己的不适只是"烦躁不安"(她的家人对精神紧张的称呼)的症状,但弗吉尼亚在日记中提到,安德森大夫让斯黛拉留了很长时间。弗吉尼亚一定意识到,斯黛拉是出于某种难言之隐才没有去找她们的家庭医生西顿。3月5日的日记记录了她们对安德森医生的另一次拜访。斯黛拉仍然闪烁其词:"她没提到什么新情况。"

那年春天,弗吉尼亚目睹了几起街头交通事故,这让她越来越紧张。斯黛拉的病情愈发明显,医生们束手无策,于是,弗吉尼亚的精神状态也每况愈下。5月4日,当医生们说了些抚慰人心的话时,她在日记里写道:"这是最让人宽慰的,但我太不讲理了,我还是感到烦躁——"5月9日,遵照医生们的嘱咐,她停了课。昆汀·贝尔指出,1897年夏天,弗吉尼亚和斯黛拉的健康状况在某种程度上是相关的,他把这解释为青春期少女和替身母亲之间正常的摩擦。但弗吉尼亚的日记却表明,生病的大姐和忧虑的小妹在彼此的陪伴中找到了慰藉。当斯黛拉还比较健康的时候,她们每天下午都坐着马车绕着海德公园的蛇形湖慢慢兜圈。7月份,斯黛拉的病情恶化了,她躺在沙发上,弗吉尼亚就坐在她脚边,她们一连几个小时"无话不谈"。斯黛拉不让莱斯利·斯蒂芬带走弗吉尼亚。她睡在杰克的更衣室里,就在斯黛拉的卧室对面。"我感到非常烦躁，"她在7月14日晚上写道，"她[斯黛拉]陪我坐着，直到十一点半——安抚着我；直到烦躁消失。"第二天早上，"早饭前，她穿着睡衣来找我，想看看我的情况。她只待了一会儿；但她那时状态还很好。后来她走了，从此我就再没见过她"。

三天后，怀孕的斯黛拉去世了，在她去世前，两位新来的医生布罗德本特和威廉斯似乎做了一个拙劣的决定，为她做了当时很流行的腹膜炎手术。她被葬在母亲的墓旁，弗吉尼亚7月24日写道："杰克带妮莎和我去了海格特，去看斯黛拉的坟墓……它被枯萎的花覆盖着——"她的日记证明，在"可怕的"狂怒之后是麻木和抑郁。

弗吉尼亚在人生的不同阶段四次重述了斯黛拉的故事：1897年的日记、1907年至1908年的《回忆录》、1939年6月至7月的《往事札记》，还有《到灯塔去》这部虚构小说。在《到灯塔去》的"岁月流逝"部分，大女儿普鲁·拉姆齐被比喻为一个转瞬即逝的春天，它默默容许了蜜蜂和蚊虫的生产活动。小说用被动语态讲述了她的命运："普鲁·拉姆齐……被交给了婚姻。"在她的故事里，有一群"人们"："人们"说她的婚姻是门当户对的，当她在第一个夏天死于某种与怀孕相关的疾病时，"人们"又开始说话了："这真是一场悲剧，人们说；没有人比她更值得拥有幸福。"

普鲁短暂的春天代表了这段空白时期里的一个充满希望的时刻，这是一个浪漫的希望，即人的精神可能与美好的、苏醒的大自然一同复元。春日的细雨似乎懂得人类的痛苦。在高涨的希望和信心中，普鲁却突然死去了。普鲁曾为生活注入秩序与和平，在作者的想象中短暂激起一种"善良高奏凯歌，幸福四处洋溢"的感觉。因此，她的死代表了大自然冷漠不仁的背叛。

§

弗吉尼亚·伍尔夫在她最后一部回忆录中写道:"我害怕1897年到1904年这七个不幸的年头。母亲的死,斯黛拉的死。我现在想的不是她们,而是她们的死造成的愚蠢的伤害。"斯黛拉的死尤其给她的人生带来两种影响:它激起她对女性之爱的渴望,也造成了她精神崩溃的模式。

对男性日渐增长的不信任感引发了她对女性之爱的需求。她仍旧很崇拜父亲,当父亲心情愉悦时,她也很高兴,但这使她的需求只增不减。她一生都热切地渴望别人的赞许和喜爱,因此,她会带着强烈的渴求去探索成年人之间的关系,尤其是与女性的关系。她容易把自己的多段友谊——与维奥莱特·狄金森(Violet Dickinson)、维多利亚·萨克维尔-韦斯特(Victoria Sackville-West),甚至与姐姐凡妮莎的友谊——都变得像她与斯黛拉之间的关系一样,混合着对骑士精神的迷恋和不成熟的依恋感。虽然这种感情对一个十三到十五岁的少女来说是很正常的,但对成年人来说,它可能相当愚蠢。从1902年到1907年,弗吉尼亚和斯黛拉的朋友维奥莱特·狄金森有过一段亲密的友谊,那时她还很年轻,而且正处在丧亲之痛中,年长的维奥莱特自然会安慰她,让她振作起来。维奥莱特生于1865年,她是萨默塞特郡一位乡绅的女儿,也是奥克兰勋爵的孙女。当她的母亲在1893年去世时,朱莉娅成了她的保护人。弗吉尼亚称她为"我的维奥莱特",她看上去是那种温暖、平和的女人,人们遇到困难时总会向她求助。这是一段"有浪漫色彩的友谊",一种纯真的爱。维奥莱特·狄金森与二十岁的弗吉尼亚成为朋友时,已经三十七岁了。她身材高大（身高六英尺二英寸）、精力充沛、性格冲动、充满同情心，在很多朋友眼里她都是不可替代的——在弗吉尼亚寻求慰藉和爱护的那些强大的女人中，她是第一个，也是最友善的一个。

在一个自传片段里，弗吉尼亚将自己精神上的脆弱归因于1897年的心理状态。她说，母亲的死带来的痛苦是潜伏的，她并没有完全感受到。但两年后，斯黛拉的死"所打击的是完全不同的东西"——一个正在觉醒的意识中"所有非凡的、不受保护的、无形的、不设防却又忧心忡忡的、饱含期待的部分"。朱莉娅去世的时候，弗吉尼亚心中有种奇怪的超脱感。但在1897年，当她与越来越虚弱的斯黛拉日益亲密时，她的情感"被迫"产生了："我记得，我把这件不可能发生却发生了的事留在了心中：——它仿佛是……违法的、骇人听闻的，它像一个骗局、一场背叛——死亡的事实。那种打击，死亡的第二次打击，重重地落在我身上，我颤抖着、浑身布满褶皱，翅膀仍粘在一起，我坐在破碎的蝶蛹上。"

第五章

疯病的问题

1897年9月,弗吉尼亚·斯蒂芬初次与死亡的念头做了斗争。"这部日记的确是越写越长了,"她写道,"但死亡是短暂的,而且没有那么痛苦。"在整个十月和十一月的一半时间里,她一个字也没写,因为每个灰暗的一天都与另一天没什么区别。"活着真是件苦差事,"她在纸页空白处潦草地写下,"人得有犀牛皮才行——可是人没有!"

十五岁的时候,弗吉尼亚需要一个答案来解释命运为何如此残忍,而她的姐姐给了她这样一个答案:"妮莎相信,我们的命运掌握在自己手里……"于是,她下定决心跟随"那道伤痕走到终点",随后,她把日记扔到角落,让它被"尘埃、老鼠、飞蛾和所有爬行的、蠕动的、贪婪的、毁灭的动物"吞噬。在《到灯塔去》的"岁月流逝"部分,1897年的这次精神崩溃被重构为混乱与衰败,它几乎抹除了那个维多利亚时代的家庭存在的痕迹。而作为象征,那栋维多利亚住宅也被描写得濒临损毁。

1898年1月1日,在最后一则日记中,弗吉尼亚总结了她是如何意识到自己黯淡无光的人生前景的:

>　　这卷日记记录了我动荡不安的生活（这是我人生中第一次真正活着的一年），它将就此封存，被搁置一旁。但一个又一个年头还将接踵而至。哦，天啊，它们是那样漫长，当我望向它们的时候，我变得很胆怯。

1897年至1915年，她总共经历了五次精神崩溃，间或发生轻度精神障碍，而这是第一次。*

　　1904年5月，在父亲去世后，弗吉尼亚彻底崩溃了。当时她二十二岁。那年夏天，她从窗户跳了出去，随后在维奥莱特·狄金森的照顾下恢复健康——她恢复得很快，只用了三个月。

　　她对维奥莱特说："所有这些关于父亲的愚蠢的文字和书籍似乎都把他越推越远了，我有种奇怪的感觉，好像我每天都还和他在一起。当我们坐着聊天时，我常常想，我等待的到底是什么呢？后来我知道了，我想听听他是怎么想的。跟他在一起的感觉是最真实细腻的，我甚至能触摸到他的手。他太敏锐了，在其他任何人身上都找不到这种敏锐。"

　　维奥莱特倾听着，嘱咐她要呼吸新鲜空气、享受友谊，她比后来任何一位看护都更有帮助，这和她对待病人的态度有很大关系，也与一个简单的事实有关——据弗吉尼亚所说，维奥莱特知道说什么话最合适。

　　"那可怕的头疼让人为她感到心疼。"维奥莱特对凡妮莎说。

　　弗吉尼亚曾说，这次精神崩溃"并不反常"，是父亲生前最

---

* 在斯黛拉去世之前，她就有了发病的迹象。斯黛拉在1896年10月的日记里写下，她带着弗吉尼亚去看了西顿医生，以及"父亲的状态很好"。1897年春天，弗吉尼亚又发病了。

第五章　疯病的问题

后几年她对他的那种令人窒息的情感导致的,这些情感夹杂着她十三岁那年对父亲张开双臂时初次展现的关切,以及她作为一个健康的年轻女子对父亲有意无意的控制的反抗。在父亲生命的最后九个月里,当她得知他命不久矣,一阵阵满怀悔恨的强烈爱意喷涌而出。

"没有任何人比他更可爱。"她告诉一个又一个朋友。

1910 年的"黑暗之夏",弗吉尼亚的精神健康再次受到威胁,不过,从她妙趣横生的书信来看,她绝对没有发疯。七月到八月,她在特威克纳姆地区专门收治精神病患者的私人疗养院——伯利疗养院待了六个星期。这是她第一次住疗养院,在此之后,被送去疗养院的威胁会逼得她自杀。她的书信记录了和见识短浅的人关在一起的种种逸事。在这一点上,工作人员和病人没有什么区别。一位护士对她说:"老女王,也就是女王的母亲,和当今的女王代表着最高的女性形象。她们尊重我的天赋,但上帝把我留在了黑暗中。"弗吉尼亚告诉姐姐,为了逃离这个地方,"我马上就要从窗口跳出去了"。院长琼·托马斯"总以静默的祈祷结束谈话"。她厌恶这里虚伪的宗教氛围——工作人员"总在猜想上帝在做什么"——房子刷着斑驳的红漆和绿漆,丑陋得难以言喻。

值得注意的是,即使被关在这种地方,弗吉尼亚依然能够施展她的才华。她告诉姐姐:"布拉德伯里小姐就是你在窗外看到的那个女杀人狂。晚餐时我对她很友善,但她接着就要赶我上床睡觉,她是个训练有素的护士。"弗吉尼亚还能拿精神疾病来开玩笑:"我摸着我的脑袋,就像摸一个梨,看看它是不是成熟了;等到九月份它就会变得更美味。"

让人难以理解的是,虽然弗吉尼亚对特威克纳姆提出了明确的抗议，但当她 1912 年患上失眠症，继而在 1913 年陷入抑郁的时候，她的主治医师乔治·萨维奇爵士（Sir George Savage）*竟然认为，除了把她送回疗养院，没有什么更好的办法。这一次，她想到自杀。1913 年 9 月 9 日，她去见了两位新来的医生，早上见的是莫里斯·赖特（Maurice Wright）医生，下午是名声赫赫、傲慢寡言的亨利·黑德爵士（Sir Henry Head），不到一年前，他的治疗曾让亨利·詹姆斯"如下地狱一般"。在抑郁症的反复折磨下，詹姆斯很痛苦，但他不愿听从黑德的话，觉得他的意见"毫无意义"。黑德和赖特都认定，弗吉尼亚应该回到特威克纳姆。她回家后服下大量的安眠药，差点就这么死去。

　　这是她所有的精神崩溃中持续时间最长的一次，如果像昆汀·贝尔所说，把 1915 年的精神崩溃也看作这次病情的延续时，情况更是如此。这两次发病期间，弗吉尼亚比 1904 年更加抗拒护理和治疗。1913 年 10 月，她被送到苏塞克斯东格林斯特德附近的达林格里奇广场（Dalingridge Place），住在乔治·达克沃斯家里。毫不夸张地说，让她再次无助地依附于这个男人简直是不可理喻的，因为乔治就是性剥削和社会权力的缩影。那年年底，当她回到自己在苏塞克斯的住所阿什海姆屋（Asheham）时，她的状态有所好转，但她又受到了护工卡·考克斯（Ka Cox）的监视。考克斯说话的声音像鸭叫声一样让人心情烦躁，她似乎想竭力让别人记住她是如何忙着做好事的。她的脸颊很宽，总是拉长着脸，面色

---

* 萨维奇是这个领域的领军人物之一。在他的职业生涯中，他曾担任贝特莱姆皇家精神病医院（Bethlem Royal Hospital）的主治医师、英国医学－心理学协会主席和伦敦大学心理生理学系的主考官。他还是《精神科学杂志》（*Journal of Mental Science*）的联合编辑。

苍白。弗吉尼亚叫她"布伦熊"(Bruin),以此强调她的粗壮,她还说,"我觉得跟她待在一起时永远无法放松"。

1915年2月,随着病情的复发,她失去了控制。她语无伦次,有时大声尖叫、胡言乱语,直到陷入昏迷。然而,让人惊讶的是,即使这是她一生中最可怕的噩梦,也并非没有给她带来某种精神上的收获。"轻率鲁莽是疾病的特权——我们就是法外之人",她后来这样主张。对她而言,疾病或许是一种释放:"通过疾病,我们心中那古老又顽固的橡树被连根拔除。"在"健康状态的体面审慎之下"隐藏着"一片连飞鸟的足迹都看不到的雪原。在那里,我们独来独往,而且惟愿如此"。《达洛维夫人》中那个虚构的疯子塞普蒂默斯·沃伦·史密斯(在手稿更为生动的细节里)意识到,"一个望向虚空的赤裸灵魂有其独立性",而他拥有"进一步验证它的欲望",哪怕必须通过死亡。他幻想着"飞翔,不断地飞翔,那是一种逃离,仿佛一个人摔在门上,而门打开了"[*]。在另一个幻象中,他是"跨越生死的第一人……他穿过这片水域来来去去"。他把自己看作达尔文一样的探索者,他是人类的代表,他不会轻易溺死,只是穿过了"一片绿色的迷雾"。他告诉自己,他已经"穿越"了死亡,被颠簸的浪涛推向了更远的海岸,"在整个世界上第一次,死去的人复活了……我超越了死亡,他说。我是第一个穿越的人"。其他人将会跟随他:"现在,通过进化,一些活着的人也可以进入这个世界。"[†]

这是一个疯子可笑的幻想,但它来源于作者本人对死者声音的感受和对水这一意象的持续关注。

---

[*] 此行被删除。

[†] 此行被删除。

托马斯小姐宣称，弗吉尼亚的精神已经"衰竭"，她还劝她的家人相信，无论她的精神还是性格都已经永久地恶化了。然而，这些认为她不可能完全康复的医生和护士们都错了。她的病情开始好转，到了1915年11月，已经相当"正常"。黑暗的二十年到此结束，她生命中极富创造力的阶段即将开始。

关于弗吉尼亚的病情，目前没有定论，不过，她自己在小说和日记（包括她少女时代的日记）中的叙述是很有启发意义的。要认同她在日记里对自己的看法，读者需要调动想象力，因为从某些方面来说，这些看法与她脆弱、敏感的名声是相互矛盾的。她继承了父亲斯巴达式的坚韧，能徒步疾走数英里，并且，她能欣然忍受旅途中令人生畏的条件。1906年，在希腊的奥林匹亚，她在床上发现了虫子。她简单地用蚊帐把自己从头到脚裹起来，在凌晨一点到四点每小时起床一次把虫子碾死，并一早起来阅读《基督使臣》分散自己的注意力。在苏塞克斯的乡下居住时，常常有老鼠从她床上跳过，她也不怎么在意。她还曾高兴地想，《达洛维夫人》的稿酬或许可以支付一间室内厕所的奢侈费用。而更能说明问题的是，她在日记里反复声称，总体来说，她享受着非凡的快乐："我想，十有八九的人一年中都没有一天能拥有我几乎持续感受到的快乐……"她能长时间保持"一种情感的感应状态"；随后，非常突然地，感应又会戛然而止。

她相信，对种种印象做出感应其实是在享受幻觉，而停止感应则意味着看到了现实："事物看起来清晰合理、易于理解，它们根本没有义务……让人产生共感。的确，在这样的季节里，主要是由于视觉上的清晰才导致了抑郁。"激动的反应或许能让人活跃,但它与"清晰"(clarity)无关,就像艾略特的"清晰"——当艾略特濒临崩溃时,他才能把伦敦看作一片荒原;或者像弗吉尼亚的"清晰"——她总结道:"人在最低谷时往往最接近真实的景象。"不过,她谨慎地补充道,人对感觉的欲望会慢慢恢复,并再一次"产生感应"。

她指出,一个忧郁的天才看到的东西未必是不真实的,只是让人无法忍受而已。就像艾略特在《荒原》中描述的那样,在那种状态下,我们从习惯性的遗忘中醒来。塞普蒂默斯·沃伦·史密斯明白,他已经失去了感受能力,他也意识到其他人的逃避策略(他的老板布鲁尔为被战争毁掉的天竺葵感到惋惜)。史密斯的医生听不懂他话中的复杂含义,这使他无法与人交流的困境变得如此紧迫,以至于他再也控制不了自己的行为。他无法忍受的想法是,第一,"或许这个世界本身是毫无意义的",第二,人类作为一个群体,"既无善意,也无信念,除了追求眼前更多的欢乐之外,没有仁慈之心"。

关于弗吉尼亚在1904年、1913年和1915年患病期间的想法,我们几乎没有任何线索。在这些时段,她停止了写作,旁观者看到的只是她的反常行为,而她也迅速承认了。我们无法得知,她扭曲的行为在多大程度上是由器质性的病变导致,又在多大程度上由持续的服药引发(她曾提到,服下安眠药后她感到"屈辱和堕落"),以及,她的行为在多大程度上暴露了社会对女性强加的扭曲。"每个女孩在生命之初受到的摧残,"雷伊·斯特雷奇(Ray Strachey)曾说,"比被迫的空虚生活更加险恶,甚至更不可抵抗。因为,不论是男人还是女人都坚定地相信,任何女人去说或做任何值得严肃对待的事情,都是不符合自然规律的,是错误的,更是不可能的。"约翰·密尔认为，一个女人一半的感官能力是在温室中培育出来的，而另一半——她的智力和主动性——则被冰袋阻碍了发育。1874 年，精神病学专家莫德斯利（Maudesley）医生发表了一篇颇有影响力的文章，他主张，虽然现在已经证明，女人的智力可以从高等教育中获益，但这样做不可避免地伤害了她们的身体健康，使她们无法"履行身为女人的职责"。萨维奇的《精神错乱与相关神经症》(*Insanity and Allied Neuroses*，1884 年出版，1907 年扩写）成了关于精神疾病治疗的标准医学文献，此书不建议"两性中的弱者"接受教育，因为，他说，如果允许一个"有前途的女孩在家自学，人们便可以从她由自负发展到精神错乱的状态看出，独自求学和缺乏社会接触是很危险的"。

依据这种观念，乔治试图把叛逆的异父妹妹们打造成上流社会的淑女，这种努力好心却愚昧。乔治是奥斯丁·张伯伦*的私人秘书，在弗吉尼亚眼中，他是管理这个国家的那些顽固不化的野心家的代表。在《达洛维夫人》的威斯特敏斯特背景下，他被重塑为举止得体却头脑愚笨的休·惠特布雷德。1904 年，弗吉尼亚患病后，姐妹两人搬去了属于她们自己的家。乔治受到冷落，而弗吉尼亚欢欣鼓舞地给维奥莱特写信说："我们现在是自由的女人了！"

讨论弗吉尼亚的疯病问题的传记作家们寻找了遗传方面的原因。斯蒂芬家族的确有种不稳定的情绪特质。莱斯利·斯蒂芬曾患过他称为"阵发性狂躁"的疾病，对于逃避现实、情感空虚、偶像崇拜和难以索解的东西，他会爆发阵阵狂怒。他的父亲詹姆

---

* 奥斯丁·张伯伦（Austen Chamberlain）是一位保守党议员，他在 1903 年至 1906 年担任财政大臣。

斯·斯蒂芬爵士（Sir James Stephen）是"最紧张、最敏感的那种人"。他的朋友都不敢对他提出批评，倒不是因为他讨厌别人的建议，而是由于他会因责备而痛苦万分。弗吉尼亚·斯蒂芬继承了这种对别人的意见极度敏感的性格。和弟弟阿德里安一样，她还继承了一种对人性的堕落的敏锐感知。第一次世界大战结束后，阿德里安曾说，在汉普斯特德荒野看到的人类面孔吓坏了他，"就像大猩猩似的"，他说，"像猩猩一样——完全不是人类——太可怕了"，然后努着嘴扮猿猴。

对弗吉尼亚来说，人或物都有可能呈现出邪恶的一面或非凡的美。她的写作总是追随内心的反应：审视和退缩，或是审视和焕发。在塞普蒂默斯·史密斯这个虚构人物身上，她展示了被疯癫放大的此类反应，因而创造出一种混合着洞见与扭曲的奇异效果。

她小说中自杀的人，无论是塞普蒂默斯还是（《海浪》中的）罗达，都遭受了精神隔绝的折磨。通过这些角色，她展示了自己所知的最可怕的体验：失去与外界的沟通。塞普蒂默斯·沃伦·史密斯感觉自己是"天涯海角漂泊的最后一个厌世者，他回眸凝视红尘，仿佛溺水而死的水手，躺在世界的边缘"*。对她而言，这就是"神志失常"的含义，不过，与其说"神志失常"意味着精神崩溃（塞普蒂默斯有意展现崩溃来发出求救信号），不如说是思维运转得太快，以至于语言这种主要交流手段变得无法连贯起来。如果说弗吉尼亚·伍尔夫的精神疾病与她的创造力有什么关系的话，关系就在这里。1931 年，当她撰写《海浪》高潮部分的最后几页时，感觉自己像发疯了一样，她的思维飞速向前，理性

---

* 本书对《达洛维夫人》的引文翻译参考上海译文出版社 2011 年出版的孙梁、苏美译本。——译注

却蹒跚在后。她立刻在日记中记下了这种体验:

> 十五分钟前,我写下了"啊,死亡"这几个字,那时,我正在眩晕中书写最后十页,我经历了如此紧张又陶醉的时刻,我似乎只能跌跌撞撞地追踪着自己的声音,或是追随着某个说话的人(就像我发疯时那样)。我有些害怕,想起了那些曾经飞驰而过的声音。

"声音"一词听起来有些诡异,如果把它替换为"思绪"便很容易理解了。她解释说,当一个作家的潜意识高速运转时,他的表层意识可能正在休眠。在短暂的停歇过后,面纱被揭开,呈现出来的是被简化和重组的对象。区分小聪明和大智慧是很重要的——就像查尔斯·兰姆所做的那样。一个拥有小聪明的人很有可能有过此类体验——灵感出现在梦中——但梦醒时分他就会立刻明白它的无用。而活在精神隔绝中的疯子却无力判别自己想法的优劣。塞普蒂默斯命令妻子记录下他的预言,对他而言,它们代表着伟大思想的精华,但遗憾的是,它们十分平庸:普世的爱,他说。"死亡是不存在的。"

就弗吉尼亚的情况而言,疯癫和创造力之间的界限更难划清。病情最严重的几次——1904年、1915年和最后的1941年——都是由单独对她说话的声音引发的。至于这些声音说了什么,只有一些暗示。1904年,她听到英国国王爱德华七世说着污言秽语;1915年她听到的是母亲的声音。她告诉维奥莱特,这些声音让她去做"各种疯狂的事情"。1941年初,不管她听到的是什么,都让她无法再忍受,选择了自杀。由于缺乏事实材料(她的丈夫只记录下了一些生理症状：她睡眠如何，体重增加或减少了多少磅），并且，由于早期精神病学尚不能诊断她的病症或为她提供帮助，她的疾病仍然是一个谜。

在某种程度上，她的疯疾似乎是一种朝向过去的逃离。她回忆起婚后住在里士满的霍加斯屋时，"有些奇怪的幻影在我房间里……当时我躺在床上，精神错乱，看见墙面上的阳光像金色的水一样颤动。我听见死去的人的声音。而这一切让我无比喜悦"。当那些声音属于她自己飞驰的思绪时，她似乎能进入一种孤独的精神状态，这种状态本质上是建设性的。然而，当那些声音属于权力时，它们就会把她封闭在具有毁灭性的隔绝状态中。通过暂时的屈服，她挺过了这些发病期：她让自己的意识放空，自行退化至完全被动的植物人状态。艾略特也在《荒原》里展现了一种被社会的声音所侵扰的精神意识，那个意识通过摒弃社会，事实上是摒弃整个文明来拯救自己，它认为文明是"虚幻的"，因此注定要灭亡。艾略特就像一个先知，把一切权威都移交给了通过雷声说话的超自然的声音。然而，弗吉尼亚·斯蒂芬与艾略特不同，她是维多利亚时代理性主义的继承人。正是她的社会责任感让她在面对种种社会声音时变得如此脆弱。不过，即使在最绝望的时刻，当她卧床不起，医生们又禁止她读书或写作时，她还是会在脑海里构思一些语句或故事，构思"我现在运用理性，试图写进作品中的一切（我那时就想到了灯塔……还有一些其他事物，它们不是实体的，而是存在于观念之中）"。

弗吉尼亚小时候脾气就很暴躁。当然，幼儿时期的愤怒发泄的是前语言阶段的沮丧。语言是愤怒的替代物。然而，即使在成长后期，尤其是作为一个女人，她也常常找不到恰当的词语来表达复杂的心理状况。每种交流方式都带有私人的痕迹，我们每个人的私人话语都会使"标准"英语发生变化。在弗吉尼亚·伍尔夫的小说中，女人和孩子的私人话语蕴藏着丰富的内涵，这是由于他们的弱势地位限制了他们的公共话语空间。在《到灯塔去》的第一页，六岁的詹姆斯·拉姆齐坐在母亲膝上安静地裁剪一张冰箱的图片，此时，他已经掌握了一套私人的释义方式和情感表达方式。（例如，冰箱"染上了喜悦的色彩"。）在小说后半部分，青春期的詹姆斯和他的姐姐凯姆目睹了父亲剧烈的情绪变化，尽管从表面上看，他们是沉默的，但他们的内心却充满愤怒。他们展现了内在表达和公共表达之间的巨大裂痕。《到灯塔去》的语言困境反映了处在世纪之交的弗吉尼亚作为一个年轻女子的状态。她的姐姐凡妮莎彻底地反抗父亲，把叛逆当作最简单的解决方式。父亲在世时，凡妮莎对他的话无动于衷；而当他去世后，她抛弃了体面的肯辛顿，去了布鲁姆斯伯里，过着献身于艺术的自由生活。弗吉尼亚却无法轻易地抛弃父亲的语言——父亲已经永久地塑造了她的思想和品味——因此，内心的感知与标准化的语言表达之间的持续对抗，是她遭受精神折磨的一个原因。

　　她说，一场对话中任何有争议的地方都会敲响警钟，引发"一种渴望保持沉默或改变谈话内容的强烈愿望"，比如去聊聊琐事、佣人或宠物。就像弗吉尼亚·伍尔夫将在《岁月》中展示的那样，否认或掩埋情感的深井是维多利亚时代中产阶级的惯习，更是根植于女性身上的惯习。弗吉尼亚自己就从容不迫地做着这样的事。1906 年，当托比死于伤寒症之后，她给同样身患伤寒的维奥莱特写信，为了鼓励她，她精心编造了托比的康复状况。12 月 5 日，她写道，托比（当时已经去世两周）正在和护士们调情，

第五章　疯病的问题

12月12日,她又写了托比如何向医生们说明"一块羊排的疗效"。

"回避沟通"这一准则有无数表现方式。以上描述的文字游戏是种奇怪的代偿行为。这个准则通常会以得体的沉默这种形式表现出来,对弗吉尼亚而言,这是文明人的标志——在1906年的旅行日记中,她称赞了君士坦丁堡街头的行人们的沉默寡言。然而,这个准则也有可能扼杀真相。她青年时代时始终无法说出被异父哥哥欺侮的经历,因为他们的名声很好,没有任何一个成年人会相信她的话。("孩子们过着多么可怕的生活啊!"马丁对罗斯说,在《岁月》1908年的部分,罗斯曾试图割腕自杀。"是啊,"罗斯同意,"他们还不能对任何人讲。")出于一种心照不宣的默契,斯蒂芬家的孩子们从不谈论朱莉娅和斯黛拉。弗吉尼亚成年时已经十分擅长逃避。有一次,当奥托琳·莫瑞尔(Ottoline Morrell)坦言,她的日记是关于她自己的内心生活时,弗吉尼亚睁大了双眼,直截了当地宣称自己根本没有内心生活。

写第一部小说的时候,如果有陌生人贸然闯入,她会把小说藏起来,假装自己在读信。在她最后一部小说中[*],当1939年的拉特鲁布小姐撰写剧本时,她同样被村民们视为一个怪胎。而在猜测一个生于十六世纪、拥有写作天赋的女人的命运时[†],弗吉尼亚认为,她一定会受到阻挠,并被种种互相矛盾的义务拉扯撕裂,她"必定会发疯,或开枪自杀,或在村外的偏僻小屋里度过余生,半巫半神,给人畏惧,给人嘲弄"[‡]。即使她能幸存,写下的东西也会

---

[*] 指《幕间》。——译注
[†] 在《一间自己的房间》中,伍尔夫想象,如果莎士比亚有一个天资聪颖的妹妹,她将会面临怎样的社会环境和写作困境。——译注
[‡] 《一间自己的房间》,译文参考贾辉丰译本,人民文学出版社,2003年。——译注

被曲解，并且无论如何也不会署上她自己的名字。

她一定会如此来保护自己。甚至晚到十九世纪，贞洁观的遗风仍然迫使女性隐姓埋名。科勒·贝尔、乔治·艾略特、乔治·桑，无一不是她们内心冲突的牺牲品，这从她们的写作中可以看出来，她们徒劳地使用男子姓名掩饰自己。如此一来，她们就迎合了常规，囿于常规，女人抛头露面是可耻的，而这一常规，即使并非由男性树立，至少也经过他们大力鼓吹（伯里克利说，女人的荣耀不在于为人津津乐道，他本人倒是时常给人挂在嘴边）。隐姓埋名的习性渗透在她们的血液中。

对弗吉尼亚而言，用自己的名字出版作品并把自己暴露于众是件极其痛苦的事，如今，理解这种痛苦需要一点历史想象力。1919年3月，在寄送第二部小说《夜与日》的稿件之前，弗吉尼亚给达克沃斯写信说："我能忍受阅读自己出版的作品，而不脸红、不发抖、不想躲起来的那个时刻，到来了吗？"

只有通过小说，她才能展示内心深处的东西。在《远航》里，前途渺茫的雷切尔·温雷克无法在社会上找到行动舞台，她只能沉浸在致命的幻觉中。而在"岁月流逝"的手稿里，我们进入了一个"沉睡者"的意识。睡着的人们"在深夜表演着无人观赏的戏剧"，而听众们在黑暗的房间里踱着步子，用斗篷的褶皱接收含混不清的呢喃声或哭声。这个情节展现了交流的困难：许多双手举了起来，一会儿捕捉到某个想法，一会儿又避开另一个。最后，沉睡者在听众里发现了一个可以共享秘密的人，他俩行动一致，都能发出"毫无意义的狂野笑声"，让清醒的世界惊惧。"每个人

第五章　疯病的问题

都有一位知音；每种思想都有其完整性；得知这一点，我感到心满意足。"弗吉尼亚·伍尔夫只与幽灵般的知音交流她无法用语言表达的东西，因此，她的内心世界有时候看起来很不真实。她的小说是连接幽灵般的精神存在与现实世界的唯一桥梁。她总是担心，在沉默的孤独状态中孕育出来的个人思想放在公共话语的舞台上是否会显得可笑。"试想一个人醒来后发现自己是个骗子？"在《到灯塔去》出版后不久，她在日记里写下。"这就是我的疯病的一部分——那种恐惧。"

我并不是在暗示弗吉尼亚其实什么毛病都没有。不管诊断结果是什么——伦纳德·伍尔夫称之为躁郁症（manic depression）——她不稳定的情绪很可能有当时不能理解的某种生物化学基础。我想说明的是，她的精神失控的种种方面仍需更多解释，此外，即使在发疯的时候，她的意识状态也是特殊而罕见的。我们的语言中还不存在描述"疯癫"的非贬义词语。斯蒂芬一家常用轻松的语言谈论她的疾病，例如"哦，你清楚的，'山羊'*疯了"，而她自己也会兴致勃勃地谈起神志失常的时刻。不过，这种坦率并不能掩盖言辞的空洞无物——它们把精神崩溃的全部责任都推到病人身上，从而加剧病人的孤立状态。然而，在弗吉尼亚·伍尔夫对塞普蒂默斯·沃伦·史密斯这个虚构人物的探索中，患者和社会都有责任——尽管医生们仅仅指责史密斯一人，尤其是指责他对他们定义的"精神正常"的抵触。

弗吉尼亚自己画了一条界限，以区分具有潜在创造力的孤独

---

* "山羊"（Goat）是家人对弗吉尼亚·伍尔夫的昵称。——译注

状态("平静地滑入我思想的深处")和由于厌恶而回避的衰弱状态。她那丰沛的想象力有时会突然衰退。"我不喜欢我的同类,"在处于那种状态时她承认,"我讨厌他们。我想远离他们。我让他们像肮脏的雨滴一样砸在我身上。我再也无法唤起那种能量了,当一块干燥的小海绵漂过,或粘在岩石上时,那种能量会围绕着它们、浸透它们并创造它们。我曾经拥有那种天赋或激情,让聚会的气氛变得热火朝天。"1925年,当她的老朋友玛奇·沃恩(Madge Vaughan)去世时,她便觉察到这种情感能量的衰退。他们似乎埋葬了一捆小树枝。"枯叶在我的情感世界里沙沙作响,我发现没有什么是比它们更好的……哦,可恶的时间,它就这样吞噬了心灵,让肉体继续存活。"

这种感受很常见。人们通常不会把它与精神疾病联系起来,不过,情感能量的衰退可能会让人产生恐惧。这就是塞普蒂默斯·沃伦·史密斯精神疾病的初始症状。当他的军官导师埃文斯在"一战"中丧生时,"那骇人的恐怖攫住了他——他失去了感觉"。史密斯的感觉能力因为四年的战争而变得迟钝,这是情有可原的,但他的品性过于正直,以至于不能用粉饰太平的、虚假的英雄身份来安慰自己——那种身份是军官、医生和政客等权威人士强加给他的。他固执地相信,是战争把他变成野蛮人。当他被埃文斯的鬼魂缠身时,他的行为愈发癫狂。他的内心充满了反常的愧疚感:这是一种自我厌恶。一大清早,他虚弱的身体就惊觉自身的退化。战争结束后,他娶了意大利姑娘卢克丽西娅为妻,但他并不爱她。他的负罪感是战争遗留下来的。他感到,在那场毁了他最敬爱之人的有组织的侵略战争和任何普通市民无意流露出的冷漠之间,并没有什么明显区别,在人们浆洗过的衬衣前襟

第五章 疯病的问题

中,"渗出了一滴滴罪恶"。

一个神志清醒的弗吉尼亚·伍尔夫能从史密斯的情感衰退中看出疯癫的症状。然而,当她自己在1915年濒临崩溃时,却没有意识到她在日记中流露出的让人意想不到的残忍。在金斯顿城外,有一群智力低下的人排成长队,这让她感到不适,那群人有的没有额头,有的没有下巴,就像爬行动物一样,他们有的咧着嘴傻笑,有的狐疑地盯着人看。"这真让人毛骨悚然,"这就是她简短的评述,"他们应该被杀掉。"随后,她的注意力被附近的水果摊吸引。"我们花九便士买了一个菠萝",她洋洋得意地补充道。

从"毛骨悚然"这样文雅的用语迅速转向一个冷漠、残忍的结论,这让人很好奇。她是一个美丽、聪明的女人,但在丑陋或愚笨的人面前,她表现出强烈的优越感,竟然还想在私下把他们消灭。

她反复发作的"疯疾"有其固有模式。1915年和1941年的日记表明,每次精神崩溃之前,她都会刻意去过一段时间的世俗生活,而在此之前——有时候同时出现——是一种斯威夫特式的对人类的憎恶。英格兰伟大的人性探索者乔叟和奥斯丁始终保持着平静、超然的态度,无论他们思考的对象是多么令人厌恶——商人、卖赎罪券的人或诺里斯太太[*]。弗吉尼亚很崇拜乔叟和奥斯丁,但在她的书信和日记中,许多草草完成的人物速写都显得有些刻毒,也没有那么准确。风趣变成讥笑,人也成了怪物。

1915年,她在兰厄姆广场的女王音乐厅——当时伦敦最重要的音乐厅——听了一场音乐会。她写道:"我开始厌恶我的同类,

---

[*] 诺里斯太太(Mrs. Norris)是简·奥斯丁小说《曼斯菲尔德庄园》中的人物,她是女主人公范妮·普莱斯的姨母。——译注

主要是因为我在地铁上看到了他们的脸。真的，看到红色的生牛肉或银鲱鱼还能让我更高兴一些。"第二天她又写道："我不喜欢犹太人的声音；我不喜欢他们的笑声。"她没有尝试遏制自己无端的恶意。这种恶意来源于她对丈夫的妹妹的嫉妒，因为她成功出版了小说，还能靠做秘书工作养活自己。

在她崩溃之前的倒数第三篇日记里，她写道，那个冬天，她似乎"完全丧失了自控能力"。厌恶情绪发展到最后就是去尝试世俗生活，也就是去做一些无可指摘却平淡乏味的事。最后一则日记呈现出一种刻意伪装的平静，就像1941年最后的日记一样。她在百货商店花了十先令十一便士买了一件蓝色连衣裙，随后，她突然感受到一阵不可抑制的狂喜：她在多佛街车站看到以前的追求者沃尔特·兰姆（Walter Lamb），她几乎大笑出声来。兰姆穿着礼服，戴着礼帽，刚和一位议员的妻子吃过午餐，脸上流露出满足的神情。

弗吉尼亚很容易对自己的同类产生厌恶，也很害怕别人的嘲笑。任何无意的对她的作品或本人的批评都会让她陷入她称之为黑暗的绝望中。她会躺在床上，"像一个潜水员一样，鼓着嘴，飞速潜入遗忘之中"。在《一间自己的房间》里，她指出，这个世界的冷漠让济慈和福楼拜等天才人物难以忍受，但对女人来说，更难忍受的不是冷漠而是敌意。"这个世界对她说话的方式不像对他们一样：如果你愿意就写吧，反正与我毫无干系。世界会嘲笑她说，写作？"

伴随过高的期望，失望情绪就会不可避免，而她常常夸大失望，就像她父亲所做的那样。不过，莱斯利·斯蒂芬很容易用别人的夸赞和同情平息愤怒，但她的女儿却陷入真正的抑郁。在

1911年6月的一封略显夸张的信中,她向姐姐描述了长毛的黑色恶魔如何倾巢而出:"二十九岁,未婚——一个失败者——没有孩子——精神失常,还算不上是一个作家。"

"疯癫"的征兆是头痛、失眠、静脉刺痛和头晕目眩。当她被客人"打扰"或因写小说而过于兴奋时,她不得不"安抚"自己的大脑,也就是卧床休息至少三个星期,什么也不写。人们都了解她的症状和治疗情况,但在她精神崩溃的过程中,有两个问题很难下定论:一是她拒绝进食的行为,二是医生的所作所为。

在《达洛维夫人》的手稿里,弗吉尼亚·伍尔夫曾谈到布拉德肖医生的治疗方法,她讽刺地写道:"牛奶是很好的食物,里面加入生鸡蛋,每小时服用一次,可以的话吃得越勤越好。"罗杰·普尔(Roger Poole)指出,1915年,弗吉尼亚的体重比往常重了近二十公斤。如果耐心地一勺一勺进食,是不会增长这些重量的,因此,即使她没有被强行喂食(据萨维奇所说,这是标准的治疗方法),也受到了四个护士的胁迫。她激烈地反抗她们,这是她一生中唯一一次以身体力量进行反抗。那么,医生们也会让她挨饿吗?他们如何应付她对肉体束缚的精神抵抗?"杂乱无章,污秽破烂,还有腐败,充斥在我们周围,"她在《海浪》里写道,"我们一直都在把一些死禽的尸体塞进我们的嘴里。而正是靠着这些油腻腻的面包屑,沾满口水的餐巾和小小的尸体,我们才得以维持我们的身体。"*

1913年,弗吉尼亚见了很多医生,紧接着她就企图自杀。会

---

* 本书对《海浪》的引文翻译参考曹元勇译本,上海译文出版社,2012年。——译注

诊医生们的干预是徒劳的——弗格森医生、乔治·萨维奇爵士、亨利·黑德爵士、T. B. 希斯洛普医生、莫里斯·赖特医生、莫里斯·克莱格医生和西德尼·贝尔弗雷奇医生（一位研究营养和神经紊乱之间关系的专家）——都浓缩在了她对威廉·布拉德肖爵士*这位哈利街的神经学专家的虚构描写中。（这个名字很可能来源于1922年克莱格医生在皇家医学院举办的布拉德肖讲座。）小说将矛头指向这位声名显赫的医生，毫不留情地揭露出了他的病态心理。

弗吉尼亚私下把《达洛维夫人》这部分称作"医生篇"，它相当于一篇反对医学界的宣言。她对威廉爵士这个人物的塑造揭示出，在关于责任和家庭的空话背后，是一种强制性的权力话语，这种权力话语把哈利街和威斯特敏斯特联系在一起。塞普蒂默斯·沃伦·史密斯发现，他在战壕中战斗了四年，所保护的就是这一支配一切的秩序，而不是莎士比亚的戏剧。威廉爵士是一个商人的儿子，他喜欢炫耀妻子身穿宫廷礼服的照片，他努力捍卫着现状。对他来说，达洛维夫人所在的阶层代表了"正常"的极致，他要把这种社会规范强加给弱势群体、病人和反叛者。

塞普蒂默斯·史密斯的确病了，而且急需救助，但他对布拉德肖的厌恶有充分的理由：这位医生冷漠地拒绝倾听史密斯想说的话；对于那些在他的阶级和职业的狭隘教条之外的真理，他无动于衷；这位先生对"疯癫"持有最粗糙的观点，但他却伪善地拒绝使用这个词；他与病人保持着安全距离，语气流露出优越感。"我们已经简短地交换了意见"，威廉爵士说。

---

* 威廉·布拉德肖爵士是《达洛维夫人》中为塞普蒂默斯·沃伦·史密斯治疗精神疾病的医师。——译注

唯一帮助塞普蒂默斯的人似乎是他的妻子，她真正地关心他，倾听他说的话，尊重他的古怪行为。尽管她没受过什么教育，只是一个做帽子的女工，但天生敏锐的直觉让她感受到，正如达洛维夫人所说，那位医生隐约是个邪恶的人。讽刺的是，就在塞普蒂默斯自杀之前，他的妻子刚刚通过唤醒他的幽默感把他从深渊中召回。他们一起嘲笑房东太太的女儿订购的那顶可笑的帽子。史密斯失败的婚姻中尚有残余的人性，而扭曲的社会规范塑造了公众眼中无比成功的布拉德肖的婚姻，这两者之间其实也存在反讽对照。塞普蒂默斯抱怨，他们冲动之下的结合并非两颗真心的缔结，但这样的想法永远也不会进入威廉爵士的脑袋。在他看来，婚姻是一种提升男人社会地位的安排，而妻子获得的补偿就是跟丈夫一起晋升。除了对他表示忠诚，妻子在其他方面的活力已被耗尽。"曾几何时，她为人机灵，能轻而易举地钓到鲑鱼，而如今，为了满足丈夫追求控制与权力的强烈欲望，那种使他眼睛里闪现圆滑而贪婪的神色的欲望，她抽搐，挣扎，削果皮，剪树枝，畏畏缩缩，偷偷窥视。"

医生是定义何为"正常"的权威人士，于是，弗吉尼亚·伍尔夫考察了他们对精神疾病的准确定义。在《罗杰·弗莱》（*Roger Fry*）里，她重述了她的医师 T. B. 希斯洛普在 1910 年第一次后印象主义画展上的讲话。希斯洛普认为"这些画是疯子的作品。而他的结论获得了热烈的掌声"。在《达洛维夫人》里，那位虚构的家庭医生霍尔姆斯索性不相信精神疾病的存在，他将其一笔抹杀，认为它只是一种"恐慌"的表现。威廉爵士对精神疾病的看法正相反，但他的观点同样浅薄，他把精神失常看作激进主义的一种表现形式，认为它是一种必须被遏制的社会威胁。当史密斯充满质疑地重复着"战争"一词时,这位专家认为他的情况已经很严重了,因为他正在"给象征性的词语添加意义"。和为弗吉尼亚看病的医生们一样,威廉爵士坚持认为史密斯的病很危险,他必须被关在没有思想、没有与外界联系的疗养院里,直到屈服:

> 威廉爵士不仅自己功成名就,也使英国日益昌盛;正是像他之类的人在英国隔离疯子,禁止生育*,惩罚绝望情绪,使不合时宜的人不能传播他们的观点,直到他们也接受他的分寸感——如果病人是男子,就得接受他的观念,如果是女子,就接受布拉德肖夫人的观念(这位贤妻良母绣花,编织,每星期有四天在家陪伴儿子)……

对威廉爵士的一切激烈质疑都在哈利街的诊室化为乌有。哈利街的钟表"劝人服从,维护权威"。如果某个顽固的病人不认可家庭、事业、荣誉和勇气——简而言之,种种社会利益——的神圣,威廉爵士便会使用他在萨里的诊疗室,"他平静地说,自己会照管一切……"于是,这位先生的秘密罪行得到了判定:他非要在别人的圣殿里留下自己不可磨灭的印记。

塞普蒂默斯一直等到最后一刻才自杀。他其实不想死,但霍尔姆斯——布拉德肖的代理人——要来把他带走。塞普蒂默斯明白,自杀是令人厌烦的夸张剧情,并不符合他的悲剧观念。但这是他逃离野蛮人的羞辱的唯一手段,那些野蛮人长着血红的鼻孔,嗅着他心灵的隐秘之处。

---

* 由于弗吉尼亚·伍尔夫的精神健康状况,她被禁止生育。这始终让她愤愤不平,因为她与孩子们相处得很好,也时常想要一个自己的孩子。

第五章 疯病的问题

这个从患者内心深处讲述的关于精神疾病和自杀的故事，是从个人经验中总结出来的虚构案例。"我正写到摄政公园那发疯的一幕中最为紧张的时刻，"她在日记里写道，"我发现，我是尽可能地紧扣事实来写的……"她总结道，所谓的"正常"，也就是布拉德肖所说的"分寸感"，是一个武断的概念，是世世代代的实用主义者达成一致的结果。她进一步断言，精神疾病的很多症状其实都是常见的心理反应：感情迟钝、厌恶同类、心理或行为上的暴力——它们太普遍了，不值得大惊小怪。她自身的情况表明，首先，在某种程度上，社会及其武断的规范或许会导致个人的精神崩溃。在弗吉尼亚年轻时，军事进攻性的种种准则和毫无意义的淑女品格似乎扭曲了人的能力，这并不奇怪。她的例子还说明，在某种程度上，病态的情感也是常态的一部分。

凡妮莎曾说，她的妹妹能"让人感受到最非凡的宏大视角。她其实拥有惊人的勇气和面对生活的理智"。通过塞普蒂默斯·史密斯，她探索了"疯癫"的本质。而通过拉姆齐夫妇的管家麦克耐伯太太，她质问，到底什么才是"理智"呢？普遍接受的假设再次消失了。根据社会标准，麦克耐伯太太是个"愚笨的"人，甚至她自己也这样认为。她不爱说话，也没受过什么教育，就像是华兹华斯笔下的捉水蛭的人，他们以最低标准生活着——活着只不过是生存下来，而当那些生物死了，他们也就不复存在了。然而，尽管她很愚钝，当她像往常一样洗衣服时，一首老音乐厅歌曲的片段抚慰了她，她的一些原始的韧性随之显现出来。她不懂政治，但她反对战争，只想继续她的工作。对这个人物的刻画暗含着一个问题：虽然麦克耐伯太太被人遗忘了，但她是不是比安德鲁·拉姆齐这样受过教育的、冲到前线战死的年轻人更加

"理智"呢？安德鲁接受的是维多利亚时代的父亲的教育——英雄主义的幻梦，然而，直到去世，他也对劳动妇女所懂得的平凡生活一无所知。

"疯癫"或"理智"和所有界定性的词语一样，都是荒唐的简化。把反常的经验简单地纳入语言范畴并不是理解它的方式。弗吉尼亚·伍尔夫作品中最具颠覆性的元素——不仅仅是对"疯癫"或"理智"这些观念的质疑——是她对"范畴"（category）这个概念本身的挑战。她的文字总是摇摆不定，带着某种反复思虑的犹疑。她曾说，生活对她而言就像一部亨利·詹姆斯的小说，她还曾把詹姆斯的照片摆在书桌上。她追随詹姆斯的脚步，寻求完整的定义，在她看来，任何有价值的判断都来之不易。这种感受现实及其在道德和心理意义上的细微差别的能力，被随之而来的逃离事实遁入幻想抵消了，而幻想或许会破灭，也可能会变得残忍。对现实的感知为她的社交风姿增添了光彩，却无益于她的小说作品，因为她的小说是从一种或许可以解释的疯癫中迸发出的。她曾告诉一位朋友，在"疯狂的火山岩"中，她找到了作品的主题："它喷涌而出，一切都是成型的，是最终状态，而不像在理智状态中是一滴一滴的。"她延长了自己的学徒期，以便这种火山喷发的物质可以被受过训练的智力冷却和塑造。这种理性工具是一段严格却不合常规的教育的成果。

第六章

一个女人的教育

"她总说自己没受过教育，"凡妮莎·斯蒂芬这样谈起她的妹妹，"如果教育意味着学习书本上的东西的话，我愿意同意她的说法。"不过，虽说弗吉尼亚·斯蒂芬被剥夺了受到正式教育的机会，她却在机缘巧合之下接受了成为一位作家的理想训练。

什么样的教育才能造就一位作家呢？她自己认为，对作家的训练不像音乐、美术或建筑方面那样明确；对于作家而言，阅读、倾听、交谈和休闲都与正式教育同样重要。普通的教育过程中的不足是司空见惯的，但很难对其条分缕析。艾略特认为，"普通教育主要在于让人获得客观的观点，但它们遮蔽了我们究竟是什么、我们感受到了什么以及我们真正想要什么……"弗吉尼亚·斯蒂芬控诉自己被剥夺了受教育的机会，但她同时还持有一个相反观点，她将矛头对准哥哥在剑桥的友人，妙语连珠地讽刺他们在智力上的自命不凡："让女儿留在家中自我教育，却让儿子在外接受其他人的教育，对于这种体面的惯习，一定有很多道理可讲。"她认为，剑桥怀疑主义这种人为影响必然会削弱儿子的自然反应能力，而女儿则免于受损。

早期的女性作家可作为有趣的例证。由于女性直到十九世纪中期才能接受学术教育，我们很容易分辨哪种学识——或缺乏哪种学识——对她们来说更有益。1836 年，当乔治·艾略特开始做父亲的管家时，她便在闲暇时间学习各种语言。至于勃朗特姐妹，盖斯凯尔夫人为她们写的传记中的两个片段很有启示意义：盖斯凯尔夫人认为，她们没有儿童读物，而且见不到任何女人——她们的母亲去世了，当男人们拜访那座偏远的牧师住宅时，也很少带自己的妻子来。弗吉尼亚和凡妮莎身边倒是一直都有女性榜样人物——主要是她们的母亲，并且，她们也接受了女性才能方面的常规训练。在沃兹沃思太太无聊的舞蹈课上，她们会尽可能地在盥洗室里多待一会儿。不过，真正起作用的还是弗吉尼亚·斯蒂芬在十三岁到大约二十八岁之间接受的特殊的非正式教育。

正如弗吉尼亚笔下的一个人物所言，对于"生在绿荫之下"，也就是成长在丰富的精神生活中的优势*，怎么强调都不过分。她在书籍的包围下长大，耳边充满了有教益的谈话。与知识特权相比，她还有更多的社交特权。她一生都与贵族人士有亲密往来，但这些人吸引她的地方只在于他们是爱嬉戏的造物，她觉得他们的智力禀赋不足。她真正拥戴的是那些严肃的、有学识、有良知的中产阶级。当她被送到爱德华时代声色犬马的社交场合时，总是自

---

* 这时心灵摒弃了感官的满足，
  深深地沉浸于它自身的幸福；
  对宇宙万物，海洋般的心灵
  即刻能映现出它的同类对应；
  但心灵还能超越物质现实，
  创造出另外的海洋和陆地，
  心灵的创造终使现实消隐，
  化为绿色的遐想融进绿荫。（安德鲁·马维尔《花园》，曹明伦译）

己坐在角落里看书。她承认，对于过多女性美的炫耀，她感到很尴尬，甚至是"羞耻"。"我继承了某种相反的本能，"她说，那是一种斯巴达式的禁欲主义。"我只好把我的祖父詹姆斯（·斯蒂芬）爵士拿来说事了，有一次他抽了一根雪茄，他很爱这个味道，可是却硬是把雪茄扔了，并从此再没抽过一根。我禁不住想，是不是我也遗传了清教徒的自律品格，遗传了'克拉彭教派'的做派。"*

弗吉尼亚·斯蒂芬和 E. M. 福斯特一样，都是诺埃尔·安南（Noel Annan）所说的英格兰贵族知识分子的后裔，这个群体起源于十九世纪头十年成立的克拉彭教派。一开始，他们人数很少，因为对奴隶制的共同憎恨而结缘，他们有能力在知识界和政界之间往来。詹姆斯爵士曾说，他们加入神职人员的行列、写作、参加国会活动，目的是"向被法律或习俗豁免的一切形式的不公"宣战。人们通常认为弗吉尼亚与公共事务保持距离，但她说，"我和凡妮莎生来就是探索者、革命者、改革者"。

詹姆斯·斯蒂芬（她们的曾祖父）是一位支持民主党派的律师，他曾在西印度群岛生活了一段时间。1788 年至 1789 年间的冬天，他回到英格兰，找到了威尔伯福斯，并向他提供了许多黑奴遭虐待的证据。1800 年，他娶了威尔伯福斯的妹妹为妻，据说，这位女士把所有收入都花在了慈善事业上，只为自己留下十英镑，人们常看到她穿着破破烂烂的衣服昂首阔步地走着。斯蒂芬一家和威尔伯福斯一家都住在克拉彭公地，同他们住在一起的还有麦考莱一家、桑顿一家和其他人，他们是克拉彭教区长约翰·维

---

* 克拉彭教派（Clapham Sect），英国福音派教会组织，英国近代文化贵族谱系的第一代，诞生于十八世纪末至十九世纪初，因创始人聚居在伦敦西南部的克拉彭而得名。——译注

恩（John Venn）治下的一个小团体，而约翰·维恩是弗吉尼亚的外曾祖父。*尽管在十九世纪，福音教派的信条已被后人遗弃，但克拉彭派的习俗与风气却流传下来：对虚伪言行的蔑视和对世俗小慧的强烈怀疑。莱斯利·斯蒂芬身上的克拉彭遗风让他尤为痛恨"卑劣的动机或迟钝的情感"。他曾说，"与其说是缺乏人类情感，不如说是缺乏想象力，才让我们对众多同类的悲伤和痛苦如此漠然"。

在托马斯·克拉克森（Thomas Clarkson）的简略描述中，詹姆斯·斯蒂芬展现了活力与感性的非凡结合。这位福音派信徒不像他更有名的后人们一样受过正规教育，他"拥有无比炽热的灵魂，这是一切雄辩的根源；他天生勤勉，记忆力很强，哪怕犯了错误也是因为他拥有过多的才智而不是缺乏才智"。对于品味苛刻的人来说，他的想象力可能过于奔放，但这也让他的感情和记忆充满色彩。据说，他的儿子詹姆斯·斯蒂芬爵士是"一个天性极度敏感的人"。詹姆斯爵士的儿子莱斯利·斯蒂芬曾回忆起母亲如何警告他们，说詹姆斯敏感得"'像没有皮肤'……就像他［詹姆斯爵士］在一封信里说的那样，他'对可能存在的邪恶和遥远的危险有一种近乎病态的生动想象'"。他的孙女弗吉尼亚·斯蒂芬经常因为过于敏感而受到轻视，人们认为她是温室里的花朵，然而，正是这种特性才让她的祖辈们成为如此能干的公务员。詹姆斯·斯蒂芬爵士曾是殖民部的副部长（人们叫他超部长斯蒂芬先生），他起草了1833年的废奴法案。莱斯利·斯蒂芬是一位不放松

---

* 莱斯利·斯蒂芬的母亲简·维恩（Jane Venn）是约翰·维恩的女儿，亨利·维恩（Henry Venn）的孙女。亨利·维恩所著的《人的全部责任》（Complete Duty of Man）被所有克拉彭区的人推崇，成了福音教神学的经典著述。

标准的编辑。密尔坚持认为，尽管敏感这种特性常常被贬低为女性化的，但一旦与崇高的目的结合，它便是伟大的演说家、传道士、道德影响的传播者的重要资质。随着年龄的增长，弗吉尼亚对自己"内心的冷漠和苛刻感到震惊和不安"。怀着不可动摇的目标，她即将发表那些不受欢迎的政论檄文，反对战争和社会对女性的压迫，反对自命不凡的专家对普通读者的压迫。

克拉彭教派的传统显示出对教育的持续关注，而斯蒂芬家族对教育的涵义持有最先进的看法。弗吉尼亚这样总结她父亲的教育理念：

> 去阅读你喜欢的东西，只因为你喜欢它，永远不要假装欣赏自己不欣赏的东西——这是他在阅读艺术方面唯一的教诲。用尽可能少的词语，尽可能清楚地表达你想表达的意思——这是他在写作艺术方面唯一的教诲。

没有什么比语言上的装腔作势或陈词滥调更让他恼火的了——他常常在飞页上画猫头鹰和驴子。他没有时间应付耽迷古物的学究，也反对传播毫无意义的知识。詹姆斯爵士曾骄傲地说，克拉彭教派从不卖弄学问："真正的克拉彭人知道如何从胡言乱语的浮渣中挑选出真理的宝矿——那些只有时代的预言家才能说出的真理。"1853 年，在一次关于如何正确使用书籍的演讲中，他提醒人们要警惕那些新近出现的自称能让所有读者获得所有知识的指南书。他对人的才能有过于民主的意识，以至于无法接受正在壮大的英国文人群体以那种速食品为飨，它们会让人无法警觉地、谦卑地、长久地运用自己的智力。当莱斯利·斯蒂芬在 1877

年追求朱莉娅时，他谈起女性的教育问题，并激烈地反对她们所学的浅薄的技艺。"看到人们误入歧途，我感到很生气，"他说，"我痛恨看到女人的生命被浪费，仅仅是因为她们没有受到足够的教育，无法对任何学问产生自主的兴趣……"因此，当凡妮莎和弗吉尼亚长大后，他让她们一个学习绘画，一个学习希腊语，系统程度达到专业水平。此外，如果说弗吉尼亚·斯蒂芬悄悄产生了超越父亲想象的雄心，那很可能是因为，在她计划成为小说家之前，斯蒂芬家族的教育传统强化了她强加给自己的漫长的学徒期。

在我看来，莱斯利·斯蒂芬对女儿的影响似乎不在于女儿从这位退休的大学老师的图书室里接受的正式指导，也不在于他如何让她自由地阅读，而在于某种无形的日常交流：他的冒险精神（在远足和登山活动中比在他的作品中更加明显），他辨识真理的目光，他捍卫真理的警觉以及作为读者的敏锐。对弗吉尼亚而言，他仍然作为声音存在，那激昂地谈论英国文学的声音，仿佛他就是英国文学的代言人："当他躺在椅子上，闭着眼说出那些美丽的词语时，我们感到，他所说的不仅仅是丁尼生或华兹华斯的语言，而是他自己的所感所知。因此，对我而言，许多伟大的英国诗歌现在都与父亲不可分割；我不仅从中听到了他的声音，还多多少少听到了他的教诲和信仰。"

傍晚时分，在莱斯利·斯蒂芬和孩子们共度的那一个半小时里，他翘着二郎腿，捻着一绺头发，读书给他们听。他在工作日的晚上读散文，周日读诗歌，圣诞夜读的是弥尔顿的《耶稣诞生的早晨》。弗吉尼亚最先记住的是三十二卷的"威佛利"小说[*]，

---

[*] "威佛利"小说是19世纪苏格兰作家瓦尔特·司各特的作品。——译注

还有简·奥斯丁和霍桑的作品。弗吉尼亚小时候就听惯了英语的天然节奏。作为职业作家，她明白在写作中"获得某种节奏"的重要性。"如果我能把明天早晨的节奏调整好——在适当的时候跳过我的句子——我会写个不停；……准确来说这不是风格的问题——正确的措辞是——这是一种让思想漂浮起来的方式……"

和倾听一样，阅读也是一项很难掌握的技能。人们能教会孩子们阅读技巧，教会年轻人识别意象和典故，然而，想象力的迸发却是无法教授的，我认为——它只能依靠身体力行。通过对父亲的观察，她认识到阅读也可以是一种行动。"她想，他读书的时候就像在给什么东西引路，或是赶着一大群羊，或是沿着狭窄的小径奋力攀登；有时，他走得笔直飞快，穿过灌木丛勇往直前，有时，一根树枝挂住了他，一片荆棘挡住了他的视线，但他不会让自己被打败；他继续向前走，一页又一页地翻着。"还有一位同样精力充沛的读者是斯特雷奇夫人。据弗吉尼亚回忆，她读书时"带着火一般的热情"。"她给……阅读这种被动行为带来了她在街上昂首阔步或仰头大笑时的那种活力。"在《远航》的早期版本中，弗吉尼亚描写了一位真正的学者安布罗斯先生读书时的肢体动作："一开始他看上去很舒适，拍着大腿；后来他显得很专注；渐渐地，数不清的优美字句浮现在他的脸上，让整张面孔像一幅铅笔画一样。他看见了某种近在眼前的高贵之物，只有仔细观察才能看见。现在，交流建立了起来；希腊人曾经住过的房间里一片寂静。"

弗吉尼亚在十三岁时初次实现了这种交流，当时，她和姐姐躺在肯辛顿公园花径后的草坪上，她正为姐姐朗读帕尔格雷夫编的《英诗金库》(*Golden Treasury*)：

> 我翻开书本，开始朗读一首诗。突然间，我第一次理解了那首诗的意思……它似乎变得完全清晰易懂了；我感到词语是透明的，它们不再是词语，而是强烈得能让人体验它们、提前说出它们，仿佛它们变成了你已经感受到的东西。

在那片长长的被阳光炙烤的草坪上，她感到"诗歌正在变得真实"。

弗吉尼亚的母亲去世后，父亲接管了她的教育。接下来两年里，也就是她十三岁到十五岁之间，他每天早晨都给她上课，上课地点在他五楼的书房。她在一个自传性的片段里详细描述了这间屋子：黄色木材做的高高的天花板；红色牛皮装帧的英法经典全集——二十卷、三十卷或四十卷；还有铺着彩色棉布的摇椅，父亲有时会坐在上面，双脚凌空，椅子扶手之间横放着一块木板，上面搁着一个瓷制墨水台。沃茨给米妮·萨克雷画的肖像挂在壁炉上方，书柜旁的角落里立着一堆生锈的登山杖。从三扇长长的窗户向外望去，自肯辛顿宫到圣玛丽修道院的屋顶尽收眼底。

莱斯利·斯蒂芬赠予孩子们的礼物是一种后天养成的品味。他不像妻子那样讨人喜欢。只有当孩子们长大了，能把图书室里的绅士与家中喜怒无常的暴君区分开时，他的才华方能被看到。在《到灯塔去》中，当凯姆和父亲一起驶向延迟许久的启蒙之旅时，她对期盼中的心灵灯塔——关于远古文明和伟大人物的问题——越来越感兴趣。在一个从手稿中删去的自传性片段里，弗吉尼亚回忆起她如何谦卑地带着对知识的渴望在父亲的图书室里流连忘返，还有那些堆积在她脑海里的"所有异想天开的、接连不断的、各式各样的问题"。虽然她不敢开口说话，但她倾听着父亲在抽烟间隙与其他学识渊博的老绅士的对话，并"收集他们谈

第六章 一个女人的教育

到的各种零碎小事"。

她为什么沉默？为什么不能与父亲分享她的雄心壮志，或把私下写的随笔给父亲看（除了那篇关于伊丽莎白时代航海家的随笔）？她在另一篇随笔《世俗的宗教》（"Religio Laici"）里论证，尽管上帝被描述得千变万化，人还是需要一个上帝。其他不曾示人的随笔还有《女性的历史》（"A History of Women"）和一篇她自己的家族史。《到灯塔去》记录的那种谦卑被动的态度与她1897年的日记明显不同，她在日记里写道，父女二人每天清晨都在肯辛顿公园的圆湖附近谈话。那时的莱斯利·斯蒂芬并不让人害怕，他既单纯又坦率。他们从湖边一直走到大理石拱门，他可能一句话也不会说，但这种沉默是友善的，仿佛他在半出声地思考诗歌、哲学和人类。在这样的师生关系中，莱斯利·斯蒂芬必定起到一种楷模作用。他很乐意指导女儿的阅读并激发她的回应。而她自我保留的原因在于，她的父亲似乎并没有意识到，她的天赋已经接近他的高度。她渴望得到父亲的认可和赞许，但他从不让她接近。弗吉尼亚的拘谨是有理由的。莱斯利·斯蒂芬对女性教育持一种典型的矛盾态度。从理论上来讲，他没有什么双重标准（尽管他只把儿子送进中学和剑桥大学）。但实际上，面对贸然表达自己思想的女性，他无法抑制自己的气恼。根据弗吉尼亚的记录，在一次午餐会上，他冷落了自己的侄女凯瑟琳·斯蒂芬（Katherine Stephen，后来成为剑桥大学纽纳姆学院的院长），因为她自认为是一位知识分子。1887年，他在克拉伦斯遇到小说家奥利弗·施赖纳（Olive Schreiner），他被她的黑眼睛吸引，但她的批判性言论"激怒"了他。他告诉朱莉娅，虽然《非洲农场》（African Farm）受到好评，但施赖纳小姐"并不是我欣赏的那类年轻女人"。原则上,莱斯利·斯蒂芬希望自己的女儿们按最高的专业标准施展才华;但在实践中,他似乎理所当然地认为,体面的女人不应侵犯男人的领地。他梦想儿子托比能成为上议院的大法官;而女儿弗吉尼亚会成为一名作家——"这是适合女士们做的事"。

弗吉尼亚在十五岁和二十岁时受到的教育被清晰地记录下来。1897年4月,莱斯利·斯蒂芬写下,"吉尼亚正在如饥似渴地读书,速度简直比我还要快……"她那本皮革封面的日记记录了她如何沉浸在书中——十九世纪的传记、小说、历史,洛克哈特的《沃尔特·司各特爵士的一生》(Life of Sir Walter Scott)和麦考莱的《英国史》(History of England)——一谈到这些书她就赞不绝口。尤其是霍桑,那是她"奉为至宝的"。她的父亲看不起毫无主见、只是一丝不苟地描写日常生活的小说家。他教弗吉尼亚去欣赏霍桑在平凡场景中发现的"诗意的源泉"。也许,斯蒂芬对霍桑的褒奖有助于女儿日后的小说创作:比如,霍桑"在日常生活与幻想之间找到了折中的办法",他很迷恋"理性与疯狂之间的边缘地带"。霍桑笔下的幽灵存在于意识的朦胧之处,从不过分凸显,也从未被完全驱散,而是被一种微妙的幽默感控制着。后来,弗吉尼亚说,"在我们的文学中,我们对过去的最佳体验都来自霍桑和亨利·詹姆斯那些美国人,不是罗曼司或骑士小说的过去,而是尊严尚未消失、风尚尚未褪色的不久之前的过去"。

当凡妮莎去上绘画课,斯黛拉去济贫院的时候,弗吉尼亚就在家读书。父亲每日在肯辛顿公园对她的教导是很随意的,但我认为,正是这种随意带来了成功。他们之间的讨论是日常生活的一部分。生活就是文学:那些文学触发的对话,还有作家之间本能的亲近。1897年4月,当他们在布莱顿的街道漫步时(斯黛拉

第六章 一个女人的教育

度蜜月时他们去了那里），莱斯利·斯蒂芬给弗吉尼亚讲了她崇拜的麦考莱的故事，"还有他认识的其他老绅士们"。他还能回忆起乔治·艾略特组织的那些让人惶恐的聚会，因为在她的聚会上人们必须随时准备着谈论形而上学或美学原理。他还记得，在弗雷什沃特，朱莉娅·玛格丽特·卡梅伦会因为丁尼生小小的虚荣心而责骂他。

弗吉尼亚详细记录了她十五岁那年的阅读情况。一月份，正当她沉迷阅读卡莱尔的书时，父亲带她去了卡莱尔在切尔西的故居。

1897 年 1 月 29 日

……和一位睿智的老太太一起走遍了这座房子，她了解她父亲的一切。我们参观了……卡莱尔的隔音房，那个房间有两层墙壁——他的写字台、钢笔和零碎的手稿——到处都是他和她的画像。乘坐双轮马车回家。

莱斯利·斯蒂芬的教诲在这部日记中随处可见：弗劳德的《卡莱尔》第二卷要慢慢读，"然后我要重读一遍他借给我的所有书"。很明显，父亲在为她踩刹车，让她坚持一种透彻的而不是毫不费力的阅读方法，就像老詹姆斯爵士所做的那样。

弗吉尼亚的阅读似乎并没有遵循什么顺序，而是像她后来提倡的，追随着自然兴趣的引导。"我读完了司各特，"1897 年 2 月 24 日她写道，"然后父亲把《基督教会名人传》[*Essays in Ecclesiastical Biography*，詹姆斯·斯蒂芬爵士著] 给了我，这本书能让我读一段时间——"3 月 10 日早晨散步时，她说《名人传》读完了，还说这本书"让人大胆地联想到洛厄尔先生的文章"。那个月，她还读了洛厄尔的诗歌、佩皮斯的《日记》、卡莱尔的《斯特林传》（*Life of Sterling*）、詹姆斯·戴克斯·坎贝尔的柯勒律治《生平》，以及《菲利克斯·霍尔特》（*Felix Holt*）和《织工马南》。4月，她读了麦考莱的《英国史》《妻子与女儿》，兰姆的《随笔全集》，还有《巴彻斯特大教堂》。5月，当莱斯利每晚大声朗读戈德温的《迦勒·威廉姆斯》（*Caleb Williams*）时，她读的是卡莱尔的《法国大革命》和《红字》。6月，她读了一本克伦威尔的传记，7月又读了夏洛蒂·勃朗特的作品。8月，她开始读《亚当·比德》和莱斯利·斯蒂芬的《福西特传记》（*Life of Fawcett*）。* 受到斯黛拉去世的影响，她的日记从9月逐渐减少，不过，令人感到意外的是，在斯黛拉生前最后几个月状态时好时坏的时候，她的阅读兴趣也从未减弱。她一直在坚持阅读——尤其是读麦考莱——就像紧抓着一块石头一样。

根据她的日记内容，我们很容易再现弗吉尼亚十五岁的一天。这一天将从清晨的散步开始，接着是两个小时的古典文学课——读一些李维的书或做两篇希腊语练习。她也可能和斯黛拉一起学点德语。上午晚些时候，她和斯黛拉会去购物，给客厅的椅子买些东西，更常做的事是逛国家美术馆。下午可能会有客人来家里喝茶，莱斯利·斯蒂芬走下楼，往桌子底下扔几块饼干喂狗，引发一些混乱，而妮莎试着用脚帮助小狗。傍晚的时候，姐妹两人会穿过花园走到海德公园角，看着身穿白色绸缎的"客厅贵妇人"路过。

---

* 这只是一部分。关于1897年1月至6月弗吉尼亚阅读的完整书籍清单，请参阅昆汀·贝尔的《弗吉尼亚·伍尔夫传》（*QB* i, pp. 50-51）。

在这之后的五年，我们又短暂地瞥见了她的另一场"阅读盛宴"。二十岁的弗吉尼亚在笔记本上按照价值顺序写满了伟大作家的名字和她读过或计划阅读的书单。莱斯利·斯蒂芬从伦敦图书馆给她借来了哈克卢特（Hakluyt）的《航海记》(*Voyages*)，自此以后，她就贪婪地阅读伊丽莎白时代的作品（她特别提到斯宾塞和韦伯斯特）。此后，她又读了勃朗宁、雪莱和康格里夫的书；读了两三遍皮科克和简·奥斯丁的全部小说，梅瑞狄斯和易卜生的所有作品，还有一些萧伯纳的戏剧。她常常和托比"激烈地争论"古希腊人与现代人、浪漫主义与现实主义、拉辛和莎士比亚之间的不同之处。

她的书单里并没有当代作家。那个时候，梅瑞狄斯、哈代和詹姆斯已经是公认的经典作家。她曾说，与她同时代的作家没有像影响了一代人的卡莱尔、丁尼生或罗斯金那样对她产生过什么影响。在她看来，当代作家中没有谁是令人满意的伟人，于是，她决定不与微不足道的人为伍，而是继续与经典同行，"只让最一流的思想陪伴自己"。

弗吉尼亚·斯蒂芬如今已是一位年轻女士，她坚定地从楼下"纯粹世俗"的充满闲言碎语的世界逃向了楼上那充满"纯粹智慧"的崇高世界。在那里，莱斯利·斯蒂芬叼着烟斗，躺在摇椅上轻轻晃动。他年纪大了，耳朵也聋了。他迟缓地意识到女儿的到来，便站起身，把她的书——可能是一本约翰逊博士的书——放回书架，并"非常亲切地"询问她对这本书的理解。然后他可能会说，简·卡莱尔写了最好的英语书信，并把那册书递给她。"我们会聊上一段时间，然后，我感到心安，充满干劲，我对这个不谙世故的、特别杰出的、孤独的男人满怀着爱，我走下楼，回到客厅里去……"

莱斯利·斯蒂芬是弗吉尼亚的第一个知识分子楷模,也是持续时间最长的一个。他塑造了她的品味(尤其是对传记的品味),她还会观察他如何写作,模仿他写草稿的格式:把简单的句子堆在一起,用分号隔开,再增添新的评论,使原句产生新的细微差别。他们的思维追求的是陈述的精确性,一种盖棺定论的正确判断。她继承了父亲那种令人敬佩的活力,还有从多愁善感到幽默诙谐的意想不到的转换。不过,莱斯利·斯蒂芬对女儿的写作最深远的影响或许并不在于他的专业作品,而在于一些无形的行动:他不肯妥协的勇敢天性,还有——奇怪的很——他另辟蹊径的徒步旅行。

托马斯·哈代从莱斯利·斯蒂芬对伯尔尼高地的悬崖和雪原的热爱中看到了他的本质。1897 年,当哈代到瑞士旅行时,他发现,荒凉的施雷克峰与他的朋友有某种相似之处:

> 高耸独立,似是情绪与奇想之物;
> 瘦削而荒凉的身影
> 在我逼近的视野中闪现,它并不像
> 一座隐约可见的阿尔卑斯山,而更像他的化身
> 冒着生命危险一寸寸向上攀爬……*

梅特兰(F. W. Maitland)是"周日徒步旅行团"的一员,他曾回忆

---

* 出自托马斯·哈代的《施雷克峰》("The Schreckhorn")。——译注

起斯蒂芬如何穿过浓雾,躲过大雨,"宿命般地"大步穿越荒原。他一天能走四十英里,据说,他就像走遍小比例尺地图的两脚规一样走遍了全国。他的同代人强调,他拥有成为探险队领袖的品质:勇攀高峰的勇气、坚定的意志、感知方向的本能——就像梅特兰所说,在他的追随者眼里,他似乎能以自己的意志征服时空。

弗吉尼亚和她的父亲、祖父、曾祖父一样是个步行者。在父亲去世一年后,她回到父亲最爱的康沃尔郡,并在1905年的康沃尔日记里记录了她那被唤醒的"独自徒步远行"的兴趣。"我现在走过了乡郡周围的一大片领域,这片土地的地图在我脑海里变得立体了。"她的想法是,在没有路标或地图的情况下,去发现那些步行者可能会去朝圣的秘密地点。

在她第一部小说出版的十年前,她最具实验性的作品的奇妙源头就藏在这部康沃尔日记里。弗吉尼亚·伍尔夫的小说总是沿着未知的路径,追随思想的自由流动,同样地,这部日记也记录了她如何走下圣艾夫斯的公路,踏上数不清的步行小径,它们"如此狭窄,就像兔子踩出的路似的",通向四面八方的山地和荒原。她沿着那些打破人为界限、自然形成的小路走着,仿佛在追踪未来作品的隐喻。挂着锁的门和农场围墙都是骗人的障眼法,因为,当她翻过去之后,小路又畅通无阻了。通过这种方式,她发现了由狭窄的小径构成的隐蔽又巨大的网络,它们实际上都是畅通无阻的,她写道,小路"似乎确保了土地的流动性……行人应该用自由的手画出自己的路线,并相信自己总会找到一条指引前路的秘密小径"。她和父亲一样是个战略家,据说,她的父亲拥有"在地点与地点之间设计出全新路线的奇妙能力"。通过模仿父亲的消遣活动,她无意间构想出一种小说的结构原则,并在二十世纪二十年代将其付诸实践,那就是忽略像出生、婚姻和死亡这样的标志性事件,而去寻找塑造生命的不经意的瞬间。早在1905年,当她独辟蹊径穿过荆豆丛,只看到灰蒙蒙的农场时,她就说:"对于更喜欢野外的多样和偶然,而不是公路那规范的精确性的步行者来说,再没有比这里更适合散步的地方了。"

莱斯利·斯蒂芬在《国家人物传记大辞典》的后记里写道,他很厌烦那些没有一个丰富的结尾的研究。他女儿的小说的成功就取决于其结尾,在结尾中,她能够通过某些惊人的发现为思维的天马行空辩护。

康沃尔日记表达了她克服恶劣天气、穿越无人涉足之地的好奇与兴奋。"有两次远足是冒着狂风暴雨进行的,"她写道,"在灰色的群山之间,我似乎走向了激流的源头。这两次大雨就像席卷海面的雾霭,让所有明亮的形状和色彩都蒸发了。"当她在浓雾中摸索,依靠尼尔纪念碑(Knills monument)确定自己的方位时,她像父亲那样通过背诵诗歌转移自己的注意力:"一层朦胧的雾气降下,遮住了大地……"她想,自己竟这般轻易地遭遇了华兹华斯笔下露西·格雷的命运,在暴风雨中的"孤寂荒野上"迷了路。

弗吉尼亚在《到灯塔去》里把父亲描述为一根多余的、被人遗弃的标桩。莱斯利·斯蒂芬的警惕是另一种未必能从昂贵的教育中学习到的品质。弗吉尼亚自小面对的就是这样一个头脑,它自身不具备创造力,但它是真理的守护者和灯塔一样的标志物,在愚昧的滚滚洪流中矗立。奇怪的是,他总是对普通事物视而不见,比如孩子们的感情;但是,她说,对于不平凡的事物,他却有鹰隼般的目光:

第六章 一个女人的教育

> 这就是他的命运，他独特的命运，不管它是否符合他的愿望：他就这样来到了一小片正在被海水缓慢地侵蚀的土地，站在那里，像一只孤独的海鸟，形单影只。这就是他的力量，他的天赋——他突然间把过剩的才华全部扬弃，收敛起幻想、降低了声调，使他的外表更为直率、简朴，甚至在肉体上也是如此……

弗吉尼亚继承了父亲的坚定，他们经验主义的头脑将观察到的真理与既定的范式对立起来。在《一间自己的房间》里，她曾说，为了某位校长手里的银杯而去牺牲哪怕一丝一毫的观察力，抹杀一点一滴的色彩，"都是最可鄙的贩卖，据说，人的惨境，莫过于财富和贞洁的丧失，但与前者相比，不过像是给跳蚤叮了一口"。

在一篇题为《现代散文》("The Modern Essay")的文章中，她强调了父亲在智识上的勇气，并把他与当代记者做了对比，当代记者因为私下惧怕他的读者，便伪装成他们中的一员——删除所有一触即损的珍贵情感和思想，和任何可能刺痛他们的尖锐言论。她轻蔑地写道，那些狭隘的记者们"与沃尔特·佩特的精妙绝伦和莱斯利·斯蒂芬的直言无忌都相距甚远"。他曾教导她，若想像培根那样永世流芳，写作必须"强烈坚持某种信念"，这是写作的脊骨。

弗吉尼亚把父亲视为剑桥分析式思维的代表人物。他教导她说，"对于那些远离了繁文缛节、受过良好教育的人来说，唯一能干扰他们的社交往的是一种不合时宜的狂热精神"。他认为，剑桥有幸没有受到十九世纪牛津大学的宗教狂热的影响。他说，剑桥人"并不否认灵魂的存在；但他们懂得，灵魂应该处在恰当的位置。它不应该在早年就被激活，而要适当地服从于建立在真凭实据上的冷静认知"。当莱斯利·斯蒂芬放弃信仰时，他并没有经历丁尼生或马修·阿诺德感受到的怀疑或悔恨；只是觉得"卸下了沉重的负担"。他接触基督教纯粹出于道德原因，并且，他还把这些道德规范完好无损地融入他的新生活：他谴责自我放纵，爱慕温柔的心灵，同情受苦受难的人。

根据伦纳德·伍尔夫的说法，弗吉尼亚有一个讲求实际的、"花岗岩似的"大脑。他说，所有斯蒂芬家族的成员都会用"优雅精确的"方式表达思想，哪怕他们只想告诉你明天要下雨，这让人想起刻在石碑上的摩西十诫。弗吉尼亚·伍尔夫的作品的弱点与其说在于其模糊性，不如说在于其对立面——一种刻意不让人感知到的刻板思维。如果我们细读她那些尖刻的人物肖像（她在书信中随意写下的那种），便会发现某种伪装成生动活泼的世俗气。她那孩子般的敏锐让她如此真实，但有时也让她冷漠且浅薄。1906年，当她去君士坦丁堡的圣索菲亚大教堂参观时，她在日记里空洞地嘲讽了那里的非英式习俗。她难以理解无序的祭拜仪式和缠着头巾四处走动的人，在她看来，他们的行为太过随便，因而不够虔诚。

弗吉尼亚的确深受父亲影响，但她是否曾以任何方式抗拒过他的教诲？或者，有没有什么东西是他无法教给她的呢？虽然她接受了剑桥理性主义的虔诚信念，但她却反对它的方法。莱斯利·斯蒂芬被迫"一味用逻辑切割事实"。如果是分析一个观点，一个密尔、边沁或霍布斯的观点，他的头脑敏锐、精确而清晰。但对女儿来说，这种狭隘又集中的脑力活动是"极其有害的"。到了老年，她的父亲"已对自己的所作所为毫无概念，也无法理解别人的感受"。

她对拉姆齐先生的嘲讽——他沿着字母表的顺序费力地进行逻辑推论,最终在 R 那里碰壁受挫——是为了批判只重视智力成就的教育。她对智力的定义包含了一些在传统理念中未被正式认可的品质,这些品质通常能在她笔下的女性角色身上找到,倒不是因为只有女性才拥有它们,而是因为女性长久以来逃脱了正式教育。

当她嘲笑拉姆齐夫人天真地相信平方根的知识、法国的土地租借政策以及当时对拿破仑的个性的描述将会维护人类文明时,她其实是在质疑推理性智力的地位。此外,她还提到了拉姆齐夫人谦逊的见解:如果有良好的排水系统,而且牛奶没有被脏东西污染的话,维多利亚时代的伦敦工人阶级的生活状况或许不会那么可怕。她认为,受过教育的聪明人更偏爱虚构;而未受过教育的人却能迅速抓住事实。她写道:"事实为我们的想象力提供了那么多的素材。"两种相互矛盾的事实可以共存:例如,拉姆齐先生对孩子想去灯塔的愿望漠不关心,但与此同时,当他和妻子一起读书时,他又能与她产生共鸣。作品在自相矛盾的事实间摇摆不定,让一些读者感到前后不一致,但这种做法其实是在努力保留全部的真实。

拉姆齐先生的头脑像是被严格划分成了不同区间。如果一个区间没有效益,他就将其封锁,然后尝试另外一个,这样一来,他的思维总是不连贯且预先设定好的,仿佛每种经验、情感、思想都在他的思维中占据不同的位置,而他要分别做出反应。与此相反,拉姆齐夫人、莉莉·布里斯科和凯姆则拥有一种古老的感知模式,面对新观念的冲击,它丝毫不受影响。这种能够伸展的思维容器敏锐而专注，相比于狭隘的逻辑思维，它对智力的要求其实更高，但它并未受到重视。

不过，拉姆齐先生的逻辑思维和莱斯利·斯蒂芬的"逻辑切割"都是她后期的夸张描写，严格来说，这对那位父亲是不公平的，因为，举例来说，在对《格列佛游记》的评论中，莱斯利就敏锐地捕捉到了斯威夫特的厌世主义的微妙和矛盾之处。事实上，他的文章和女儿的很像，他们都不急于得出结论，而是先对所有的事实洞幽察微。父亲和女儿都拥有密尔的思维模式，他们有能力化合相互矛盾的事实。他们的思维追求普遍化的概括，但它不是轻易得来的。

在《往事札记》里，弗吉尼亚·伍尔夫对父亲的最终定论比《到灯塔去》更加严苛。只有在她年轻时写的《回忆录》里，我们才能更加公允地看待父亲对她的特殊激励。据她讲述，1895年的夏天，父亲将女儿们从悲痛中解救了出来。当时，他们正在怀特岛的弗雷什沃特海湾度假，那里有茂盛的植被、温暖的房屋和安静的氛围，她们因过于强烈的情感而呼吸困难，急需新鲜的空气和某种振奋的、甚至是粗砺的东西。父亲给了她们这种激励。有一次散步的时候，他突然抛下传统教条，"向我们描述了一幅鼓舞人心的自由生活的图景，他沐浴在不带任何个人色彩的光芒中。还有那么多东西要学习，那么多的书要读，成功和幸福将在没有任何不忠的情况下获得。"他鼓励她们用痛苦激发其他尚存的情感。"在那样的时刻，他是如此美好，"弗吉尼亚回忆，"他像孩子一样单纯赤诚；对所有感情都那么敏锐，那么温柔。"

在父亲晚年时，她已不再需要他的指导。她自己学习，继续

第六章 一个女人的教育

贪婪地阅读。她在 1903 年说:"总体来说,读书是我最享受的事情。"她为暑假准备好了莎士比亚和圣经,兴奋地期待着"所有厚厚的书页都能进入我的脑海里"。她期待去乡村,以享受阅读这些"大部头"的闲暇时光,但奇怪的是,她常常被自卑所困扰。"我读着——随后又扔下书说——我,作为一个女人,有什么权利去阅读这些男人们写的东西?"或许,她对书籍愈发强烈的渴望是因为她感受到,能与最伟大的思想交流是一种特权。

> 有时,我一连好几个小时感觉到,我大脑中的物质似乎在不断膨胀——并因为新鲜的血液而越跳越快——再没有比这更美妙的感觉了。我读历史书的时候,它们突然都鲜活了起来,前前后后生枝蔓延,把看似遥不可及的东西都联系在一起。我仿佛感受到了拿破仑对于我们在花园中度过的安静夜晚的影响——我想,在某一瞬间,我看到了我们的思想是如何交织缠绕在一起的——当今任何鲜活的头脑都填充着与柏拉图和欧里庇得斯完全一样的东西。

她感到,一种"共同的思想"把诗人、历史学家和哲学家联系在一起:"我觉得我好像已经领会了世界的核心意义,所有这些诗人、历史学家、哲学家都只是从我所在的中心出发,走在向外延伸的条条分岔路上。"随后,她翻开了希腊语课本做翻译,却不得不承认,希腊语对她的自以为是"无动于衷"。接着,她再次出门散步,身体活动会再一次解放她的心灵。

她曾公开表示嫉妒托比所受的教育。托比那时在剑桥的三一学院念书,他将来会成为一名律师。"我现在找不到任何人与我辩论，"她曾给他写信说，"我感受到了这种缺失。我只能独自一人艰苦地钻研书本，以获得你每晚坐在壁炉旁、抽着烟斗与斯特雷奇等人交谈时就能获得的东西。难怪我的知识是匮乏的。我敢肯定，没有什么是比交谈更好的教育。"不过，她还可以与父亲交谈，这和与同龄人交谈不一样，但或许更有益。她给自己塑造了一个自怨自艾的形象，但私下里，她用那些"大部头"充实自己，并且只和"第一流的"思想作伴。

自1902年起，珍妮特·凯斯（Janet Case）补充了弗吉尼亚·斯蒂芬从父亲那里接受的教育。凯斯是第一批从剑桥大学格顿学院毕业的女性之一，她为弗吉尼亚提供了唯一系统性的指导，并将她引向了女权事业。

托比第一次放假回家时给妹妹讲了特洛伊的故事，他们来来回回地爬着楼梯："我觉得他讲这个故事时有些害羞，因此必须一直上下楼……他断断续续、兴高采烈地地给我讲了很多希腊故事。"1897年10月，弗吉尼亚十五岁，她每隔一段时间就去伦敦国王学院上希腊语课和历史课。1900年6月，十八岁的她给表姐艾玛·沃恩（Emma Vaughan）写信说："希腊语……是我每日的食粮，对我而言是极大的乐趣。"那年10月，她开始到老克拉拉·佩特（沃尔特·佩特的妹妹）那里上私人课，她被波斯猫和莫里斯墙纸围绕着，不过，这些课程太无章法。后来，佩特女士换成凯斯小姐，她不允许弗吉尼亚只理解句意而忽视文法。她只得从头开始。她启用了全新的学习方式，每天早上在卧室里独自学习，卧室曾是夜间的育儿室，如今，凯斯在这里给她上课。斯黛拉棕绿色的书桌上放着打开的希腊语词典，草稿本上有她"偷

第六章 一个女人的教育

偷摸摸"写下的片段和随笔,这些都构成她"私人生活的核心"。她在一个自传片段里回忆:

> 房间的一半属于文学;另一半属于梳妆打扮。为了鼓励我的虚荣心——因为我不会打扮——乔治送了我一面摇摆镜,我到现在还留着它。它值七镑十先令,他希望我能学着注意自己的外表。衣服挂在门上;育儿室里的一个老橱柜发出药瓶的气味。乔治为我给这间屋子贴了墙纸,还添了一个新壁炉。他还送我一把低深的藤椅作为生日礼物;在下午茶和晚餐之间,我可以从外屋撤离,坐在这里读书,直到杰拉尔德或阿德里安、乔治、杰克,也可能是去书房路上的父亲敲门进来;——整个上午,从十点到一点,我完全是一个人度过的……我坐在这里,读着希腊文……

1901年7月,她读完了《安提戈涅》和《俄狄浦斯在科罗诺斯》,正读到《特拉基斯少女》的中间部分。她骄傲地告诉托比,她不仅很欣赏索福克勒斯,还很享受阅读他的作品。她在笔记本里写了翻译、总结,还有对希腊文和拉丁文的注解——尤维纳利斯的讽刺诗,《农事诗》卷四("维吉尔在恺撒大帝开拓疆土、制定律法时所写的诗歌。多么可爱!"),欧里庇得斯的《伊翁》,索福克勒斯的《埃阿斯》,阿里斯多芬的《蛙》,柏拉图的对话录《斐德若篇》和《会饮篇》——还有仔细研读《奥德赛》的笔记——1906年她在希腊旅行时读了前四卷,到1908年5月15日全部读完。对于弗吉尼亚·斯蒂芬和她那一代受过古典教育的年轻人来说,希腊文学就是真与美的试金石。在《远航》的早期手稿里,她写道,安布罗斯先生熟读希腊文学,这使他"对人无比严苛。他知道他们什么时候在说真话;也知道他们什么时候在犯蠢"。后来,她在一篇随笔里写道,希腊人直面"生活背后的悲伤",他们并不试图减轻这份悲伤,"当我们厌倦了模棱两可,厌倦了混乱不清,厌倦了基督教和它的慰藉,厌倦了我们自己的时代时,我们就会转向希腊文学"。

弗吉尼亚把比她年长二十岁的老师看作女性解放运动的先驱之一,但她是一位幕后工作者:"她是一个顾问,而不是战士,她带着喜悦的微笑倾听年轻人的理论,又突然大笑出声,睁开她美丽而朦胧双眼"。在海德公园门的"暴政"最严苛的时期,珍妮特·凯斯教她如何用勇气和幽默坚持下去。1911 年的夏天,凯斯暂住在她在苏塞克斯郡弗尔镇(Firle)租赁的房子,弗吉尼亚向她坦白了乔治对她的侵犯。凯斯的愤怒为这件事提供了一个可靠的判断依据。弗吉尼亚写给凯斯的信并不像给其他大多数人的那样随意。1937 年 3 月凯斯临终时,她写道:"请你明白并理解我总是怀着怎样的感情想起你。那时的我太不幸了,你帮了我,现在依然在帮助我,亲爱的珍妮特……"

1905 年至 1907 年,弗吉尼亚自己也曾在莫利学院(Morley College)教书,莫利学院是坐落于伦敦南部的一所工人夜校。在《远航》早期的打字稿里,她记录了一位中产阶级女士冒险闯入伦敦一片地区的印象,这里没有双轮马车驶过,她发现"这曾是一座穷人的城市"。这位女士不知受什么驱使,穿过伦敦郡议会为夜校修建的建筑,"它非常幽暗"。弗吉尼亚·斯蒂芬在 1905 年 7 月的报告里抱怨,莫利学院的管理者们更喜欢平庸带来的安全感。院长玛丽·希普尚克斯(Mary Sheepshanks)曾建议她组织一些小型的社交晚会，或讲授一些英语语法知识，但她（像她祖父一样）主张，不应该用装模作样的学习糊弄那些刚刚识字的人。她坚持要上一门正规的英国历史课，哪怕只有三个学生来听。她想教给他们的是扎实的综合性知识，而不是学院的课程所提供的那种"不连贯的碎片"，这样才能为将来的学习打好基础。她愤怒地批评一门计划中的讲法国大革命的课程："八堂课掉入他们的脑海，就像外太空的流星掉落在这个星球上，重新化为尘埃。"对于没有能力把这八堂课当作一个连续体的一部分的学生来说，它们毫无用处。弗吉尼亚很快就离开了莫利学院，但她对英国历史形态的兴趣，尤其是从一个时代到另一个时代的转变以及尚未引起足够重视的女性的作用，都将在她的许多作品中呈现，比如《琼·马丁小姐的日记》（"The Journal of Mistress Joan Martyn"）、《到灯塔去》、《奥兰多》、《岁月》、《幕间》和《阿侬》。

"顺便说一句，我总有一天要写写历史，"1905年5月，弗吉尼亚·斯蒂芬给维奥莱特·狄金森写信说，"我一直很喜欢历史；只要我能从中找到我需要的那点东西。"那年夏天，她"扎扎实实地读了四卷中世纪英语并做了注释"。一年后，一篇简短却具有革命意义的历史作品完成了。

1906年8月，弗吉尼亚在布罗诺顿宅度假，那是一座伊丽莎白时代的有护城河的庄园，它坐落在诺福克郡的东哈林。她兴高采烈地给维奥莱特写信说，当她在乡间散步，跳过水沟，翻越围墙时，她"每走一步都在创作美妙精彩的故事"。《琼·马丁小姐的日记》讲述了罗莎蒙德·梅里杜对中世纪英国土地所有权制度的研究。手稿大约一半的内容都是关于梅里杜的历史观念和她对古文献的搜寻，另一半则呈现了一部写于1480年的日记，这部日记是她在距离布罗诺顿宅几英里远的马丁庄园里发现的。

什么才是理想的历史文献,这是隐含在梅里杜故事里的问题。一个作为历史学家的女人要走一条什么样的路?女性在英国历史中有多么重要?那部1480年的日记记录了琼·马丁小姐一年的生活,包括她的习惯、思想、恐惧、动机和期望。简单来说,它把一位默默无闻的少女引入了历史视野,在玫瑰战争期间,这位少女承担起了女性的职责。

这份文献将注意力从内战转移到一个女孩身上,为了驱散家人们的恐惧,她大声朗读利德盖特的诗。后来,当天色昏暗得无法阅读时,她就听别人讲那些"可怕的故事"——关于国家的现状,关于阴谋、战争,以及"我们周围正在发生的流血事件"。假以时日,这些"可怕的故事"都将变成我们所谓的"历史",然而,对于琼忙碌有序的一天来说,它们其实没有那么重要。只有在夜晚,当一阵阵风穿过卧室窗户,掀开了墙上的挂毯时,她才会想起身穿盔甲的男人们,然后陷入恐惧。"昨天晚上我祈祷,"她写道,"大门能紧紧关闭,所有强盗和杀人犯都离我们远些。"

琼坦言,她被一位曾在马丁庄园过夜的无名歌手的传奇故事迷住了。在泛黄的笔记本里,那位无名歌手写道,"骑士和淑女伴着永不停息的优美旋律翩翩起舞"。然而,琼无被无情地卷入现实生活的挑战中。在和善良的埃米亚斯爵士门当户对的婚姻中,她的浪漫美梦没有实现,却要完成"女人天经地义的职责"。婚事临近时,她开始"明白自己将把多少时间浪费在与男人和幸福无关的思绪中"。她期待着生儿育女、照看庄稼和牛羊、在丈夫离家时记账。和母亲一样,她会拴紧门锁,把四处劫掠的流浪汉关在墙外。"而在门里,"她沉思着,"我要把上好的亚麻储存起来,把香

第六章 一个女人的教育

料和蜜饯装满柜子；只要有针线活可做，所有浪费的时间和价值都能被弥补和更新。"

她的母亲拥有像冬日熟透的苹果一样的面色，从这位强健的母亲身上，琼继承了孕育、存储、修复和再生的使命。"做这样一个女人的女儿真是太好了，"琼真心实意地写道，"希望有一天我也能拥有这种力量。她主宰了我们所有人。"琼笔下这位十五世纪的母亲——她的眼神深邃又严肃、她的"所思所见"在额头上刻下了高贵的皱纹——在某种程度上就是拉姆齐夫人这位坚强的母亲形象的前身。

不过，琼的母亲还为一个民族梦想而活，她向女儿倾诉了这个梦。这是一个富有责任感的梦想，它并非权力之梦，也无关于男性对土地的合法继承权：

> 接着，她继续向我解释她称之为所有权的理论；在这个时代，一个人就像在波涛汹涌的海水中的一座小岛的统治者；他必须在那儿耕种土地、修建道路、筑起堤坝抵挡潮水；也许有一天，海水会退去，这块土地将成为新世界的一部分。这就是她梦想中的英格兰的未来；这也是她一生的希望——按这种方式管理自己的领地，使它成为无论何时都能踏上的坚实土地。她希望我能活着看到整个英格兰都这样稳固地建立起来。

在这段话里，弗吉尼亚·斯蒂芬想象着建立英格兰的祖先，她们只是一群无名无姓的女人，把不为人知的延续生命的法则在母女之间传递下去。她借用乔治·艾略特的观点，认为我们的历史依赖于种种不具历史意义的行为："你我没有遇到本可能更糟糕的事,一半要归功于那些恪尽职守地过着低调生活、死后长眠于无人探访的墓地中的许多人。"在琼的男性后裔眼里,这部日记只是一份无关紧要的文献。但就在此时,梅里杜小姐出现了:即使不存在这样一位历史学家,她也必须被创造出来,她就像一位救世主,拯救了困在过去的幽灵。她对应着一个历史专业的弗吉尼亚·斯蒂芬,而通过这篇历史作品,弗吉尼亚也扮演了她的作家角色。历史的中心不是法律文献,也不是玫瑰战争的胜败,而是孤独地留守在堡垒中的女人,她照例维持着秩序,在力所能及的范围内阻止混乱。

梅里杜小姐在这个合乎逻辑的结论中加入了一条建议,这条建议是詹姆斯·斯蒂芬爵士在剑桥大学历史系担任教授时提出的。他说,中世纪的历史学家如果能像研究法律记录那样研究乔叟,他们将会受益匪浅。简言之,一个时代的故事才是历史学家最重要的文献。弗吉尼亚·斯蒂芬进一步提出,如果那个时代的故事不存在,它们必须被想象出来。

在弗吉尼亚·斯蒂芬未来的写作生涯中,她还会重复这样的挑战,也就是作为一个女人为另一个女人刻画肖像。而她的另一个写作方向也将从这个故事中延伸出来——在她写作生涯的末期,她会重新关注无名诗人这个生动有趣却逐渐消隐的形象。在她最后一部作品《阿侬》中,她将通过吟游诗人来观照默默无闻的听众,力图唤醒现代读者丧失的那种自发的、集体的反应。

§

弗吉尼亚·斯蒂芬的哥哥托比在1906年底离世,而她与伦

第六章 一个女人的教育

纳德·伍尔夫于 1912 年订婚，在这中间的五年里，对弗吉尼亚的生活影响最大的人是她的姐夫克莱夫·贝尔（Clive Bell）。贝尔是第一个认真对待她的写作的人。对于一个急需获得认可的极度谦卑的年轻姑娘来说，他是一位理想顾问。弗吉尼亚认为，如果莱斯利·斯蒂芬还活着，他会毁掉她的雄心壮志。后来，出于某种原因，她也不愿把未完成的作品给伦纳德·伍尔夫看。这或许是因为，尽管伦纳德为她提供了实际支持，他却过于苛刻。克莱夫·贝尔却是完美的：他温暖、热情地鼓励她发挥潜在的天赋——1908 年开始，他们调情了很长一段时间，而这是其中一部分内容。"我们聊天。我们因意气相投而激动。我们像鸟儿一样轻啄对方，柔声交谈。玫瑰色的光照在他的脸颊上。我们之间的交流非常愉快、充满活力，就像弦乐器发出的共鸣。""我亲爱的弗吉尼亚，"克莱夫在 1908 年 5 月 7 日写道，"当我在罗斯维尔山顶上说，除了吻你，在这个世上我什么都不想要时，我想我会失去所有自信和勇敢的声誉。我如此渴望，甚至变得害羞起来，忽略了你的感受；这是经常发生的事……"

1907 年凡妮莎结婚后，弗吉尼亚因为姐姐作为妻子和母亲的身份而感到相形见绌。"说真的，与我相比，大自然为她做了那么多。"她在 1908 年 5 月给贝尔写信说。他"费了好大力气"才让她平静下来，那年夏天晚些时候，她觉得自己也拥有了秘密的目标："我想了很多关于未来的事，"她写道，"也决定了我要写什么书——我要为小说赋予新的形式……"当他们聊起她的作品时，他对其"大加赞扬，好让他的批评更有力量"。

不论怎么说，伦纳德·伍尔夫一开始被弗吉尼亚·斯蒂芬吸引，是像被一件艺术品吸引一样，但克莱夫·贝尔更喜欢的是她身上的人性品质、她的有趣和独特。他说,她是"我认识的最快乐的人,也是最可爱的人之一"。他的信逐渐从轻浮、打趣转向对她的前途的肯定。在一个六月的傍晚,他看见她坐在汉普顿宫的长椅上,"眼神柔和又深邃,她的目光深处是事物最终极的秘密"。她穿着白色棉布裙,披一件长长的幽灵似的白色外衣,戴一顶又大又软的草帽,上面还有一条宽宽的飘带。"那一天,"他在1909年2月告诉她,"我大概猜到了你和其他几位伟大诗人有所了解的东西。"许多年后,在1917年,他重申了这种印象:"你必须把弗吉尼亚脑子里想的事记下来,我从未怀疑过——你知道我没有——那里发生的事情和世间万物一样激动人心。"

克莱夫·贝尔用自己的方式教会了她一些东西。他给她介绍了更加复杂的读物。1907年,在第一封信中,他就让她把注意力从维多利亚时代转向法国:"你读过梅里美的《陌生人的来信》吗(很精彩)……或者欧洲第一自大之人——除了乔治·达克沃斯——保罗·布尔热先生写的《蓝色公爵夫人》?你有没有读过《危险关系》?这是我所知的最不雅的天才之作,也是最伟大的作品之一……你上次读《包法利夫人》是什么时候?"

随着贝尔的出现,弗吉尼亚·斯蒂芬与一种更加世俗化、男性化的观点发生了碰撞:"你和任何穿裙子的人(我没有使用更科学的分类)一样女性化,但你过于天赋异禀,以至于无法信任你自己的性别——或是我们的性别。"他用反女权主义的言论逗她("普通女人比不上普通男人");但同时又敦促她写一些关于女人的东西,"赶在你的锋芒在床上钝化之前"。以这种打情骂俏的方式,他强化了她的独立性。"亲爱的弗吉尼亚,"他写道,"今天我看见了一束饱满的、成熟的麦穗,它不知怎么被割麦人遗漏了,

第六章 一个女人的教育

孤零零地站在麦茬中间,于是我想到了你。"在他自吹自擂的、世俗的外表背后,有真正的谦逊,也有真正的慷慨。他承认,与这位受到庇护的少女相比,他的经验都是间接得来的:"我只是继续触摸着事物光滑的表面……"他的声音很洪亮,但从不像莱斯利·斯蒂芬那样专横。一位朋友说,他说话的语调很有特点,饱含期待,也分享着喜悦。

后来,受到伦纳德·伍尔夫的影响,弗吉尼亚也开始指责克莱夫·贝尔,嘲讽他的爱慕虚荣和风流韵事。但这遮蔽了贝尔在她婚前数年里对她的激励作用。贝尔曾假装"惊愕"地为她第一部小说的初稿挑毛病。他告诉她,用"坚固的"或"块状的"词语描写事物让人烦躁。想象力也是一样,它应该持续闪光还是偶尔"黯淡"呢?不过,他还是称赞了她对世故的达洛维夫妇的刻画:"无论如何,你让他们暴露无遗,你的洞察力让我惊叹不已。"他还评价过弗吉尼亚第一位女主人公的沉默寡言:"当然,雷切尔是神秘又遥远的,就像某种奇怪的野生动物,逐渐流露了自己一半的秘密。"

与其他作家相比,弗吉尼亚·斯蒂芬成熟得比较晚。她被反复发作的疾病耽搁了。她刻意延长自己受教育的时间,只把最伟大的作家,尤其是古希腊作家当作杰出的榜样铭记于心。在她二十年的学徒生涯中,她不得不接受父亲的教导,然后再超越它们,寻找自己心中的楷模。作为一个女人,她还必须把自己从维多利亚时代自我贬低的习惯中解救出来。要成为一位作家,她最大的问题或许在于如何克服自己的谦卑以及暴露在公众面前的恐惧(她在1917年创办了属于自己的霍加斯出版社,但这只能部分地减轻她的恐惧)。在这个漫长的过渡阶段的中期,克莱夫·贝尔起了至关重要的催化作用,因为他给了她作为女人和艺术家的信心,让她追求独立于既定规范。1908年5月,她向他坦白,说她厌倦了客厅,却因为内心的想法而激动不已:"然后你来了……告诉我我所想的是对的;我的头脑飞速转动——我觉得自己凌驾于上帝之上……既然如此,我愿意成为只拥有一个崇拜者的女先知。"

第七章

启航

110 "我们没必要总是想着子孙后代",弗吉尼亚·斯蒂芬在1909年2月对克莱夫·贝尔说。这种自我非难是一个例子,揭示出她的目标有多么远大。在公共场合,她嘲讽自己是姐姐的无助、笨拙又粗心的附属品。她喜欢夸大对于"像我这样被迫用胸针把内衣别起来的人"购物时的"痛苦"。然而,在写作时,她的自律简直让人羡慕。她极有野心,她的目标不亚于"重新塑造"传统小说、传统传记和处理人物的传统方式,她告诉克莱夫,这是为了捕捉"当下难以捉摸的诸多事物"。

当乔治·艾略特审视女性的坎坷命运时,她断言,只要她们的潜能无法被精准确定,她们的社会命运就一定会成问题。"与此同时,"她还说,"不确定性将会一直存在……"弗吉尼亚·斯蒂芬的第一部小说《远航》重申了这个问题。"'谈论女人是极其困难的,'[圣约翰·赫斯特]继续说,'我的意思是,很难说清楚她们到底是缺乏教育,还是天生就无能。'"这部小说也无法确定,它是否有一丝可能把女主角雷切尔·温雷克引入审视的目光之下。弗吉尼亚·斯蒂芬对乔治·艾略特留下的问题展开了讨论,在艾略特的女主人公身上,她看到"古老的女性意识……世世代代都是沉默的",充满了"对某种事物的需求——她们并不知道那是什么——那种事物或许与人类存在的种种事实都不相容"。在英国社会,雷切尔·温雷克不可能成为一个小说家;她无法熬过成长阶段中的各种不确定性而幸存。这部作品是按照成长小说(*Bildungsroman*)的模式来写的,却在接近结尾时突然转向:我们对雷切尔会成为什么样的人一无所知,因为她的进化方式不符合存在的事实。

这是一个冷峻的观点,与争取女性权利那种直截了当的愿望不是一回事。弗吉尼亚的所有立场都过于微妙,以至于很难将其归类。她对精神疾病、女性气质以及后来对婚姻的观点,都包含沉默区域,这些区域回响着不曾明言的意味。她说,对知识的渴求一定会使女性的观点变得更加完善,她想到的是乔治·艾略特。"她必须走出保护区,为自己采摘艺术和知识那奇异、鲜美的果实。"不过,"很少有女人像她这样紧抓着那些果实,她不愿意放弃自己的遗产——也就是观点的差异"。

不出所料,弗吉尼亚·斯蒂芬最初在创作上的努力被艺术与知识的灿烂果实淹没了。她被奥斯丁、梅瑞狄斯和哈代的成就震慑住了,不敢表达自己独立的观点,直到她让自己的眼光变得更完善。她的海德公园门日记(1903)和旅行日记(1906—1909)充满了颇具野心的描写练习。她未完成的一部小说的第一章是在莱斯利·斯蒂芬去世后不久写下的,那时,她们一家人正在彭布罗克郡海岸的马诺比尔休养精神。这一章的平淡乏味或许是弗吉尼亚的悲伤导致的。它是对上流社会风气的一种常规性的批判。相貌平平的海丝特·菲茨约翰受到她的势利家庭的影响,拒绝了英俊的罗杰·布里克代尔的求婚。然而,不管弗吉尼亚对上流社会多么不满(她自己仍受其支配),对于那位想象中的替代品布里克第七章 启航代尔——一个年轻、英俊、有点虚荣心又缺乏思想的小伙子——她同样也感到不悦。他的样貌让人想起霍桑笔下牧神一般的多纳泰罗,然而,他终究只是个被驯化了的牧神。

1906年夏天,当弗吉尼亚·斯蒂芬把琼·马丁和她的母亲想象为女性祖先的原型时,她第一次从模仿性的写作练习转向女性的"不同观点"。随后,在1907年至1908年的《回忆录》中,她为自己的母亲写了第一篇,可能也是最精彩的一篇人物画像,那是一组挽诗般的家庭人物肖像,和在生活中一样,朱莉娅·斯蒂芬仍然占据主导地位。女儿认为,母亲最主要的特点是她机敏的才智:"她的一言一行都留下了鲜明的、不可更改的、敏捷的印记,这显然是由于她积累了丰富的经验。"

这两位典范式的母亲把弗吉尼亚·斯蒂芬引向了历史和传记,让她从中寻找其他人物原型。弗吉尼亚特别欣赏简·卡莱尔,因为她拥有和朱莉娅·斯蒂芬一样的天赋:她能敏锐地辨识人物的本质部分,"这种能力既是创造性的,又是批判性的,在她身上达到天才的高度"。

每部传记面临的难题都是如何去捕捉人物的与众不同之处,而不仅仅是他们的成就。要认识到人物的特点,传记作家需要具备某些品质:明确的道德标准、坚定的意志、懂得放弃的胸怀。弗吉尼亚·斯蒂芬在二十多岁时写下的传记评论已经显示了一套完整的价值体系。她很赞赏简·卡莱尔面对装腔作势的无聊人士时表现出来的常识,赞赏她在丈夫过度自负的自我沉浸面前,对自我分析的严格克制,赞赏她对穷人、病人和真正不幸之人所表现出的强烈同情。弗吉尼亚也很欣赏夏洛蒂·勃朗特的独立坚韧和对自由的热切渴望。她还批判了雪莱摇摆不定的感情。理智、同情心、诚实、情感力量：这些都是她评价人物的严格标准。

她在 1908 年到 1910 年间写的传记评论就像一些无意识的零散镜头，这些镜头呈现了某个人一生中的动机、行为和阶段，或许从历史、政治或学术的角度来看，它们都是很边缘化的东西。但她正在建立一种传记理论，这对她成长为一名小说家至关重要。她审视的是某个生命中的隐秘瞬间和鲜为人知的成长经历，而不是那些公共行为。

她在 1909 年 12 月对伊丽莎白一世的简短描述集中于她的性格的形成阶段。她问自己，是什么样的少女时代造就了这个神秘莫测的女人，让她在二十五岁那年身披冰冷的铠甲，骑马穿越伦敦去接受加冕。弗吉尼亚想象了"一个非常早熟、有点自命不凡的孩子"，她还想象，当十四岁的伊丽莎白对托马斯·西摩（Thomas Seymour）的感情受到贵族议会的审问时，她学会了克制自己的激情。随后，在哈特菲尔德的静修所中，她的虚荣心驱使她在唯一可以选择的方向——学术上——取得卓越成就。早熟、自我克制、智力上的虚荣心：弗吉尼亚·斯蒂芬迅速触及人物性格内核的隐秘事实，而忽略了吸引斯特雷奇（在 1928 年出版的《伊丽莎白与艾塞克斯》中）的那些华丽、浮夸的东西，她也拒绝像斯特雷奇那样，通过一个女人的情人来定义她。

在描写海斯特·斯坦诺普小姐（Lady Hester Stanhope）时，她再次强调了她的成长阶段。弗吉尼亚·斯蒂芬（1910 年 6 月）和斯特雷奇（后来）都认为，海斯特小姐在 1812 年和 1813 年穿着男性服装、骑马向东方前进的行为十分有趣。但斯特雷奇笔下的旅人只是一个滑稽的怪人，她展示着掌权者的风范，却并不拥有权力本身。斯特雷奇用华丽的东方服饰填补了理解上的空白。而弗吉尼亚想知道的是,究竟是什么驱使海斯特小姐去国外。斯特雷奇大谈特谈她在叔叔威廉姆·皮特家那三年的奢华生活,弗吉尼亚·斯蒂芬却从海斯特小姐对自己的辉煌成就的叙述中看出,她一定是让自己遭人讨厌了:

> 她没有受过多少教育,却生来有一种魄力,她若是讨厌起别人来,根本就不需要解释理由。在她身上,直觉替代了道理,而她的洞察力也确实了不起。*

真正的力量在海斯特小姐身上发酵。"假如你是一个男人,海斯特,"皮特先生说,"我会派你带领六万战士进军欧洲大陆,将一切权力委托于你;我相信你不会让我的计划落空,也绝不会让我的士兵闲着。"由于她在英格兰得不到什么机会,便只能前往国外,沉浸在对权力的幻想中,她"把无穷的雄心壮志全部投入她的想象之中,为此她几乎把自己推到发疯的边缘"。

传记是她的出发点。在她的传记作品里,弗吉尼亚·斯蒂芬开始暗示,她发现了一种沉默的意识状态,这种状态几乎无法用语言表达。她不再模仿别人;她带着幽默的关切用自己的声音说话,以一种专注的被动姿态接近她的对象。1909年,在《琼·马丁》之后,她又以虚构传记的形式写了一篇新的实验作品。这是一篇虚构的评论作品,评论的是维拉特小姐——一位想象中的维多利亚时代的未婚女人——的传记。作为一篇有趣的习作,《一位小说家的回忆录》并不是什么伟大作品,但它为她的小说实验奠

---

* 《海斯特·斯坦诺普小姐》,译文参考《伍尔芙随笔全集》卷四,中国社会科学出版社,2001年。——译注

定了一种传记基础。她说，她想"写一篇关于如何恰当地书写生命的精妙之作……我突然意识到，我对这种艺术一无所知；只是鲁莽地跌跌撞撞地追踪着人物的动机和性格……"《回忆录》足足有十七页，比她以往的传记评论更长一些，也是她认为值得出版的第一部作品。它本应成为一个系列中的第一篇，然而，让她失望的是，《康希尔杂志》（她父亲的杂志）的编辑雷金纳德·史密斯（Reginald Smith）拒绝了它。

维拉特小姐是一位作家，她去世于1884年。如今，她的书籍全部闲置在海滨图书馆最高层的书架上。*人们必须爬上梯子才能够到这些书，还得拿块布把它们擦干净。弗吉尼亚·斯蒂芬特意选择了一个前途无望的描写对象，一个魅力不足、才赋还不及普通人的女人。（维拉特小姐认为，描写她熟知的事物——譬如她的家人——是有失体面的，因此，她"编造了一对阿拉伯情侣，并把他们安置在奥里诺科河岸边"。）维拉特小姐非常符合愚蠢的浪漫故事作家的形象，因此，她对她的传记作家的洞察力提出了最高的要求。

不过，很显然，那位虚构的传记作家林赛特小姐并没有这种洞察力。她详细描述了十九世纪四十年代的舞会，却没有意识到，像维拉特小姐这样身材高大、行动笨拙的人本来是希望隐藏起她的身体的。林赛特小姐用陈词滥调进一步模糊了她的形象：她对父亲的死抱有痛苦的悔恨。弗吉尼亚·斯蒂芬（作为虚构的评论

---

* 维拉特小姐的原型很可能是《海德公园门22号》（"22 Hyde Park Gate", *MB*, p. 144）中提到的布莱顿的威利特小姐（Miss Willett of Brighton），她"灵感迸发，为乔治作了一首颂歌，把乔治·达克沃斯比作普拉克西特列斯的赫耳墨斯雕像——我的母亲把这首颂歌保存在了写字台的抽屉里"。布莱顿这个地点与海滨图书馆也有联系。

第七章　启航

者）却反驳了这些闲谈：

> 令人欣慰的是，有迹象表明维拉特小姐并不是她看上去的那样。这些迹象从她的笔记、书信中悄悄钻出来，最为清晰地表现在她的画像中。看到她那张宽大、自私的脸，富有才能的额头，一双阴郁而狡黠的眼睛，便可推翻下一页的所有陈词滥调；她很可能骗过了林赛特小姐。
> 当父亲去世时（她一向不喜欢他），她的精神振奋起来……

林赛特小姐把1855年维拉特的父亲的死亡作为一章的结尾，又把维拉特搬家去伦敦作为下一章的开始。换句话说，只要有可能，这位传记作家的写作计划便取决于"地点的变化"，这证实了评论者的疑虑，也就是她"没有其他理解维拉特小姐性格的抓手"。林赛特小姐忽视了人生的决定性时刻：比如，维拉特小姐在三十六岁时突然决定放弃虚伪的慈善事业，转而开始写作。

维拉特小姐和穷人一起工作，这一事实引发了传记作者对慈善团体的冗长描述。离题叙述与陈词滥调一样，都是由于传记作者没有能力发现一位作家的人生的有趣之处——作家的生活中往往没有公共行动。其他典型的充数材料还有家谱（林赛特小姐用三十六页的篇幅讲述了维拉特小姐的家族史，这是"在乏味的开头标记时间的方式"）和缓慢的葬礼进程。叙事的速度又一次慢了下来，就像葬礼的节奏一样。林赛特小姐饶有兴味地细写了她的主人公临终患病时的痛苦状态，把她埋葬在大量无关紧要的细节之中。

通过这篇讽刺文学传记的作品，弗吉尼亚·斯蒂芬抛弃了陈旧的传统，就像简·奥斯丁写于 1790 年的早期讽刺文《爱情与友谊》("Love and Friendship")与感伤主义小说分道扬镳一样。她讽刺了那些模糊了生命重要瞬间的冗余细节。克莱夫·贝尔对她说："别以为我被你的才华蒙蔽了双眼，以致没意识到，你可能已经发现了一种特别适合你的天赋的新的文学形式。"

此外，她还讽刺了对女性的类型化塑造。维拉特小姐被固定在"老处女"这个狭隘的人物类型中，尽管评论者能短暂地感受到，她也是个活生生的女人，有缺点、有野心、焦虑不安又固执己见，却无法拯救维拉特小姐故事的剩余部分——因为在过去，这样的女人"早已不可挽回地陷入泥潭"。在这里，弗吉尼亚·斯蒂芬也为她潜在的描写对象划定了范围——那些默默无闻的中年女性。

维拉特小姐代表了默默无闻的生命。没有充足的档案记录，人们只能克服巨大的困难去想象他们的生活。维拉特小姐也代表一类小说传统。弗吉尼亚承认，这部作品不可避免地受到夏洛蒂·勃朗特和乔治·艾略特的影响，"因为她们揭示了一个秘密，即构成书籍的珍贵素材只在于一处，就在女人们生活的客厅和厨房里，伴随着时钟的每一次滴答声日渐累积"。因此，没有哪种生活会因为太单调而不能变成小说的素材。这种观点让弗吉尼亚·斯蒂芬得以从她有限的生活经验中汲取素材，写成她的第一部长篇小说《梅林布罗希亚》("Melymbrosia")——后来更名为《远航》——她的素材不仅包括 1905 年和 1906 年她去葡萄牙和希腊旅行时的表面细节，还有她对死亡和精神折磨的认知，以及她通过家庭教育获得的独特的成长历程。女主人公雷切尔·温雷克是一位二十四岁的年轻女子，她从一艘船上凝视海底的黑暗幽深之处，就像看着一面镜子，那里映照出一个神秘的自我形象。海底深处躺着失事船只的黑色肋板，还有"深水中巨大的白色水怪"。雷切尔感到自己"就像海底的一条鱼"。她随着小说的进程慢慢浮出水面，却在轮廓清晰之前就死去了。通过这种方式，《远航》让《回忆录》提出的问题——如何还原人性中被遮蔽的东西——变得更加戏剧化。

通过写《远航》，作为小说家的"弗吉尼亚·伍尔夫"初露锋芒。早在1908年她就开始写这本书了，直到1915年它才得以出版。她多次重写这本书的事实（她共留下五份草稿，还烧毁了更多）表明了她的焦虑不安。她想要改变小说的形式，如今看来，她对小说的改造方式与现代艺术的实验是非常一致的，但在1908年，这对她来说只是孤立无援的理想。她在信中谈及自己的艺术理念，认为艺术能够"塑造无限奇异的形态"。她告诉克莱夫，她希望自己的作品能被当作"一块雕刻的石板"，即使脱离作者仍能流传下来。她大胆地把雷切尔写成一个毫无特征的人物，这样，她或许能变成一个抽象的形态——代表着人性中不可知的部分——就像后来的拉姆齐夫人在画布上呈现为紫色三角形一样。

"我的大胆吓坏了我自己。"弗吉尼亚在开始写这部实验作品时对克莱夫说。但她在大胆创新和传统小说的规范之间摇摆不定。她感到自己不得不用大事件去"激活"叙事，但这与她的意愿——赋予小说"流水般的感觉"——相违背，也与她后期小说中那种连绵不断的内在意识流动背道而驰。另一个挑战在于，如何转化那些带有自传性质的原材料，也就是她与女主人公明显的关联。解决方法再次借助了小说传统：出国和改换地点，这是推动情节发展的标准手段。雷切尔·温雷克航行到了充满异国情调的南美海岸，最大程度地远离她在里士满封闭又单调的生活。

在《远航》中，弗吉尼亚·斯蒂芬把她的传记理论应用于小说，她要从雷切尔散乱的生活中找到确定的形态，并通过这个难以捉摸的人物去追踪意识中稍纵即逝的东西。她把雷切尔写成一个怪人，又让她象征着人性中某些潜藏的东西，这就是这本书大胆又具有自传性的一面。我将关注弗吉尼亚·斯蒂芬究竟从自身经验中汲取了什么，以及她转化这些经验的方式，或是无法转化它们的原因。写这部小说的是弗吉尼亚·斯蒂芬，而不是弗吉尼亚·伍尔夫[*]，并且，通过总结她漫长的学徒期，这本书提出了一个此前从未有人问过的问题：一名年轻女子仅靠自己会如何进化或突变为新的生命形态？在女性生命的标准情节之外有没有什么未经探索的叙事？弗吉尼亚在二十多岁时一直是独身，她追踪着这一未经探索的现象，让自己远离"老处女"这种阻碍我们看到她更多可能性的夸张形象。

雷切尔·温雷克并不是一幅精确的自画像，但弗吉尼亚·斯蒂芬借用了自身处境的诸多细节：成长于维多利亚时代的女孩的不安与天真、母亲早逝、封闭压抑的生活、社交恐惧、未受过正规教育、不了解男人也惧怕男人、极力捍卫自由的观念——这些想法都曾在《回忆录》中不经意地提到过，并最终发展为一部写一位年轻女子从伦敦旅行至圣马里纳[†]的小说。圣马里纳是深受英格兰中产阶级欢迎的度假胜地，在那里，雷切尔的舅母海伦·安布罗斯给了她一间自己的房间。当雷切尔开始参照新女性——比

---

[*] 弗吉尼亚·伍尔夫在婚后（1912年8月）的确又完成了两份草稿，但改动并不大。

[†] 圣马里纳（Santa Marina）是弗吉尼亚·伍尔夫虚构的南美港口城市。——译注

第七章 启航

如她那位实话实说的舅母、易卜生笔下的娜拉或《十字路口的黛安娜》*中的女主人公——来评价自己时,她遇到了小说家特伦斯·黑韦特,并与他坠入爱河。离开圣马里纳后,她沿着一条热带河流继续航行,这是雷切尔的发现之旅的延续。在最后的远行结束后,雷切尔已然展现出她是一个拥有难以定义的未来的人物,但她却患上热病死去了。

虽然旅程被设置在遥远的场景中,但雷切尔所受的教育与弗吉尼亚是相似的。雷切尔像很多十九世纪末的富家女子一样,接受了碎片化的教育,不过,她们所受的教育有"一个巨大的优势",那就是它"不会阻碍真正的天赋"。雷切尔可以自由地弹钢琴好几个小时。在人群中,她显得格外懒散、迷茫,但当她独自在琴房时,便疯狂地练习、自学,沉浸在"最不切实际和荒唐可笑的梦想与念头中"。

雷切尔被包围在一群英国人之间,就像藏在果壳里的胚胎。她身上具有诗意的暗示性,而周围的其他人物却能被一眼识别为大学教师、主妇、教区牧师的长女、傲慢的贵妇人。这些固定人物仅在一开始作为"简单的传记片段"出现,并不会在文中停留。这位年轻的作者告诉凡妮莎,船上的那位社交名流克拉丽莎·达洛维几乎是基蒂·马克西的"翻版"。"从未有过如此物尽其用的作者——"她在那个夏天感叹道,"福楼拜在坟墓里也不得安宁。"

特伦斯·黑韦特被赋予了与克莱夫·贝尔完全一致的家庭背景,他大概是一个热爱猎狐的乡绅的儿子。穿着异国服装的贵族太太弗拉欣很像奥托琳·莫瑞尔夫人。美丽的舅母海伦则以凡

---

* 《十字路口的黛安娜》(*Diana of the Crossways*)是英国作家梅瑞狄斯于1885年发表的小说。——译注

妮莎为模板。海伦的丈夫，那位在雷切尔参观书房时把书递给她的学术编辑，常常大声抱怨不友好的客人，喜欢"美妙的长途旅行"——明显具有莱斯利·斯蒂芬的特征。而高傲的剑桥老师圣约翰·赫斯特则是弗吉尼亚对利顿·斯特雷奇的肖像刻画，她对他毫无同情心且充满嫉妒。

航海旅行的想法可以追溯到弗吉尼亚在 1899 年的秘密日记"沃博伊斯"日记里的一次幻想，那时，她大概十七岁。这似乎是一份私密的日记，因为它是用几乎无法辨认的极小的字写下的，而这些纸页又被粘贴在了十八世纪神学家艾萨克·瓦茨（Isaac Watts）牧师所著的《逻辑与理性在真理探索中的正确运用》一书中。1899 年 8 月 7 日，她写道："我现在必须详细解释一下在我脑海中盘旋了数日的另一个比喻。那就是，我……必须去远航……经过深思熟虑，我已经做好了航行所需要的一切精神准备。"这个幻想的灵感源自哈克卢特的《航海记》，她在 1897 年读过这本书。"自伊丽莎白时代以来，"她在《远航》里写道，"见过这条河的人太少了，而且没有发生过什么改变它外貌的事，因此，它至今是伊丽莎白时代航海家们眼中的样子。"小说引用了沃尔特·拉雷爵士对奥里诺科河内陆河岸的某些描述——二十英里长的平原，短而葱郁的草坪，就像在一个整洁有序的公园里似的，还有吃草的鹿。*很多人都写过航海录，她在后来一篇评论里写道，"而他们都拥有相似的观点——一种心胸开阔、富有想象力、不知满足的精神态度"。雷切尔也拥有这种观点。"从他们眼中望去，世界看起来是那样生机勃勃、流动不息，它还没有被探索过，无比丰富

120

---

* 吉莉恩·比尔（Gillian Beer）认为，《小猎犬号航海记》是这些描述的另一处来源。

多彩。"

雷切尔向着新世界远行,这让她能够逃离爱德华时代的英格兰,逃离被用心良苦的舅母们包围的生活——她们警告她不要那么认真练琴,以免手臂变形。渐渐远去的英格兰看起来只是一个越来越小的渺小岛屿,"人们被囚禁在那里"。但没过多久,英国势力就化作政治家达洛维先生的形象,登上了雷切尔的船,而达洛维背后总有他甜美迷人的妻子的支持。达洛维先生把所有行动都看作"战役",在"欧佛洛绪涅"*号的甲板上,他为地中海舰队的出现欢呼。"两艘看起来很邪恶的灰色船舰,露出水面不高,光秃秃的像骨头一样,一艘紧跟着另一艘,就像没有眼睛的野兽在追赶猎物。"权力的特征体现于达洛维夫妇的平庸,他们曾去过西班牙短途旅行,只为看看农民是怎样生活的。达洛维夫妇在旅途中很谨慎,他们把自己藏在统治阶级乏味的陈词滥调背后,这与雷切尔被动的自我暴露形成鲜明对比——后来,她几乎是毫无自我意志地漂流在黑暗之河上。

达洛维先生声称,他读过简·奥斯丁的作品,但他带着强烈的优越感把她称作"我们拥有的最伟大的女作家"。克拉丽莎·达洛维则借助"我们亲爱的简"使丈夫的注意力从男性世界的重大事件(如"英国枪炮")中转移,转向她称之为女人的"优雅、轻快并略显荒谬的世界"里。书中有一幕绝妙的讽刺场景,当时,达洛维夫人正在大声朗读《劝导》开头几页的尖刻描写,以哄她的丈夫入睡,那几页恰巧是对一位极度虚荣的男人的介绍。与

---

* 这艘船的名字来源于他们圈子的一个玩笑。"欧佛洛绪涅"(*Euphrosyne*)本是利顿·斯特雷奇、克莱夫·贝尔、伦纳德·伍尔夫与其他人合著的一部不起眼的诗集的题目,这本诗集在1905年私下出版。

《霍华德庄园》里那两位独立的女主人公一样，雷切尔也暂时被权力的实用性迷惑了。理查德·达洛维对她的吸引力在他亲吻她时才被遏制住。亲吻本身是令人陶醉的，但当她想到自己像是被百无聊赖的欲望追逐的猎物时，她感到很惊恐。雷切尔曾有过可怕的幻觉，她看见一些驼背女人在泰晤士河底的隧道里打牌，这些女人在她临终患上热病、精神失常时再次出现。在这里，生活与艺术融合于一个女人对性的恐惧中，它造成了长期的、具有毁灭性的后果，它来源于弗吉尼亚对异父哥哥的恐惧——她的哥哥戴着体面的面具，却在夜晚悄然出没、猛扑向她。通过雷切尔，我们可以追踪弗吉尼亚·斯蒂芬对本能反应是如何冻结的分析。那天夜里晚些时候，雷切尔躺在客舱里，出于受惊动物的本能，假装自己死了。"她躺在那里，像死人一样安静、冰冷，一动也不敢动……"

后来，在另一份草稿中，她向黑韦特坦白，她永远都有心理障碍了："我再也、再也、再也不会拥有我本可能拥有的所有感觉了……"

这份草稿还解释了隧道的含义。雷切尔意识到，对性的恐惧扼杀了女性的生命活力。在草稿里，对于维多利亚时代的女孩那种"在束缚中匍匐前进的"生命，她直言不讳地表达了更多的愤怒，她们"小心翼翼地在高墙之间前行，一会儿转了个弯，一会儿又陷入黑暗中……她的生命曾是她拥有的唯一机会，但它已经永远地变得乏味而残缺"。后来，在《岁月》里，勇敢的旅行家埃莉诺在1917年想："我们什么时候才能自由？什么时候才能不怕冒险地、完整地活着，而不是像洞穴里的残缺者那样？……她感受到的不仅是一个新时空，还有一股新力量，那是她身上某种未知

第七章 启航

的东西。"像雷切尔一样,这个女人的人生剧目正在从维多利亚时代的起居室里挣脱出来。不过,埃莉诺将设法把生命变作"永恒的发现",而她的前身雷切尔却无法忘记眼前的洞穴。

《远航》有一种厌男倾向,即使是特伦斯·黑韦特——像克莱夫·贝尔一样肥胖、自我放纵,有着"让[雷切尔]变得勇敢自信的奇妙能力"的男人——也不例外。克莱夫很早就批判了两性之间的鲜明对比,"细腻、敏感、聪慧、仁慈、领悟力强、有洞察力的女性,和迟钝、粗俗、盲目、花哨、粗鲁、笨拙、武断、轻率、虚荣、暴君似的、蠢笨的男人"。克莱夫说,这是很荒谬的看法,也是拙劣的艺术。弗吉尼亚对这部小说的其他批评意见都接纳了,却唯独拒绝了这一条:"也许,出于某些在我看来非常有趣的心理原因,当今世界的男人并不能对他们的性别做出公允的判断……"

当大学老师们谈论学术问题时,船上的女人就会尽快得体地离开房间。弗吉尼亚受到的非正式教育让她对思想的贫瘠充满警觉。佩珀先生能把波斯文诗歌翻译成英语散文,还能把英语散文译成希腊语的抑扬格韵诗,但他是个彻头彻尾的烦人精。牛津大学教师埃利奥特先生骑着驴从南美洲的一座山峰上下来,向那位剑桥教师大喊:"'你们学院谁的拉丁语诗写得最好,赫斯特?'"黑韦特向雷切尔解释说,如果这些人能受到重视,也就是说能获得任命、职位,以及勋章绶带和学位,他们辛苦乏味的工作就获得了补偿。突然间,"男性化的生活构想"像一种稀奇玩意进入了小说的视野,印在我们所见的一切事物上,比如法庭、议会辩论,还有战争。"'我们造就了一个什么样的世界!'"黑韦特感叹。

这个论断出现在书中的两处地方,它被放置在女性争取投票权的现代政治背景之下。"'我的好姑娘,你这样做只会危害你目前的处境',"国会议员达洛维先生在下议院外告诫一位争取投票权的女性,"'你在妨碍我,这对你自己也没有好处。'"后来,还出现了一位自力更生的教师艾伦小姐,她养着无能的弟弟,脸上长满因责任感而生的皱纹,像个上了年纪的男人。她听妹妹说"'劳埃德·乔治接受了议案,不过此前很多人都接受了,我们却仍在原地踏步'"。

弗吉尼亚·斯蒂芬对女性投票权运动并非没有同情心,但对她而言,女性的潜在力量与其说在公共权利方面,倒不如说在于她们对权利的远离——当然,这是被迫的,也源于某些根深蒂固的习惯。维多利亚时代的理想女性气质是一种受到庇护的纯真,有趣的是,弗吉尼亚并不完全抗拒这一点。她重写了维多利亚时代的理想,追问一个成年女性是否可以在保持纯真的同时摆脱过去的那种无知无能。这样的物种自然会是进化过程中的偶然产物。不过,即使这种生物存在,它能活下来吗?小说家像达尔文或天文观测者那样观察着雷切尔。这部小说借助探索的隐喻和发现的沉默表达自身。

赫斯特用一个伪科学家的冷酷目光审视雷切尔:"'她会推理吗,她有感觉吗,或者,她只不过是一个脚凳之类的东西?'"黑韦特的好奇心比真正的科学家更强烈。他不仅因为未知事物而兴奋,还拥有从熟悉的事物中发现未知之物的本领。"'几千年来,这种奇妙的、沉默的、不曾展开的生命一直在背景中繁衍生息。当然,我们总在写女人——虐待她们,嘲笑她们,或崇拜她们;但这从不来自女人自己。'"在第十六章里,黑韦特向雷切尔提出了一连串问题,把众多默默无闻的生命引入视野:四十多岁的女人、未婚女人、女工人、照看店铺和抚养孩子的女人。"'人们对她们的一切都一无所知。'"

第十六章正是需要升华之处，这部小说却未能完成，这是因为，黑韦特提出的问题需要雷切尔大胆的回答，但雷切尔退缩了。小说向着高潮走去，也就是要为女人下一个定义——然而，这个定义却被雷切尔犹疑的沉默阻止了。这是情有可原的，但沉默本身毫无意义，并且，沉默背后涌动的思想仍遗憾地停留在半成形状态。在这个要求极高的时刻，年轻的作家没能把她自己和她的女主人公区分开来；也就是说，被维多利亚时代的淑女风范所束缚的弗吉尼亚·斯蒂芬小姐，无法赋予雷切尔·温雷克某种明确的表达方式。

特伦斯的第一个问题是：你是怎么度过你的一天的？对雷切尔而言，答案很简单：她弹钢琴。然而，她的漫不经心让特伦斯提出了下一个更具挑战性的问题：她如何看待男人？是嘲笑他们，还是因为"男权统治的骗人鬼话"而怒火中烧？

他的挑衅让雷切尔哑口无言，但她想起了她的舅母们，是她们"筑起了美好的、关系紧密的家庭生活"。她的舅母们的"所作所为"是无法用看似有条理的语言来描述的：

> 她回想……从她们的职责这一明确视角来看，她们出于善心和无私而做的微小的事情，都及时地开花结果了……；在她眼里，这一切就像散落的沙砾，经过无数时日的积累……最终聚成坚固的块状物。

黑韦特的第三个问题"你快乐吗？"重新带回了对性的恐惧。在痛苦的躲闪中，弗吉尼亚·斯蒂芬再次与她的女主人公合为一体。

她有话要说，却不能说。不过，雷切尔向特伦斯传达了一个信息，那就是性虐待让女人生命中的其他一切都不再重要。在这一点上，特伦斯没有嘲讽雷切尔，这使他赢得了她的信任。"'我相信。'他说。他带着绝对的真诚回望她。"

小说把雷切尔的沉默与伊夫林·M 的能言善辩进行了对比。伊夫林是一位女权主义者，她渴望拥有男人们想要的东西，她把武士、帝国缔造者和趋时奉势、油腔滑调的政治活动家当成自己的楷模——在她眼里，酗酒者和妓女都不是人，而是某种事业。她的头脑迟钝，只会模仿别人；她言过其实的兴趣与达洛维先生的一样平庸可悲。伊夫林·M 的形象明显是在二十世纪初构思出来的，那时，支持女性的平权运动——当然只是假定女性能够复制男权社会的结构及其思想和语言——是件时髦的事。夸夸其谈的伊夫林把自己摆在先锋位置，守护着弗吉尼亚·斯蒂芬所嘲讽的那种充满妒意的、谄媚的女权主义。通过沉默的雷切尔，弗吉尼亚设想了一种截然不同的女性命运。她无法说清究竟是什么浮出了水面，但她在雷切尔身上看到了一个并不模仿他人的角色。并且，为了支持雷切尔，她还描写了其他默默无闻的女人们的日常行动，比如海伦·安布罗斯，甚至是她在里士满的舅母们，她们"编织着"生活的纹理，刺绣、大声朗读、生儿育女。当海伦坐着做针线活时，她摆出一种与英雄塑像截然不同的典型姿态：

> 她抬起一只脚踩在在椅子的横档上，胳膊肘摆出缝纫的姿势，向外伸着，[海伦的]形象有种崇高感，就像古老世界里纺着命运之线的女性——当今许多女人在做擦洗或缝补的动作时，也有这种崇高。

第七章 启航　　145

自传性的基本材料只是塑造雷切尔·温雷克这个虚构人物的出发点，她的生活远比弗吉尼亚自己的人生更富挑战性。船本身就是雷切尔的隐喻："她比穿越沙漠的旅行队更孤独"，也更神秘，全靠自己的力量存活。

弗吉尼亚·斯蒂芬把雷切尔放在一个充满想象力与可能性的空间里：雷切尔并非弗吉尼亚自己，也不像她曾写过的传记人物。雷切尔是一个不被认可的音乐家，她拥有未知的潜能。尽管黑韦特这个人物也部分地源自生活，但他同样是虚构出来的：他拥有让人喜欢他的能力。他比雷切尔更乐观，因此，他并不赞同她的主张，也就是两性"应该分开生活；我们无法理解彼此；我们只能带来最坏的后果"。

起初，特伦斯并不觉得雷切尔有魅力，但他渐渐意识到，尽管她的表情会从平淡变得热情，她却始终是一致的，"因为，她总是带着一种异乎寻常的自由看着他，或向他吐露自己的感情"。对他来说，爱情始于某种他尚不习惯的真诚的交流。他想："你可以说任何事——什么都可以，不过，她绝不会一味顺从。"

雷切尔的爱觉醒得更早，当黑韦特和赫斯特主动分享他们的书籍时："她带着一种生理上的愉悦一心想着他们。"尽管黑韦特远远说不上洁身自好——他的朋友们戏称他为"僧侣"——雷切尔却一点也不害怕。她拒绝所有普通形式的爱情，那些爱情在宾馆里随处可见——性冲动、虚荣心和安全感——只为一个未曾探索的想法："'坠入爱河是什么样子？'沉默了很久之后，她问道；每个词语似乎一经说出口就挤进了一片未知的海洋。"

当这部小说抛下社会，将雷切尔引向丛林深处的梦幻之旅，然后追踪着她的意识、疾病，直至死亡时，它才是最富想象力的。

对雷切尔的意识的深入探索是这位小说家的第一个伟大成就，不过，每当她完成一稿，她也会随之陷入疾病。

雷切尔第二阶段的航程驶向了一片未知区域，这使她离开了爱德华时代的英格兰的最后一座堡垒：圣马里纳酒店。此时，小说成为一个寓言，因为向外的航行发展成了通往内陆的航行，他们沿着黑暗的河流驶向上游，驶向丛林深处去观察原始的生命。在女性的群体愿望产生之前，雷切尔在某种程度上已经摆脱了彻底的被动状态，部分原因在于——就像黑韦特（在一份早期手稿中）对她说的——"'你是真的想知道'"。

她很赞同："'一切，每一件事。不仅仅是人类。'"

当他们驶向河流上游时，黑韦特高声朗读着惠特曼的长诗《向着印度行进》（"Passage to India"）*：

> 啊，大地和天空的秘密！
> 勇莽的灵魂，向大海深处驶去，
> 　　让船只和我们的生命都面临危险
> 啊，我那勇敢的灵魂！
> 啊，向更远、更远的地方航行！

六位航海者似乎驶入了"黑夜的中心"。就像在《黑暗之心》里一样，他们虚伪的习性消失了，但与《黑暗之心》形成对比的是，这里并没有什么强烈的直觉能被捕捉：小说似乎在克制着不做判断，只是等待，它的关注点是隐而不显的。对于习惯了行动

---

* 该诗出现在这部小说早期的打字稿中。这并不是准确的引用，只是弗吉尼亚·伍尔夫大致的记忆。

第七章　启航

和结论的读者来说，这种需要保持注意力的状态让人烦躁；但也有读者能够欣赏这种不完整的结局所彰显的诚恳态度。就像对于一个科学家而言，认识到未知世界的广袤无垠或许已经足够重要。这种认识所带来的冲击感源自弗吉尼亚·斯蒂芬在小说中使用的一个大胆策略，在她最具实验性的作品中，此策略也得以保留：她将沉默注入叙事，让自己的表达媒介——语言——失去作用。

登上汽船的甲板，游客们陷入了做梦一般的沉默状态，他们凝视着眼前浑然一体的空间中的"幽暗深处"。男男女女都在甲板上昏睡过去，不过，他们"相互之间有夜幕的阻隔"。特伦斯和雷切尔靠得很近，他却看不到她，此时，他意识到了他对雷切尔那无法遏制的情感。随着情感的波流，他被带入原始的黑暗中，失去了对雷切尔的固定印象。"随着航船在平稳的河面上前行，他被从他所有的知觉中越拉越远，越过障碍，跨过航标，到达了未知的水域。"

对于特伦斯和雷切尔来说，那种彼此发现的固定模式并不适用。当他们在丛林里独自漫步、继续他们的旅程时，他们似乎消失在了守护着小说核心的沉默之中。这种沉默不应被误解为维多利亚时代的情感逃避。他们的确拥抱并接吻了，她依偎在他身上，但这只是形式上的盟约，相比于在他们之间忽来忽去、持续冲击的难以捉摸的情感来说，只是次要的。特伦斯说了些老套的话，雷切尔像被麻醉了一样回应着：

"我们在一起很快乐。"他似乎没有在说话，而她也没在听。
"非常快乐，"她回答。
他们继续沉默地走了一会儿，脚步不自觉地加快了。

"我们彼此相爱。"特伦斯说。

"我们彼此相爱。"她重复道。

他们说的话夹带着无法构成词语的奇怪又陌生的声音,沉默被打破了。

无法言说的爱被干枯的语言包围着。

回到旅馆后,求偶的本能开始发挥作用。"爱情"已被抱着良好祝愿的人们的陈旧言辞变得庸俗化了,雷切尔发现,对于两性的结合,她已不可能维持纯洁的眼光。雷切尔公开表示,她不愿与索恩伯里太太一起喝茶,也反对伊夫林·M对幸福的定义,而且,她最后对特伦斯也表现出了抗拒,她的抗拒在某种程度上与随后的疾病有关。而失败的病情诊断与对病人性情的严重忽视是相关的。

雷切尔是一位音乐家,诊断必须从这个事实出发。在她订婚前,她一直在自己的音乐世界里怡然自乐。登上父亲的船时,她幸福地沉醉在贝多芬的 112 号作品(合唱曲《平静的海与幸福的航行》)中,随后,在海伦的别墅里,她又躲在自己的房间。这间房间和她在这里演奏的乐曲,就是爱默生所说的"在平静的时刻……从灵魂中升起的存在之感"的源泉。但如今,她失去了私人空间。黑韦特让她停止演奏,因为他想跟她聊天。他大声朗读《科玛斯》*中的诗句,但在雷切尔眼里,像"路缘石"(curb)和"布鲁特"(Brute)这些词语的含义已隐约改变了,它们不再是弥尔顿的本意。她听到少女塞布丽娜溺水身亡,变成永生不朽的

---

* 《科马斯》(*Comus*)是弥尔顿于 1634 年写的一篇假面剧(masque)作品。——译注

"银湖女神"。就在此刻，雷切尔致命的头疼开始发作。

雷切尔的怪病让她与河底隧道里的畸形女人会合了。她不想见黑韦特。当他亲吻她的时候，她在神志不清的状态中看到一个女人的头被刀割掉了。她的灵魂已与肉体分离，蜷缩着躺在海底，只为了与黑韦特道别才浮上水面。

弗吉尼亚·斯蒂芬对疯癫的体验就这样变成了一个沉入水中的女人的寓言故事。雷切尔必须死：她那未被定义的灵魂无法在婚姻中找到归宿，但它超越了她的个人生命，持续发出回响。她的幻觉召唤着一种新的叙事形式，它即将演变为二十世纪二十年代和三十年代的现代小说。

曾在康沃尔产生的念头于1908年游览意大利时再次出现了。受到佩鲁吉诺壁画的静态对称性的启发，她翻开日记，写下了以下几句话，仿佛她的实验已经完成："在千千万万的不和谐中，我获得了……一种对称，展现出了心灵穿越世界时的所有印迹；最终获得了由颤动的碎片构成的某种整体；对我来说，这似乎是一个自然的过程；是思想的飞驰。"在《远航》的结尾，她初次将这一理论付诸实践。

随着雷切尔和特伦斯之间融洽关系的破裂，叙述也突然变得碎片化。小说结尾出现了一串嘈杂的声音，仿佛是雷切尔的幻觉意识把她从"婚礼钟声"的情节动力中拉走了。在最后一章里，宾馆的游客们在雷切尔死后重新恢复了平静，通过闲聊和下棋让自己坚强起来，但这只是一种机械化的和谐。在之前的章节里，弗吉尼亚·斯蒂芬已经用心理活动的连续性取代了机械行动的连续，用她自己的方式揭示了在联想之流和习惯下面隐藏的东西，正是这种东西构成了斯特恩和乔伊斯的叙述。她追寻的是间歇出现的情感生命，因为那才是一切真实行动的源头，如果遭到忽视，它就会腐朽、衰亡。

这部小说的另外一个特殊贡献在于，它暗示了一些不能说出口的东西。特伦斯告诉雷切尔，这将是他未来作品的主题：

> "你写的是什么样的小说？"她问道。
> "我想写一部关于沉默的小说，"他说，"关于人们没有说出口的话。但难度是巨大的。"

许多读者都无法"听到"乔治·艾略特所说的"沉默背后的呐喊声"。乔治·艾略特用"人类深切的同情心的奥秘"来展示默默无闻的生命，而弗吉尼亚·斯蒂芬则通过一种节奏缓慢的沉默追踪着这些生命，只要她觉察到某种未说出口的意图，她就会停下来。《远航》用处于摸索阶段的小说家黑韦特和不善言辞的雷切尔反衬了一群能言善辩、个性鲜明的英国人。尚处于成型阶段的雷切尔与一位前议员、一个大学教师与一位医生形成鲜明对比——那些人身上早已结了一层固定的外壳。

什么形式的话语才不是一种回声？当雷切尔与特伦斯意见一致时，她在丛林里呆呆地附和他。而当他们发生冲突时，她只能求助于一种非语言交流的形式：她用精湛的音乐技巧去回答她的爱人、那位小说家的问题。为了他的小说，特伦斯想检验一下自己对女性的看法是否得当，例如，他认为"每个女人……都是乐观主义者，因为她们并不思考"。

> 雷切尔什么也没说。她正在演奏贝多芬晚期所作的一首奏

鸣曲，随着陡直地螺旋上升的曲调不断攀爬，就像一个人爬上损毁的楼梯，一开始精力充沛，后来愈发吃力，努力迈步向前，直到再也没法爬得更高，便跑回原地重新开始。

特伦斯并未察觉，还强迫她回答女人对"荣誉"的看法。

> 雷切尔再次开始攀登阶梯，又忽视了这个揭示她性别的秘密的机会……似乎要把这些秘密留给下一代人去进行哲学上的讨论。

雷切尔的躲闪让人有些恼火——毕竟，她的回应是一团模糊，无法表达任何意义——然而，她的作者冒了这个险，只为表明，一切不能被既定语言表达的事物都将随风远逝，无法被定义。当雷切尔不能作答时，读者的注意力便被吸引了。*从雷切尔的角度来看，这种无法调和的沉默是致命的。这标志着她的退缩，尽管在其他类似的情况下，退缩更有可能以冷淡或疏远——而不是死亡——告终，这是更合情理的。在弗吉尼亚·斯蒂芬自己的生活中，她找到了另一种解决办法。1912年，当她和伦纳德·伍尔夫订婚后，他们发明了一套私人语言，让沟通跨越背景和性别的障碍，变得更加容易。

虽然弗吉尼亚是在订婚之后才完成《远航》的最后两稿，但它们已是无数草稿中的最后两份了，而且，它们也没怎么受到这段新关系的影响。稿件并没有太大改动，除了人物说的话变得更

---

* 在《到灯塔去》里，弗吉尼亚·伍尔夫强调了一个类似的关于放弃回应的关键时刻——晚餐时，莉莉·布里斯科拒绝回答那位年轻学者（坦斯利）为满足自己的虚荣心而提出的问题。

少——更少地涉及爱情和对女性的剥削。通过淡化海伦·安布罗斯的作用、增强雷切尔周围的沉默氛围,她把她古怪的女主角放在了一个更显著的位置。

对于读者而言,雷切尔这个人物像是一种危险的挑逗。她代表了和《曼斯菲尔德庄园》中的范妮·普赖斯一样的挑战,范妮是一个具有内在精神高度的女人,她很容易让人把她归于已有的女性类型之中:她看起来被动、柔顺,遗憾地缺乏那种我们期望从女主人公身上看到的活力。雷切尔也丝毫不像一位女主人公。她面色苍白,轮廓模糊。她的作者大胆地让她缺乏个性、不善言辞、没有能力,并且,除了演奏音乐,她什么也不做,甚至到了懒惰的程度。她不单单是未成型的;她简直就是不确定性的化身。

雷切尔看上去模糊不清,是因为她被放置在一个对她来说不真实的社会结构中,而"现实寓于某种人们看得见、感受得到,却不去谈论的事物……"她用匿名作掩护,因谦卑而获得自由,她那不知疲倦的才智活跃起来了,却因为过于标新立异而不能冒险暴露在行动的舞台上。她在海底默默潜伏着,就像人们想象中的深海怪兽,"如果把它们带到水面,它们就会爆炸……五脏六腑都会在风中粉碎"。

通过雷切尔,弗吉尼亚·斯蒂芬总结了她在二十年的学徒生涯中形成的身份认同。她是哈克卢特书中的探索者,但她探索的是灵魂的异域。当她和玛丽姨母*或基蒂·马克西一起喝茶时,她在想象中把自己的生命塑造成一次远航。"对我来说,海洋……比所有人类都更友善可亲",1908 年,她向克莱夫吐露。从精神疾病

132

---

* 玛丽·路易莎·费舍尔(Mary Louisa Fisher, 1840—1916)是伍尔夫的母亲朱莉娅·斯蒂芬的姐姐。——译注。

的外在表象来看，她和雷切尔一样都是深海动物。不过，与雷切尔不同的是，她浮出了水面。她打破了陈规，在布鲁姆斯伯里获得了新生。

弗吉尼亚发现，采取行动是很困难的，她需要更具波西米亚精神的姐姐的引导。莱斯利·斯蒂芬去世后，凡妮莎果断采取了行动。她把积攒的家当从海德公园门搬走，带四个志同道合的家庭成员离开了达克沃斯家族，并在伦敦的另一端找到了新住所。他们离开肯辛顿那坚固的红砖墙，去了色调极为暗淡的布鲁姆斯伯里。布鲁姆斯伯里区由一系列小广场组成，从西面的贝德福德广场到东边的梅克伦堡广场，从北边的戈登广场和塔维斯托克广场一直到南边的布鲁姆斯伯里广场，每个广场都各具特色又浑然一体，它们是对称的、都市化的，许多作家和艺术家都曾聚居于此。对两姐妹来说，这次搬家意味着彻底脱离维多利亚时代的压抑氛围，因为在布鲁姆斯伯里，她们身边聚集了一群刚从剑桥毕业的才华横溢的年轻人——包括利顿·斯特雷奇、梅纳德·凯恩斯和 E. M. 福斯特——他们代表了友谊和自由思想的融合。布鲁姆斯伯里直言不讳的氛围帮助弗吉尼亚克服了过于谦卑的问题——父亲刚过世那几年，她仍以他对女性成就的抗拒态度来评价自己的写作。1908 年 4 月的一个晚上，她梦到自己向莱斯利·斯蒂芬展示她的小说手稿，他哼笑了一声，然后把手稿扔在了桌子上。"你不知道我陷入了多么深的自卑中"，她对克莱夫·贝尔说。虽然她让沉默在小说中发挥了作用，但最开始的时候，沉默其实是她的缺陷，让她一句话也说不出来。

如果说 1897 年是弗吉尼亚的思想和性格形成的关键年份，那么，1907 至 1909 年就是她作为一个作家的成型阶段，而《回忆录》是一个转折点。这部未完成的关于她的童年、她的父母和斯黛拉的回忆录让她振作起来，对抗独身生活那"似箭的光阴"和"可悲的时光流逝"。反复发生的不幸让她的日记在 1897 年沉默了，而在 1907 年，她找到了一种表达方式。她为她的小说寻找到一个主题，那就是生命永恒的荒废与修复。当母亲的鬼魂重访她的想象世界，穿着破旧的外衣，挺直腰板，睁大眼睛逼视她时，弗吉尼亚·斯蒂芬明白了如何将过去再现为既是属于家庭的、太过熟悉的，同时又是奇妙的、飘忽不定的。自 1906 年 11 月托比突然离世之后，她第一次直面死亡，这构成了潜藏于她以后的小说中的问题：我们残缺的生命拥有什么样的结构和目的？

写作让她与过去的女性为伴。在《回忆录》里，她的记忆被母亲唤起，也被伊丽莎白一世、海斯特·斯坦诺普、简·卡莱尔、夏洛蒂·勃朗特和乔治·艾略特激活，她逐渐看清了藏在她的作品背后的伟大女性的人格；还有其他想象中的女人，比如琼·马丁或维拉特小姐，在她自己的生命背后，在默默无闻的生命的沉默中逝去。

学徒时代也是她写作生涯中最具实验性的阶段。她关于现代小说的创新理念可以在一些意想不到的地方找到：在 1905 年的康沃尔日记里，她为即将诞生的意识流小说开辟了一条路径，而在 1906 年的旅行日记中，她构思了一种融合细腻手法和形式力量的艺术。早上六点钟到达君士坦丁堡，她看到圣索菲亚大教堂"就像被冻得结结实实的气泡构成的三层球体，浮出表面来迎接我们。它被塑造成某种精致物质的形状，像玻璃一样轻薄，吹出饱满的曲线；又像金字塔一般坚实稳固"。她后来在《到灯塔去》里写到，大教堂的拱顶上有蝴蝶翅膀形状的光斑；这种结构仿佛一口气就能吹倒，但千军万马也无法撼动。

弗吉尼亚·斯蒂芬的另一个理论宝库是 1905 年的一篇书评，在其中，她思考了自传模式的困难之处："面对自己可怕的幽灵，哪怕是最勇敢的人也会逃走或蒙上双眼。"一种逃避的形式是喋喋不休的主观叙述，但这只能形成言语上的啰嗦；另一种则是虚假的客观性，即作者妄称自己拥有"神谕般的或绝对可靠的本性"。对于像《远航》和《到灯塔去》这种重视真实情感细节的虚构自传来说，区分廉价的自我中心和真实的自我审视的分量是至关重要的。她对真实的追求保留了父亲那种"极度的坦诚"。

通过真正的自我审视，弗吉尼亚·斯蒂芬创造出一种新型的女主人公，她们很容易被遗忘，因此没有清晰的面目，并且，正因为我们无法看到她，才能听到她的呼吸，远远地、隐约地听到她难以捕捉的声音。当雷切尔的父亲，也就是那艘船的船长，把她留在她亲姐姐般的、标新立异的海伦那里之后，这种声音第一次出现了——在夜里，当雷切尔和海伦望着窗外那座异国庄园黑漆漆的花园时，警觉的黑韦特听到了那奇怪的声音。她们说着断断续续的句子，像睡梦中的人似的。她们用低沉平淡的语调讲述记忆的片段，声音几乎冲不破夜色的沉默。"她们的嗓音听起来是那样温柔，仿佛跌入了海浪的柔波里。"

在写第一部小说的过程中，弗吉尼亚·斯蒂芬浮出水面，并设想了一种关于爱情的理念。她认为，一对恋人不一定要通过语言或行动来了解对方（这会使爱情变得破碎乏味），而是可以通过直觉，在沉默中认识彼此。这是她不曾说出口的婚姻的前提条件，当她在三十岁完成这部小说时，也接受了婚姻。1905 年至 1915 年，弗吉尼亚经历了一段漫长、隐秘、疾病缠身的孵化期，但这段时期也标志着她人生中更加活跃的新阶段的开始。她搬到布鲁姆斯伯里，她结了婚，还出版了作品。她是怎样把孤独的信念转化成行动的呢？

谱写生命

我在这儿塑造……我一生的故事,把它作为一个完整的东西摆在你面前。

《海浪》

第八章

自由与友谊

在学徒生涯末期，弗吉尼亚·斯蒂芬把生活设计成了一场实验，她要在一个志趣相投的朋友圈里尽可能自由地生活。她慎重地选择生活环境、工作习惯、住所和伙伴，这也反映在她的创作方式中——落实于和谐、美好、顿悟的瞬间，决绝地忽略所有关于成功和幸福的陈旧安排，不论是传统婚姻还是被她称为"地下世界"的文学市场。《海浪》中的那位作家伯纳德告诉他的读者，他想要"把我的生命赠予你"。这是一个被创作出来的生命，就像他的五个个性鲜明的朋友一样，每个人的生命都由一个不起眼却反复出现的短句构成——"一个粘附在岩石上的帽贝"或"总是湿淋淋的泉水仙女"——它们赋予了每个独特的生命内在的连贯性。相比之下，常规传记中的固定套路，就像伯纳德所说的，只是"一种方便做法，一个谎言"，因为它没有看到藏在公共行动的舞台背后的断断续续的语句、隐隐约约的行为，而那些才是真实的人生所依附的东西。弗吉尼亚·斯蒂芬对传记的热情受到父亲的影响，但早在 1909 年她就写过讽刺传统传记的文章，因此，在独创性方面，她其实已经超越了父亲。

她下定决心要成为作家，而对于她那一代的年轻女性来说，为了从事某种职业或投身一门艺术（她后来在她第一篇关于女性地位的檄文中解释过），她们不得不为自由冲锋陷阵。这不仅意味着与家族决裂，还要与社会普遍接受的女性形象和行为准则决裂。而这种决裂，她继续写道，是"极度痛苦的折磨，我认为，它超出了任何男人的想象"。

不论布鲁姆斯伯里对其他人来说意味着什么，对她而言，它代表着对海德公园门的一场反叛。她的各种回忆录、1903年的日记随笔和1904年至1905年的布鲁姆斯伯里日记，都有助于解释当时的处境为何让过去的家变得难以忍受，以及在两姐妹眼中，她们搬去布鲁姆斯伯里的举动使自己产生了怎样翻天覆地的变化。弗吉尼亚多次的评论清楚地表明，布鲁姆斯伯里的朋友们的重要性不在于他们的思想，而在于他们第一次为她营造的精神自由的氛围。后来，当她在想象中塑造朋友们的形象时，作为《海浪》的基本素材，他们将变得愈发重要，《海浪》这部小说探索了一个小圈子中的六位友人持续一生的关系。

在这部传记的第一阶段，《到灯塔去》构筑了弗吉尼亚·斯蒂芬对童年的最终看法；而在第二阶段中，《远航》展现了一个年轻女子对知识的探索；那么，第三阶段的高潮就是《海浪》。在《海浪》里，这位成熟的小说家将为意义非凡的生命勾勒出一个经典的轮廓。

1904年10月标志着一段新生活的开始。二十二岁的弗吉尼亚·斯蒂芬再也不用隔着狭窄的街道，看着对面的老雷德格雷夫太太洗她的脖子了。她朝窗外望去，树木仿佛从戈登广场中心喷涌而出。更重要的是，她现在拥有了一间单独的工作室，那里有一张高高的书桌，每天早晨她都可以站在那里写作两个半小时。

她声称，站着写作是为了和凡妮莎保持一致，因为凡妮莎常常抱怨要在画架前站好几个小时。不过，这个姿势或许很适合她从父亲那里继承来的旺盛精力。午餐前，她喜欢"冲向"托登宫路，在旧家具店和牛津街的旧书店里闲逛。一切都改变了，在为"回忆录俱乐部"（Memoir Club）写的随笔《老布鲁姆斯伯里》（"Old Bloomsbury"）中，她写道：画画和写作是头等大事；他们在晚餐后喝咖啡，而不是在九点钟喝茶；他们扔掉了维多利亚时代的红色天鹅绒地毯和花样繁复的莫里斯墙纸，改用素色的涂料粉刷墙壁，用白色和绿色的印花布装饰她们房顶很高、干净清冷的房间。凡妮莎让祖姑母的印度披巾恢复生命，把它们铺在了桌椅上。映着雪白的墙壁，披巾的色彩呈现出原始的艳丽。沃茨给父母画的肖像画陈列于此，大厅里还挂着一整排卡梅伦太太给母亲拍的照片，对面是赫舍尔、洛厄尔、达尔文、丁尼生、勃朗宁和梅瑞狄思的照片。1907 年，在凡妮莎结婚后，弗吉尼亚和阿德里安·斯蒂芬就搬去了菲茨罗伊广场，那里的建筑都有亚当风格*的精美外观，有一种衰颓的典雅。在那里，很多十八世纪的房屋都被改建为出租房、办公室、疗养院和小工匠作坊。斯蒂芬姐弟是唯一拥有整栋房屋的居民，他们和厨师、女佣还有狗住在一起。

现在，两姐妹需要围绕工作来计划她们的一天，她们之间的亲密关系——以前只是出于一种结盟的需要——如今变成一块肥沃的土壤，无论对她们的艺术实验还是对新团体来说都是如此。她们给这个团体带来了家庭色彩——哥哥的朋友们从男性主导的剑桥大学出来，进入了由两位见解独到、意志坚定的女人主导的

---

* 亚当风格是以英国建筑师罗伯特·亚当的名字命名的一种建筑风格。——译注

女性环境中。

凡妮莎是两姐妹中更开放、更大胆的那个。她炫耀般地说着各种放荡不羁的话（阿德里安在 1909 年写道），在 1911 年的一次聚会上，她跳着舞抖落了所有上衣。她向西德尼·沃特洛（Sydney Waterlow）宣称，她想基于彻底的性自由原则建立一个小圈子。

弗吉尼亚似乎是追随者。当凡妮莎在 1911 年有了情人罗杰·弗莱时，弗吉尼亚也在格兰切斯特的河里与鲁伯特·布鲁克（Rupert Brooke）一起裸泳。那一年，弗吉尼亚在布伦斯维克广场（Brunswick Square）34 号和几个单身男人（包括伦纳德·伍尔夫）住在一栋房子里。当乔治·达克沃斯反对这种不得体的行为时，凡妮莎代表妹妹冷静地反驳了他，她说育婴堂就在附近，非常方便。两姐妹穿着用印花棉布做成的非洲服装，把自己打扮成高更画里的样子，在 1912 年第二次后印象主义画展的庆功舞会上，她们绕着克罗斯比大厅飞奔。不过，随着时间的流逝，我们可以明显地看出，这种放荡不羁的叛逆行为并没有完全吸引弗吉尼亚，她更关心的其实是精神自由而不是性自由。

朱莉娅·斯蒂芬以她强大的人格魅力维持着女性的顺从。而她愚笨的替代者乔治却激起了两姐妹的反抗，因为他强迫她们进入婚姻市场。从乔治的角度来看，他只不过是在践行帕特尔家族的信条，即代代相传的女性美应该被售卖给出价最高的人。弗吉尼亚记录了她的姨母弗吉尼亚·帕特尔如何让女儿受尽折磨，只为把她们嫁给贵族人士，与之相比，"中国女子的三寸金莲都不值一提"。弗吉尼亚还在书房学习的时候，就被姐姐穿着白色绸缎长裙的"壮观场面"吓呆了，她就像个未来的贵妇人，然而，在蓝色蝴蝶珐琅发饰的掩盖下，是她"对绘画和松节油的强烈渴望"。

不久之后就轮到这位年轻的妹妹体验社交季了，她在羞怯的痛苦中被带上了铺着稻草的出租马车，去伦敦某座豪宅参加舞会，在那里，她不认识任何人，整晚也不跟别人说话，被人群挤到墙边。

邓肯·格兰特第一次见到弗吉尼亚是在她称之为"做希腊奴隶的那几年"，他说，当别人没有知会她就把她介绍给其他人时，她总会用极其不情愿的表情和几句精挑细选的套话来表达她的不满。有一次，乔治带她去和两位贵族遗孀吃饭，她滔滔不绝地谈论柏拉图，打断了她们的应酬。在她最滑稽的讽刺文之一《海德公园门22号》里，她回忆起这个糟糕的夜晚，两位贵妇人先是因她不合时宜地谈论柏拉图而大为恼火，后来又因为剧院里的法国演员放纵的哼叫声而勃然大怒。正当弗吉尼亚扮演着迷茫少女这一固定角色时，她无意中听到了乔治和卡那封伯爵夫人（前加拿大和爱尔兰副总督的夫人）在大理石柱后面偷偷接吻。

和凡妮莎一样，弗吉尼亚也在舞会上被忽视了，而且，她还断言自己一定也是个社交失败者，但她能较为超然地看待这件事。在日记"花园舞会"（"A Garden Dance"，1903年6月30日）里，她记录了一位健壮的女士如何面带微笑地欢迎她们，"她的微笑已经向另外五十个人展示过了，而且还将在接下来的一个小时中继续履行它的职责"。舞池很拥挤，只有少数几个人能在房间中央跳华尔兹，他们看起来"就像在一盘粘稠的液体里挣扎的苍蝇"。她看着贵族小姐们从窗户里涌出来，仿佛一道由蕾丝花边和丝绸组成的瀑布，沿着花园的斜坡冲下去：她本可以把这个场景描绘成"一幅法国油画"，不过，等她回家后，却转而读起床头柜上的一本天文学著作来。既然她不论怎样都处在观察者的位置，她还是更喜欢从卧室窗户里隔着一段安全距离观看女王门的舞会，她敞开睡袍，散着额发，在她眼里，舞池就像"一个撒满谷粒的晒谷场，毛色亮丽的鸽子纷纷停落于此"。而当乐师们突然奏起华尔兹舞曲时，"房间仿佛立刻被大水淹没了。一瞬间的犹豫过后，第一对舞伴，紧接着另一对，跳进了河流中央，在漩涡里转个不停"。

弗吉尼亚不曾像凡妮莎那样对社交彻底失望。她的愤怒是明确地针对乔治的。

"吻我，吻我吧。"乔治以这种方式终结所有争论。她觉得自己就像一条不幸的小鱼，与一头躁动的鲸关在一起。

在她的书信和讽刺作品中，所有提到乔治·达克沃斯的地方都把他当作愚蠢的势利小人一笔带过，然而，在她上一次精神崩溃时，根据医生的报告，她曾说过乔治·达克沃斯在她心头萦绕不散，"显然"，她曾经"喜欢"过他。如果这是真的，那就可以解释她为何会把早期的精神崩溃归咎于乔治了。根据弗吉尼亚在《海德公园门22号》中写下的故事，乔治是妹妹们的第一个"情人"："是啊，那些住在肯辛顿和贝尔格莱维亚的老夫人们永远不会知道，乔治·达克沃斯不仅是可怜的斯蒂芬家的姑娘们的衣食父母、兄长，他还是她们的情人。"乔治会闯入她的卧室——他后来向萨维奇医生解释，这是为了安慰她，因为她的父亲病了。

142 　　马上入睡之际，屋内黑沉。整栋房子被寂静笼罩着。这时，门口传来鬼鬼祟祟的嘎吱声，门被推开了；接着是小心翼翼的脚步声，有人进来了。"谁？"我大叫。"别怕，别怕。"乔治轻声说。"别开灯，亲爱的。哦，亲爱的……"他一下扑到我床上，把我搂入怀里。

除了弗吉尼亚告诉朋友和医生的事实，我们不可能知道到底发生了什么。在母亲和斯黛拉——她的保护者们——去世之后，她感到自己成了猎物，被她不想要的、似乎有些动机不纯的爱抚所侵犯。不管弗吉尼亚是在发挥她夸大事实的天赋，还是这些入侵卧室的行为的确加深了她六岁时被杰拉尔德用手触碰的屈辱感，我们都很难了解乔治的动机，或许他自己也不清楚。他把爱抚看作一种安慰；而凡妮莎所说的"乔治的过失"似乎也并不像杰拉尔德曾做过的那样，属于有意识的凌辱或身体上的侵犯，不过，有些人认为，考虑到乔治所造成的伤害的程度，这种区分其实是无关痛痒的。作为家族的新主人，乔治的自满情绪因权力和享受特权的习惯而膨胀——这种膨胀没有留下任何空隙，能让乔治去感受妹妹的愤怒。

几十年后，当性骚扰的问题在二十世纪八十年代被广泛讨论时，一位家族成员玛丽·本内特（Mary Bennett）*评论说："关于乔治·达克沃斯（我对弗吉尼亚·伍尔夫的说辞存疑），最奇怪的一点在于，他曾与一位最聪明、最讨人喜欢的女人——伯特兰·罗素的大表妹弗洛拉订婚了。"她接着说，根据家族传言，订婚"是因罗素家的施压而取消的，他们认为乔治·达克沃斯太愚蠢了；毫无疑问，他的确很愚蠢"。

那么，一个聪明的女人为何一开始会接受乔治·达克沃斯呢？

"或许是因为一种单纯的温暖？"本内特夫人猜想，"在罗素家族中，温暖和单纯都很稀有。而乔治是个宽容又有爱心的人，不

---

* 玛丽·本内特是英国历史学家、教育家 H. A. L. 费希尔（H. A. L. Fisher）的女儿。费希尔是弗吉尼亚和凡妮莎的表兄。——译注

过他的爱有些过度，也太贪婪。我父亲 [H. A. L. 费希尔] 认为，她拒绝他是错误的。"

弗吉尼亚没有弗洛拉这样的选择。她孤立无援：她不可能和乔治无可挑剔的社会形象作斗争，乔治体贴周到的举止让他成为上流女士们的宠儿。在任何情况下，他作为一家之主的控制权、他的年龄（他三十六岁，而他妹妹只有二十岁）、她的经济依附地位（他一年能挣一千英镑，而她只有五十镑）都能够支撑他的友好姿态。弗吉尼亚曾在一段回忆往昔的注释里写道，乔治当时"能够把他自己的模子紧紧地扣在我们身上"。当凡妮莎回忆起乔治的控制带来的"恐惧"时，她想到后来在丈夫家必须忍受的事情：为了消磨时光，他们常在寒冷的乡间别墅举办狩猎宴会，她穿着漂漂亮亮的衣服端茶倒水，她相信，如果一直做这些事情，她的个性将会被消磨殆尽。

当弗吉尼亚穿着一套全新的晚礼服下楼时，乔治上上下下地打量她，就像打量马戏团的一匹马似的。"去把它撕了。"有一次他怒气冲冲地厉声说道——他从某些别出心裁的细节看出了她对标准社交礼仪的蔑视。

乔治是个坚持"正确"的人。白天他总是穿着一件"内衬"，那是一种类似背心底衬的衣服，正好能在马甲领口处露出一道白边。他直到结婚还是处男。他的行为举止很有那种"因美德而获得嘉奖的好男孩"风范。乔治压抑的欲望混合在得体的举止中，不出所料地引发了很多自相矛盾的表现。他在夜晚爱抚他的妹妹，白天又取笑她的外貌，称她为"可怜的山羊"。

乔治的虚伪是弗吉尼亚痛苦的根源。她渐渐开始害怕，异性之爱将会一直与不齿行径相联系，因此，在她的观念中，婚姻是一件"非常低俗的事情"。这并不一定是女同性恋倾向或是弗吉尼亚独有的"冷淡"怪癖,因为凡妮莎也不怎么渴望婚姻,一开始还两次拒绝了克莱夫·贝尔的求婚。她曾对妹妹吐露,她觉得来自剑桥的追求者沃尔特·黑德勒姆主动示好的姿态"非常有辱人格。你不觉得吗?"至少,问题的一部分在于,中上层阶级的女性在婚姻市场上是任人摆布的。在两姐妹眼中,乔治·达克沃斯对她们在社交上的期望很荒唐可笑,但这并不意味着他不危险。在《远航》里,弗吉尼亚·斯蒂芬就拿达克沃斯对一位年轻姑娘的探索之旅的危害开了个玩笑:船长说,航海时最可怕的危险据说是水草,在外行人眼里,它是"一种浮萍似的东西"。*

即使在这种情况下,弗吉尼亚依然保留了一丝乐观——《远航》里有对美好爱情的期望,她自己也将拥有美满的婚姻。但或许,乔治留下的污点从未完全消失。在三十年代末乔治去世后,它又奇怪地回来了。《幕间》里成熟的主妇伊莎把她自己和她暗恋的农场主海恩斯想象成"两只天鹅……但他雪白的胸脯上缠着一团肮脏的浮萍"——一条屈辱的性纽带。相似地,聪慧、敏感的伊莎也被这种纽带绑在证券商吉尔斯·奥利弗(Giles Oliver)身边。在小说结尾,为了平息伊莎对他的不忠的愤怒,吉尔斯做了颇为滑稽的尝试,他递给伊莎一根剥好的香蕉,而伊莎冷酷地拒绝了。不过,在家庭纽带这一魔咒的控制下,伊莎只能继续屈服:她的抵抗只不过是两次性爱之间短暂的戏剧表演而已。

回到 1903 年,也就是在海德公园门的最后一年,弗吉尼亚曾经表达过反抗,她不仅说出了她对社交失败和性骚扰的感受,还

---

* 在英文中,"浮萍"(duckweed)与"达克沃斯"(Duckworth)发音相似。——译注

反抗了乔治强行扣在她们身上的女性"样板"。旺盛的生命力是多余的——维多利亚时代的女人看起来就像鸡蛋一样：圆润、光滑、毫无特点。贝雷斯福德（Beresford）在1903年为弗吉尼亚拍摄的照片广为流传，那上面她看起来毫无生气。而在拍摄于1901年的另一张照片上，弗吉尼亚身穿白色连衣裙，身旁主人似的乔治在盯着她看，她身材瘦弱、面无表情、身体僵硬。1903年夏天，在《关于社交成就的思考》这篇随笔里，弗吉尼亚·斯蒂芬为正常的女人下了一个定义。这个女人擅长的学问是一种社交技巧。她只在晚间生活：八点钟响起的晚餐钟声召唤出她的生命。她会说些什么呢？对弗吉尼亚而言，这是"终极的谜题"。这个人造生物躲避其他女人的目光："如果我在旁边路过，她会一言不发，"她评论道，"她合拢花瓣，让它们紧紧包裹住自己。"1908年在佩鲁贾的时候，她曾观察过一位漂亮的英国姑娘，她的"商标"是她"始终如一"的单纯和好脾气。她想着维多利亚时代的母亲如何把这种性情传给自己的女儿，并为这样贫乏的自我观念感到悲哀："老母亲并非天生就是吝啬鬼；人类是可以飞得很高的。"

弗吉尼亚·斯蒂芬的自由观既直接又实际：微薄的收入和一间自己的房间——解放思想所需要的金钱和隐私。E. M. 福斯特笔下那位独立的女主人公玛格丽特·施莱格尔曾坦率地说，没有独立的收入就不可能有独立的思想。后来，弗吉尼亚声称，在维多利亚时代之前，女人根本没有独立身份，因为她们的收入被法律控制了，她们的隐私也被各类家庭需求侵吞了。

在戈登广场46号和菲茨罗伊广场29号，以两姐妹为中心的布鲁姆斯伯里团体逐渐形成了，这个圈子已被广泛讨论过。人们从剑桥哲学家G. E. 摩尔的意识形态角度描写过它（梅纳德·凯恩斯所著），也从各个惊世骇俗的成员的角度讨论过它（昆汀·贝尔所著）。对弗吉尼亚·斯蒂芬来说，新朋友们为她自由地规划新生活提供了支撑。

新生活的核心在于两姐妹独处时的交谈，或是当她们分开时每天写给对方的信。弗吉尼亚的信中充满了爱意。

"它们读起来比任何信件都更像情书，"凡妮莎说，"我喜欢情书。你投入的热情越多越好，比利……我贪婪地渴望着赞美和激情。"

弗吉尼亚出色的表达能力唤醒了个性的绽放，对于凡妮莎这样一个被沉默寡言的女性模范塑造的女人来说尤其如此。弗吉尼亚明白，"在她平静稳重的举止之下，是一座座火山"。两姐妹都渴望语言，也用语言滋养了对方——凡妮莎的语言和妹妹的一样好。不过，她承认，语言是弗吉尼亚擅长的领域，她把绘画的舞台留给了自己，她们坚持在不同领域发展是为了防止竞争；不过，在实践中，她们都涉足两个领域。她们坐在壁炉旁，从未如此放任自己，整个早晨都在谈天说地，为了让双腿暖和，她们把裙子塞进腿间，变成"裤子"。

"咱们聊点儿什么呢？"弗吉尼亚会这样开启话题。

"我们的过去。"凡妮莎知道，这能打开她的话匣子。

说完"我们不可思议的过去"，她们会把话题转向"乔治的罪行"，然后又转向现在，以及弗吉尼亚的未来——她会不会结婚，会嫁给什么人——最后，她们会聊起"那个伟大的问题"。

"那么，你究竟觉得你的头脑怎么样，比利？"凡妮莎带着如此真诚的兴趣问，弗吉尼亚便不得不回答。这样一来，她们就会进入"极度兴奋的状态"。

第八章 自由与友谊

两姐妹并非一开始就是放荡不羁的，但由于她们不再费心为晚宴穿着打扮，也不再用正式的方式款待宾客，便引起了人们的闲话。她们喜欢的是弗吉尼亚称之为"衣衫褴褛的密友间的谈话"——她们和托比的朋友们一直聊到凌晨两三点，用威士忌、小圆面包和可可茶提神，在一楼宽敞的客厅里，牧羊犬居尔特是他们唯一的陪伴。

吸引斯蒂芬两姐妹的不仅仅是托比的朋友们的聪明才智，更是一种言论自由的氛围，在剑桥大学三一学院的楼梯上，这种自由不值一提，但对两位姑娘而言，在年轻男子在场的情况下，她们完全不习惯这样的自由。弗吉尼亚在1905年3月8日的日记里写道，当她从莫利学院回来时，"看到了贝尔，我们谈论了善的本质，一直谈到凌晨一点！"对这件事的描述罕见地用了感叹号作结尾（另一次是她和比阿特丽斯·锡恩[Beatrice Thynne]夫人一起抽了第一支烟后）。后来，他们定期在每周四举办讨论会，这些讨论的部分魅力在于它们严肃的抽象性：他们的主题是"善"、"美"、"幸福"或"现实"。不过，如果他们愿意，也可以讨论日常生活，比如宠物狗之类。这里没有那种自吹自擂的高高在上的氛围，只有一种感觉，即敏锐的才智确实存在，哪怕它还未表现出来。托比的朋友对两姐妹一视同仁，也会不留情面地批评她们的观点，当他们这样做时，所有乔治强加给她们的对于外表和行为的限制似乎都消失了。"我从未这样聚精会神地听过一场辩论，连一个字、半个音都不敢错过，"弗吉尼亚说，"也从未如此努力地打磨并掷出我的小飞镖。"

不讨人喜欢的女人总是那些能言善辩的女人。她们被夸张地描写成长舌妇、骂人精、泼妇或女巫。维多利亚时代的女人尤其感受到这种压力，因此不得不放弃语言，因为"好女人"总是安静的。拉姆齐夫人默默地朝着丈夫微笑。她唯一说出口的话也是在回应他的需求。她只能在夜深人静时对另一个女人——古怪的莉莉·布里斯科畅所欲言。布鲁姆斯伯里打破了这种女性应沉默的理想。没有什么话题——甚至是他们认真地称作"交媾"的话题——是不能在男女混杂的场合自由谈论的。托比·斯蒂芬的剑桥友人对两姐妹过人的胆识和怀疑精神感到惊讶。

"你可以谈论我灵魂或身体最深处的特质，这不会让我脸红，弗吉尼亚同样可以当着任何人的面谈论任何事。"当罗杰·弗莱加入他们的圈子时，凡妮莎这样对他说。

凡妮莎是两姐妹中更有热情的那个。她天生比弗吉尼亚更有责任感，十八岁就承担起了管理海德公园庞大家业的重担，因此，她更坚定地保护着自己绘画的权利。和妹妹比起来，她的天赋没有那么显而易见（父亲曾称赞她的美貌，但十分刻薄地评价了她的"乱涂乱画"）。换句话说，凡妮莎比弗吉尼亚更需要布鲁姆斯伯里。布鲁姆斯伯里对她的事业更不可或缺，它对她而言更加排他，也更像一个对抗社会的堡垒。相比之下，弗吉尼亚则开始尽情享受上流社会的各种聚会。一位远房亲戚奥克塔维亚·威尔伯福斯（Octavia Wilberforce）曾把弗吉尼亚的社交技巧比作一流网球手的球技，她能接住最不可预料的或最难接的球。

弗吉尼亚并不那么需要布鲁姆斯伯里，于是，她总是有所保留地参加他们的聚会。把她对朋友们的批评与她根据托比的概述对他们的想象做对比是很有趣的。她一眼就看穿了萨克森·西德尼-特纳（Saxon Sydney-Turner）、克莱夫·贝尔、斯特雷奇和沃尔特·兰姆的虚荣。她在1906年指出，这些人总在暗示自己写

148

第八章 自由与友谊

了意义非凡的巨著，但由于它们"不宜刊印"，只能封存在书桌抽屉里——她能料到，这些"巨著"永远都不会问世。她还注意到，他们喜欢给某些作家冠以"至高无上"或"令人赞叹"等美誉，但如果有迹象表明公众也欣赏同样的东西，他们就会迅速把赞美转移到某个无名小辈身上。她常常取笑托比的朋友们，说他们"面色苍白、心事重重又沉默寡言"，仿佛在剑桥读书的三年里，他们"接收了一些糟糕的信息，背负着过于可怕的、无法透露的秘密"。他们对自身能力的高度评价是"留给他们自己的最后的幻想"。伦纳德·伍尔夫在自传里描写了一个深受他的剑桥圈子影响的弗吉尼亚·伍尔夫，但她最初对他的朋友们的评价其实是很嘲讽的——她毫不留情地嘲笑他们的诗歌——并且，她的各类早期作品，不论是女性小说还是理论评述，都展示了一条独立的发展轨迹。后来，她告诉一位未来的批评家："总把布鲁姆斯伯里当作一种影响，很容易导致某些……没有事实依据的论断。"

在弗吉尼亚的手稿中，有一篇尖刻的对萨克森·西德尼-特纳的虚构描写，她把他写成一个学术神童，显示出天赋，但没有做出什么。萨克森的朋友们都被他对冷僻事实的惊人记忆折服了；但弗吉尼亚对脑力技艺没那么感兴趣。她实事求是地问了一个问题，即这位聪明的单身汉到底用他的生命做了什么——他那默默无闻的人生并没有什么明显的用途。

这种务实的态度——克莱夫·贝尔称之为她的"维多利亚主义"——让她对附庸风雅很不耐烦。贝尔本该去当律师，她会半开玩笑地说，邓肯·格兰特本该成为一名军人，利顿·斯特雷奇则本该去印度做公务员。

在利顿·斯特雷奇眼里，"哥特人"（托比·斯蒂芬）代表了创造力的巅峰。1904 年 12 月，他认识了托比的两个妹妹——"西哥特人"（the Visigoths）。"星期天我去拜访了哥特人的住宅，"他给伦纳德·伍尔夫写信说，"还与凡妮莎和弗吉尼亚喝了茶。弗吉尼亚非常令人赞叹，她相当聪慧，有很多话要说……"他觉得弗吉尼亚是个极其热爱幻想的人。斯特雷奇的嗓音很独特，他总是用惊叹的男高音式的语调说着"崩溃了"、生活"太可怕了"之类的话。在弗吉尼亚眼里，他"显得有些小气"，是那种不热心，也没能力大方的人，因此形成了（在《维多利亚时代名人传》*中）"那种金属质感的、老式的华丽风格，依我看，这使他的作品无法达到一流水准"。

两位坚强的斯蒂芬姐妹和她们最终所嫁的异性恋男人与老布鲁姆斯伯里的"苍白孱弱"†截然不同。"过度苍白是最让我担忧的。"斯特雷奇给还在读大学的伦纳德·伍尔夫写信说。"我想，托普（Taupe）[E. M. 福斯特]准确地看到了我这一点，他感觉他自己也即将耗尽，打了个颤。""哥特人"斯蒂芬姐弟不怎么符合约翰·梅纳德·凯恩斯对剑桥"水蜘蛛"的著名描述："我看到我们……像空气那般轻盈又理所当然，优雅地掠过溪流的表面，根本碰不到水下的漩涡和涌流。"

在弗吉尼亚的想象世界里，这些苍白的、掠过水面的年轻人被奇迹般地重新塑造出来，就像托比在中学放假时，也重新塑造了关于伊夫林预科学校和布里斯托克利夫顿学校的男孩们的形象。

---

* 《维多利亚时代名人传》（*Eminent Victorians*）是利顿·斯特雷奇的代表作，于 1918 年出版。——译注

† 弗吉尼亚·伍尔夫把"苍白"（paleness）与同性恋联系在一起。1925 年她在日记（*Diary* iii, p. 10）中写道，"同性恋这颗苍白的星星已经升起很久了"。

第八章　自由与友谊

弗吉尼亚想着那些素未谋面的小伙子,"仿佛他们是莎士比亚戏剧中的人物。我为他们编了些故事"。这些故事变成一部共同创作的小说,就像曾经在育儿室里创作的故事一样。她回忆道:"当我们在乡村散步时,在卧室的火炉旁闲坐着聊天时,都会聊起他们,一聊就是几个小时。"后来,当托比去剑桥上学后,他又向她介绍了克莱夫·贝尔——一个雪莱和喜欢狩猎的乡绅的结合体;还有利顿·斯特雷奇——他是个聪明的天才,他的房间里挂着法国油画,对蒲柏充满热情。他还给她讲起那个总是发抖的犹太人伦纳德·伍尔夫:有一天晚上,他梦到自己在掐一个人的脖子,他使了很大的劲,以至于醒来后发现自己的大拇指都脱臼了。弗吉尼亚立刻对他"产生了极大的兴趣":

> 当我问他为什么发抖时,不知怎么,托比让我感到,这是他天性中的一部分——他是那么残暴,那么野蛮,对所有人类都很鄙视……在我看来,大多数人都是在勉强度日,与现实达成妥协,但伍尔夫不是那样,托比认为这是很崇高的。

当她真正见到这些相貌平平的普通人时,自然是很失望的。后来,或许是出于对托比记忆的忠诚,她逐渐在想象中重建了这些朋友的形象。到1925年的时候,他们已经和她对生命的感知密不可分了,她承认,"如果这六个人都死了,我的生命也要结束了:我的意思是,生命或许还会空洞地持续下去,但即使它能继续,又有什么欢愉可言呢?想象一下,伦纳德、妮莎、邓肯、利顿、克莱夫、摩根[E. M. 福斯特]都死去了。"

一开始,她在《远航》里把利顿·斯特雷奇塑造成一个厌女的大学教师，后来，当她越来越喜欢他时，他就变成《夜与日》里那个教养良好却瘦弱无力的威廉·罗德尼，最后，他又成了《海浪》里才华横溢、言辞尖刻的奈维尔，他那躁动不安的野心和他古怪的同性恋行为都在剑桥找到了理想的庇护所。另一位剑桥圈的人物 E. M. 福斯特则在她的想象中变成一只浅蓝色蝴蝶。"我曾在树篱后看他飞一般地溜过戈登广场，不走直线，摇摇晃晃，正拎着包去赶火车。"

在《海浪》里，持久性和想象力被定义为构成真正的友谊的两个必要条件。六位朋友活在彼此丰富的想象中。他们不断被彼此创造着，就像莎士比亚在十四行诗中创造了他的挚爱一样。托比生前是个寡言的青年，弗吉尼亚通过两部小说探索着他不为人知的灵魂：她尝试从雅各的房间推测出雅各的形象；也试着通过朋友们重现珀西瓦尔的样子。

托比是利顿眼中创造力的巅峰，已经离世的他始终是主导布鲁姆斯伯里的天才，正如《海浪》里英年早逝、出类拔萃的珀西瓦尔也始终是六位友人生命的核心。《海浪》是关于一群朋友的故事，这群人没有让婚姻、工作以及彼此的差异干扰他们的友谊。小说赞美友谊，但赞美的不是其实际情形，而是友谊的可能性。虽然弗吉尼亚有所保留，但布鲁姆斯伯里对她自始至终都是忠诚的，这对她而言已足够特殊，让她能去构思一种理想，去写一首抒情诗：那是一首对友谊的颂歌，也是献给托比的挽歌。"我多么想念他，"写完这部小说后，她对姐姐说，"他无法长久地陪伴我们，我对此依然怀着无言的愤怒。"

这个小团体本是斯蒂芬家族的延伸，它依然保留着某种家庭特征（不同于 1910 年后那个轻浮的、充满丑闻的布鲁姆斯伯里，

第八章　自由与友谊

后者是伴随着奥托琳·莫瑞尔、多拉·卡灵顿[Dora Carrington]等斯莱德画家、纽纳姆学院的"新异教徒"——鲁伯特·布鲁克圈子里的马乔里·斯特雷奇（Marjorie Strachey）和卡·考克斯——的到来而形成的）。昆汀·贝尔说，这个小圈子里的人都为托比的死感到悲痛，因此凝聚起来，托比的朋友和妹妹之间的隔阂打破了，他们都强烈地沉浸在对他的怀念中。对于斯蒂芬姐妹来说，嫁给托比的朋友克莱夫·贝尔和伦纳德·伍尔夫（弗吉尼亚一开始考虑的是利顿·斯特雷奇），是在想象中与托比重建联系。利顿·斯特雷奇曾给在锡兰的伦纳德·伍尔夫写信说：

1907年5月24日
　　他的伟大高贵！——难道还不足以让人余生披麻蒙灰，把人生看作荒凉的山谷……

弗吉尼亚常常边漫步伦敦，边默诵史蒂文森的《纪念F.A.S》：

　　你独自穿越了忧伤的溪流，
　　留给你的是痛苦，但他的，啊，他的，是那不曾减少的
　　不朽的喜悦，永不逝去的梦想。

她内心的悲痛最初浓缩在《同情》（"Sympathy"）这篇随笔里，在虚构的表象下，它其实是一篇沉思死亡的短文。报纸的讣告栏里出现了"汉弗莱·哈蒙德"的名字，这让随意翻看《泰晤士报》的一位友人大为震惊。他似乎看到了尸体是"一名男性，坚硬又僵直"，而"带着年轻人的坚定神情"的双眼也紧闭着。更

糟的是，这位朋友想到，他那初具形态的思想现在也不会有人知晓了。他幡然醒悟，意识到死去的人再也无法为人所知，于是，一种更深重的失落感向他袭来："当我想起他的时候，我几乎看不到关于他的任何画面……他坐过的那把黄色扶手椅破破烂烂，却依然结实，比我们所有人都活得更长；……而他就像照在墙壁和地毯上的一道道微弱的光一样转瞬即逝……太阳把一百万年之久的光芒照向未来，一条宽阔的金色大道；越过这座房子和这个城镇，照向无限远方；它照射得那样远，那里只有大海。"这段话里埋着两部小说的种子：只留下一间房间代表自己的雅各的零碎故事；还有珀西瓦尔的故事——他的突然离世让朋友们注意到死亡与永恒的自然之间的鸿沟。

《同情》的重点在于，死亡应该以某种方式激发想象力，并消除生者与死者之间的隔阂："在这个我几乎不认识的淳朴的年轻人身上，蕴藏着死亡的巨大能量。通过死亡，他把……分离的实体融合在一起。"他把朋友的心灵带到了海边。"我必须回去吗？"这位朋友问道，此时汽车的轰鸣声正穿过海湾传来。公共汽车聚集起来，钟敲响了正午时刻。"不，不。"

通过这次拒绝，弗吉尼亚·斯蒂芬直白地表达了内心的想法。对她而言，死亡揭掉了生命的面纱，因此，尽管死亡引发了抑郁甚至疯狂，却带来了艺术所必需的澄明：

> 死亡改变了一切，就像日食发生时，所有的色彩都消失了……死亡藏在树叶、房屋和升起的袅袅炊烟背后……在特快列车上，我看到山川和田野，看到举着镰刀的男人在我们路过的树篱后仰望天空，情侣躺在茂盛的草丛里，毫不掩饰地盯

第八章　自由与友谊

着我看，就像我毫不掩饰地看着他们一样。

在故事最后，死去的那个汉弗莱结果是另一个人。邮递员在清晨送来一封信，正是汉弗莱邀请这位朋友参加晚宴的信。他几乎是失望的，因为这封信把他拖回了关于晚餐、生意和搬家的庸常中，他被迫停止对死亡的幻想。

弗吉尼亚·斯蒂芬鄙视那种随意又短暂的人际关系，在一篇手稿里，她将其称为"东倒西歪、草率建成的房屋，它们随处都是，却被人们称颂为友谊和爱情"。布鲁姆斯伯里团体的优势在于，它不受任何美学原则的束缚，这与庞德、温德姆·刘易斯（Wyndham Lewis）、乔伊斯和艾略特组成的"1914年人"（"Men of 1914"）不同。它是由情感维系的。这也是布鲁姆斯伯里与其他现代主义团体的区别，例如，海明威或萨特所在的小圈子总是在咖啡馆里聚会，他们反对家庭化和情感化。

1919年，她注意到，布鲁姆斯伯里开始散发出一种影响范围更广、更让人着迷的魅力，这种魅力的源头在于，维多利亚时代对社会关系的信任依然在这个圈子里存在，这也解释了布鲁姆斯伯里浓厚的怀旧氛围。它或许是作为历史遗迹而非先锋团体才拥有如此经久不衰的魅力。

人们很难说清楚布鲁姆斯伯里究竟代表了什么，因为这个团体并没有什么形式上的基础。但成员们的确有某些相似的价值观念。斯蒂芬一家、斯特雷奇和福斯特都是维多利亚时代知识分子的后裔：他们非常注重友谊和礼仪，并且，尽管礼仪已被有意改变，他们还是严格遵守：懒散取代忙碌，香烟取代羔羊皮手套，言论自由取代羞怯脸红。弗吉尼亚一直记得母亲的临终教诲，却从未践行过——"把背挺起来,我的小山羊"。当伦纳德·伍尔夫 1911 年加入这个团体时,曾被成员们的坐姿震惊了:"哈利(即伦纳德·伍尔夫)看到沉默的人们躺在椅子上,卡米拉(即弗吉尼亚)一动不动,一只手放松地搭在椅子扶手上,眼睛朝下看,就像闭着一样。"这成了弗吉尼亚特有的姿势:一种近乎傲慢的慵懒。在海德公园门的客厅里,沉默是一刻也不能容忍的,两姐妹都被教导要让谈话一直进行下去。在《到灯塔去》那张维多利亚时代的餐桌上,莉莉·布里斯科不愿回应虚荣的学者坦斯利,但她不得不放弃她的尝试。莉莉对女性为了家庭和睦所必须付出的代价而愤慨:"她一直都不真诚。"这就是布鲁姆斯伯里的规则:说真话。

布鲁姆斯伯里对世俗见解持一种礼貌的漠视态度。这个团体的人都有一种强烈的荒诞感,并把这种荒诞感运用在那些传统意义上的严肃主题中,比如英国海军、大英帝国、荣誉和权力。这就是弗吉尼亚·伍尔夫的作品和布鲁姆斯伯里团体所共有的讽刺基调。她嘲讽坦斯利那马戏团的把戏一般的学术野心,嘲讽煽动男人去参战的那种小男孩自吹自擂式的英雄主义。她对国会议员和哈利街医生的狂妄自大感到些许惊讶。阿德里安·斯蒂芬曾对凡妮莎·贝尔谈起,他是一个"旁观者",这并不是说他是一个局外人,而是他觉得"似乎所有人都置身于有价值的生活之外"。福斯特也曾用"幸存的"(saved)这个词来描述他笔下那些不向社会暴君屈服的人物。

布鲁姆斯伯里反对一个由愚人统治的世俗世界,从二十世纪三十年代至今,这种坚定的信念一直让读者们感到不安。不过,正如诺埃尔·安南在他那篇描写伦纳德·伍尔夫的精彩文章中所

155

第八章 自由与友谊

坚持的，布鲁姆斯伯里的政治态度在那时是值得赞赏的。安南说，如果今天的公众对于宣扬白人优越性或白人有殖民统治权持更加怀疑的态度，部分功劳要归于布鲁姆斯伯里团体的成员。在两次世界大战之间，伦纳德·伍尔夫曾代表工党为非洲殖民地制定了一些政策，他的政策在当时被认为太激进了，直到六十年代麦克米伦（Harold Macmillan）担任首相期间，这些政策成为共识——但伦纳德抱怨说，它们实施得太晚了。

弗吉尼亚受到的巨大影响并不来源于这个圈子里的任何作家，而是来自她的姐姐。除了现实生活中的相依为命，她们还以一种更微妙的方式成为合作者。如果两姐妹是布鲁姆斯伯里的根基（事实的确如此），那么，最终由凡妮莎·贝尔画出该团体的肖像，就像她的妹妹在《海浪》里让其不朽，都是再合适不过的了。

凡妮莎·贝尔给妹妹的作品设计了封面，封面的构思和色彩都相当出色，尤其是灯塔那四射的光束，还有海浪起伏的波纹——它们恰好对应着伍尔夫（Woolf）和标题《海浪》（Waves）中的字母 W 的形状。不过，四处散落的花朵并没有表现出封面之下所蕴藏的机敏才思。然而，当凡妮莎面向人群，尤其是面向女人时，她的作品生动了起来。英国泰特美术馆保存了她的两幅杰作，一幅是她在 1914 年为丈夫的情人玛丽·哈钦森（Mary Hutchinson）画的肖像，画中的哈钦森看起来就像一只眉毛扁平的黄色爬行动物。另外一幅是象征意义浓厚的作品《斯塔兰德海滩》（*Studland Beach*），这是她在摆脱婚姻一年后的 1912 年画的。在空旷、炎热的海滩上，只有几个人影。根据 1911 年在多赛特郡斯塔兰德家庭旅游时的照片判断，画面前景中的两个背影是弗吉尼亚·斯蒂芬和凡妮莎·贝尔的儿子朱利安。画中的人物聚成两组，他们都被模糊的衣帽遮盖着，不过，在画面中央站着一个女人，她正要走进海边的更衣室中。她的头发披散，手臂赤裸着。她的体格很健壮，就像一根孤独的石柱，背朝一些蹲坐在沙滩边缘的人。只有一间白色的更衣室比她更高一些，像一个画框一样围绕着她。

在两幅描绘女性的实验画作中，凡妮莎·贝尔展现了和妹妹一样精确得怪异的眼光。（"你觉不觉得我们其实有一双同样的眼睛，只不过戴着不同的镜片？"弗吉尼亚曾这样问凡妮莎。）《浴缸》（1917）这幅画与雷切尔·温雷克一样，都代表了与艺术传统的决裂。《浴缸》展示了一个女人对裸体的看法。画中的女人身材圆润、四肢修长，但整幅画的焦点是她解开发辫时那张低垂、自省的面孔。她的裸体并不是一种展示，而是一种剥夺。她身后是一个很大的空浴盆，它的摆放位置能让人直接看到盆底。作为这个女人必须填满的容器，它在等待着她。然而她犹豫了，思索着。

在评论凡妮莎·贝尔的《一位女士的肖像》（1912）时，理查德·肖恩（Richard Shone）说，这幅画有种"淡淡的神秘气氛"。但它并不是蒙娜丽莎的仿制品，蒙娜丽莎的神秘是虚假的，那是她的自我防卫。而凡妮莎这幅画的神秘感一部分来源于画中女人被秀发遮掩的面部，另一部分来自她毫无防备的面无表情，画家似乎捕捉到了她并非刻意的安闲瞬间，就像弗吉尼亚·伍尔夫捕捉到被灯塔照亮的拉姆齐夫人一样。凡妮莎·贝尔画中的那位女士的眼睛无所注视，嘴角没有任何笑意——但也不悲伤、不引诱、不构成任何交流行为。它只是紧闭着。画的神秘感恰恰在于她紧闭的嘴唇、向内看的眼睛、微微弓起的身体。这幅画表现了一种无法言喻的智识，与拉姆齐夫人或伊莎·奥利弗这类角色完美契合。两姐妹都强调了女性沉默、温顺、得体的行为和她们的内心活动之间的裂隙。

邓肯·格兰特总是把凡妮莎·贝尔画得很显眼。在1916年至1917年的一幅肖像画中，凡妮莎正在查尔斯顿的农舍里，她睁大眼睛，视线掠过看画的人，好像在盯着画布外的某个人或物。尽管她姿势后倾，却并不像顺从的圣母玛利亚：她的表现力让人惊讶，尤其是搭在棕色沙发背上的那只隐藏着决断力的手臂，还有那双审视一切的蓝色眼睛，它们几乎拥有将人催眠的力量。皮肉和沙发的暖色调，与眼睛和柔软长裙的冷色调，以及阳光炙烤下静谧岩洞中的水流的冷色调形成平衡。凡妮莎并不是躺在沙发上，她就像一只守卫着领地的动物。她的脸颊和嘴唇的曲线散发着勃勃生机。画面有种不容置疑的力量感——这个高贵的女人正打算发出警示、给予安慰、下达命令。

1916年，凡妮莎·贝尔租下了苏塞克斯的查尔斯顿，为和平主义者提供避难所，在这里，他们可以做些合法的农活。据说，查尔斯顿的生活就像一场喜剧，混合着不论多少数量的访客们快乐的即兴表演、中产阶级喜爱的物件、厨师、家庭女教师、有益的书籍和良好的举止。两姐妹在刘易斯镇附近租下的两栋房子反映了她们的不同之处。弗吉尼亚选择的阿什海姆屋孤零零的，也很隐蔽，要穿过一条林间小路才能到达。阿什海姆屋有神秘氛围，哥特式的尖拱窗户上镶嵌着数不清的小窗格。在查尔斯顿，凡妮莎像她的母亲一样，以一个保护者的身份敞开家门。而在阿什海姆，弗吉尼亚则像父亲那样独自一人散步、写作。

不论是在布鲁姆斯伯里这个迷人的小圈子还是在查尔斯顿，主持大局的都是凡妮莎·贝尔，她在坚不可摧的平静状态下画画、缝纫，而她的妹妹则在她周围跑来跑去，据她的外甥女回忆，弗吉尼亚"就像绕着睡莲飞舞的蜻蜓"。在《远航》里，弗吉尼亚·斯蒂芬把她和凡妮莎之间的关系融入了充满好奇心的雷切尔和她思想自由的舅母海伦·安布罗斯的关系中。海伦和雷切尔这两个名字便暗示了希腊式人物与圣经式人物的对比*：凡妮莎如雕像般华美；弗吉尼亚则是热切、冲动、好奇的。

最能表现凡妮莎的肖像画是邓肯·格兰特在 1942 年为她画的一幅全身像，那时，凡妮莎已经六十三岁了。她的脸上还保留着 1881 年的那个两岁孩子的神情，在那个孩子脸上，除了与母亲一样的美貌，莱斯利·斯蒂芬还看到了他自己的影子，"我觉得她很严肃，也很善于讽刺"。在这幅画中，凡妮莎的双手交叠，放在弯曲的膝盖上，看上去既温柔又端庄，不过，这无疑是个观察者的姿态。她披着一件华丽的大氅，端坐在一把有弧形靠背的大椅子上，她的背后是一架维多利亚时代的屏风，还有层层叠叠的窗帘，这使画面呈现出交叠繁复的构图形态，而画布正中央凸显的是她修长的脖颈、尖尖的下巴、细长的手指，还有被黑色裙子盖住隆起的膝盖和突出的脚尖。在这幅画里，格兰特弱化了凡妮莎的迷人魅力，而把她展示为一个维多利亚时代的重要人物，她主动摆脱了错误的角色和信念，无论教育和习俗使它们多么根深蒂固。

弗吉尼亚曾把"妮莎对婚姻的诅咒"转告给一位未来的新娘。当凡妮莎的丈夫移情于她的妹妹和其他人时，她与邓肯·格兰特重组了家庭，但她没有与贝尔和她第一位情人罗杰·弗莱断绝关系。罗杰·弗莱是一位画家，凡妮莎曾说，他"很有品味与学识，却不具备独创视野"。弗朗西斯·斯波尔丁（Frances Spalding）指

---

* 在希腊神话中，海伦是宙斯与勒达的女儿，是人间最漂亮的女人。雷切尔（也译作"拉结"）是《圣经》中雅各的表妹和爱妻。——译注。

第八章　自由与友谊

出，当凡妮莎在 1913 年开始与邓肯·格兰特恋爱时，"他是英国最具冒险精神和实验精神的画家之一。毫无疑问，对她来说，那种富于创造性的胆识是他魅力的一部分"。凡妮莎一直没和克莱夫·贝尔离婚，当贝尔对一段又一段短暂感情的对象一时起意结婚时，凡妮莎并没有受到困扰，第一年是与一位时装模特，第二年是一位电影明星。

"为什么要结婚呢？"她冷冷地问弗吉尼亚。"我没法想象他能与世上任何人享受婚姻生活，或许除了我。不过到那时，我也就不是我了，只是让他进入他喜爱的社交圈子的渠道……我觉得唯一的出路就是工作，而不是去当一个新娘。"

她与邓肯·格兰特住在一起，容忍他频繁的同性恋行为，直到去世。格兰特那双灰蓝色的眼睛、丰满的嘴唇和他的善解人意让所有人都很喜欢他，但他与凡妮莎之间的性纽带是有限的。忠于一个必须把爱分享给其他人的男人并不是个容易的决定。不过，格兰特很体贴，而且，由绘画建立的联系一直存在。只有一次，某位情人差点要把格兰特带走，于是凡妮莎的依靠就变成了工作。"我很平静，"她让格兰特放心，但她还是在夜晚感到消沉和伤感，"当我工作时，我想不到任何别的事。"

奥托琳·莫瑞尔认为，凡妮莎的性格"就像一条宽广的河流，她对路过的人既不在乎也不敏感。她承载着漂在她生命之河上的几艘船，也就是她［与贝尔生的］两个儿子和［与格兰特生的］一个女儿，但她奔向的大海却是她的绘画事业，绘画对她而言是至关重要的事"。而弗吉尼亚——作为一位小说家——更容易被路过的人吸引，她的身影在社交界和伦敦街头出现得更多。当西德尼·沃特洛在 1910 年 12 月与两姐妹共进晚餐时，他注意到了二人的本质区别："凡妮莎是冰冷的、愤世嫉俗的、富有艺术气息的；而弗吉尼亚更感性，她对生活的兴趣超过对美的兴趣。"弗吉尼亚对人际关系的要求更高，也更有表达欲，她的手指触摸着关系的脉搏。莱斯利·斯蒂芬曾提起过凡妮莎那"古怪的小疑虑……她不愿意表露任何情感"；她的妹妹曾对她逃避感情的行为嗤之以鼻，凡妮莎也承认，"当弗吉尼亚表达她的情绪时，我总要躲起来"。凡妮莎把弗吉尼亚引向了自由。但至于爱，弗吉尼亚·斯蒂芬则要指望她生命中的另一位行动派，伦纳德·伍尔夫。

第九章

爱的试炼

160　　弗吉尼亚·伍尔夫在创作虚构的生命时忽略了婚姻这个形式上的标志性事件。在《海浪》所讲述的六个人物的生命中，婚姻也是微不足道的。那么，在她自己的人生中，婚姻又起到了什么作用呢？它有没有影响她的思想和价值观？爱情对她来说是否重要，或者她选择伦纳德只是因为他是个务实的公务员，愿意安排她的生活、照顾她挺过疾病？

　　提出这个问题的另一种方式要从以下事实出发：写作才是弗吉尼亚·伍尔夫的生命核心。她的婚姻对她的写作有影响还是无关紧要？很明显，伦纳德·伍尔夫支撑了她的写作事业的外部结构：他建立了一家出版社来出版她的作品；他把不受欢迎的访客拒之门外；他审读她作品的终稿并给予公正评价。不过，他有没有影响妻子为写作保留的那个自我呢？

　　伦纳德·伍尔夫在写完小说《聪明的处女们》（1914）之后，便对自己的婚姻只字不提，在那部小说中，他既有非凡的洞察力，又有危险的批判性。伦纳德在自传第三卷中对婚姻的正式描述充满了精心设计的离题内容。他那言简意赅的文风并不是为了传达信息，而是为了制造传达信息的假象。事实上，对于那段鲜活的婚姻关系，他什么也没说，他只是准确记录了他们见面的具体日期，文采斐然地描述了妻子的穿着打扮，还讲述了1913年和1915年她婚后的两次精神崩溃——尽管事实材料丰富，却不怎么能说明问题。在大量几乎是对事实痴迷的细节背后，其实是一种拿定主意的沉默。从1911年12月伦纳德搬进弗吉尼亚·斯蒂芬在布伦斯维克广场的住所，也就是他决定追求她的时候起，他就一直用由泰米尔语和僧伽罗语字母编成的密码写日记，但这份日记也没有透露什么信息。相对而言，弗吉尼亚的天性并不这么防备，也更爱与人交流，但她足够忠诚，没有谈论自己的婚姻。

唯一真实的线索在他们彼此的通信中，因为这不是写给别人看的东西。伦纳德的书信已经收集起来，但弗吉尼亚写给伦纳德的信却稀薄地分散在多部集子里，这使它们的整体特征消失了。如果将这一小部分信件作为整体来阅读，它们会呈现出一种既充满激情又非同寻常的结合，这种结合被密封在一套属于自己的词汇中，必须按照它自身的语汇被理解。伦纳德与弗吉尼亚结合的基础在于，伦纳德愿意发挥他的想象力，与弗吉尼亚共享一套游戏性的、私人的词汇。*1912年5月24日，他们第一次使用这种私人语言，而它即将成为一出精心设计的戏剧。伦纳德从剑桥寄来一封情书，他说："我希望'山魈'（Mandrill）早点回到它的箱子里，不被世上任何事打扰。"五天后，弗吉尼亚公开了她的爱情。他们在1912年5月29日订婚。

---

* 使用私人词汇是在海德公园门时就养成的习惯，不过仅限于单音节词汇。这种习惯在斯蒂芬两姐妹的关系中延续着，在凡妮莎和克莱夫·贝尔早期的通信（"海豚"与"山峰"）中也出现过，不过，只有伍尔夫夫妇把这种私人语言发展成一出精心设计的戏剧。

弗吉尼亚为什么会嫁给伦纳德·伍尔夫呢?爱德华·希尔顿·杨——一个毕业于伊顿公学的老男孩(被人称作"没有秘密的斯芬克斯")——也曾在1909年向她求婚,弗吉尼亚很喜欢他的友善。此外还有其他追求者,比如西德尼·沃特洛、沃尔特·兰姆和沃尔特·黑德勒姆(一位希腊语学者和国王学院的讲师)这些剑桥毕业生。她更熟悉这些人的背景,他们也没有那么严肃和贫穷。不过,伦纳德碧蓝的眼睛、乌黑的睫毛、坚定的眼神、低沉的嗓音和一簇簇直立的头发让他拥有"极大的魅力"。除此之外,伦纳德对女性的认知也是不同寻常的:当他与某位女士的眼神交汇时,他的眼中会流露出"强大的理解力",让她感到自己几乎是透明的,洗净了(根据他外甥女的说法)"那些总是把我淹没的浮渣,那些幼稚的秘密和推诿搪塞。我渐渐触及伦纳德性格中的激情……"他自己这样总结道:"我总是被女性纯洁的心灵和身体深深吸引。"他指的是一种温柔、敏锐的心灵,它并不一定是智性的,却是难以捉摸的。"要捕捉到它或让它浮出水面并不容易,"他继续说道,"我想,我已经逐渐学会了对女人们说的话感兴趣,并专注地倾听她们说话……这样,你才能时不时地感受到……那纯净、奇妙的女性心灵品质的气息。"对他来说,去感受这种品质是种浪漫的享受。

这样的态度让弗吉尼亚感受到,她或许可以去考虑一种新的婚姻。弗吉尼亚对传统婚姻、对达洛维夫妇以及后来的奥利弗夫妇的批评,她对现代恋人用乏味、机械的方式来消耗彼此的讽刺态度("柏油马路穿过公园。在被阳光炙烤的草坪上,恋人们嘴对着嘴不知羞耻地躺着"),都表达了她的坚持,即婚姻不应该扭曲人格,也不应该变得机械化。1912年5月1日,在他们订婚前的一封信中，弗吉尼亚徘徊于犹疑与期望之间。她承认，婚姻对她来说具有通常意义上的吸引力——伴侣、孩子、忙忙碌碌——"但上帝作证，我不会把婚姻当职业"。她的态度让人想起她的母亲拒绝没有"足够的激情"就结婚。弗吉尼亚告诉伦纳德，婚姻必须包括"一切"：爱情、孩子、冒险、亲密、事业。这封信以那种乐于冒险的语气结尾："我们俩都想要一段充满活力的婚姻——它总是生机勃勃、热情似火，并不像大多数婚姻那样，某些部分已经枯萎凋谢，只剩安逸享乐。我们都向生活要求很多，不是吗？或许我们能拥有它；那该是多么美妙啊！"

弗吉尼亚结婚较晚，其时她已三十岁。无论是父母之间的彼此了解还是斯黛拉订婚时的兴高采烈都无法让她在婚姻问题上妥协。她还记得十五岁时曾躲在海德公园门的客厅折叠门后读着范妮·伯尼的日记，还因为偶然看见了一封杰克给斯黛拉的情书而满脸通红。"世界上没有什么东西比我们的爱情更甜蜜。"杰克这样写道。

"世上没有任何东西能像它那样。"当斯黛拉来吻她道晚安时，她重复了那句话。

斯黛拉温柔地笑了，她说："哦，有许多人像我们一样相爱。你和妮莎将来也会有。"

斯黛拉的订婚唤醒了弗吉尼亚心中的某个念头，她觉得，这种极致的喜悦将会"一直持续下去"。它与体面正式的订婚仪式有关。她后来说，不正式的爱情不会让人有相似的感觉。然而，在弗吉尼亚二十出头时，这种爱情观遭到了打击，最初的打击来自乔治，后来是杰克·希尔斯自己。

杰克是第一个公开对弗吉尼亚谈性的人，那是在1907年，凡妮莎结婚不久后。有一天，杰克来菲茨罗伊广场做客，他告诉弗

第九章 爱的试炼

吉尼亚，男人不断地"拥有"女人。

"那他们……"她迟疑地问道，"还会是正直的吗？"

杰克大笑起来。他向她保证，对于一个男人来说，性与正直感没有任何关系。"拥有女人在男人的生活中只是微不足道的小事。"他解释说。

弗吉尼亚很震惊。她曾相信男人和女人都应遵守同样的标准，也曾认为所有男人都像他父亲一样，一生只爱一个女人。现在她确信，男人都是无聊的动物；他们再也不能"蒙骗"她了。她现在明白了，仅仅是出于趣味上的契合，她在维奥莱特·狄金森和凡妮莎这些女人身上找到了想象中的避难所，她们陪她玩着能激发她的感情的天马行空的游戏。和维奥莱特在一起时，她扮演她的宠物：她是维奥莱特的"Sparroy"（麻雀"Sparrow"和猴子"Monkey"的结合体）、袋鼠或沙袋鼠。和姐姐在一起时，她更需要身体接触——"猿猴"渴望被抚摸、被亲吻。我们的时代对于性癖是非常警觉的，以至于我们很难在那个时代缺乏性自觉意识的背景下看待这种行为。弗吉尼亚·伍尔夫的所有小说都展示了男人和女人受到的教育让他们只对自己的性别敏感，却对异性一无所知——异性是用来征服而不是了解的。在《到灯塔去》中，保罗·雷勒就不幸地无法适应婚姻生活，因为他对女性感受的反应能力不足，他习惯于沉浸在自己的情绪中。当莉莉·布里斯科看着征服欲狂热的保罗时，爱情似乎变成"最愚蠢、最野蛮的人类情感"。保罗胜利的笑声预示着不择手段的占有欲。刚订婚的明塔·多伊尔就"暴露在这些毒牙之下"，莉莉对此感到恐惧，并很庆幸她有自己的工作。"她可以免遭那种削弱。"

人们很容易把雷切尔对达洛维或莉莉对雷勒的反应误解为情

感的匮乏，但那其实只是失望而已。对于一个年轻女子来说，发现人类的本能远远不符合人们对爱情的歌颂时，她一定是很失望的。"从她［莉莉］的个人经验来看，女人们一直感觉到，这并不是我们所要求的东西，再没有什么比爱情更单调乏味、幼稚无聊、不近人情的了。"

因此，弗吉尼亚那么长时间地抗拒婚姻，并不让人惊讶。大卫·加内特（David Garnett）第一次见她是在一场支持女性投票权的化妆舞会上，她清瘦而美丽，装扮成女武神*。在斯黛拉死后那"七个不幸的年头"，一种强烈的自我保护的童贞状态在她身上不断强化。不过，在她二十六岁生日时，克莱夫·贝尔告诉她，他觉察到她"祖母绿般沉睡的激情"正发出微光[†]。

"明天你会吻我吗？"她在 1908 年的信中问凡妮莎。"会的，会的，会的！"1909 年在拜罗伊特度假时，她写道："这里有一群小公牛，它们有和你一样的眼睛，还有精致、颤动的鼻孔。"1916 年 10 月 24 日，她在阿什海姆写信给查尔斯顿的姐姐："我们一起从草坪上滚下来，'猿猴'还会在最隐蔽的地方索吻，我们将会多么快乐！"与凡妮莎或后来的伦纳德在一起时，她会把她强烈的爱欲夸张地描绘成一群猿猴或一只山魈（灵长类动物中最丑陋、最凶猛的一类）的欲望。

大约从凡妮莎结婚起，并且，随着她不再像青少年时期那么

---

*   女武神瓦尔基里（Valkyrie）是北欧神话中奥丁神的十二侍女之一。——译注
†   《黄与绿》是克莱夫·贝尔写给"A. V. S.（阿德琳·弗吉尼亚·斯蒂芬）"的一首回旋体诗歌，写作日期是 1908 年 1 月 25 日。他写道：
　　"眼中闪烁着想象的火花
　　　与不安的忧郁情绪竞相较量，
　　　祖母绿般沉睡的激情发出微光。"

第九章　爱的试炼

需要维奥莱特,她开始考虑恋爱的可能性,一开始是在文学作品里,后来是在现实生活中。她考虑的男人与她在日常生活中和乔治参加社交舞会时遇到的那些斯文又傲慢的男人不同。当她阅读梅里美三十多年前与一位无名女子的通信时,她在1906年的旅行日记里记下了一个持续交流和理解的例子,这在她听来是全新的音调:"你能听到两个声音在一起交谈,它不是悦耳的或充满爱意的声音,也不是他们想要结合而发出的充满激情的声音;它将是某种尖锐、怪异、……不容遗忘的声音。"或许,她把这种声音融入了雷切尔和特伦斯之间诚恳的交谈中。"如果一个男人能告诉一个女人她的动机和错误,你便可以百分之百地信任他,"她若有所思地说,"这样,男人和女人就会走得很近、停留得很近,并一直保持这样的距离,——很显然,从这种同盟关系中,他们获得的只有益处。"

她在华兹华斯和他的妹妹的爱中,发现了另一种有益的关系。用多萝西的话来说,华兹华斯的魅力在于他"每时每刻都在表达的热烈情感,他有一种不知疲倦的注意力,我不知该如何形容,那是一种永不休眠的温柔"。二十六岁的弗吉尼亚·斯蒂芬在一篇评论中引用了这些话,并补充道:"他们二人持续一生的友爱是如此平等,如此单纯,如此赤诚……每一封信都显露出这种美好的关系。"在1906年至1908年间,她从理论上说明,男女关系应当是平等、热烈、真诚、持久的。

然而,随即产生的问题在于,在现实生活中——甚至是在文学作品中——都没有什么合适的人选。"或许世上真有这样的人,"简·奥斯丁告诫她的侄女,"千里挑一、你我都觉得完美的人,在他身上,风度、灵魂与价值相统一,举止与心灵和理解能力相匹配,但这样的人你未必能遇到……"在《夜与日》里,维多利亚时代的舅母们希望丁尼生曾写过一篇《王子》——作为《公主》("The Princess")的续篇。"我承认,"科舍姆夫人说,"我有点厌倦了公主们。我们希望有人能向我们展示一个好男人是什么样的。我们已经有劳拉、贝雅特丽齐、安提戈涅和科迪莉亚了*,但我们还没有英勇的男人。"

从1906年托比去世到1911年伦纳德再次出现的这几年里,弗吉尼亚差点就嫁给了利顿·斯特雷奇。斯特雷奇个子很高,有一双纤长漂亮的手,他常常打着一把带有绿条纹的白色遮阳伞,优雅地大步跨过草坪,蜷起长腿,坐在一张躺椅上。他那双柔和的棕色眼睛像会说话似的。"啊,爱上他是正确的,"弗吉尼亚曾想,"他的天性就像一首所有小提琴都奏响的美妙的交响曲……那么深沉,那么奇妙。"他的心灵"柔软地接纳各类感知,绝不会因为任何礼节或障碍而变得僵硬"。他似乎"通过末端"就能看到"一个人的思想的全体"。利顿是极其"灵活的"——"我亲爱的老蛇",她曾这样称呼他——不过她发现他有些缺乏精力,在索求安慰时也过于小心。后来她发现,"一旦有人打破规矩",孱弱多病的利顿就会"发几句牢骚"。

在利顿向她求婚之前,弗吉尼亚曾试图用一个虚构场景激发他的活力。"我觉得你像是某个威尼斯王子,穿着天蓝色的紧身裤袜,躺在某个果园里,或是抬起一条细长的腿在空中保持着平

---

* 劳拉是意大利诗人彼特拉克《歌集》中的女主角;贝雅特丽齐是意大利诗人但丁一生的缪斯,是他的诗集《新生》中的女主角,也是《神曲》中引领主人公得到救赎的人;安提戈涅是古希腊悲剧作家索福克勒斯同名剧作的女主人公;科迪莉亚是莎士比亚剧作《李尔王》中李尔王的小女儿。——译注

第九章 爱的试炼

衡",她在 1908 年 11 月 20 日写道。1909 年初,利顿向她求婚了,不过,即使是亲口表白时,他也是躲躲闪闪的。弗吉尼亚看出了这一点,感到很同情,第二天就拒绝了他。随后,利顿给还在锡兰的伦纳德·伍尔夫写信,建议伦纳德代替他的位置。

> 1909 年 8 月 21 日
>
> 你的命运已清晰地呈现在眼前,你会让它实现吗?你应该娶弗吉尼亚。她就坐在那儿等着你,还有什么异议吗?她是世上唯一一个有头脑的女人;她的存在简直是个奇迹;但是,如果你不够小心,就会错失良机……她很年轻、野性、充满好奇心、不知满足、渴望爱情。

伦纳德只见过弗吉尼亚两三次,但他欣然接受挑战。"你觉得弗吉尼亚会接受我吗?"他回信说,"如果她接受,就给我发电报。我马上乘下一班船回家。"

弗吉尼亚没有做出任何回应。她几乎不认识伦纳德,她觉得这一定是个玩笑。这段时间,她的反犹主义正因为《康希尔杂志》拒绝了《一位小说家的回忆录》——她在 1909 年 10 月投稿的第一部小说——而加剧。11 月 3 日,在一篇题为《犹太人》("Jews")的文章中,她的反犹情绪爆发了,这篇文章记录了在兰卡斯特门的一次晚餐,和她同行的有"一位肥胖的犹太女人……她的皮肤很粗糙,双眼低垂",她对客人阿谀奉承、连哄带骗。"没错,她的食物都浸在油里,非常恶心。"几乎可以确定的是,这位女士是安妮·洛布(Annie Loeb)夫人,她的儿子西德尼·洛布是瓦格纳的狂热崇拜者。弗吉尼亚、阿德里安和萨克森·西德尼-特纳很可能是在 8 月前往拜罗伊特参加瓦格纳音乐节时遇到了西德尼·洛布。

两年后，伦纳德回到英格兰，贝尔夫妇立刻邀请他去吃晚餐。1911 年 7 月，就在贝尔家里，他见到了弗吉尼亚。伦纳德的嘴唇很薄，嘴角下垂，显得有些刻薄。当他听别人说话时，明亮的浅蓝色眼睛一动不动，神情严肃而专注。他的鼻子很大，看上去像一只幼年猎鹰，当笑意盈满他的双眼时，就仿佛这只猎鹰起飞了。在剑桥，他的"好头脑"是众所周知的，他沉迷于一边抽烟斗一边进行逻辑论证。他的头和双手微微颤抖，但这并没有给人留下虚弱的印象，反而让他像一台发出振动的强大的智能机器。

伦纳德和弗吉尼亚一样，直到三十岁也没有坠入过情网。但他的情况不同，他把调情和两性关系称作与同性恋相反的"健康的罪恶"，这让他对欲望持一种轻蔑态度。他曾说过，一旦欲望被满足，堕落就会迅速降临。1905 年，他给斯特雷奇写信说："女人在我眼里绝对是毁人可憎的，至少在锡兰时是这样。"1907 年，他为自己的缺乏感情辩解道："我开始觉得恋爱总是件堕落的事：毕竟，在百分之九十九的情况下，爱情就是一种交配欲，而其他情况下它只是自身的影子。并且，在我看来，特定的交配欲并不比一般的欲望更高级。"他曾躺在贾夫纳淡水湖边长满水草的沙滩上，爱抚一位十八岁的姑娘"格温"，但他一直很厌恶她那双母牛似的眼睛，好像她永远听不懂他在说什么。* 对伦纳德和弗吉尼亚来说，只有相互理解才能不使爱情沦为可笑之事。他们两人都认

---

* 在他的第二部小说《聪明的处女们》中，伦纳德·伍尔夫对迷人却无知的乡下姑娘格温的刻画可能来源于他的亲身经历。尽管哈利爱着一个"聪明的处女"，他却娶了格温为妻。

为，坠入爱河是一种由两个阶段构成的想象行为：第一阶段是为彼此创造角色，第二阶段是在游戏般的戏剧中让两个角色相互吸引，这有点像动物求偶时的复杂仪式。

弗吉尼亚·斯蒂芬逐渐把伦纳德·伍尔夫归为她哥哥那类人，但是，把实际的伦纳德与那类人相比是很奇怪的。在现实中，他是个犹太人。他在各方面都很敏锐：不论是智力、实际行动还是性情。他总是闷闷不乐：在1911年12月11日的日记里，他只写下了一个词："忧郁"。他很挑剔，对什么事都吹毛求疵：对待工作一丝不苟，哪怕只剩最后半便士也要保证清算无误；他喜欢列清单（比如说，他会记下每天写了多少个单词，再算出它们的总和）；最重要的是，他很注意健康，他后来给弗吉尼亚的信生动地展现了他的嘘寒问暖和过度关心（"药鼠李起作用了吗？"如果没有，"你一定要马上用一些液体石蜡"）。

弗吉尼亚曾说过伦纳德·伍尔夫看上去像个外国人，她不喜欢他在城郊的家，除此之外，我不觉得弗吉尼亚完全了解了伦纳德的性格。但奇怪的是，她曾断言，伦纳德让她想起托比——"不仅仅是长相上"。然而，这两个人简直不能更不相像了：托比是一个魁梧的金发男子，有着柔和、古典的五官；而伦纳德身材瘦削、肤色较深、神情紧张。不过，把伦纳德和她哥哥异想天开地相提并论，才使她有可能在对伦纳德所知甚少的情况下，把他纳入神圣的家族圈中。又或许，伦纳德对于思想高尚的克拉彭家族本身就有吸引力，而在弗吉尼亚·斯蒂芬身上，这种家族气质比在任何其他成员身上都更强烈。伦纳德小时候就听过父亲引用先知弥迦的话，"主要求你们的，只是行正义之事、仁爱慈悲……"亚美尼亚大屠杀和德雷福斯事件*塑造了他警觉的社会良知,在面对人类的残忍时,他的心中总是充满绝望。伦纳德回到英国后,开始投身于社会主义事业,这并不是因为他认为社会主义是有效的,而是如诺埃尔·安南所说,他只是希望某些行动能够侥幸地、偶然地减少一些残忍、无知和不公,而且,至少每个人都应该知其不可而为之地为此奋斗。他从不表现出英雄主义的姿态——无论是在讲台上、会议上,还是在他的政治新闻事业中,他都是冷静理智的——但一直以来,他愤世嫉俗的外衣保护着他作为理想主义改革者的内核。

对弗吉尼亚最重要的两个男人看起来完全不同:伦纳德·伍尔夫是一个勤奋、高效的前公务员,他收到每封信的当天就要回信;莱斯利·斯蒂芬却比较感性,凭直觉行事,他的书信表达了一种先进的男性观念。"每个男人都应该拥有女性气质,"莱斯利·斯蒂芬写道,"也就是说,拥有敏锐、细腻的情感;但男人不应该变得女性化,也就是让情感支配理智……"她的父亲具有建立在自信基础上的细腻情感,弗吉尼亚不太可能在同辈男人身上看到这种气质,在布鲁姆斯伯里不可能,或许在她丈夫身上也不可能——不过,伦纳德那些热情洋溢的信件表明,他比我们能想到的任何人都更像莱斯利·斯蒂芬。

伦纳德对弗吉尼亚·斯蒂芬的第一印象在某种程度上是理想化的,也是符合传统的。他把她看作一个优雅的英国贵族小姐,

---

* 亚美尼亚大屠杀事件指的是 1915 年至 1917 年间土耳其对其境内的亚美尼亚基督徒进行的种族屠杀。德雷福斯事件是指 1894 年法国陆军参谋、犹太裔上尉军官德雷福斯被诬陷有叛国罪,法国右翼势力趁机掀起反犹浪潮,直到 1906 年德雷福斯才洗刷冤屈,被判无罪。——译注。

冷淡疏离，不愿与人接触。他第一次见到她是在剑桥三一学院托比的房间里，那时她只有十八九岁，穿着白裙子，显得很端庄娴静，她撑着一把遮阳伞，看起来是"维多利亚时代的年轻女士中最维多利亚的"。不过，他注意到，这个安静的小动物眼中隐藏着智慧、挑剔和讽刺，那是"某种警告你要非常非常小心的神情"。莱斯利·斯蒂芬最初是隔着崇敬的距离看弗吉尼亚的母亲的，在这个谦卑的年轻大学教师眼里，她就像西斯廷圣母一样不可接近——同样地，对伦纳德而言，斯蒂芬姐妹看上去也像西西里岛的塞格斯塔（Segesta）神庙一样超凡脱俗，当他走在路上一拐弯看到这座神庙时，曾被惊艳得无法呼吸。十一年后，他从锡兰回国，他的审美并没有发生太大改变。在《聪明的处女们》这部纪实小说里，来自里士斯特德的犹太裔求婚者（帕特尼）在卡米拉（弗吉尼亚）身上看到了山丘与白雪般的纯洁和冷静。而在另一个私人的幻想中，他接近弗吉尼亚就像叙利亚流浪者探访奥林波斯山。

伦纳德被看作托比；弗吉尼亚被当作一位优雅的贵族小姐：一个男人和一个女人若以这种虚假的形象作为他们关系的基础，是不可能适应婚姻的。

"我要嫁给一个身无分文的犹太人了，"弗吉尼亚在 1912 年 5 月订婚时宣布。她的玩笑带着挑衅；她先发制人地用这种俗气的方式描述伦纳德·伍尔夫，抢在她所在的社会阶层的成员之前——但她自己其实也未能免俗。她尖锐的目光总能辨认出谁是犹太人，并且，面对越有教养、有成就的犹太人（比如西德尼·洛布），她的偏见也越强烈。她更能容忍那些让她产生优越感的犹太人，比如伦纳德那位孩子气的母亲。弗吉尼亚自己的母亲和大多数家庭成员恐怕都不赞同把伦纳德作为结婚对象。在她看来，接受这个犹太人就像是跳进一片陌生的水域，她的玩笑也承认了这一点，哪怕它抢先阻止了可以预见的嘲讽。就他们的情况而言，英国上层阶级一贯的反犹主义又因为经济差异而愈发突显，就像伦纳德·伍尔夫在自传中以简·奥斯丁式的坦率所承认的那样：他的未婚妻有九千英镑财产要继承，每年她都能得到四百镑——在第一次世界大战之前，这不是一个小数目。种族、阶级和财产的差异与种种幻想交织——伦纳德想象了一个贵族小姐的遥不可及，弗吉尼亚则幻想着兄长般的亲近——这些标记出了伦纳德·伍尔夫和弗吉尼亚·斯蒂芬必须跨越的距离。然而，让他们的结合不同寻常的是，他们渐渐用戏剧化的新形象取代了这些不切实际的幻想。

"没有任何一个女人比我与伴侣更靠近，"简·爱曾这样断言，"……我想我们整天都在交谈。"弗吉尼亚和伦纳德·伍尔夫最初就是以这种方式发现了他们的相容性。他们订婚后不久，弗吉尼亚就给玛奇·沃恩（弗吉尼亚曾迷恋过她）写信说，她认识自己的未婚夫才六个月，"但从一开始我就发现，他是唯一可交谈的人。比其他东西更重要的是，他让我极其感兴趣"。

现在，伦纳德感到弗吉尼亚不再是他在三一学院见到的那个孤傲的女孩了。虽然她还是很沉默，但他注意到，"一股奇思妙想之泉"似乎正从"陌生的幽僻处"汩汩涌出。就像山上突然吹来的一阵清风，让他得以喘息。她的思想"如此惊人地无所畏惧"，使他的心剧烈跳动。没有什么事实是她不能坦然提及的。这似乎让生活加快了速度，同时也让他产生了保护欲。他心想："我总是担心她盯着那些巨石看的时候会被石头绊倒。"她说话时和她的母亲一样，灰蓝色的大眼睛闪闪发亮，但当她休息时，她的表情是

第九章 爱的试炼

若有所思的、少女气的。她并不是传统意义上的美人——她的脸型太长，显得比例很不协调，而且她也太瘦弱——但她那种不安的瘦削也有其优雅之处。

1912 年 8 月 10 日，他们结婚了，婚后第一天是在萨默塞特郡霍尔福德的普拉旅店度过的，那里距离威廉和多萝西·华兹华斯在 1797 年至 1798 年居住的阿尔弗克斯顿庄园很近。"我们根本没看到魁安托克斯[山]，只有大团大团的雾气，"弗吉尼亚给珍妮特·凯斯写信说，"但我们走到了山顶，现在我们正坐在篝火旁，如饥似渴地读着小说。"凡妮莎觉得天气听起来"非常寒冷，但很显然，内心的温暖抵御了外界的寒冷"。她语带嘲讽地调侃这对夫妇，探问伦纳德与"猿猴"（弗吉尼亚）上床时所谓的"快乐与幸福的第七天堂"的细节：

> 只要"猿猴"得到了它想要的一切，不发出太多异味，并把爪子修剪整齐，那么在短时间内它将是个令人愉悦的床伴。可问题在于，当红色的绒毛在冬天长出来的时候，会发生什么呢？
>
> 你真的是个有前途的学生吗？我觉得我对此很不擅长。或许伦纳德愿意教我几课。

一开始，这种调侃是对弗吉尼亚和克莱夫·贝尔调情的报复。后来，凡妮莎心软了。"告诉伦纳德，从一些细微迹象中我可以凭经验判断，你现在很幸福，或许比过去任何时候都更幸福。对不对？"

弗吉尼亚继续享用美味的三餐，还有奶油和巧克力。萨默塞特的阴雨连绵、西班牙（他们接下来去的地方）的驴背之旅和肮脏的小旅馆、去意大利乘坐的锈迹斑斑的铁货船，还有干扰了"床上的正经事"的蚊子都没有打扰她的好心情。她比大多数处女更实事求是——她发现性带来的愉悦有点被高估了。"你说为什么人们对婚姻和性交这么小题大做？"她问卡·考克斯。"为什么我们有些朋友一失去贞洁后就变样了？也许是我的年龄太大了，才让它不成为灾难……我或许还是 S 小姐。"她模棱两可的话很容易被误解为对失败的性生活的坦白，但她的语气其实是如释重负的，因为她的存在并没有被征服。

对于自己的妹妹得到了"一个真正合意的、爱慕她的伴侣"，凡妮莎半是喜悦，半是嫉妒，她怂恿伦纳德"描述和'猿猴'过夜时那些可怕的细节……我很庆幸，我已经很多年没在'猿猴'身边过夜了，我想不出比这听起来更让人不适的事。光是知道'猿猴'躺在隔壁床上，身上全是臭味和汗水，就够糟糕了。但如果让我跟'猿猴'换床……或许煤洞更适合我。"

尽管如此，1912 年 9 月 28 日，弗吉尼亚在一封写于威尼斯的联名信中宣布，他们二人和睦相处的基础已经建立："我们已经连续讨论了七个礼拜，慢慢开始……主张一夫一妻制了。"

他们在订婚前就已经设计出了一套私人语言，它既创造又保护了他们的秘密世界。在他们的婚姻生活中，每当她离家在外时，思绪似乎总会回到伦纳德的身上，并且赶快回到他们充满趣味的交流中。"我想继续我们的私人生活，不被任何人看见。"她最好的短篇小说《拉宾与拉宾诺娃》（"Lappin and Lapinova"）写的就是一对度蜜月的新婚夫妇如何创造出了一种野兔语言。这篇小说讲述了婚姻的成功与失败，借助的是他们二人不可见的自我——

第九章　爱的试炼

一只出色的猎兔和一只稀有的抖动着爪子的白色野兔在林间的冒险故事。这出戏剧让富有、古板的欧内斯特·索伯恩和他活泼的、失去双亲的妻子罗莎琳德跨越了财富和性情的距离：

> 他们是彼此的对立面……他统治着繁忙的兔子世界；而她的世界是一个荒凉、神秘的地方，她常常借着月光在那里散步。不过，他们的领地还是相接了……
>
> 因此，当他们度完蜜月回来时，便拥有了一个私人的世界……没人能想到还有这么一个地方，而这让它变得更有趣了。

对其他人来说，他们之间的爱情游戏或许显得很幼稚。但是，只要这场游戏继续下去，他们持续的亲密关系和共同的成长便能得到保证。拉宾国王成了"一只拥有最伟大品格的动物；罗莎琳德总能在他身上发现新的优点"。而当罗莎琳德摇晃着"爪子"编织时，她的眼睛又大又亮，还有些向外突出，他突然看到了"真正的罗莎琳德"，她立刻与拉宾的古怪伴侣——神秘的拉宾诺娃——合为一体。在他们的游戏中，拉宾总是保护拉宾诺娃，让她免受乡绅、偷猎者还有那些想陷害她的蛮横姻亲们的伤害。他们想制服她，让她参与他们组织森严的狩猎竞赛，这是他们的谋生手段。然而，随着时间的推移，欧内斯特很快变回原样：他厌倦了这场新游戏，不再与拉宾诺娃一起嬉闹，转而去猎杀她。弗吉尼亚·伍尔夫一直记得一个场景，它被记录在凡妮莎1908年8月寄来的一封信中，当时，凡妮莎正在苏格兰陪丈夫参加一场狩猎派对，她亲眼看着他射杀了三只兔子："哦，比利！那些可怜的毛茸茸的小动物。这完全超出了我的想象,那种杀戮的欲望——是不是也超出了你的想象?其他长着毛的动物,比如猴子,都一定能感同身受……这里有种未经稀释的男性气息。你一定会讨厌这里的!"早在这个故事里的丈夫射杀拉宾诺娃之前,她神秘的灵魂就已经消逝了。留下的身体"僵硬而冰冷"。

伦纳德和弗吉尼亚创作了属于他们自己的动物寓言。第一次暗示出现在 1912 年 4 月 29 日,他们订婚之前伦纳德写的一封信中。那时,他们的未来仍悬而未决——弗吉尼亚距离坠入情网或转身离去都只差毫厘——伦纳德承认自己有"许多兽性特质",尤其是色欲。1 月,他对她说:"我自私、善妒、残忍、好色、喜欢撒谎,或许可能更糟。"他在绝望中再次回归坦诚,这并不是不屑,而是他觉得或许糟糕的事实能唤醒她的某种感情——哪怕是厌恶也好——至少是对他的强烈情感的回应。

他故意重复道:"我有缺点、恶习、兽性,但即使是这样我还是认为你应该嫁给我、爱上我……"。

从此以后,两只"野兽"之间的游戏便开始了。一只是巨大的杂色动物,有时它是一只拥有华丽羽毛的可爱鸟类,喜欢展示自己富有异国情调的求爱方式,但更多情况下,弗吉尼亚扮演的是山魈,一种体型较大、凶猛的西非狒狒,他们也叫她"巨兽"*。这只野兽命一只弱小的老鼠或狐獴(伦纳德)为自己服务,有时她还叫他"灰鹅"。对于这位身材瘦削、长满虱子又毫无魅力的仆人,威风凛凛的野兽怀着一种滑稽的激情。

---

* 这似乎代表了弗吉尼亚·伍尔夫性格的发展变化——她曾与维奥莱特·迪金森设想,自己是一只半猴半鸟的"Sparroy"。更早的时候她的法语昵称是"singe",意思是猿猴或会模仿人声的鸟。

在伦纳德和弗吉尼亚的交流中，没有丝毫不冷不热的妥协。弗吉尼亚给他们的亲密关系带来乐趣和百无禁忌的氛围。1913年12月，当伦纳德离开阿什海姆去伦敦时，她写下如下的邀请信：

阿什海姆屋
罗德梅尔
刘易斯
苏塞克斯

最快乐的脏狐獴*，我本可以用优美的白银时代的拉丁文来写这封信，不过那样的话，这只浑身毛屑、沾满灰尘的小动物就没法阅读它了。如果我告诉你，自从我让你服侍我，并发现你又美丽又可靠之后，我就义无反顾地爱上了你，这会不会让你感到得意呢？但恐怕这就是事实。

再见了，狐獴，做一只忠诚的动物，永远不要离开那只杂色大野兽。她想让我悄悄告诉你，现在，她的侧翼和尾部都长出了最漂亮的羽毛，她想邀请你来参观。吻你可爱的小脑袋。亲爱的狐獴。

山魈

"亲爱的，"狐獴在1917年10月31日写道（此时他正在兰开夏郡和柴郡给几个合作社讲解国际政府的问题），"我喜欢……你那华丽的身体上的每一根羽毛。"

---

* 原文为拉丁文 Immundus Mongoosius Felicissimus。——译注

看起来，采取主动的似乎是他"最甜蜜的情人"。她会大胆地向她的仆人预定一个小时的"羚羊之吻"。有时她让"土拨鼠"——一种高山上的老鼠——登上舞台。"过来吧，土拨鼠，"她在1929年10月4日写道，"来做你的jublimmails*。"在《奥兰多》中，情人们也创造了"一套加密语言"，用一两个词语来表达复杂的心理状态。

正当山魈求爱时，狐獴却突然患上了急性"猩红热"，他虚弱的身体很容易染上这类疾病。狐獴总是担心他的"山魈情人"会抛弃他；如果他对她撒谎，那她一定会这样做，因为正是他的诚实才让她接受了他的"服侍"。

尽管他们共用这套第三人称的私人语言，他们的语气却是不同的。山魈的语气让人安心——她爱他那长满虱子的身体上的每根毛发。狐獴的语气却极其情绪化。

"我最甜蜜的山魈儿，"他在1913年7月27日写道，弗吉尼亚当时正强迫自己待在可恨的特威克纳姆接受休息疗法，"如果不是太晚，我会为你唱一支狐獴的欢乐之歌，它是这样开头的：

　　我真的喜爱
　　我真的喜爱……

明天我会把你想象成一只勇猛的野兽，静静地躺在草窝里，并因时不时地想起这首歌而振奋精神。"

在他们婚后的第一年年末，伦纳德再次恳求去"服侍"她：

---

* 弗吉尼亚·伍尔夫《书信集》的编辑们认为这个几乎无法识别的词是这样拼写的。

第九章　爱的试炼

"如果你让他匍匐在你脚边，亲吻你的脚趾，他会感到幸福。"弗吉尼亚此时正在精神崩溃的边缘，但他们建立了一种具有幽默感的融洽关系，这帮助他们渡过难关。伦纳德·伍尔夫作为求爱者，用急切、强迫的语调追逐着遥远的弗吉尼亚·斯蒂芬，而这种急迫被她的幽默感消解了。

"你真的会把我抱在怀里吻我吗？"1914年3月12日，当他离家去见斯特雷奇和他的姐姐贝拉时问弗吉尼亚，"亲爱的山魈儿，我爱你，我爱你。"两天后，他又写道："我最亲爱的，我在想象中亲吻你、崇拜你，我珍贵的山魈。"

1913年，弗吉尼亚从婚后的精神崩溃中恢复过来，正是在这次短暂的分离期间，伦纳德的信初次显露出一种吃惊的自信语气。"有一件事毫无疑问，亲爱的，那就是我们如此绝妙地适合彼此。"他在利顿·斯特雷奇位于马尔堡附近的家"拉基特"（The Lacket）中再次写信给她：

> 在过去的几天里，我有时会想，像爱你这样去爱任何人或许都是件坏事——但我并不真的相信它是坏事——只是它以某种奇怪的方式切断了我与世界其他部分的联系。听利顿和诺顿说话时，我有时会暗自庆幸，当我想到你对我意味着什么，而我又对你意味着什么——他们看起来是那么漂浮不定、不完整，一切关于他们和我的事都那样浅薄——但一切有你的事物——却是那么丰富。我独自在树林里走了一上午，无时无刻不在想你，我好像回到了两年前，回到你还不曾让我为你效劳、我还在在埃克斯穆尔的时候。我是如此需要你，我最亲爱的……

当斯特雷奇称赞弗吉尼亚的字迹是他见过的最"出色的"时候，伦纳德显得像弗吉尼亚的拥有者一样得意："我觉得他有时相当嫉妒你的老狐獴。"

在信中，弗吉尼亚总是让那个爱玩的自己发声。在这种充满爱意的氛围中，被改变的其实是顽固、理性的伦纳德·伍尔夫。弗吉尼亚对他的坚硬视而不见，并通过这场游戏激发了"敏捷大胆的狐獴"那热烈的真情。能激发出一个人最好的一面是很有成就感的；这正是这场婚姻始终保持高昂的精神面貌的源泉。1914年，当伦纳德离家在外时，他的大学室友萨克森曾来探望过弗吉尼亚，他告诉她，他们的婚姻是他见过的最好的婚姻。弗吉尼亚自己也在 1919 年底的日记里证实了这一点："我敢说我们是全英格兰最幸福的一对夫妻。"

在这场动物戏剧中，他们的角色是可以互换的，有时仆人会变成"主人"。当那只庞大的野兽因为宠物的离开而闷闷不乐时，她会失去平时的自控能力：她想起他穿着白色睡衣的样子，毫无羞耻心地亲吻他的枕头，在床上哭泣。1919 年，在他们搬到罗德梅尔的蒙克屋（Monks House）之后，她写道："明天见到主人一定会很高兴。毛茸茸的小野兽们送来了它们的爱。"正是以"主人"的身份，伦纳德·伍尔夫才能监管妻子的健康状况。1914 年，在伦纳德出发去伯明翰参加女性合作协会会议之前，他们起草了一份合同，这份合同展现了他的约束是怎样以得体又幽默的方式来实施的：

我，最快乐的山魈*，非常罕见、本性单纯，（又名弗吉尼亚·伍尔夫）发誓，在 6 月 16 日、17 日和 18 日，我将：

1. 午饭后躺在垫子上休息半个小时
2. 吃足量的食物，和我不是一个人时一样多
3. 每晚 10 点 25 分之前躺上床并立刻睡觉
4. 在床上吃早餐
5. 早晨喝一整杯牛奶
6. 如果出现意外情况，躺在沙发上休息，不要在房子周围或外面走动，直到那只平凡、痛苦的狐獴回来
7. 要明智
8. 要开心

"山魈"用花体字在相应的日期上签上了自己的名字。

在过去，懂得求爱技巧的男男女女有很多，但这种技巧是否能与成熟的感情相结合？在贝特丽丝和培尼狄克† 以及伊丽莎白·本内特和达西的文字游戏中，我们窥见了这种可能性。而在此，在伍尔夫夫妇的书信中，这是一段欲望从属于友谊的关系，乐趣也一直存在。只有两个有能力不断成长的人才能做到这一点。他们的动物戏剧是一种塑造人格、维系彼此的复杂承诺的手段。他们远远没有他们朋友圈里的其他人那样不受束缚。分开时他们都很痛苦。他们的信件持续诉说着生活的平淡和对对方的渴望。"没有你的生活是如此枯燥无味。"在 1917 年 10 月底，弗吉尼亚这样抱怨。萨克森一直在阿什海姆陪伴她，但他优柔寡断又不善言

---

* 原文为拉丁文 Mandril Sarcophagus Felicissima。——译注
† 贝特丽丝和培尼狄克是莎士比亚戏剧《无事生非》中的人物。——译注

辞,"在拥有了属于我的热情、凶残、无比可爱的獴獴之后",他就像一只温驯的小猫。

§

婚姻对弗吉尼亚·伍尔夫而言是极其重要的,但这并不是由于伦纳德为她提供了保护这种实际原因,也不是文学方面的原因——他像她的父母一样为她的作品提供了主题。原因在于,婚姻本身对成为艺术家提出了额外的挑战:在私人生活中也要富于创造力。她代表这样一类作家,他们相信创造力不应只为作品保留。她给丈夫写的信展示了她的婚姻是如何被丰富的想象力创造出来,又有多少语言技巧被运用到日常生活中。很明显,弗吉尼亚把她在人物刻画方面的天赋融入了婚姻。而伦纳德的贡献并不容易看出——这里指的不是他对那个女人的贡献,而是对那位艺术家,尤其是对他妻子的正义感的贡献。

在弗吉尼亚·伍尔夫成熟的小说作品中,正义的感受,而不是理性,被表现为正义行动的基础,而且,情感越正义,行动也就越人性化。对她来说,"行动"指的是富有爱心的实际表现,比如拉姆齐夫人为灯塔看守人那患有髋关节结核病的儿子织一双棕色长袜。而这个世界称作"行动"的事物——法律、帝国、战争或经济行为——在她眼里都毫无价值,甚至更糟,充满趾高气扬和喋喋不休。伦纳德·伍尔夫在第一部小说《丛林里的村落》(*The Village in the Jungle*,于1911年动笔)里就提出了妻子后来的假设。这部小说通过一场失败的诉讼表现了僧伽罗农民巴本(Babun)的正直守信。然而,这位被告人却根本无法理解夺去他的生命的英国司法制度。村民们用捏造的罪名指控巴本，是因为他拒绝把自己贫贱的妻子庞奇·蒙妮卡（Punchi Menika）献给想和她上床的讨债人费尔南多（Fernando）。巴本和庞奇·蒙妮卡情比金坚，这让所有村民都无法理解，因为他们都已习惯于被世俗算计所支配。伦纳德·伍尔夫向我们表明，在锡兰的丛林里，就像在其他地方一样，能把正直的情感作为行动基础的人是多么罕见。讽刺的是，这样一个人却被英国公立学校培养出来的治安官定罪了，这是情有可原的，因为那位治安官对遥远的丛林村落一无所知。这个稀有的爱情故事被廉价的法庭小说埋没了，就像庞奇·蒙妮卡最终被不断入侵的丛林埋葬了一样。丛林主宰了这部小说，不仅仅是因为它以可怕的力量吞噬林中的空地，还因为它是象征司法混乱的隐喻（就像狄更斯让伦敦的大雾裹住了大法庭一样）。此外，伦纳德·伍尔夫还通过这个简单的故事揭示，不管英国统治者有多么好的意图，他们也不可能穿透被统治者的丛林，他们的统治是如此肤浅，而且在某种程度上是如此荒谬。简而言之，《丛林里的村落》证明了英国殖民政府刚刚失去一位最有思想的官员。

巴本拥有高更的绘画所表现出的那种肉体上的尊严。伦纳德·伍尔夫把乡村莽民习以为常的纵欲无度与这位高贵野蛮人的温柔和对家庭的忠诚做了对比。

虽然弗吉尼亚和伦纳德·伍尔夫都认为公共行动是徒劳的，但他们的作品处理爱情的方式却略有不同。在《到灯塔去》里，当拉姆齐夫妇一起读书时，作品只展现了情感戏剧的序章。在《海浪》中，路易斯和罗达是一对情侣，但他们的爱情是被讲述而不是被表现出来的。在《幕间》，伊莎·奥利弗和附近的农场主悄悄地被彼此吸引，但他们永远也不会承认对对方的感情。当伦纳德详述肉体的臣服时，弗吉尼亚却沉迷于更微妙的亲密关系。这是常见的分歧，也是伍尔夫夫妇婚姻早期问题的根源。

在一篇未署名的对卡莱尔的情书的评论中，弗吉尼亚认为，"我们见得越多，就越难给事物贴标签"，以及"我们读得越深入，就越难相信定义"。若想实事求是地看待这场婚姻，我们必须强调他们之间通过语言建立起来的和谐关系，并且，我们需要把1912年到1915年那段糟糕的婚姻试炼期作为次要阶段区分出来，弗吉尼亚后来称那段日子为真正婚姻的"序曲"。

弗吉尼亚小说中的自传细节一再暗示她对男人深深的不信任感。莉莉·布里斯科曾被保罗的爱情信号吸引："那其中混合着某种醇酒的芬芳，让她陶醉，因为她感觉到了自己冲动的渴望……"然而，在想象中的投降的边缘，她意识到这绚烂的爱火如何"贪婪地、令人作呕地吞噬着房间里的珍宝，于是她开始感到厌恶"。莉莉异常原始的情绪表明，弗吉尼亚把自己的复杂反应真实地融入小说中。她曾认为自己的母亲就是被婚姻耗尽的，或许这也是"童贞女王"伊丽莎白一世曾经的感受——她被廷臣们吸引，却无法忘记母亲和几个继母的相继死亡。冷漠无法解释这种复杂的心理状态。在《远航》的草稿中，雷切尔在达洛维先生亲吻她时体验到一种臣服感："我记得我看着他的手。那把我带回了史前时代。"

当伦纳德欣然回应弗吉尼亚的文字游戏时，却在其中发现了她对他的主动姿态的抵抗，于是，他用更热烈的情感回应她的抵抗。我猜，在他这一方，其实也存在某种心理上的抗拒。伦纳德的自传中并没有自我质询的迹象，而新婚妻子的精神崩溃本有理由引发这种质询。伦纳德在锡兰的六年里，弗吉尼亚根据托比讲述的趣闻轶事，把他浪漫地想象成一个厌世者，他因压抑的感情而发抖，对着文明世界挥舞拳头，并消失在了"热带地区"，或许永远也不再回来。她从未想过，这种压抑的感情可能会伤害到她或她这类人。

在他们刚结婚的那几年里，伦纳德的犹太身份意识弥漫在他的小说中：包括他的第二部小说《聪明的处女们》和短篇小说《三个犹太人》("Three Jews")。《三个犹太人》是一系列对犹太人的形象刻画，那些犹太人正处在归化的各个阶段，小说从社会上层阶级追溯到归化程度最低的——一位公墓管理员的老乌鸦身上。那位公墓管理员总是前后摇晃身子，仰头斜视，额头布满皱纹。他很贫穷，浑身脏兮兮的，总是孤身一人，他把自己颇有艺术前途的儿子赶出家门，只因为他娶了一个信仰基督教的女佣。伦纳德正是一个娶了外族女人的理性无神论者。在这篇小说中，他化身为那个已归化的犹太人，在邱园喝着茶，对这种禁止异族通婚的古老律法怀着一腔无端的怀旧之情。在这个故事里，伦纳德·伍尔夫审视的并不是这种古老的信仰本身，而是从中散发出的炽热能量和固执己见的力量，正因此，尽管犹太人在世界上的地位较低，却对不幸无动于衷。

弗吉尼亚最终理解了这一点。路易斯和《海浪》里的其他角色一样，只是一个类型，而不是对某个人的精确刻画。但通过有澳洲口音的路易斯，朋友们理解了身为异乡人的感受——他们一方面努力争取被接纳，另一方面又很抗拒那种努力获得的适应性。功成名就的路易斯乘船周游世界，却选择了不谙世事的罗达作为他的灵魂伴侣和情人，这很让人惊讶。他们在伦敦金融区的阁楼里见面，就像伦纳德和弗吉尼亚度蜜月回来后住进佛里特街的克利福德旅馆一样。罗达也是一个人物类型——远非作者本人的自画像——但这两人结合的基础在于他们都是社会的异类，这或许显示出弗吉尼亚对伦纳德的异质性的认同，这是她在二十年的婚姻生活中获得的。然而，当她刚答应嫁给他的时候，他对自我的坚定还远远没有征服她，反而产生了相反的效果。她等待着。她退缩了。

"我有点害怕我自己，"弗吉尼亚曾在1912年5月1日的一封信中向伦纳德坦承，"我有时会觉得，没有人曾经或能够与其他人分享某些东西——正是这个原因让你说我像一座山或一块石头。"在《聪明的处女们》中，伦纳德重复了这一意象——"就像覆盖着纯洁的白雪的山丘"。在这个版本的求爱故事中，他让画家卡米拉·劳伦斯拒绝来自郊区的哈利·戴维斯，因为她要做一个哈克卢特笔下的冒险家："她的人生就是一场冒险，追求在变化无常的机遇之下、在永远新奇的经历中漫游的乐趣。"她有时会从半陷入爱情的状态突然转向"极端的狂躁和冷漠"。

在弗吉尼亚看来，半陷入爱情的状态是孕育着希望的，就像她在给伦纳德的信中时常暗示的那样。但伦纳德却陷入急切的情欲中——他在4月29日的一封信里承认，他的欲望已变得"极其强烈"——迫不及待地想让她的感情与自己的相匹配。《聪明的处女们》中的那位情人也渴望"某种强烈的爱情，不仅仅是精神上的，也是肉体上的……一种使两人结合并焊接为一体的火焰"。

在伊斯特本的柏令海崖（Birling Gap）附近的悬崖上，伦纳德第一次亲吻了弗吉尼亚，并发现她"格外温柔"。她后来告诉他，她感觉自己"就像一块石头"。当她的母亲向莱斯利·斯蒂芬坦白她"如同死水一般"时，她的父亲并没有过分震惊。但伦纳德却只能看出,弗吉尼亚似乎对他产生了抗拒,他唯一的办法就是用更加震耳欲聋的吼声发泄欲望,并反复呼唤上帝来作见证。

伦纳德承认,自己的确曾用一堵语言之墙把弗吉尼亚挡在了外面,她坐在墙的另一侧,"如此可爱又美丽"——却不可接近。伦纳德从对性的极度蔑视转向极度渴望。对任何一个女人来说,想要在这种姿态中找到一个富有人情味的栖居地都是很困难的。密尔曾说,男人很难意识到两性之间的微妙差异,因为值得了解的女人(而不是愚蠢的女人)很少说明她们的想法和感受。想要真正了解一个女人,男人不仅要有判断力,还要富有同情心,并能调整自己的性格去适应她的,这样一来,他要么可以凭借本能的同理心读懂她的心思,要么能让她不羞于表达。

面对弗吉尼亚的沉默,伦纳德非常明确地表达了他的不满,他有一个根深蒂固的观点——如果一个女人毫无反应,那她一定有什么问题。在求爱过程中,当他分析"阿斯帕西娅"(弗吉尼亚在他日记中的名字)[*]时,把她塑造成一个冷淡的处女。

"我爱上了阿斯帕西娅,"他写道,"当我想起阿斯帕西娅时,我脑海中是一片山丘,它们矗立在冷蓝色的天空中,非常清晰,却又遥不可及;山上覆盖着白雪,没有阳光融化过它们,也没有人曾踏上它们。"随后,他又长篇大论地描述了自己的喜悦之情,这样做的效果是把这个女人作为一种自然现象而疏远——或许她和自然一样,是冷漠无情的。

伦纳德把他的作品给了弗吉尼亚。"她读得很慢,"他写道,他在壁炉前饶有兴味地盯着她的脸和头发看。她沉默地坐了一

---

[*] 阿斯帕西娅(Aspasia)是公元前五世纪雅典的一位高级妓女或艺妓,她曾受过良好的教育,是伯里克利的伴侣。

会儿。

"我觉得你笔下的我不够温柔可爱。"她终于开口说道。

在这篇关于阿斯帕西娅的文章中,有一个很危险的征兆,那就是伦纳德在展望与寒冷和白雪"作战"时,感到愉悦。随后是一段夸张的想象,关于那个处女的"浪漫幻想"和她对肮脏想法的恐惧。"如果他们碰到她,她就会发疯,就像有些女人一碰毛毛虫就会发狂一样。"

弗吉尼亚说,他距离恨她只有一步之遥。

从弗吉尼亚的角度来看,他们结婚之初的几个星期取得了意想不到的成功。她的信流露出满足感,几乎是安静平和的。后来在9月4日,她从西班牙的萨拉戈萨给卡·考克斯写了一封信,她的语气突然发生了变化。

她告诉卡,她发现性高潮被人们过度夸大了,而伦纳德不会理解这一点,怒火"立刻降临到我丈夫身上"。这些出人意料的不忠诚言论出现在一个看似随口提到的消息之后:坐在对面的伦纳德正在写《聪明的处女们》的第一章,我想,她一定是在这部愤怒之书的语境中看待伦纳德的。

在《聪明的处女们》里,哈利·戴维斯(戴维斯这个姓来自伦纳德家族中的一支)在两个女人之间左右为难:一位是笨拙而热情的女孩格温,她勾引他,并最终嫁给了他;另一位是社会地位更高的、布鲁姆斯伯里的"聪明处女"卡米拉·劳伦斯,她仰慕他也喜欢他,但她天生没有能力实现肉体上的爱。哈利是一个感情热烈的犹太人,他这样奚落布鲁姆斯伯里的常客特雷弗·特里维西克:

> 我很欣赏你们圈子里的女人,那些皮肤雪白、一头金发的苍白女人,但我也鄙视她们……你们没有生命,没有血液……你们的女人是冰冷的,也让别人感到冰冷——没有黑头发,没有血液。浅色的头发,苍白的灵魂,你知道的。

《聪明的处女们》明显是对弗吉尼亚的指责。唯一留给她的辩护余地是,她生长在一个软弱的环境中。在《聪明的处女们》里,伦纳德明明让卡米拉"感情充沛",渴望"柔情和爱抚"。但让人迷惑不解的是,为何这些自然的欲望会被伦纳德贬低为"纯洁的白雪"似的表现。

我很怀疑伦纳德是否真的给她看过这本书中的段落,也不知道他究竟告诉了她多少,但我想,她至少发现了伦纳德对她的失望,而且他还计划在公开出版物里宣告这种失望。在度蜜月时,伦纳德心想,女人在被性唤醒之前都处于休眠状态。他这样写卡米拉·劳伦斯:"她是一个未婚女人,不懂得这种欲望。"睡美人神话的问题在于,王子需要承担唐突地唤醒公主的不幸义务,公主则需要履行被唤醒的不幸职责。弗吉尼亚不相信童话,也并不要求太多。但对伦纳德来说,不能全部拥有她就等于毫无意义,他变得很焦虑,感觉受到了伤害。

度蜜月回来后,他们严肃地向凡妮莎请教了性高潮的问题。对于这种出乎意料的信任,凡妮莎感到很高兴。她夸大了自己高超的技巧,并轻蔑地说她妹妹是无可救药的性冷淡。伦纳德抓住了这一点。在《聪明的处女们》中开启了新一章的谴责,标题为"凯瑟琳对妹妹的看法"。凯瑟琳警告哈利说,即使只是尝试唤醒卡米拉,也会给他们二人带来危险。

弗吉尼亚还很年轻时，也就是在姐姐刚结婚的时候，就提出了自己在性方面是一个失败者的观点，她一生都在重复这个观点，无论是对她的未婚夫，还是对许多朋友们，比如在西班牙的杰拉尔德·布雷南（Gerald Brenan）、薇塔·萨克维尔-韦斯特和奥克塔维亚·威尔伯福斯。但她是个极其热爱讽刺的人，所以我们应该注意，不要按照字面意义理解她的言论——她曾说过自己是个没受过教育的女人，一个可怜的作家，经常"[作为评论家]被《泰晤士报》拒稿"：所有这些说法都不是事实，都是一种自我贬低的姿态，为的是保护某种野心勃勃的计划。那么，她所谓的性失败是否也只是一种姿态呢？

主要问题在于如何调和事实的两个方面。一方面，伍尔夫夫妇的书信中充满激情，显示出两人日益亲密——如果只阅读这些信件，我们会觉得她对爱情的呼唤坦率得让人欣喜；而另一方面，根据薇塔的回忆，弗吉尼亚·伍尔夫曾说过她的性生活是失败的，因此很快放弃了它。真相被掩埋在女人们未曾说出口的话中，掩埋在弗吉尼亚也对其屈服的女性性冷淡的虚构中，也掩埋在她婚后连续两次的精神崩溃里。

《聪明的处女们》回顾了伦纳德回到伦敦后的那段求爱时光。二十九岁时，弗吉尼亚·斯蒂芬仍在写《远航》，当她 1912 年 3 月给伦纳德读了小说中的几个片段时，他觉得它们异常精彩。他的女主人公卡米拉就像弗吉尼亚一样，喜欢异想天开——她是一个前途未卜的年轻女子。"她的人生就是一场冒险，追求在变化无常的机遇之下、在永远新奇的经历中漫游的乐趣。"尽管卡米拉是学艺术的，但她更适合写作，并且，像弗吉尼亚一样，她也出身于一个自视甚高的中上层阶级家庭，比哈利·戴维斯这个喜怒无常的犹太人的城郊背景地位更高。当哈利"用蛮横的语气说一些古怪的话"时，他的母亲常常叹气。他被加兰家的人——里士斯特德郊区（里士满／汉普斯特德）那些无所事事、等待爱情的少女们——戏称为"拜伦"。不过，当伦纳德的大姐贝拉·伍尔夫1913年8月阅读这部小说的初稿时，对哈利的看法更为消极。贝拉认为，哈利把伦纳德"最糟糕的性格放大了数倍"：他是一头"野性未驯的幼兽"。当哈利"双腿交叉坐在那里盯着地毯看时，脸上流露出不满、焦躁、几乎是痛苦的表情"，这是一幅精准的自画像。

哈利学习艺术时在伦敦的一间工作室里遇到了卡米拉，卡米拉同意坐下来让他为她画一幅肖像画。哈利探索她的神秘人格时唤醒了自己对从未体验过的浪漫爱情的向往。他该怎样把这种浪漫情感与男人的性本能相调和呢？哈利的想法在当时的写作环境下是无法出版的。伦纳德·伍尔夫也的确曾与他的出版商爱德华·阿诺德（Edward Arnold）发生过争论，因为阿诺德以得体的名义禁止某些词语：他坚持"处女"（virgin）这个词必须被替换为"未婚女人"（unmarried woman），因为二者的含义是一样的。作为反抗，伦纳德·伍尔夫请求读者自行想象那些无法刊印的东西，那些人人都知道的事——比如那位古怪的里士斯特德的教区牧师，他谴责性的粗俗，引"淑女们"避开一个典型的《荒原》式场景：一对情侣在梅登黑德的平底船里缠绵悱恻。

哈利拒绝否认自己的幻想，但这并不能让他更接近遥不可及的卡米拉。他对她的看法与伦纳德·伍尔夫对弗吉尼亚的看法完全一致，她人如其名[*]，"就像覆盖着纯洁的（virgin）白雪的山峰"。

---

[*] Virginia（弗吉尼亚）的词源是拉丁语virgo，意为童女、处女。——译注

"童贞"（virginity）这个词无论从狭义还是广义上来说都饱含争议：在内心深处，以及在被人触碰时，男人和女人会有什么想法和感觉？一个男人该如何理解一位处女在面对婚姻时的犹豫不决？"婚姻中有太多让我退缩的东西［卡米拉告诉哈利］。它似乎把女人关了起来，关在门外。我不会被生活的琐碎和惯例束缚住。一定有某条出路。一个人必须有自己的人生……"这个"单身女人"——在1912年还是"处女"的同义词——随着小说的进展变得愈发神秘：她究竟是什么生物？

《聪明的处女们》写于"一战"前女性投票权运动的巅峰时期。哈利宣布，他"支持女性投票权运动"，伦纳德·伍尔夫也把女权主义称作"所有有识之士的信仰或原则"。小说背景中的这一政治事件至关重要，就像1832年的改革法案作为背景对《米德尔马契》的重要程度一样——《米德尔马契》同样关于女性在一个抗拒变革的世界中的"不确定性"。当贝拉·伍尔夫将卡米拉和她姐姐凯瑟琳评价为"美丽又模糊的人物"时，她并没有读懂她们严肃的神秘性。曾被弗吉尼亚拒绝的求爱者西德尼·沃特洛也对伦纳德说："我觉得卡米拉这个人物不够清晰。"伦纳德·伍尔夫的肖像刻画与凡妮莎·贝尔同一时期为妹妹画的没有面部特征的肖像画是一致的——这是一次现代主义实验，目的是去"洞悉"无法立即显明的内在真实。

当哈利思考着这个热爱冒险、专心致志、出类拔萃的少女时，他想象了她的"远航"。在这一点上，这部小说敏锐地捕捉到了雷切尔·温雷克——那个面目模糊的、在《远航》里慢慢浮出水面的深海生物。伦纳德·伍尔夫的小说揭示了他对本真的女性天性中那些遥远又孤独的东西的感受，他在卡米拉·劳伦斯身上重新创造出一个濒危物种。使这种罕见的机敏更不可思议的是，它来自一个以客观自居的男人。伦纳德·伍尔夫的日记总是准确无误地记录事实。他尊重清晰的条理和常识。哈利与伦纳德·伍尔夫的不同之处在于，他缺乏伦纳德在锡兰获得的经验和成熟的心态。但他们的确都有一种犹太人特有的能量：一种求知欲——在希伯来语圣经中，这个颇具诗意的词指的是两性结合。

大多数女人都曾听过男人问她们，女人到底想要什么。这是个不易回答的问题，通常来说还是个反问句，它的语气暗示着：女人们知道自己想要什么吗？我还从未听过任何一个女人说，她想要的是男人认为她想要的东西：身材、肌肉、权力、地位。这些东西或许能够粉饰她的公众形象，但在人格缺失的情况下，是不可能让她满足的。不，女人们在私下的交流中达成了共识，她们真正想要的是人们能按照她们认识自己的方式来认识她们。在小说《维莱特》中，夏洛蒂·勃朗特用性情暴躁的保罗·伊曼纽尔取代了一无所知的王子般的男主人公。而另一方面，当目光敏锐的保罗告诉露西·斯诺——他那位冷漠的教师同事——"我懂你，我懂你"时，他一定会吸引她。他所了解的是一个"正在成长中的人物"那火焰般的激情——她燃烧的文字和活跃的心智。同样，吸引哈利·戴维斯的也是卡米拉日益成长的人格。

以伦纳德·伍尔夫的朋友圈为基础，一种"说真话"的环境形成了，这种环影响着弗吉尼亚。哈利爆发的愤怒——就像伦纳德·伍尔夫的不耐烦一样——并非无礼。因为哈利是真理的信徒。他要扫除犹太人的上帝、英国国教的牧师，还有维多利亚时代的虚伪言辞。这正是布鲁姆斯伯里与性避讳决裂的时代，他们开始直白地——甚至是夸示地——谈论"精液"和"交媾"。1912 年，伦纳德和朋友们夜夜去看俄国芭蕾舞剧，观众们聚精会神地看着《玫瑰花魂》(Le Spectre de la Rose) 对卡尔萨温娜卧室场景的再现，还因尼金斯基*在舞台上表演自慰（《法恩的下午》的最后一幕）而震惊。我们必须在这个背景下理解"处女"一词。

当《聪明的处女们》在1914年10月出版时，它的第一批评论者们感到很困惑。"它让人目瞪口呆"，《帕尔摩报》承认，该报将哈利视为"一个让人厌烦的家伙，他似乎正遭受某种智力缺陷的折磨"，还因此"纠缠"其他更讨人喜欢的人物。"世上还是有很多善良的人，比起伍尔夫先生想让我们相信的要更多"，《泰晤士报文学增刊》向读者保证。有些人感到很惊讶，一个犹太人竟然对自己的民族评价如此之低，还有一些人想知道为什么一个"以色列人"会"四处张扬地"炫耀自己的种族。读者们不知该如何评价劳伦斯姐妹，总体来说，他们更喜欢那个漂亮、头脑单纯的格温·加兰。

伦纳德·伍尔夫把这部作品看作战争早期的牺牲品。"是战争杀死了它，"他在自传中简短地评论。此时，即二十世纪六十年代伦纳德写下自己的人生故事——一个跨越犹太童年的中产阶级烙印与布鲁姆斯伯里的自由观念之间的障碍的故事——时，这部小说已经"死"得如此彻底，他甚至没有把它列入他的作品索引。他为我们展示了这样的场景，一群好朋友躺在宽大的橙色扶手椅里，双手松垂，眼睛盯着地板，"仿佛陷入昏迷，说不出话"。他们之间"弥漫着深不可测的智慧"。他们起身时盯住天花板，好像

---

* 瓦斯拉夫·尼金斯基（Vaslav Nijinsky）是一名俄国芭蕾演员，在20世纪的芭蕾史上有"最伟大的男演员"之称。泰玛拉·卡尔萨温娜 (Tamara Karsavina) 是当时最著名的俄国芭蕾女演员之一，常与尼金斯基搭档。——译注。

有只鸟儿在那里盘旋，随后又飞走了。与哈利·戴维斯不同，伦纳德一到布鲁姆斯伯里就立刻感到"宾至如归"，但我们要记住，在 1911 年至 1912 年的那段时间里，他是从"外界"——大英帝国的边远地区——来到这里的。这位行动主义者的视角从某种程度上影响了哈利的观点。"你们什么都不做"，他指责劳伦斯的圈子。他对这个软弱团体的讽刺描述与布鲁姆斯伯里不再时髦时的形象相去不远。但真正的布鲁姆斯伯里其实是充满活力和创造力的。我们只需想想凯恩斯的经济学或伦纳德自己参与的合作运动（Co-operative movement），以及弗吉尼亚远足时的坚韧。伦纳德笔下的布鲁姆斯伯里是一幅讽刺漫画，它不含恶意。更成问题的是卡米拉和弗吉尼亚之间的关联，因为，长久以来，人们都已接受这样的观点，即伍尔夫夫妇婚姻的缺陷是被这部小说公之于众的。弗吉尼亚到底多大程度上与劳伦斯圈子中的这位柔弱、冷淡的漫画人物——哈利以他急不可耐的犹太式激情称之为"苍白乏味"的那个人——有关系呢？

不可否认，这部小说支持了这样一个观点，即弗吉尼亚有些性冷淡。不过，"性冷淡"这个词过去是用来批判无法满足男人需求的女人的，因此，它必须受到质疑。当今时代，人们越来越赞同，性爱的方式可以有很多种，还有一些人力图避免那些我们仍在使用的过于简化的标签。无论如何，"性冷淡"这个词已经过时了：它是过去的男人反对不同于自己的欲望时所用的词——他们轻易地把不同的欲望贴上"不正常"或"不应存在"的标签。在上世纪的性革命运动之后，我们现在能够理解，那些说他们的女人是"性冷淡"的男人可能只是不够敏感的情人罢了。

《聪明的处女们》反复提出这样一个问题，即卡米拉到底是不是冷淡无情的:"或许她没有爱的能力。"哈利渴望的是"男人想要的东西,是某种强烈的爱情……一种使两人结合并焊接为一体的火焰"。他想到,一个原始社会的女人会来到男人的洞穴之中,占有他并被他占有,然后为他生儿育女。对他来说,浪漫的爱情和性是不同的东西。卡米拉擅长浪漫的爱情,但她只能"模糊地了解、感受到他的意图。她是一个未婚女人,不懂得这种欲望"。

"或许你天生就无法说出'我爱你'这句话。"哈利在一封给卡米拉的信中写道。

她在回信中表示赞同。"我无法让步。我对情欲没有什么兴趣。"

她的姐姐凯瑟琳认为,没有男人应该娶她,她的生命是摇摇欲坠的,唯一的出路就是在年轻时死去。

1915年1月,在《聪明的处女们》出版三个月之后,弗吉尼亚终于获准阅读这本书,她不得不面对一种与伦纳德的情书和山魈与狐猱之间的爱情游戏截然相反的态度。两周之后,1915年2月,她精神崩溃了。这是她一生的四五次精神崩溃中最严重的一次,并且耐人寻味的是,只有这次她拒绝了伦纳德的照顾。

人们很容易把弗吉尼亚和卡米拉联系在一起,但这种关联的证据是不充分的,主要有两个原因。一方面,现实情况要更加复杂。弗吉尼亚·伍尔夫写给丈夫的那些充满爱意的信件、以丈夫为原型的两个虚构人物(《夜与日》中的那位不落俗套的律师拉尔夫·德纳姆——唯一可能成为"聪明的处女"的丈夫的人——还有《海浪》中的异乡人路易斯)都证明了伦纳德是能够对一个女人的"夜"——她天性中黑暗而不可见的,但又在渐渐聚焦的东西——做出回应的。这样一个男人是"不可或缺的",并不是

第九章 爱的试炼

因为他悉心地照料那个女人，而是因为他懂她。伦纳德拥有富于想象力的一面，也有疾言厉色的一面，他的易怒和忧郁转移到哈利·戴维斯身上，但他富于表现力的热情却没有。然而，这种热情，以及他对女人的想象力的极度敏感，一直都存在于伍尔夫夫妇的婚姻中。

此外，"冷淡"只是不依靠男人的独身女人诸多面目中的一面——这部小说称之为"处女"。小说的题目就安置了一位"聪明的"处女。这是一个比《新约》中的"聪明童女"更加进步的角色。《新约》考虑的问题是职责而非童贞——"聪明的童女们"把油添进油灯里，"愚笨的童女们"却忘记了这么做。这种简化的女性形象模式——把女人作为功能性的躯壳——体现在加兰家的女孩们身上，她们"等待着、胆怯、无知、自我怀疑，因为……智慧的恩赐将以一个男人的形态降临——而他可能永远都不会来"。相比之下，卡米拉是能够思考的。她展示了一个单身女人可以多么自由——不像那些已婚的"奶牛"。哈利一直想着卡米拉敏感的额头和嘴部，她性感的嘴唇，她眼中的光芒、忧伤和超然。整部小说都建立在一种模糊性上，即女性似乎更像是一种存在状态，而不是一层处女膜。这种现象是什么呢？

伦纳德·伍尔夫用逻辑推理的方式去解决这个未知的谜题。他的第一步是剔除女人所不是的东西。被排除的样本取自他的母亲和她在帕特尼的科林内特路的邻居们。伦纳德的弟弟埃德加娶了一位罗斯家的女孩为妻——她是加兰家的女孩们的原型。与构想的城郊女性相比，不断探索的卡米拉是活生生的，她不像那个"灵魂苍白"的大姐埃塞尔·加兰——她的甜美是不自然的，也不像小妹格温·加兰——一层不真实的外壳还正在她周围形成。在美发店里，格温·加兰就像一座"蜡像"，让哈利感到害怕。

"我想知道的是，"哈利逼问格温，"你是怎么生活的，你一整天都在做什么？我不明白。"他把陀思妥耶夫斯基和易卜生的书送给格温，作为帮助她摆脱童稚状态和牧师教诲的"解毒剂"。

伦纳德·伍尔夫对城郊女性的刻画反映出他对自己成长背景的疏远，也反映了他与哈利的联系有限。戴维斯太太——头戴歪歪斜斜的鸵鸟羽毛，眉头紧皱——和她长着小圆眼睛的女儿，都是漫画化的犹太人形象，但伍尔夫太太（伦纳德的母亲）和贝拉·伍尔夫的愤怒表明，有些东西的确戳中了痛处。贝拉认为，这部小说不应该公开出版。伍尔夫太太已经因为伦纳德没有邀请她参加婚礼而感到受伤，现在更是警告要与他断绝关系。四十年后的 1953 年，埃德加·伍尔夫仍对《聪明的处女们》感到愤怒，他告诉伦纳德，他一直很讨厌他，认为他是一个刻薄的混蛋，给他的家庭带来了痛苦。"你一直对大知识分子们阿谀奉承，承受着作为小人物的心理畸变之苦，你觉得只要高喊'看看我是怎样从卑贱的出身中爬上来的'，这个小人物就会变得伟大。"这部小说因为家人的愤怒而被遗忘，被不够敏锐的评论家们忽略，还因与纪实小说的有限关联而被贬低，但这部小说的核心在于这样一个伟大的问题，那就是女性未经检验的潜能该如何"扬帆起航"。伦纳德·伍尔夫构想了一个渴望了解这个问题的男人，但他被自己一成不变的忧郁情绪损害了。

就在弗吉尼亚险些自杀的时候，伦纳德的姐姐贝拉读了《聪明的处女们》，她在 1913 年 8 月 12 日的信中直白地告诉伦纳德："事实是，你把笔浸在你的悲观情绪中，而这种情绪感染了每一个人……在他[哈利]身上，我看到了你所有不那么讨人喜欢的性格特征……他看起来简直是一头野性未驯的幼兽，我想，没有人能容忍他超过两分钟。"在弗吉尼亚的日记里，也有一段罕见的对伦纳德的分析，她提到了"他古怪的悲观脾性：那是种比理性更深沉的东西，让人窒息，它们层层纠缠在一起，让你无法应对。流感具有完全相同的效果，它能释放出非理性的沮丧情绪，我在伍尔夫家族的所有人身上都能看到这一点，这与世世代代的压抑有关。仿佛世界总在与他们对抗，诸如此类"。哈利／伦纳德为他自己无法改变的事——他的犹太人身份——而自责，并把这个问题抛到那位冷漠的少女面前：

> 我们［犹太人］弓着背等待着，时刻做好准备、保持警惕，等待着扑向有价值的东西，然后我们便随心所欲地放纵自己。你不喜欢这样吗？我知道你不喜欢；这让你躲着我——我是说，躲着我们。这是令人不快的；很冷酷，很丑陋。

当时，哈利正在劳伦斯的乡间别墅过周末，作为反抗，他离开了那些快乐、闲散的居民。他进一步向卡米拉解释说，他做事的需求其实源于一种艺术情感。"去感受人们在你的笔下或脑海中移动，按照你想让他们移动的方式……这样，我们当然就能在行动的过程中获得乐趣，并始终感觉精力充沛、活力满满……你不喜欢我给咱们画的画吗？但你必须承认，我们的视角中包含着想象力，不是吗？"

卡米拉的反应是悲伤的。"显然，她不希望他是那样。"就在那一刻，她的魅力变得前所未有地强烈。

伦纳德·伍尔夫并没有对犹太人的性格给出公允的定义——

因为在传统的犹太社会中，与他的描述相反的类型（不谙世故的学者或教师）才占据支配地位——不过，他的定义的确包含了关于他自己的某些事实。按他所写，哈利·戴维斯有一张严肃的面孔，他嘴角下垂，神情阴郁，看起来总是不满，几乎像是在受难，他想，这既吸引着卡米拉，又让她厌恶：

> 她喜欢他的敏锐，他的活力，还有他的狂热；她喜欢他的苛刻，但同时又有些反感；他忧郁的思维和蜡黄的脸让她厌恶。

于是，他让自己的脸变成一块固定的屏幕，它对一闪而过的念头无动于衷，只把时间用于思考宇宙的永恒的痛苦。

哈利向卡米拉宣布，他不会为了她而改变，而卡米拉安抚他说，她就喜欢他本来的样子。她温柔地抚摸他的手臂，笑了起来，哈利注意到她眼中闪动的光，放松了下来。

利顿·斯特雷奇曾委婉地向伦纳德·伍尔夫暗示说，他没有看到那位处女本人的观点："难道她不想要吗？为什么她不告诉我们呢？"他认为，伦纳德的分析在一个关键时刻（当哈利向百依百顺的格温妥协时）突然停止了。斯特雷奇用让人印象深刻的圆滑口吻说道，哈利和卡米拉的超凡脱俗并不清楚，他也没有看出哈利陷入愤怒的绝望情绪和堕落为犬儒的必然性。他建议伦纳德把这本书搁置六个月，去做些别的事情。

1913 年，弗吉尼亚·伍尔夫在日记里记录了一次激烈的争执，这表明，那一年的折磨不仅与她第一部小说的出版有关。我们无法准确地说明，在她婚后第一次精神崩溃时，她对《聪明的处女

194

第九章 爱的试炼

们》到底了解多少，但在1913年4月，当她的头痛开始发作时，伦纳德的小说正写到一半。1913年6月他完成小说，那个月里，弗吉尼亚变得非常忧郁，不得不在7月住进疗养院。8月，当她从特威克纳姆出院时，伦纳德带她回到普拉旅店，他们曾在那里度过了蜜月前几天最幸福的时光。这次旅行是一场灾难。当她离开萨默塞特时，曾公开表示自己想自杀，在他们回来的路上，伦纳德很担心她会从火车上跳下去。她声称自己应该承担全部"过错"，因为，对于伦纳德刚写完的那本把她的形象定义为性失败者的书，她如何才能否认呢？

伦纳德坚持认为，她当时正处于那些无法解释的发病期中的一段，这又是一个无可辩驳的立场。她否认自己在发疯，但又无法说出她受到的伤害的原因和性质。只有一次，当她在特威克纳姆提出分手时，他曾主动承担了某种罪责。"我最亲爱的，"他在1913年8月3日写道，"如果我对你做了什么错事，让你不高兴了，你会告诉我对吗？我真的很爱你，山魈儿，我愿意做任何事来改变我的野蛮，只要我知道它是怎样表现出来的。"没有证据表明接下来发生了什么，除了在1913年9月30日的一则短日记中，伦纳德提到，弗吉尼亚向他"坦白了"。他没有说明她到底坦白了什么，但很可能并没有太多内容，因为它没有带来任何解脱。他写道，她"在夜晚十分狂躁"。或许，她太爱伦纳德了，才会不惜一切代价保全他的自尊。1904年的精神崩溃中，她不需要对乔治保持忠诚，她也的确对萨维奇医生、姐姐、珍妮特和维奥莱特坦白了乔治的行为，但这一次可是婚姻啊。

这场崩溃的第二阶段始于1915年2月，也就是弗吉尼亚读完《聪明的处女们》的两个星期之后。前一天晚上，伦纳德大声朗读了《三个犹太人》给她和珍妮特听。第二天早上发生了一场争吵。然后，从下午茶到睡前，弗吉尼亚读完了整部小说。她下定决心要用最善意的眼光看待它——毕竟，他们之间的诚实原则让她必须允许伦纳德说出自己的真实想法——但她认为，书中的某些部分"非常糟糕"。她的这次精神崩溃通常被归因于对《远航》的担忧——《远航》被推迟出版了，最终在3月问世。但伦纳德没有说的是，他的小说也延迟出版了。当弗吉尼亚有所好转时，他就继续忙着出版事宜了。1914年2月7日，爱德华·阿诺德接受了《聪明的处女们》，10月，这部小说正式出版。

伦纳德·伍尔夫把自己塑造成一个理性的人——一个令人钦佩的自我形象，不过，对他而言，过于顽固的理性让他无法承认任何小过失。他的性情让他感受不到懊悔。1913年至1914年间，他与家人和出版商的通信显示，在面对强烈的指责时，他是分毫不让的。两种不可调和的状态在伦纳德身上共存，一方面，他热烈地爱着自己的妻子，而另一方面，他拒绝修正自己的观点。他的爱只为证明一种更强烈、更持久的感情，而他自己也明白这一点。他仿佛在无声地说：让我这样做吧，之后我就会永远幸福。他告诉贝拉，重写这部小说将是精神上的折磨。这表明，在这段时间，他自己的精神解脱才是他的首要任务。

伦纳德说，1915年5月下旬，弗吉尼亚开始"非常强烈地抗拒他"，从6月20日开始的一个月里，她拒绝见他。到8月，她的健康状况有所好转，可以坐着轮椅出门，她让伦纳德推着她穿过邱园。他继续按照自己的方式全力照顾她，也就是听从医嘱，然而，从后来的角度看，这出于一种愚蠢而顽固的无知，弗吉尼亚对医嘱的怀疑完全是有道理的。在赞美伦纳德之前，我们不妨比

第九章　爱的试炼　　231

较一下兰姆对自己疯癫的姐姐那种温柔的呵护*，或者想想《达洛维夫人》里的虚构人物雷西娅·沃伦·史密斯——她始终不信任那些给她发疯的丈夫看病的油嘴滑舌的医生。

然而，在此之后，弗吉尼亚又是如何重新接受伦纳德的呢？她在发病期间没有写日记。不论什么情况下她都很少在日记里谈及自己对丈夫的态度。旁观者看来，她就这么出乎意料地康复了。但这次康复一定取决于某种能够弥合他们之间的分歧的希望。夏末，伦纳德曾带着她驱车兜风，在河里划船。10月，她送了他一本陀思妥耶夫斯基的《被欺凌与被侮辱的》，上面写着"纪念这次盛大的款待，布莱顿"。对伦纳德而言，通过配合他们的动物游戏，通过反复肯定他们之间比分歧更深刻的情感承诺，他挽救了这场婚姻："你无法意识到，"他在1914年3月13日写道，"如果你真的吃下那些安眠药，或者抛弃了我，就是彻底结束我的生命。"

现在，有所保留的爱不再存在，所有相关问题都从他们的信中消失了。伦纳德得到了对她的健康状况的控制权，他尽心竭力地行使着这份权力。有一天，他去了一趟合作协会在里士满的分社，拎回一个大纸袋。他们喝茶的时候，他打开了袋子，里面是给弗吉尼亚买的两套肥大的厚羊毛连体内衣，裤腿和袖子都很长，还有一整排纽扣。他的礼物遭到了她不屑的嘲笑。另一天晚上，当弗吉尼亚出门看星星时，伦纳德喊她小心着凉，这减弱了奇异星空带来的冲击。大多数时候，她都心甘情愿地服从这些有时毫无必要的过度保护。我想，作为回报，伦纳德同意了按照弗吉尼

---

* 查尔斯·兰姆，18—19世纪英国散文家，他的姐姐玛丽患有精神疾病，兰姆为了照料姐姐，终身未娶。——译注

亚的条件玩他们之间的动物游戏，不论条件是什么。

阿诺德·本涅特（Arnold Bennett）曾说，婚姻的可怕之处在于它的日常性，它消磨掉一切强烈的爱意，但弗吉尼亚不同意他的说法。她承认，或许七天中有四天的确是机械乏味的，"但到了第五天，（夫妻之间）会生出一颗充满感情的圆珠"，在二人都习以为常的日子里，"它反而变得更圆润，更敏锐"。

"世界带给那些人如此多的纷争，但他们私下的关系是多么美好"，在《海浪》的第一稿里，弗吉尼亚·伍尔夫曾这样描述路易斯和罗达。虽然路易斯和罗达并不是伍尔夫夫妇的精准写照，但这部更具自传色彩的草稿为两人的结合说明了理由。他们的结合是不可思议的，并以独特的方式"永远充满激情"。尽管路易斯有种坚不可摧的气场，但他是个异乡人，他害怕那些身穿燕尾服的男人，他只能在诗人那里找到慰藉。这就是罗达接近他的原因。"我想，我们这个时代最纯朴、最温柔的话语，都是在他的顶楼房间里说出来的……当时，水壶里的水煮溢了。"虽然罗达非常脆弱敏感，但在这段关系中，她却是一个保护者，而不是被保护的人，因为路易斯正承受着宇宙的苦难。当下的快乐（在第一稿里）"在人对人做出的种种丑事、施加的种种折磨和囚禁的阴影下，变成了暗紫色"。路易斯的冷嘲热讽其实是为了转移自己对"颤抖和痛苦的灵魂"的注意力。罗达对此做出了回应。但她最终拒绝了这位控制者，因为路易斯也变成一个"可怕、骨瘦嶙峋、刻薄和热爱嘲讽"的人。

那些动物信件和她的日记一度表明，虽然弗吉尼亚·伍尔夫把自己塑造成一个无性的形象，但至少在某些时候，婚姻还是给她带来了某种肉体上的愉悦。1917年11月10日，在一起度过了无精打采的一天后，他们在夜晚的壁炉前恢复了"幻想"，他们"一直到睡觉前都很快乐，并用某种滑稽动作结束了这一天"。她在 1926 年 9 月 28 日的日记里写下，没有哪一对结婚这么久的夫妻能达到并保持他们之间的亲密程度。

弗吉尼亚·伍尔夫用小说里的意象谴责了对女人最无吸引力的种种男性特质：侵略性、自我中心主义。拉姆齐先生被比喻成一只黄铜鸟嘴或一把渴血的弯刀，当他沉浸在自己的需求中时，便无法想象一个女人的需求。《到灯塔去》中的意象还把战争中无情的暴行与性联系起来，并把两者与大自然的无序力量放在一起。在战争期间，海浪一浪高过一浪，在它们"愚蠢的游戏"中横冲直撞，直到整个世界似乎都在"兽性的混乱和任性的欲望中"翻腾。不过，战争那恶意的破坏性可以被艺术家们有节制的创造力抵消。同样，野蛮的性意象也能被良好的婚姻关系所平衡：

> 因此，毫不犹豫地，没有任何恐惧或保留地，在某个巅峰时刻，所有隔阂都消失了，除了它带来的喜悦——那是一种关于融合的意识——肉体结合在一起；人性之爱得到了满足。

这句在《到灯塔去》里被删除的话，把两性结合的喜悦与艺术创作的快乐放置在一起。而后者是更圆满的，因为它没有那么转瞬即逝：

> 即使当双臂紧锁，空气里的话语完全被理解、紧密交融的时候，还是会有一片阴云飘过天空；每个爱人都懂得，却又无法承认，他们明白爱情的转瞬即逝：爱情的变化无常……

一股强大的生命力穿透伦纳德强加给她的无效疗法，渐渐显露出来。她坦言，比起赞美，自己更想要三英镑买双胶底靴子，好在乡间散步。结婚时，她满怀对孩子的期待，当她看到维奥莱特送给她的旧摇篮，高兴地惊呼起来，直到1913年4月，她仍然充满期望地谈论着她的"小淘气们"。不要孩子的决定是伦纳德先提出来的。*她喜欢一大早在佛里特街的克利福德旅馆里赤身裸体地闲逛，那是她和伦纳德第一次住在一起的地方。她还津津有味地看着伦纳德在泡澡的时候给他们的女管家提出最诚恳的建议：

"还有你的丈夫，沃斯利太太——他在哪个机构投了保险？"——"他是个邮递员？好吧——那么他们必须在五年后给他提薪，在海军预备役部队里也是这样"——这一切都是在伦纳德光着身子泡澡时说的——沃斯利太太倚在厕所的门上看着他。

她对身体拥有毫无耻感的好奇心。"我们被卧室里的老鼠弄得凌晨四点还醒着。"弗吉尼亚在一封给姐姐的长信中潦草地写道。"后来，伦纳德终于开始铺床了，一只老鼠从他的毯子里跳了出来，于是他梦遗了——你没法想象今天早上他的床单是什么样的——"

不管伍尔夫夫妇是如何解决他们的分歧的，重要的事实是，大约从1917年起，他们开始在彼此身上找到一种"神圣的满足

---

* 1913年1月，也就是他们结婚后的五个月，伦纳德·伍尔夫向五家医疗机构咨询了他们是否能要孩子。基于相互矛盾的建议，他们当时只好推迟决定。弗吉尼亚·伍尔夫必定是在1913年至1915年的精神崩溃期间放弃了生孩子的希望。

第九章 爱的试炼

感"。1917年11月，当伦纳德从曼彻斯特回家时，弗吉尼亚用这个词来形容他们的重逢。在他离家期间，她审视了自己的感情，得出这样的结论："当他不在那里包围住一个人的感应时，他的个性似乎穿越空间发出了回响。"

11月2日，伦纳德乘夜班火车从利物浦到达尤斯顿，第二天早上，弗吉尼亚从五点到七点一直醒着，等待着他的脚步声。八点的时候，正当她开始失望时，伦纳德突然出现在她的门口，话语开始在他们之间流动："话题不断冒出；突然的沉默和突然的爆发；再次达到和谐状态时那种神圣的满足感。"

作为一名政治演说家和女性合作运动的倡导者，伦纳德逐步赢得了她的尊重。当他在1917俱乐部面向国际集团演讲时，她充满赞赏地注意到，他的讲话风格清晰易懂，还带着适度的激情，能够吸引人。她还很欣赏他对待女性那种毫不做作的态度，并在日记里写道："除非是非常谦逊的人，否则没人会像他那样对待工人阶级女性，比如莉莲［·哈里斯］、珍妮特［·凯斯］、玛格丽特［·卢埃林·戴维斯］。克莱夫或其他聪明的年轻人都只会装装样子，不管他们多么欣赏这些女人，都要假装没有。"

她现在可以平静、释然地观察伦纳德的忧郁情绪了。1915年1月，在一个寒冷阴暗的午后，他们在里士满公园散步，她试图用赞美让他开心起来，但他不容分说地喊了一声"停"，就继续沉默地走着。"你没法和他争辩"，她在日记中这样总结。如果她表露出对自己家族的偏爱，他很可能会变得"冷漠"或"大发雷霆"。他从不掩饰自己对她想要融入上流社会的抗拒，但她渐渐觉得他的严厉支撑着她。"我永远不会把你往好处想了。"当她接受奥托琳·莫瑞尔的邀请时，他这样酸溜溜地说。"伦纳德或许很严肃，但他能激励我,"她想,"跟他在一起,什么都可能发生。"

在这二十年的黑暗岁月里,最后一次精神崩溃发生在弗吉尼亚与伦纳德·伍尔夫刚结婚时。伦纳德的艰巨任务是去填补她逝去的青春所留下的空白。更艰难的是,留在他们身上的维多利亚时代的残余物——那种传统的、扭曲的性观念——让他们产生分歧,这种分歧因为她的才华和她日益坚定的忠于本性的决心而愈发强烈。不过,维多利亚时代遗留下来的另一种东西却帮助他们克服了分歧,那就是对美好感情本身的信任,以及对婚姻纽带那磐石般的忠贞。他们凭借充满热情的动物游戏建立了纽带,这种游戏是在他们最困难的时期发展、丰富起来的。在她不愿与伦纳德见面的那场精神崩溃的十年后,她宣布,伦纳德就是她生命的隐秘核心,是她活力的源泉:

> 我紧靠着我的生命的核心,也就是我与伦纳德在一起时那完全的舒适感,我感到一切都那么平静满足,因此我又振奋了精神,有了一个全新的开始,感觉自己受到了彻底的保护。我想,我们的生活的巨大成功就在于,我们的财富被藏起来了;或者说,它就藏在日常琐事中,没有任何东西能触及它。也就是说,如果你能享受去里士满的巴士旅行、坐在草地上抽烟……带着"土拨鼠"兜风……晚餐后并肩而坐,说着"你在你的隔间里吗,兄弟?"——那么,还有什么能破坏这种幸福呢?每一天都充满了这样的幸福。

塑造了她的作家人格的是"神圣的满足感",而不是驯服的照顾。1925年春天,当她构思出她最伟大的两部作品——《到灯塔去》

第九章 爱的试炼

和《海浪》时，这种人格终于形成了。那年春天，在卡西斯度假之后，弗吉尼亚在日记里写道："伦纳德和我特别、特别幸福……谁也不能说我没有体验过完美的幸福，但很少有人能确切地指出那个时刻，或说出是什么造就了这种幸福。"她引用了奥赛罗在暴风雨后重新见到苔丝狄蒙娜时所说的那番话：

> 如果现在就死去，
> 也是最幸福的时刻，因为我担心
> 我的灵魂已满足得如此彻底
> 再也没有这样的慰藉
> 能在未知的命运里继续。

第十章

反历史

要成为一名战后艺术家,弗吉尼亚·伍尔夫不得不直面第一次世界大战,而她以另类的方式做到了这一点。她设想出了一种"反历史"(counter-history),在其中,战争并不是核心事件,而是一段飞逝的空白时期,家庭主妇和艺术家们——文明的创造者——正安然长眠。《到灯塔去》的第二部分"岁月流逝"描写了季节和色彩——秋天的树看起来就像"破烂的旗帜",地平线上的爆炸把海水染成红色——但奇怪的是,这些描述中并没有人,只有括号里对死亡的报告。被遗漏的东西——模糊的情感、战争、血腥、政治辩护——因刻意省略而遭到激烈的批评。但这远远不是许多人设想的对于公共事件的逃避;历史和报纸让我们习以为常地把某些东西定义为值得纪念的事件,而它批判的正是这些东西。1916年1月,弗吉尼亚边吃早餐边读《泰晤士报》,她不理解为什么"这种荒谬的、男性化的杜撰竟能持续一整天的时间"。出于对真实的需求,她与战争保持距离,为的是从无序的自然角度观察那些不应逝去的生命。在维多利亚时代末期,年轻的男男女女曾在拉姆齐夫妇门口聊个不停,直到深夜——安德鲁和普鲁的声音——它们就像托比和斯黛拉的声音一样再也不会被人听到。这本可能是一个与平常无异的夜晚,拉姆齐家的孩子和客人们都相继睡去,但这个夜晚很快具有了隐喻意义,它代表了能侵吞一切的战争的黑暗:"一盏接一盏的灯都熄灭了。"

《诺桑觉寺》中天真的女主人公凯瑟琳·莫兰很同情受到欺骗的历史学家——他在卷帙浩繁的书本里写满"教皇和国王的争吵,还有战争或瘟疫,每一页都是;男人们都一无是处,几乎没有女人出现——这太令人生厌了:我常常觉得诧异,历史竟能如此无聊,要知道,它的一大部分都是编造出来的"。在弗吉尼亚·伍尔夫眼里,大多数普通人在日常生活中不被察觉的行为、他们的想法和感受,与掌权阶级那一小部分人的攘权夺利一样都是历史。"如果你反对把虚构小说当成历史,"弗吉尼亚·伍尔夫后来写道,"我的回答是,尽管写历史要容易得多——诸如'1842 年,约翰·罗素爵士颁布了第二次改革法案'之类——但这种讲述事实的方法在我看来如此简单,也如此笨拙,因此,当真实至关重要时,我更愿意写小说。"

斯坦纳曾说,一种文明要依靠充满想象力的记录来理解其历史。"我们是通过文化来记忆的,"他说,"由过去时态构成的景象……被不同的文化以不同的方式编码。"历史"是统治阶级的工具",对他们而言,战争一直都是最重要的戏码。在"岁月流逝"中,弗吉尼亚·伍尔夫重写了历史,将战争表现为人类创造性能量的休眠期。哈代的《罗马之路》("The Roman Road")也以相似的方式拒绝了历史的军事化倾向,转而重视平凡的小事,这些小事并没有引发英雄主义姿态或骄傲情绪,而是激起了人们对故土那天然、强烈的虔敬之心。*专业历史学家们虚构了"戴头盔的军团战士,骄傲地举起/'猎鹰'旗帜"——与沿着古路引导婴儿蹒跚学步的母亲相比,只是遥远又虚假的幻想。以同样的方式,弗吉尼亚·伍尔夫用拉姆齐夫人编织和阅读时的沉着回击了拉姆齐先生朗诵《轻骑兵的冲锋》时的英雄主义。在给孩子读书时,拉姆齐夫人制服了野蛮与混乱,而她的丈夫正陶醉地复述陈旧的言辞,在她坚实的行动场域的边缘欢蹦乱跳。

拉姆齐先生梦想着被十几支长矛刺入身体。他因丁尼生对军事灾难那理想化的描述而激动不已,于是,他在安全的海滩别墅的花园里横冲直撞,高喊着"'我们勇敢地策马扬鞭'",他冲出去时差点撞翻画家的画架,"她还以为他就要在巴拉克拉伐战役中英勇牺牲了"。几分钟后,正当画家莉莉·布里斯科和科学家威廉·班克斯依靠对秩序和良知的尊重而建立友谊时,拉姆齐先生突然用一个让人惊讶的消息打断了他们——"'有人犯了大错'"。这个滑稽又英勇的梦把克里米亚战争和第一次世界大战的灾难联系在一起。

弗吉尼亚·伍尔夫认为,身体上的勇气不足为奇,她赞赏的是心智上的勇气,但战士们的"勇气"对她而言是一种欺骗性的

---

* 也可参考爱德华·托马斯(Edward Thomas)的《这不是对或错的事》("This is no Case of Petty Right or Wrong"):

女巫的两口煮锅咕嘟作响。
一口制出晴朗明媚的天气;
另一口中,美丽的英格兰即将诞生
像她昨日去世的母亲。
如果我是愚蠢的,不明白也不在乎,
我会错失历史学家们
从灰烬中耙出的东西……

第十章 反历史

价值观念，就像"光荣"和"荣誉"一样，它们纵容了愚蠢的暴行。在《岁月》的"1917年"那一章里，萨拉害怕地躲避着她的表兄，"他穿着那套土黄色的制服，两腿间夹着鞭子，粉色的傻脸两边各戳出一只耳朵……"她认为，士兵不值得被大众记住，因为他们让人类文明可悲地中断了，这种观念可以追溯到1906年夏天，那时，她把玫瑰战争的风云变幻置于历史的边缘，而把创造性的家庭生活放在中心。换句话说，她设想了一种更强调连续性而非变革的历史，就像在她的编年小说《岁月》里，是家族的延续性把维多利亚时代的人和现代人联系在一起，也就像在《幕间》所虚构的英国史中，乔叟笔下的朝圣者们为每个时代编织了永恒的背景。

弗吉尼亚暗示，历史的中心是湮没在国王和武士的壮举中的无名大众的行动。为了置换在"一战"中破灭的军事英雄主义理想，她提出了一个与众不同的目标，那就是去描写默默无闻的人，比如《达洛维夫人》里年老的帕里小姐，她是维多利亚时代的遗迹。帕里小姐的亲属曾治理过印度，但她对"总督、将军、叛乱之类的东西没有任何骄傲的幻想——她看到的是兰花、山隘，还有自己在六十年代被苦力们背着的场景……她是一个无所畏惧的英国女人，但会因战争焦躁不安，比如，一颗投掷在她家门口的炸弹，惊扰了她对兰花的沉思……"帕里小姐和她无畏的好奇心、琼·马丁或拉姆齐夫人和她们感受自然幸福的能力，在战争期间都变成次要的了。在"岁月流逝"中，人的面孔消失了，四季的更替吞没了岁月。唯一出场的人——在手稿中显得更为重要——是麦克耐伯太太，她在战后突然出现，象征着顽强不息的生命。这位"女管家"是个颇有喜剧效果的救世主，她和老朋友巴斯特太太"把腐朽和霉烂的过程抑制住了:她们从时间的深渊中打捞起一只即将淹没的脸盆,又抢救出一个快要沉没的碗橱;有一天早晨,她们从湮没的尘土中捡起了全套威佛利小说和一套茶具"。真正的救世主们步履蹒跚、满腹牢骚。她们童头豁齿,唱着小曲儿,回味着她们如何"了不起地征服了水龙头和洗澡间",还有"对一排排书籍更加艰难的、局部的胜利"。麦克耐伯太太轻哼着宽恕之歌,这是针对培养仇恨的爱国主义情感的一剂解药。在草稿里,她的歌声流淌出来,仿佛"从黑暗中心开凿出了一条隧道,穿过这道缝隙……和平到来了"。

因此,在战争结束的时候,是年迈的老太婆们修复了拉姆齐的家园,修复了那座废弃的、腐烂的维多利亚时代文化的堡垒,随后,画家莉莉·布里斯科回到这里,描绘着她记忆中的画面。年迈的老妇和艺术家的行为是互补的,她们都是过去的守护者。老妇筛选着维多利亚时代的遗迹,而现代艺术家要从可能被遗忘的陈旧信条中筛选出必须保留下来的时代特质。战争结束后,弗吉尼亚·伍尔夫所做的正是同样的事。

她对历史的反抗,对普通人生命的关切,本就根植于她战前的作品中,如今终于找到了最完美的表达形式。她的战后小说的独创性和明显的现代性与其说表现在主题上,不如说表现在全新的形式变化中。通过运用与机械时间相对的主观时间,她达成了这个目的。在她的小说里,时间在记忆中停留、延长,而当战争这样的空白时段一闪而过时,时间又收缩了。有时,在某些瞬间,时间是静止不动的,乔伊斯把它称作"顿悟"(epiphany),而她称之为"存在的瞬间"(moments of being)。不过,若想理解她对历史叙事的抵抗,我们必须看到,她对战争的愤怒是如此彻底,以

206

第十章 反历史　　243

至于选择了一个比反战诗人更加极端的立场——她拒绝对战争做任何表述。

她的确在几部作品里间接地评述过战争：这些评述总是指向对人的伤害。在《达洛维夫人》里，她探索了四年的人性摧残会给一个士兵带来怎样的影响——这位士兵承受着情感麻木这种迟来的罪恶。在写于"二战"伊始的《幕间》里，她着眼于一位英格兰乡绅干净的鞋上的污渍（他踩到了一只蟾蜍）：这件小事并没有什么逻辑意义，只是代表着报道德国入侵的消息激起了最残酷的战争狂热。

嫁给伦纳德·伍尔夫让她深知"一战"中的和平主义和"二战"中的好战主义的根本原因，但她把矛头对准所有战争的共性：爱国主义所纵容的不当情感。

至少，她的勇气——即使不是确切立场——来自她的父亲。莱斯利·斯蒂芬对爱国主义"庸俗的自我吹嘘"感到厌恶。"我从未屈服于那种软弱，没人能那样指责我"，他喜欢在维多利亚时代的社交场合大声宣布，并摆出一副既困惑又绝不赞同的表情。

弗吉尼亚·伍尔夫对战争的失望源自比"爱国主义"更深沉的民族情怀，对于同胞们的日渐堕落，她感到恐慌不已。1918年10月，在"一战"即将结束之际，当她读到《泰晤士报》上的一则提议时，她大为震惊，该报认为，为了把战火引入德国，应该进行另一场死战。她讽刺地补充说，这"能让德国农民谨记对自由的尊重"。

11月11日，全国都在为胜利狂欢，这让她怀疑"是否还有任何体面的人"。1919年7月19日，为了庆祝胜利，将军和坦克在连绵不断的大雨中列队游行。伦敦的人们"像一群湿透的蜜蜂一样昏昏欲睡，无精打采"，在特拉法加广场上缓缓蠕动。他们会不会坦白自己已经"看透一切"——也就是说，没有什么是值得庆祝的——或者，他们已经被驯化了，只是一群动物？唯一触动她的是里士满山顶上"星级与勋章"疗养院里的残疾士兵和海员。他们躺在床上，"背对着我们，抽着烟，等待喧闹声停止。而我们就像等着被逗乐的孩子"。

1915 年的精神崩溃，加上战争的深渊和它带来的让人痛苦的后果，需要一段时间来治愈，对弗吉尼亚·伍尔夫而言，这意味着与过去重建联系。过去包含着必须被发掘和储藏的"珍宝"。在《雅各的房间》里，的确有宝藏贮藏在荒野中：贝蒂·佛兰德斯的缝衣针、罗马时代的骸骼，以及所有在坟墓中高声恸哭的死者。伦纳德·伍尔夫曾这样描述他们在里士满的家——霍加斯屋——带来的积极影响："你不知不觉就被那些男男女女和孩子们吸引了，他们从 1600 年或 1700 年就坐在这些镶板房里，在楼梯上噔噔噔地跑来跑去，他们种下那棵伟大的布莱尼姆苹果树和古老的无花果树。通过延续他们所有人的生命之线，一个人就成了历史和文明的一部分。"

1916 年，弗吉尼亚·伍尔夫在威斯特（Wisset，萨福克郡的一个农场，凡妮莎那时正计划与邓肯·格兰特和大卫·加内特一起经营它）构思了她的第二部小说《夜与日》。这部小说再现了战前文化贵族的面貌，凯瑟琳·希尔伯里——一位维多利亚时代的著名诗人的孙女——既代表了这个阶层，又向其提出了挑战。凯瑟琳这个人物是以凡妮莎为原型的：她对理性的依赖、她的坚忍沉默、她私下对数学的热爱（就像凡妮莎对绘画一样），都与维多利亚时代闺中女儿的责任感相冲突。凯瑟琳被与她截然不同的新女性吸引着，比如理想主义的政治工作者玛丽·达切特，她还被拉尔夫·德纳姆这个粗鲁的律师吸引——他出身于一个野蛮无礼的郊区家族，但凯瑟琳却觉得那个家族充满活力。

希尔伯里的家坐落在切尔西的切恩步道，乔治·艾略特和亨利·詹姆斯都曾居住于此。在这里，艺术和财富交织，形成一种稳定的文明，但如今，它已变得过于造作、排外、矫饰。这样的社会环境孕育了那个软弱做作、恪守陈规的二流作家威廉·罗德尼，凯瑟琳被动地与他订了婚。凯瑟琳的沉默与不安凸显了弗吉尼亚·伍尔夫对战前知识分子圈的嘲讽：没完没了的茶会、餐桌上的粉色缎带、永远摆在眼前的古董和永远写不完的祖父回忆录。最后，当凯瑟琳的不安日益加剧，变成一种无言的徒劳感后，她拒绝了罗德尼，转向那个虽然缺乏风度却能给她带来生命活力的德纳姆。

在婚姻这个熟悉的主题背后，小说暗藏着一个大胆的问题，而提出问题的正是德纳姆："他看到的是个什么样的女人？她走在哪里，她的同伴又是谁？"

凯瑟琳已经问过自己这个问题了，当时，她想知道，嫁给一个她不爱的男人是否能让她自由地去钻研数学和天文学。她的未婚夫缺乏安全感，这并不是什么好兆头；他是那种需要妻子的承诺来支撑虚荣心的唯美主义者，——他身上有吉尔伯特·奥斯蒙德的影子（参见亨利·詹姆斯在1881年出版的《一位女士的画像》）。"伟大的志业"（The Cause）——女性为争取受教育权和投票权而做的斗争——为凯瑟琳的问题提供了一个全新的语境。而一个不适合她的丈夫，比如奥斯蒙德或罗德尼，会阻碍她的追求。

如果一个女人拥有随心所欲的自由，她的生命会是什么样的呢？《夜与日》为她的未来提供了两种情境。

十九世纪六十年代末，约翰·斯图尔特·密尔向英国议会提议，女性应该参与投票，从此之后，作为一个为"伟大的志业"而奋斗的女权主义者，玛丽·达切特的人生之路就被政治决定了。在二十世纪的第一个十年里——也就是《夜与日》的故事发生的时候——女性投票权运动正如日中天。玛丽在当时的伦敦是个引人瞩目的人物。我们或许会想，为什么享有特权的罗德尼和自力更生的德纳姆都很支持这位女权主义者，却为天赋更不明显的凯瑟琳而气恼。答案显而易见，因为玛丽拥有一个开明的男人所能理解的政治目标。她的思想复制着他的。那些在工作场合模仿着男人的女政治家、女外交官、女法官或女商人，就像玛丽一样，会加入统治集团或某些已建立的政党，而不会对男人形成干扰。

玛丽的活跃让她无法培养凯瑟琳身上的那种警觉性，凯瑟琳代表着"未被定义的"女人——就像乔治·艾略特笔下的女主人公那样——她们并不模仿男人。在凯瑟琳严肃的理解中，"女性化"意味着什么呢？是什么让女性的大脑区别于男性的？即使是现在，一个世纪过去了，科学还是无法揭示关于大脑的性别差异的秘密。从这个意义上来说，凯瑟琳的数学象征着一个未知变量。

当她离开客厅时，就像变成"另一个人"似的，陷入"出神状态"中。在这种状态下，感官知觉"直接又毫无阻碍地"涌来；她意识到那些她或许已经感受到的"事物"，意识到像海浪一样拍岸而来的充满共同情感的"未知世界"。不同性别的心灵是否也渴望结合，就像身体一样？在小说的大部分情节里，凯瑟琳梦中的那个男人都是想象出来的。起初，她并没有看到德纳姆的可能性，她觉得他与"现实"世界毫无关联。尽管凯瑟琳的梦幻世界不可归类（因为它还没有成型），"她却能在那里毫不犹豫地找到自己的出路"。她引导读者把她当作一个普通的闺中女儿来看待，她不愿像玛丽·达切特那样去复制权力政治，从这一点来看，她身上有种与众不同的——充满想象力的东西。当伍尔夫谈到，她"天生就觉得议会很可笑"时，她的立场同样是疏离的："如果有人认为政治不是一场精心策划的游戏——目的是让一群为这场竞猎受训的男人保持良好状态——他可能会感到失望；人们的确会时不时地失望；有时，我绞尽脑汁地想，那些统治着我们的词语究竟是什么意思……比如说，自由。"这种把权力当作游戏的观点与我们现在的看法类似，而且，它更符合今天的状况，而不是 1919 年那个崇尚武力的获胜国的情况。这个观点支撑着凯瑟琳远离政治。

> 德纳姆问凯瑟琳："玛丽让你改变信仰了吗？"
> 凯瑟琳："哦，没有。其实我已经是信徒了。"
> 德纳姆："但她还没说服你为她们工作？"
> 凯瑟琳："哦，天啊，并没有——那根本行不通。"

不为"伟大的志业"而奋斗的凯瑟琳和过去最具创造力的女人们立场一致：1851 年，哈丽雅特·泰勒（Harriet Taylor）曾在《西敏寺评论》上发表了一篇题为《妇女解放》（"The Emancipation of Women"）的文章，她呼吁女性的平等权利，而夏洛蒂·勃朗特却与她划清界限（她是铁石心肠的，勃朗特这样对盖斯凯尔夫人说）；乔治·艾略特是剑桥格顿学院的创始人芭芭拉·博迪雄（Barbara Bodichon）的朋友，但她对家庭投入过深的情感，因此没有加入彼时独立女性的行列；作为格顿学院早期的毕业生珍妮特·凯斯的学生，弗吉尼亚·斯蒂芬曾帮助凯斯为了"伟大的志业"给信封封口，但她没有和女性社会政治联盟的激进分子一起游行，也没有被捕入狱。凯瑟琳·希尔伯里同样是这个另类的、无名的团体中沉默的一员，并且，由于这种沉默（也代表着处在进化边缘的广大女性的沉默），读者只能看到她怯懦、温驯的性格，而这的确是她的一部分。小说谨慎地、不过度强迫地让我们注意到凯瑟琳在夜晚做些什么。她和勃朗特姐妹一样，白天在家做家务活，晚上躲在餐厅紧闭的门后与同伴交流想法和写作。在伍尔夫的书名中，"夜"被放在"日"之前——它是对"日"的一种戏弄的制衡。

不论是勃朗特姐妹还是凯瑟琳，或是二十世纪初尚未风靡的布鲁姆斯伯里团体中那个年轻、不为人知的弗吉尼亚·斯蒂芬，都无法被她们"白天"的自我定义。从传记的角度来讲，挑战就在这里。而凯瑟琳·希尔伯里正是这种挑战的化身，换句话说，她的模糊性并不是因为作者没有塑造好她的性格；相反，她是被故意设计成尚未成形、缺乏个性的，"一个行走在我们领域之外的存在"。她的神秘让我们无功而返，只能回到1906年那篇短小却意蕴深远的小说《V小姐谜案》（"The Mysterious Case of Miss V"）中。

《夜与日》并不是一部现代主义实验作品，因此，人们并没有意识到，在关于大脑性别这一未知领域，它多么具有独创性。二十世纪对现代主义的执着曲解了弗吉尼亚·伍尔夫的写作事业，忽略了她早期的小说，把《夜与日》和之前的作品当作她二三十年代的实验小说的前奏。但是，如果我们强调的是主题而非形式，

第十章 反历史

那么《夜与日》恰恰是画布图案的中心，它把弗吉尼亚·斯蒂芬最早的小说中那些"聚集在暗影下"的家庭女性和后来更广为人知的家庭主妇——达洛维夫人和拉姆齐夫人——串联在一起。《夜与日》的出版日期恰巧是英国女性获得投票权的日期，于是，在这个精确的时间点上，它提出了一个很及时的问题："女性问题"自 1840 年就提出了，在经历了漫长的斗争后，1919 年是否标志着它的结束？虽然玛丽·达切特看起来是一个进步女性，而凯瑟琳是一个传统的闺阁女儿，但事实可能恰恰相反。女权斗士或许并不比凯瑟琳这样一个尚在成长中的、充满不确定性的角色更加"进步"。德纳姆很像伦纳德·伍尔夫，他是适合凯瑟琳的人，因为他看见了，也遇到了她夜晚的自我。

在小说结尾，凯瑟琳和德纳姆在夜晚相聚，他们坐在巴士的最前端环绕伦敦。"他们对即将到来的未来有同样的感受……未来无限地储存着未显露的形态，它们将一个接一个地展开。"就像这样，他们要在即将到来的阴影中"永无止境地探索"。"他们一起在这个艰险的区域探索，在这里，那些未完成的、未实现的、未被书写的……都像幽灵一样聚集在一起，呈现出完整无缺的样子。"

从传记的角度来看，这部小说是弗吉尼亚·伍尔夫为嫁给一个"身无分文的犹太人"所做的辩护，也是对《远航》的乐观回应——《远航》从婚礼钟声的情节突然转向，把雷切尔留在浅水中。与此同时，《夜与日》还是对伦纳德《聪明的处女们》的有力回击，《聪明的处女们》是在 1913 年和 1915 年她婚后的两次精神崩溃之间出版的，它把弗吉尼亚的对应人物塑造得太不可接近、太高贵，也太不同于犹太人。《夜与日》是在她第二次精神崩溃后构思出来的，它肯定了真心缔结的婚姻中的创造性能量。它是对伦纳德冷酷的悲观主义（近于愤世嫉俗）的一种振奋人心的回应，而写这部小说本身也是一种康复的表现。

1919年，在《夜与日》出版后，凯瑟琳·曼斯菲尔德为写书评而读了这部小说，她批评它中规中矩、陈旧过时，认为它没有什么新奇之处：它不关注战争，也不具现代性。整个二十世纪，这部小说一直被认为是过时的。伍尔夫本人也对此表示赞同，仿佛在形式创新方面她一直比不上曼斯菲尔德和艾略特——这些引领霍加斯出版社的最新榜单的先锋作家。然而，《夜与日》的一部分趣味恰恰在于，它是维多利亚时代小说的延续。在弗吉尼亚·伍尔夫看来，乔治·艾略特和亨利·詹姆斯引领的意识实验乃是未来小说的起点，正如她在《墙上的斑点》（1917）里所言，她的计划是要追踪"卑微的鼠灰色的人们"的精神轨迹，那些人身上潜藏着某种"浪漫主义形象"，不同于"别人所见的外壳……它们就是（小说家们）将要探索的深处，将要追寻的幻影，让故事越来越远离对现实的描述……"

弗吉尼亚·伍尔夫对"浪漫主义人物"的痴迷表明了她与十九世纪不可分割的联系，也就是说，她那为人称道的现代性在某种程度上只是一种时髦的掩饰。她希望在小说中融入浪漫主义诗歌的那种梦幻般的自我延伸。不过，与浪漫主义者不同的是，她抛弃了伟大灵魂的自命不凡，转向"鼠灰色的"人群——三等车厢里不起眼的老妇人，或是一位买鱼的主妇——并且，她把浪漫的戏剧和对崇高瞬间的唤醒放置在家庭场景中。这就是弗吉尼亚·伍尔夫对大多数读者持续的吸引力的源泉：它并不在于知识分子所推崇的那种实验主义，而在于她对最平淡无奇的家庭生活的反复展示——编织棕色长袜、分切红酒炖牛肉、缝制派对礼服——这些琐事都可以激发浪漫的宏大瞬间，就像墙上的一块斑点能让作者的思绪在不同轨道上疾驰一样，作者联想到房屋的历史和曾经的居民，或是死亡以及死后的问题。而当她发现那块斑点只不过是一只蜗牛时，便颇为滑稽地泄了气：这是一种具有现代感的冲突，就像白日梦被喝早茶之类的琐事冲击得烟消云散一样。在《幕间》里，斯威辛太太也做了一场关于史前怪兽的白日梦——曾在杜鹃花森林里游荡的猛兽现在来到了皮卡迪利广场，"它们有大象的身子、海豹的脖子，喘着粗气，往前涌动，慢慢扭动身躯；她想象它们都是大声吠叫的怪物……"格雷斯在她面前放下早茶餐盘，斯威辛太太向格雷斯投去"具有双重意味的一瞥，一半看着沼泽里的野兽，另一半看着穿印花裙、戴白围裙的女佣人"。"真是疯疯癫癫"，这位仆人心想，然而，如果我们能看出来的话，这种幻觉其实代表了格雷斯与史前时代的某种关联。

当弗吉尼亚设计着自己版本的浪漫幻梦时，她塑造出一位"现代女性"的形象（她希望这能刺激退缩的福斯特）。她使用了一种戏谑讽刺的时髦语调，这最能体现在她战后的书信中。她观察到，克利福德夫人的嘴"就像旧皮包或一头大奶牛的私处那样张着"[*]。她的表姐爱玛·渥恩"眼神空洞，极像一只饱食了大飞蛾的癞蛤蟆"。奥托琳·莫瑞尔夫人"虚弱地迈着小碎步在街上走着，像一只爪子受伤的鹦鹉"。她百无聊赖地寻求别人的赞同，渴望得到爱与关注，同时，她又藏在对别人弱点的嘲讽和观察背后，用她那极具毁灭性的才思去无情地揭露，而不是像奥斯丁那样去审慎地施教。《达洛维夫人》的手稿就称赞了"一种冷酷的、伺机

---

[*] W. K. 克利福德夫人（1929年逝世）是一位多产的作家和记者，她曾是弗吉尼亚·伍尔夫父母的朋友。弗吉尼亚·伍尔夫称她为一匹老马。

而动的才思，它就像蜥蜴的舌头一样在空中伸吐"。她开始把自己视为"公众的旁观者，而绝不参与其中"。

弗吉尼亚颇具先锋性的随笔和短文——比如《一部未写完的小说》("An Unwritten Novel")和《现代小说》("Modern Fiction")——支撑着这种脆弱的现代性。她出人意料地放弃了《夜与日》中那种"于是……"("and then...")的叙述方式，转而在《雅各的房间》（1922）里拼贴破碎的印象，让其组成一位年轻人的肖像。虽然我不愿轻视她的实验作品的创新性，但从另一个角度来看，她的作品其实是面向过去的。她真正的独创性不仅仅在于技巧，还有她那种反英雄主义的历史观。尽管她也不可避免地受到四处弥漫的文化绝望情绪的影响，她仍在她的战后小说中努力建构了一个能引发共鸣的过去。在这部虚构传记里，她描写了前途一片光明的雅各，但他的成长过程却被战争抹去了。《雅各的房间》延续了她的早期作品，延续了《琼·马丁小姐的日记》里的传记历史观和《回忆录》中的哀思之情。

对于处在哀思中的弗吉尼亚·伍尔夫来说，生命"不过是一串影子"，注定要走向死亡。她喊道，"天知道我们为何要如此热情地拥抱这串影子，又为何在它们离去时如此痛苦"。托比的死带来的剧痛激发了她"突然的幻觉"，让她感受到他所留下的记忆的牢固。她能把幻影变成一个坐在房间里的椅子上读书的年轻人的实体吗？她是否能赋予托比一种如雕塑般恒久的审美形态（而雕塑的背部总是未完成的）？在《雅各的房间》里，她设计出一种充满想象力的、拒绝欺骗性的完整定义的传记形式。她希望，这种形式能为传记施加限制，让它成为一种具有启发性的艺术。

把记忆转化为艺术的一种方式，是将托比重塑成第一次世界大战中的迷惘一代。她对战争的特殊纪念忽略了诸如天使、战袍和枪支这类常用道具，而是树立了一个具有天然男子气概的形象，这位年轻人被大海、阳光、荒原、友谊和爱情滋养着，就像欧文的《徒劳》("Futility")一诗中那位死去的战友——欧文没有用血淋淋的战场来描述这位战友，而是展示了他过去的种种场景，这些场景充满诗人最纯粹的情感：一种崇高的怜悯之情。

《雅各的房间》里没有关于死亡的场景，但整本书都预示着死亡。全书第一句就提到了雅各的姓氏"佛兰德斯"，还有反复出现的夹在希腊语词典里的罂粟花——它们都是那首著名的战争诗鬼魅般的、渐响的回声：

> 在佛兰德斯战场上，罂粟花迎风飘扬
> 排列在十字架之间，一行又一行……*

雅各小时候曾被海滩上的一块动物头骨所吸引："干净、洁白、被风侵蚀、被沙磨砺，在康沃尔海滩上不会再有比它更干净的骨头了。"后来，这块头骨出现在他的房间里，挂在他卧室的门上。和哈姆雷特一样，雅各注定要在活着的时候思考死亡问题。在写完《雅各的房间》多年之后，弗吉尼亚在《往事札记》里最后一次刻画了哥哥的形象，她引用了福丁布拉斯见到哈姆雷特的尸体时最后说的话："要是他能够践登王位，一定会成为一位贤明的君主。"†

---

* 《在佛兰德斯战场》("In Flanders Fields")是"一战"期间最重要的英文诗之一。——译注
† 《哈姆雷特》第五幕第二场："如果他能够临朝当政／一定是一位贤君。"

雅各从一片彼此相似的面孔中穿过，他神秘莫测、影影绰绰。那些面孔被简要、线条分明地勾勒出来，讽刺的是，它们还没有影子似的雅各更能被人记住，这是因为，雅各所激起的情感让他获得了不朽的形象。有趣的是，小说的哀思之情与其浮夸的现代手法产生了反差：不同的面孔被拼贴起来，它们招之即来，挥之即去，连同填满他们脑海的白日梦一同消失。相比之下，在雅各死后，康沃尔、剑桥、伦敦都将保留他无形的灵魂的印迹，就像他的父亲西布鲁克，也会作为自然的一部分而长存。以这种方式，弗吉尼亚·伍尔夫让哥哥永生不朽。大约1922年，她在随笔的草稿里潦草描述了为哥哥设计的墓碑，她引用了卡图卢斯为死在特洛伊附近的兄长写下的挽诗，这是一句人们熟知的铭文，但它特别适合托比，因为托比是在君士坦丁堡旅行时染上伤寒而病逝的：

<blockquote>
朱利安·托比·斯蒂芬

（1881—1906）

永别了，我的兄弟

珍重，直到永久。*
</blockquote>

在整部《雅各的房间》里，雅各的传记作家都在直接与读者对话：让我们两人奋力前进吧——忙碌、兴奋、恍惚——而我们的主角已游离于视野之外。这位未来的传记作家徘徊在"神秘洞穴的入口，赋予雅各·佛兰德斯种种他根本不具备的品质……剩

---

* 原文为拉丁语："atque in perpetuum frater / ave atque vale."——译注

第十章　反历史

下的主要靠猜测。然而，我们颤抖着围着他转"。这种对作传的痴迷带来了喜剧效果，因为它是徒劳无功的。传记作家坦白，他正努力地根据记忆的碎片、朋友的只言片语、雅各读过的书和到过的地方去创作一幅想象中的画像。在极度沮丧的时刻，当传记作家看到人去楼空，也就是居住者无法捕捉时，他邀请读者一起参与他的创作。

它将成为一幅现代主义肖像画。这正是传记作家想要的。我们并非要画出雅各的形貌特征，而是要赋予他一种有意味的形式，正如那些爱过他的人已经为他建立了一个形象一样，例如，范妮·埃尔默就从大英博物馆的尤利西斯雕像中认出了他。读者并没有获得太多信息，传记作家只勾勒了最基本的轮廓：他在斯卡伯勒度过童年；在剑桥受教育；他崇拜希腊人；他抽着烟斗，坐在壁炉旁和别人闲聊。他似乎拥有英雄的品质；各种背景的人都情不自禁地被他吸引，这表明他是一个正在成长中的领袖人物。他兼具单纯与世故，这保证了他能做出负责的行动。然而，雅各的未来仍是一个谜。刻意的碎片化叙事，比如简短的句子和引发好奇心的画面——雅各在希腊仰面躺着——迫使读者去分享传记作家的努力与失败。小说对于失败的坦诚让人印象深刻。雅各的传记作家不满足于常见的叙事，例如汤姆·琼斯式的故事——那位青年与花言巧语的情场老手弗洛林达成双成对，又在旅途中被无所事事的已婚女人迷住。雅各的确经历了汤姆·琼斯式的成长历程和其他事件，但我们能感受到，无论隐藏在他身上的是什么，都会随着青春的流逝而超越平庸。

在《雅各的房间》里，在反复直面死亡的破碎篇章里的那些空白和沉默中，挽诗找到了一种新的表达形式。挽歌体诗篇——

《利西达斯》《阿多尼斯》《悼念集》《当紫丁香最近在庭园中开放的时候》——拥有抚慰人心的效果。它用华丽的词藻覆盖死者,因而默默地接纳了日益加深的阴影。然而,弗吉尼亚·伍尔夫表明,她无法被安慰。她不会让雅各离去。她一直跟在他身后,追踪这条或那条轨迹——他曾乘船去了康沃尔郡达兰特的家中,还曾去过希腊和君士坦丁堡旅行——她带着诚恳的耐心等待富于启发性的传记时刻出现。

不过,有两个问题依然存在。与雅各的不可知性相抗衡的,是一位作家追逐写作对象的喜剧。这场喜剧(1920 年 7 月,也就是弗吉尼亚动笔写这部小说的三个月后,《一部未写完的小说》发表了,她在其中已有预示)无法撑起一整本书,除非作家本人变成特里斯舛·项狄那样的人物。叙事者让人怜悯,但她如果想更有存在感的话,就必须引发更多同情。从理论上说,弗吉尼亚·伍尔夫计划让自己成为这本书的"一道墙",但在实际写作过程中,她却过于谨慎了。她在《远航》里更大胆地发出了自己的声音,赋予它一种冲击力,我认为这恰恰是《雅各的房间》所缺乏的。

另一个问题直接源于她对现代性的迫切追求:小说描写了无数见过雅各的人,但他们却没有真正地看见他。考虑到这些人明显、直接的可见性,他们本应该像艾略特的战后诗歌中的那些滑稽吵闹的漫画群像一样吸引眼球,或是凭借凯瑟琳·曼斯菲尔德的那种黑色幽默来引发关注。(1918 年和 1919 年,霍加斯出版社出版了这两位作家的书,把他们当作先锋写作的范例。)然而,这种轻松的现代讽喻主题无法让弗吉尼亚·伍尔夫展现出她最优秀的东西。她的观点变得过于轻率,以至于成了偏见。她既没有艾

第十章 反历史

略特致命的一击，也没有曼斯菲尔德通达世故的特性。她自己也担心，《雅各的房间》会显得像"乏味的杂耍"。不过，与此同时，她正在她了不起的日记里发展着刻画人物的独特方式：这是母亲赠予她的天赋，就像一束求索的灯塔之光。

这部日记开始于"一战"中期，在"二战"期间因为弗吉尼亚·伍尔夫的自杀猝然而止，它代表着她对历史最为持久的反抗：一份她对时代的私人记录。

"一战"结束后，弗吉尼亚·伍尔夫更频繁地前往伦敦，有时，她是去参加聚会和音乐会，但常常只是在街上走走。她追踪着各类人物和景象的蛛丝马迹，追踪着形形色色的印象，再把它们鲜活地写进日记。她常常从里士满乘车到滑铁卢车站，从亨格福德人行桥上穿越泰晤士河，在桥上，她看到伦敦金融区建筑的灰白色尖顶。她以笛福那种敏锐的目光观察着卖火柴的老妇人，"还有绕着圣詹姆斯广场的人行道徘徊的那个衣衫褴褛的姑娘，在我眼里那就是罗克珊娜或摩尔·弗兰德斯*。是啊，一个伟大的作家肯定会像这样，在两百年后还能影响着我。"

在一个微风吹拂的晴朗夜晚，她坐在公交车顶层返回滑铁卢车站，这时，她看到一位双目失明的乞讨妇人倚靠在金斯威的石墙上，怀里抱着一只棕色杂交犬，她大声唱着刺耳的歌，只为自娱自乐而不是向人乞讨。老妇人那无所顾忌的快乐似乎"很符合伦敦的精神"。这个坚韧的人物又出现在了《雅各的房间》和《达洛维夫人》中，并启发弗吉尼亚写下她未完成的最后一部作品

---

* 《罗克珊娜》和《摩尔·弗兰德斯》都是笛福的小说作品。——译注

《阿侬》。"接着，消防车也尖声驶过；他们的头盔在月光下呈现淡黄色。有时，每件事物会染上同样的氛围；我不知该如何定义它……如今，我常常被伦敦征服；甚至想起了曾在这座城市里漫步的亡人。"

在战争初期的精神崩溃过后，弗吉尼亚于 1917 年 10 月再次开始写日记，与此同时，她还为一本"关于记忆的书"——亨利·詹姆斯死后出版的自传——写了书评。《古老的秩序》("The Old Order")这篇书评赞颂了詹姆斯为时代留下的丰功伟绩，也表达了她同样想把记忆当作一种"积蓄"的愿望。在她的小说里，她渴望把记忆化为艺术；而日记起到补充作用，它尝试把记忆变成一份社会文献，假以时日，它可以用一个消失的时代的语气发声。她和詹姆斯都对过去津津乐道：在回忆的过程中，两个人完全是怡然自得的。弗吉尼亚·伍尔夫写道，詹姆斯的回忆比小说还要精彩。同样地，比起弗吉尼亚·伍尔夫的小说，有些读者更爱她的日记，这完全是合情合理的，因为她的日记是最伟大的日记之一。

1926 年 2 月 8 日，她清楚地说出了自己的目标："六十岁的时候，我要坐下来，写写我的人生。"她的日记将会作为"那部杰作"的"原材料"。1919 年 4 月 20 日，当她重读一开始积累的素材时，她看到面前隐约出现了"某种形式的影子，而日记或许能实现这种形式。随着时间推移，我可能会弄清楚我们能从这些零散的、流动的生活素材中得到什么"。她的日记就像一张桌肚很深的旧书桌，她可以把大量的零碎东西都扔进去：对伟大人物的速写、与厨子的争吵、对下一部作品的构思，以及总是浮现在眼前的斯黛拉的订婚、母亲的去世、父亲和托比的生日。她最持久的记忆是 1890 年在圣艾夫斯度过的夏天，夜晚的海浪发出声响，孩

第十章　反历史

子们在花园里奔跑。1921年3月，她想"去特利威尔（Treveal）看看大海——几千年来一直翻涌不息的古老的海浪"。她希望在人生末年时还能回到这里，"并发现回忆都自动归了类……像沉积物一样神秘地凝成一个模子，透明到足以折射出我们的生命之光，它是如此稳定、平静，像一件艺术品一样超然独立"。

为了阐明这部日记的确切性质，看看之前的日记及其动机是很有帮助的。她从1897年开始写日记，在1899年夏天重新动笔，又在1915年的冬天继续，她严格地有规律地记日记，这是那种满足于情绪记录的自白式日记所不具备的。她的日记忽略了一些恼人的细节。（"不愉快经历过就够了，没必要再把它们记下来。"）令人惊讶的是，这部日记也不包括伦纳德·伍尔夫在《一位作家的日记》（A Writer's Diary）中收录的关于她的工作的大量细节。这部日记的主要内容是连续不断的人物刻画。在她任何一部小说中我们都看不到这么多的人物面孔。弗吉尼亚·伍尔夫是一位出色的观察者，她的观察对象不限于她的小圈子。例如，在第一次世界大战期间，她观察到，德国战俘在阿什海姆屋后方堆放庄稼时，"很喜欢吹口哨，他们吹出的曲调比我们的劳动者要完整得多"。

她的心灵之墙上总是挂着一连串画像。而死亡让她创作出了最好的肖像作品，它们就像是加长的挽诗。1922年10月，当基蒂·马克西去世时，弗吉尼亚·伍尔夫决定把达洛维夫人作为一部长篇小说的核心人物。她回忆起基蒂是如何在圣艾夫斯订婚的，而这又把她拉回1890年的夏天："我一直在脑海里回忆着这一天。"

在最初几年的日记里，她的人物刻画强调的还是外表。例如，她那位已从纽纳姆学院退休的堂姐凯瑟琳·斯蒂芬，如今在南肯辛顿"异常不受重视"。她坐在那里，"就像是苍白的、没有关节的一整块，带着一种缄默的智慧"，她说要在临终前让女工把她从1877年开始写的一排整齐的日记全部烧毁。薇塔·萨克维尔-韦斯特看起来"像一颗熟透的葡萄，有小胡子，撅着嘴，穿裁剪合适的裙子，迈着美丽的双腿大步走着"。

另一种记录形式是情景描写。她精确地记录了与伯特兰·罗素的一场对话，罗素对她说，数学是最高级的艺术。"上帝懂数学"，他声称。她还记下了艾略特和妻子薇薇恩在1923年一起喝茶的场景，当时，伍尔夫夫妇正在为《荒原》排版。薇薇恩迫切地想以这位未来诗人的忠实拥趸的身份进入文坛，但她穿得过于隆重，浓妆艳抹，也太急于吹嘘艾略特的名声。

在1919年和1923年，弗吉尼亚·伍尔夫尝试为朋友们作了一系列肖像描写，这是对一个隐秘自我的敏锐透视，也成为她的日记和小说之间最主要的方法论联系。在这些肖像描写中，她实践了她1917年提出的一种方法，一种詹姆斯式的"对阴影的关注，在阳光的照耀下，许多事物的细节都被抹平了，但在阴影中它们便能被察觉"。她对阴影的关注只是偶尔出现在日记里，但一旦出现，她的洞察力就无比惊人。"他是多么痛苦啊！"1935年，当艾略特来喝茶时，她心想，

> 是的，我感到我那该死的同情心正在增强……突然间，T（艾略特）带着真挚的感情叫喊起来。他谈到了不朽：……他流露了激情，而他很少这样做。一个虔诚的灵魂；一个不幸的人；一个孤独又敏感的男人，他整个人都被自我折磨、怀疑、自负、对温暖和亲密的渴望包裹着。我很喜欢他——以某种含蓄而隐秘的方式喜欢他。

1940年，她的日记再一次穿透了艾略特的"青铜面具"，揭开了那个忏悔的殉道者的形象："一张压抑、紧张、下垂的脸——仿佛挂在一个独自沉思的绞架上。"

弗吉尼亚·伍尔夫去格德斯绿地时，她和玛丽·希普尚克斯一起坐在郊区的花园里，她"搅动起谈话的水波……这样，生命就不会白白流逝"。如果她未能把每一滴水都装进日记的碗钵里，她就会自责。如果连续十一天什么都没写的话，那就是一次"失误"。她写道："任其浪费的生命就像肆意流淌的水龙头。"她的日记还有另外的用途：它小心翼翼地保存着未能转化为艺术的"生活"。她和艾略特《哭泣的姑娘》（"La Figlia che Piange"）中的那位理性的年轻人不一样，她不会为了艺术如此迅速地抛弃生活。她总在日记里滔滔不绝，让自己沐浴在各种场景中。她对生活的亲近和她的反应能力都源源不断，这让她无需像叶芝一样通过戴上演员的面具来产生感情，也不需要像艾略特那样痛苦地打破一层舒适而麻木的外壳。

小说是"完成的文章"，而日记是"原材料"，并且，小说以某种间接的方式依赖日记的丰饶。她的作品依赖于生命源泉的持续涌流，因此，她本能地抗拒伦纳德把她关在家里的想法。弗吉尼亚·伍尔夫认为，"若想和亨利·詹姆斯一样敏锐，你必须和他一样精力充沛；要享有他那种绝妙的筛选能力，你必须'活过、爱过、咒骂过、挣扎过、享受过也痛苦过'，并且，你要有巨人的胃口，能吞下一切"。

写日记的那只飞舞的手比打字机的速度还要快，在下午茶过后，它记录下发生的一切。她很享受这种速度和潦草。写作就像挥舞一把刷子。没有什么人会因为太渺小或太粗鄙而不能成为她笔下的人物。每一句话都倾注了她全部的智慧，以最快的速度抛掷出绝妙、恰当的措辞。它们劲头十足，与她那种维多利亚时代的旺盛精力保持一致，这种活力促使她去参加茶会和晚宴，跳上巴士和火车，还让她拥有严格规划的工作日，一天中的每半个小时都有其用途。然而，虽然她不知疲倦地生活着，大量地记录着，对生活拥有巨大的、持续的、不断增长的欲望，她身上还是保留着"某种无法传达的东西，某种留给自己的东西"，就像她在詹姆斯身上看到的。这是"艺术家生命中的超然与孤独"，只浮光掠影地进入她的日记。

要确定这部日记的性质，不能只看它的长期动机，也就是说，把它看作一部独立的作品，也不能将它当作一种低于小说的练习人物描写的操练场，我们应该把这部日记放在一个作家职业生涯的日常生活中。我认为，这部日记建立了一个基地（而另一个基地是她的出版社），通过它，弗吉尼亚·伍尔夫才能在她小说中描绘的"夜"与"日"之间来回穿梭，如果没有这个基地，它们将是无法调和的。从日记这个旋转基地中，她能纵身跃入布鲁姆斯伯里的世界，也能轻松地转向另一端，进入一个作家的隐匿生活中。

弗吉尼亚·伍尔夫认为，她的日记算不上真正的日记，因为它从一开始就驱逐了"灵魂"。这部日记像海浪一样把我们从那些古怪的、不可预测的想法中推出去——那些想法似乎只出现在小说中。她在日记里练习观察的技巧，而小说才是她贮藏灵魂之真的地方。她曾在日记里对艾略特、凯恩斯、奥托琳·莫瑞尔进行剖析，但对她最重要的人却被排除在外。伦纳德和凡妮莎在视野中来回穿梭，但她的注意力却没有落在他们身上，除了一些琐碎

第十章　反历史　　263

的交流：比如仆人的问题和 1923 年底搬回伦敦的问题。

除了记录社会历史之外，这部日记还有一个实际功能：它是建立在私人生活边界的一座堡垒，向外眺望着公共生活的舞台。在这座堡垒后面，一位独特的战后艺术家正从学徒期的籍籍无名中翩然显现，从婚姻前奏那精神错乱的面貌中阔步走出。1919 年 12 月，当她重读这部日记时，她指出了这种变化："我很高兴看到它成长为一个人，差不多已经有了自己的面孔。"

第十一章
创造艺术家

在 1919 年的日记里形成的面孔，乃是一张现代小说女祭司的面孔。为了与后印象主义运动或她的出版社保持一致的步调，弗吉尼亚·伍尔夫在 1919 年 1 月 24 日的日记里写下，她要开始一段"新的征程"。"我们斯蒂芬家族的人，"她向自己保证，"拥有构思并实现愿望的创造力与活力，因为我们的愿望是如此强烈，不会被嘲讽浇熄，也不会被困难阻挡。"

在 1915 年的低谷期，她的疯疾似乎无药可医，而在 1927 年，《到灯塔去》成功出版了，中间的这段时间里，弗吉尼亚·伍尔夫把自己重塑成一位现代艺术家。E. M. 福斯特曾在一篇关于伟大艺术的匿名性的文章里说过，艺术家有两种人格，一种是公众的，另一种是私人的，而艺术就来源于两者之间的幽深之处。在布鲁姆斯伯里的聚会上，弗吉尼亚·伍尔夫养成了一种机敏善变、面向人群的作风——她称之为"耍弄我的小把戏"。只要受到一点鼓舞，她就会妙语连珠，就像一位即兴演奏的音乐家。当她略显僵硬地斜靠在椅子上，用调侃的口吻对客人说话时，她的嗓音似乎在炫耀自己的能言善辩。她为陌生人胡乱编造他们的人生故事，让他们不知所措，或对前天晚上还大肆奉承的朋友施以冷箭。

善良的读者们常说他们无法忍受弗吉尼亚·伍尔夫。我想，有些人的意思是指她的公众作风影响了她的作品。我也看到了这一点——她对伦敦社交名媛达洛维夫人那矫揉造作的一面态度暧昧，后来，她还为她的新贵族朋友维多利亚（薇塔）·萨克维尔-韦斯特写了一部轻快的虚构传记《奥兰多》。

然而，回到福斯特所说的两种人格来看，更重要的还是弗吉尼亚·伍尔夫严肃的内在核心。她曾在某个时刻承认："我看透了自己说的话，我很厌恶自己；我渴望月球的暗面……"那暗面，也就是这部传记的主题，在她写作生涯的这个阶段最难分辨出来。她的公众人格占据主导地位。不过，那个内核始终存在于她的婚姻和她最出色的作品中，这些作品从不装腔作势、反复无常、恶意中伤，它们富于诗意和探索精神，在某种意义上，它们还被她的公众表演那层闪闪发光的外壳保护着。

简而言之，布鲁姆斯伯里那个善于交际的弗吉尼亚·伍尔夫，乃至日记中务实的弗吉尼亚，都与这位实验小说家有差异。她把所有内在的情感力量都投入小说中，而日记和书信却是以兴致勃勃但事不关己的态度随手写下的。

弗吉尼亚的书信和她的小说、日记有很大不同。她的书信充满奇思妙想和冲动之语，饱含夸张和讽刺，就像她的谈话一样。她说话时语调轻松，一口纯正、地道的英语，带着寻根究底的热情，又用幽默加以调和。她的眼睛闪闪发亮，充满活力与好奇。这位布鲁姆斯伯里的幻想女王是如此引人瞩目，在该小组成员六七十年代写的回忆录中一直被提起、被强调，以至于她的作家形象被弱化了，而作为作家的她是更难以知晓也更隐蔽的。作家的性情与"幻想女王"几乎相反：她不异想天开，也不刻薄，而是温柔地关注着人性的隐秘深处。她的书信大多是华丽的表演、狂欢的滑稽戏，在充满趣味的同时又让人恼火，这就像特里斯舛·项狄用不带感情的轻快语调来保护他脆弱的自我——一个压迫环境的受害者——一样。她担心自己给姐姐写的信太"无趣"，因为在姐姐那里，她扮演的是一个娱乐者的角色。斯蒂芬·斯彭德（Stephen Spender）把济慈和劳伦斯的信与她的信做了对比，前两人的信从他们自己的内在生命核心出发，向朋友们的内在核心诉说，而弗吉尼亚·伍尔夫的信则为她自己创造了一个角色，这个角色对着她给通信者们塑造的角色说话。斯彭德补充说，她的信读起来就像小说一样。与她通信的人（除了伦纳德和**垂死**的雅克·拉弗拉*）可以分为亲朋好友和嘲讽对象两种，但她一时兴起会让两者互换位置。"我不喜欢自己写的信，"她曾对拉弗拉承认，"我不喜欢虚伪的关系——你必须在周围营造某种气氛……"她的信有某种肆无忌惮、随性却不亲密的坦率，但它并不是一种严肃的交流方式，而是如弗吉尼亚对姐姐所说的，属于一类惯常的社交手段，回到祖辈们每天长篇大论地写信的习惯。"让我们考虑一下写信吧……"她在《雅各的房间》里插进了这句话。这些为传递消息和安排会面所做的努力终将消逝。而她对不朽是多么执着！让她感到安慰的是，拜伦和考珀也从"经久不衰的写作转向终将消亡的写作"。

另一方面，文学批评又把她带回艺术的匿名性。在为《阅读》

---

*　拉弗拉（Jacques Raverat）是一位法国人，曾在剑桥学习数学，并与弗吉尼亚·伍尔夫的一位"新异教徒"朋友格温·达尔文（Gwen Darwin）结了婚。婚后他成了一名画家。在他生病期间，弗吉尼亚·伍尔夫曾给他写了很多精彩信件，为他带来了安慰。她还寄了《达洛维夫人》的校样给他，由他的妻子在他临终之前读给他听。

（"Reading"，《普通读者》的最初构思）所写的序言中，她坚持了乔叟的忠告：

> 逃离凡俗，与真理同在，
> 尽管此事甚小，却足以使你受益。

1923年夏天，当她开始写《达洛维夫人》时，一切对赞美的需求都消失了。"我觉得我好像脱下了所有的舞会装扮，赤裸地站在那里——在我的记忆里那是件非常愉快的事。""赤裸"是她总要回归的状态，是她"生命的支柱"。一个月后，她鼓起勇气直言不讳地说出自己的想法，当她写到庸医威廉·布拉德肖爵士时，曾在手稿开头向自己保证要实事求是。她信守了承诺，没有改变对这位医生的抨击。她觉得自己完全摆脱了外部影响，"我必须赞美这一点，因为除了我自己，我谁都不是"。

1922年至1923年，弗吉尼亚频繁提到自己的年龄——如今，她已经四十多岁了——她还常常说起，她能敏锐地感受到时光的流逝："我觉得时间就像电影院的胶片一样飞驰……我在用笔推动它。"她对生命的流逝和人生不同阶段的机遇有了更深刻的认识。她认为，四十岁到四十一岁是应该做选择的年龄：人要么加速前进，要么偃旗息鼓。她看到德斯蒙德·麦卡锡（Desmond MacCarthy）和利顿·斯特雷奇这些朋友都失去了活力，于是决定去冒更多的风险，更加热烈地活着。她的日记彰显了她创造生活的方式。日记不是她作品的背景，它本身就是一部创造性作品。

她计划搬回伦敦，以此激起一种新鲜感，并通过描写一个疯子让自己更坦率。塞普蒂默斯·沃伦·史密斯比雅各更加"贴近现实"。她必须回到过去，冒险进入"疯癫"背后的那些未经探索的洞穴。而一直以来，她的日记都在播撒未来作品的种子。"在乔叟和莎士比亚之间发生了什么？"这个问题在 1923 年提出，是写于 1940 年的《阿侬》的种子。

1923 年 6 月 13 日，她说："现在，我时常需要控制自己的激动，我仿佛在奋力穿过一道屏障；又好像有什么东西在我身旁猛烈地敲打。我不知道这预示着什么。这是一种对生命诗意的普遍感觉，它压倒了我。它常常和大海或圣艾夫斯有关。"

1924 年 3 月，为了寻找新的写作刺激，弗吉尼亚和伦纳德·伍尔夫从里士满搬到布鲁姆斯伯里的塔维斯托克广场 52 号。凡妮莎用现代派风格的波浪线条、双柄花瓶、吉他、扇子、花篮以及一扇彩绘屏风来装饰他们那间乔治时代的客厅的白墙。房间的两侧各有一张长沙发，沙发靠背和侧面都是方形的，装饰着垂落的流苏，在两张沙发之间，还放着一把朝向壁炉的长椅。他们在地下室重建了霍加斯出版社，弗吉尼亚·伍尔夫就在出版社隔壁的储藏室里写作，那里曾是一间宽敞的台球室，现在放着大包大包的书，每包都有五百多本，像沙袋一样散落在她周围。房间有一扇天窗，地面铺着潮湿的石板，书本散发出一股霉味。伦纳德曾说，当她写作时，一层保护性的薄膜或外壳会把她与周围的糟糕环境隔开。她穿一件蓝色罩袍，戴钢丝边眼镜，弓着背坐在一把大柳条椅上，椅子扶手之间搁着一块板子，她模仿父亲把墨水瓶粘在板子上。她叼着一支自制的粗烟卷，头发散落在前额。

她告诉自己："那种认为文学能从原材料中产生的观点是错误的。你必须从生活中跳脱出来……"不做那个东奔西跑、热爱

第十一章　创造艺术家　269

交际的弗吉尼亚·伍尔夫，而要"非常、非常专注地集中于一个点上"。在参与了过多社交活动后，她主要通过户外锻炼和阅读回到文学。她的写作人生就建立在这种摆动的行为基础上。回到伦敦后，她更容易接触到人，于是这种摆动变得更加迅速，也因为受到了控制而更具创造力。如果健谈的年轻人罗伯特·格雷夫斯（Robert Graves，霍加斯出版社的一位作家）来喝茶的时间过长，或者，如果她那聒噪的弟媳卡琳·斯蒂芬拖家带口来到他们的乡间别墅蒙克屋，她会很不耐烦。因为他们打断了她每天写作《达洛维夫人》的节奏。如果人们持续消耗而不是滋养她的精力，她就会陷入病态的、无法打破的沉默之中。"我的脑子出了些问题。它拒绝再接收各类印象。它把自己封闭了，变成一个蛹……然后，突然之间，有些东西喷涌而出。"疾病，或者说疾病的威胁，本身可以作为一种创造力的源泉或一种危险的最终手段，它剥去生命的层层外壳——那位知书达理的淑女和那位不修边幅的波西米亚艺术家——从最赤裸的生命本身出发，去重新创造。

"我开始明白，作为一位作家，我唯一的兴趣在于某种古怪的个性。"通过她的日记，弗吉尼亚·伍尔夫为自己创造了一个比《远航》里沉没的海怪更让人印象深刻的形象。1923 年 1 月 2 日，她描写了"一个穿过黑夜独自前行的形象；一个坚忍地承受内心痛苦的形象；一个开拓前路、直到尽头的形象"。这个浪漫的幻梦激起了她不屈不挠的意志和冒险精神。1903 年，当她还是个年轻姑娘时，就意识到"伦敦本身就是一块未经探索的土地"。到 1924 年，作为一名成熟的作家，她回到伦敦，在金融区的大街小巷"夜游"，她游览摄政公园，去西区参加聚会。写完《达洛维夫人》的时候，她深信自己的才赋正在增长，如果她的竞争对手凯瑟琳·曼斯菲尔德还在继续写作的话,"人们会发现,我才是更有天赋的那个——这一点会越来越明显"。

伦纳德说,弗吉尼亚·伍尔夫在写作时会平衡自己的三种状态,并且,她每天的计划都包含这三种状态。下午茶之前的长时间的散步中,她在一种云游的沉思状态里,专心致志地构思自己的作品。在霍尔本和查令十字街,或在苏塞克斯罗德梅尔附近的丘陵和水草地漫步时,她会安排好第二天早晨的工作。在这种状态中,她的艺术逐渐成形,她几乎像发病一样难以接近,就像《海浪》中的那位梦想家罗达一样,她飞跃黑暗,忍受着怀疑与不确定性,去寻找人性的本质。这种状态在斯蒂芬·汤姆林(Stephen Tomlin)为她雕刻的半身像中也有所体现:她的脸被塑造得很粗糙,像是还没完成似的,但那双猫头鹰似的大眼睛十分专注,仿佛在盯着某个看不见的东西。

弗吉尼亚拥有高超的社交技巧,并设法把自己的古怪驯化为一种可爱的、在布鲁姆斯伯里很常见的英式怪癖。根据弗朗西斯·帕特里奇(Frances Partridge)的描述,她曾扮成一个疯疯癫癫的英国妇人,头戴一顶旧毡帽,疯狂地挥舞双臂把她的碗扔了出去。她要么不修边幅,要么穿着自己设计的独一无二的衣服。有一次,她穿了一件用起皱的灰色丝绸做成的夏季斗篷,她告诉姐姐,这让她看起来像一头小象。不过,当她不加伪饰地在街上游荡时,她步伐急促、目不转睛、神情恍惚,过路人经常会嘲笑她。她那毫不掩饰的古怪让他们不安。

弗吉尼亚·伍尔夫每天上午写小说的时候,处于另一种截然不同的状态,那是一种专注的、激情澎湃的状态。伦纳德曾两次用"火山爆发"这个词来描述她是如何沉浸于写作的。上午晚些

230

时候或者下午，当她打出一份新草稿时，又变得像写评论或随笔时那样冷静了。吃午饭时，伦纳德可以从她脸红的程度来判断她刚才是在写小说还是写评论。

这个时候的她已经完全拥有了评价书籍的自信："没有什么能动摇我的看法……——没有——没有……我认为自己是绝对正确的。"她的评价是很准确的，因为她会按一本书自身的方式去阅读它。她是一个优秀的读者，因为她能忘记自己的企图，全然专注于别人的文字。除了几篇关于小说艺术的随笔之外，她的评论文章绝非她在私人工作间里制造的副产品。她涉猎广泛，从每个时期的文学和历史中都能汲取营养，无论对名不见经传的作品还是赫赫有名的书籍，她都怀着永不枯竭的好奇心。虽然她持续、大量地写着书评（主要是为《泰晤士报文学增刊》写的）——这是一个收入来源——但她总要制定另外的书单，其中包括能激起她的好奇心或能提神养心的各类书目。那些书单颇为古怪杂乱，因为她认为，人们应该像孩童那样读书，跟随自然的兴趣而不是某种程序。

弗吉尼亚·伍尔夫在评价书籍时很大胆，却从不独断。她从不关心自己的名声，也不像庞德、艾略特、温德姆·刘易斯或劳伦斯那样喜欢说教。她认为，英国公众"是容易受到别人影响的温驯的生物，一旦你引起他们的注意，他们在许多年中都会毫无保留地相信你的建议"。她不想要这种驯化的关系。她的目的和父亲一样，是要引导思维的独立。因此，她拒绝"权威性"研究带来的让人噤声的效果，选择了随笔这种更简短、更有启发性的写作形式。她的批评文章看上去像是一挥而就的（事实上却是几易其稿的成果），仿佛在进行一场自由辩论似的。她认为，一个作家的二流作品是对他的杰作的最佳批评。她称"《米德尔马契》是少数几部为成年人写的英语小说之一"。而我们总被古希腊作品吸引,是因为"在那里能找到最稳定、最永恒也最原始的人类……他们都是原型,而乔叟笔下的是形形色色的人类变体"。

比起同时代那些影响更大或更教条的评论家来说,弗吉尼亚·伍尔夫可能无法当即引起人们的注意,但她的文学批评或许更经得住时间考验,因为她不带偏见地阅读,着意做出有趣的评论。不过,尽管她的语调无比轻快,却展示了最高超的批评技艺,她只用五到十页的篇幅就提炼出奥斯丁、乔治·艾略特或勃朗特姐妹的精髓。当一部学术巨著介入作者和读者之间时,它实际上是在说:我才是通向作者的唯一途径,但伍尔夫的文章却邀请读者做出最直接、最有力的反应。它使读者充满了能动性。

不过,尽管弗吉尼亚·伍尔夫没有站在一个制高点说教,她也没有放下自己的武器。她的读者就像一位旅伴,被她的种种观点哄劝、逗乐、戏弄,这些见解动摇了关于男人和女人、小说和历史,以及关于我们的生命历程的那些陈旧观念。她故意打破了作者和公众之间的壁垒,邀请读者与她合作:

> 从你们的谦逊来看,你们似乎认为,作者拥有一种与你们不同的血统和骨肉……再没有比这更致命的错误了。正是由于读者与作者之间的分歧,由于你们的谦卑和我们那种职业化的装腔作势,才让书籍变得腐朽、软弱,书籍本应是从我们紧密又平等的结合中诞生的健康后代。

她在文学批评里所做的最重要的努力,就是把普通读者从麻木、谦卑、遵从权威等被动状态中拯救出来。她还有其他两种野心。她想追随詹姆斯,把小说确立为一种伟大的艺术形式。她那几篇著名的随笔,包括《现代小说》《本涅特先生和布朗太太》,还有写得更好的《狭窄的艺术桥梁》("Narrow Bridge of Art"),让她成为二十年代里现代小说最重要的发言人。

她的另一个目标是要建立一种女性传统,这可以从时代背景、她关注的主题和某些独特的问题(女性长久以来都被禁锢在家庭生活中,她们被迫让自己符合某种典型形象,还有,最糟糕的是,她们被剥夺了个人收入和隐私)中看出来。《一间自己的房间》以故作天真的探索姿态勾勒出了这个目标的宏大范围,这使该书表达的观点更加尖锐,因为它反抗的正是被引导的无能与无知——它们如此长久地遮蔽了女性的"反历史"。《一间自己的房间》出版于1929年10月,最初六个月就在英国和美国售出了两万两千多册。这本书的源头可以追溯到1928年10月她在纽纳姆艺术协会和格顿学院ODTAA协会*宣读的两篇讲稿。在演讲时,她保持着轻松的语调:演讲者自己幸免于从事不被认可或薪酬不高的工作。她有一笔通过继承得来的收入。她承认,如果一个女人没有财富和隐私,写书是不可想象的。她故作谦逊地把这些条件总结为一间自己的房间。从表面上来看,她的演讲关注的是一些明确的需求:一年五百英镑和一间自己的房间,但是,这些需求的目的不仅仅是确保更有效的工作;她思考的是某种可以拓展或进化的空间,这驱使她向年轻一代提出一个更加不确定的问题。

---

* ODTAA是one damn thing after another("一件接一件的倒霉事")的首字母缩写,取自约翰·梅斯菲尔德(John Masefield)当时发表的一部小说的标题。这是一个非正式的,比较排外的协会,模仿全部由男性成员组成的使徒协会。

"女人是什么呢？我不知道，"她补充说，"我想你们也不知道。"

于是，她又回到《V小姐谜案》对女性特质的采样和测试中；回到那个无法浮出水面的深海生物的航行中；回到凯瑟琳·希尔伯里欣欣向荣的"夜"里。像鱼一样的一个未知物种穿过强劲的水流。一点微薄的收入。一间用来写作的房间。看起来是那么简单。随后，那条鱼在刹那间出现了："关于女性真实的天性的重要问题，"她对未来说——对下个世纪的我们说。然而，这不是她能解决的问题，于是，伴随一道银色的闪光，那条鱼溜走了。

作为替代，她简述了女性写作的历史，试图证明她们的作品如何因内心的挣扎而畸形。不过，当弗吉尼亚·伍尔夫强迫我们认同《简·爱》因为夏洛蒂·勃朗特反对女性的死气沉沉而存在缺陷时，她并不怎么有说服力。1928年，雷伊·斯特雷奇（Ray Strachey），一位主张女性选举权者，也是利顿的弟媳，出版了一本关于女性运动史的书：《伟大的志业》（*The Cause*）。这本书包括一篇写于十九世纪五十至六十年代、在当时无法出版的附录，这就是《卡桑德拉》（*Cassandra*）——弗洛伦斯·南丁格尔（Florence Nightingale）对于强制阻碍女性工作的强烈抗议。她认为，不工作的状态会让女人们变得扭曲、病态、紧张，让她们的生命白白浪费。在弗吉尼亚·伍尔夫看来，《卡桑德拉》是一种呐喊，而不是写作。在南丁格尔之前，简·爱发出了最明确的声明，即"女人的感受与男人相同"。这位维多利亚时代的家庭女教师从桑菲尔德的屋顶向地平线望去，说出了一段名言，以反抗她生命中的种种限制：

女人的感受与男人相同；她们需要锻炼自己的能力，需要一个能让她们付出努力的土壤，就像她们的兄弟们一样；她们与男人无异，也会因为无事可做的状态而痛苦。

在1847年发表如此明确的抗议是需要勇气的。弗吉尼亚·伍尔夫对此感到嫉妒，因而将其贬低为一种破坏了小说叙事的爆发式自白，即便简·爱的言论完全符合勃朗特的女主角的性格。这种毫无理由的攻击表明，弗吉尼亚·伍尔夫要么希望自己处在先锋位置，要么想进一步了解女人天性的秘密。她的整个论点——过去的女性的写作是扭曲的——并没有告诉我们太多关于那些女作家的事情，反而更能揭示伍尔夫自己：她害怕那种压抑的——疯狂的——情感会让她的作品扭曲变形，也害怕暴露隐藏的自我。

更切中要害的是她对主流历史的权力倾向的嘲讽，主流历史狭隘地集中在战争和"头顶金茶壶"的国王们身上。而一种"反历史"——不去模仿男人的女人们未曾发挥的潜能——在舞台两侧等待着。因为，弗吉尼亚·伍尔夫想要恢复而不是摒弃女性的传统家庭职能，这种立场在《琼·马丁小姐的日记》里已有预示，该小说讲述了一对母女如何在屡次摧毁家庭秩序的好战暴徒中建立秩序。弗吉尼亚·伍尔夫的目光过于长远，因此，她不可能和二十世纪的职业女性拥有完全一致的立场，当她重申家庭的价值——家庭对于秩序、修复、再生，以及亲情的保障——可作为一种和平艺术的根基时，她更接近我们现在的世界——这个恐怖主义随时可能发生的世界。

"我是不是和父亲一样狂热地爱着工作？"弗吉尼亚·伍尔夫在1926年问自己。《海浪》里的一位女士在花园的桌子旁写作时，另一位园丁正在清扫落叶。这是伦纳德和弗吉尼亚住在蒙克屋时的真实写照，也展现了他们二人作为作家和实干家为彼此付出的努力。一周的每一天，他们都充满热忱地工作。弗吉尼亚·伍尔夫也为了霍加斯出版社辛勤付出，她阅读手稿，在布鲁姆斯伯里的地下室里排版，有时她就穿着拖鞋和一侧裂开一条大缝的睡衣。对伦纳德而言，坚持不懈地工作是犹太人的传统，"对所有亚当的子民来说，脑子里出汗，脸上也出汗，是体面甚至神圣的事业"。对于妻子应该成为什么样的人，伦纳德·伍尔夫有坚定的想法。他支持她的工作以及让她有所收获的友谊（比如她与凯瑟琳·曼斯菲尔德和薇塔·萨克维尔－韦斯特的友谊），但不认可她的上流社会朋友（比如盖辛顿圈子 [Garsington set] 或玛戈特·阿斯奎斯 [Margot Asquith]），并且，他还试图打消妻子偶尔产生的化妆打扮的念头。她很喜欢漂亮衣服，但不得不鼓起勇气"按土拨鼠所说的，'遵照原则'穿着朴素的衣服"参加聚会。有一天，她在布莱顿看上一件蓝色的维多利亚式裙装，但伦纳德却劝她不要买。

"为什么要买？"他要是生气了还会大喊大叫，"荒谬！"

她称之为伦纳德"如火一般的粗暴"（他当然会否认这一点，她补充道）从未真正伤害到她，但他的性情有时似乎正与她相反。他是个清教徒，一个纪律严明的人。而她喜爱社交的一面与他"斯巴达式的"克制是对立的。

"我们当然应该从生活中获得更多东西。"她为自己辩解。她热爱社交的一面不应全部受到指责。"这是我从母亲那里继承的珍宝——在谈笑中获得满足感……另外，为了我现在的工作，我需要更自由和更广泛的交际……这样，我才能了解别人。"

如果妻子违背了他的意愿，比如在夜总会里表现得兴致勃勃，伦纳德就会僵硬地耸起肩膀，坐在那里一声不吭，闷闷不乐。

不过，当伦纳德强迫她不要去参加某场聚会时，她会这样想："没关系，我爱伦纳德。"总有另一个愉快的选择：穿着睡衣坐在壁炉前，抽着烟与伦纳德聊天。他拔掉她的"刺"，鼓励她与真理为伴。

"但我的上帝啊——"她感叹，"如果十二年后你还能对某个人畅所欲言，就像我对伦纳德那样，该是多么让人满足！"

伦纳德谴责势利和轻浮，但在弗吉尼亚与凯瑟琳·曼斯菲尔德和薇塔·萨克维尔-韦斯特相继的友谊中，他却没有约束她的势利。在弗吉尼亚·伍尔夫建立起现代小说家形象的过程中，这两位友人都曾激起过她的虚荣心。

弗吉尼亚·伍尔夫的确曾被女人吸引，但这两段友谊都远远无法与她对伦纳德的爱相提并论。她和凯瑟琳·曼斯菲尔德从1917年到1923年的友谊本质上是职业性的：她为凯瑟琳·曼斯菲尔德对她"珍贵的艺术"的执着而着迷。在她们最亲密的时候，她们的交谈也"与肉体无关"。而她和薇塔之间不同性质的关系从弗吉尼亚的角度来说更难界定。1922年12月，她在克莱夫·贝尔家中见到薇塔，薇塔立刻就爱上了她。昆汀·贝尔和奈杰尔·尼科尔森（Nigel Nicolson）在使用"恋情"（affair）这个词时都十分谨慎——虽然，当薇塔坐在弗吉尼亚脚边夸张地说着情话时，弗吉尼亚喜欢抚摸她的头发，但她的身体表现其实并不热情，并且，多年以来，她一直设法把薇塔变成一种"保暖拖鞋"式的朋友。她羡慕薇塔出身高贵的形象和她那张"松垂的、富裕阶层的面孔，在烟雾缭绕的……房间尽头、在一顶黑色帽子之下，她的脸焕发光彩，显得非常复古，就像美术馆玻璃框下的一幅画"。她也很喜欢薇塔慷慨的礼物，但最重要的还是薇塔作为一位作家的谦逊：弗吉尼亚陶醉在另一位作家毫无保留的赞美中。

然而，凯瑟琳·曼斯菲尔德并不是她的崇拜者：她们二人分庭抗礼，曼斯菲尔德在世时似乎是更有天赋的现代作家。在 1917 年的一次晚宴后，弗吉尼亚陷入一种气恼又惺惺作态的状态："我们都希望凯瑟琳·曼斯菲尔德留给人的第一印象不是她身上的臭味——她闻起来就像一只喜欢在街上游荡的麝香猫[她指的只是气味]。她第一眼看上去的平凡其实让我有些吃惊；她的线条是那么生硬平庸。"尽管如此，她还是被这个"神秘女人"的模糊性吸引了。

用弗吉尼亚·伍尔夫的话来说，她们二人之间这段短暂的关系是忽近忽远的。有时，她们一连几个月也不会见面——凯瑟琳·曼斯菲尔德经常出国——而一旦见面，她们便"很奇妙地完全能够相互理解"。1919 年 3 月，弗吉尼亚发现，凯瑟琳的坚强和沉着只是表象，这让她松了一口气，在 4 月，她又记下了她们的思想是如何迅速地融为一体。

"接着我们谈到了孤独，"弗吉尼亚在 1920 年 5 月写道，"我发现，她在表达我的感受，而我从未听过它们被别人表达出来。于是，我们不谋而合，像往常一样轻松地聊了起来，仿佛八个月的时间就只是几分钟……我有……一种与别人'相似'的奇妙感觉——不只是在文学上……我可以对她直言不讳。"

弗吉尼亚说："你变了。经历了一些事情。"另一个女人说话时，好像再也不需要任何伪饰了。

随后，凯瑟琳谈起她在奥斯佩达莱蒂（位于意大利的里维埃拉）时的孤独，上一个冬天，她因肺结核病去了那里。她还谈到,她的丈夫在圣诞节来探望她了,随后,她经历了一场绝望的危机:她不得不承认,在面对死亡时,丈夫米德尔顿·默里(Middleton Murry)无论在情感上还是身体上的支持都远远满足不了她的需求。她还描述了自己的石头屋,屋子底部的岩穴被海水冲刷着。弗吉尼亚·伍尔夫可能记住了这个画面,并把它用进了《海浪》——在故事讲述者生命的最后阶段,当他面对死亡达到艺术上的成熟时,迎面而来的浪潮席卷了洞穴。

1920年夏天,她们的友谊达到顶峰。弗吉尼亚认为,"像我一样热爱写作的女人是相当罕见的,她给了我一种最奇妙的感觉,仿佛我刚说完话,她的心灵就传出了我的回声"。

她曾说:"我自己的角色似乎成了我面前的剪影。"凯瑟琳·曼斯菲尔德认为,这种自我专注是有害的。她说,"人应该融入其他事物"。对话的浪潮似乎把她们冲散了,随后又把她们抛到一起。

从人物塑造上来说,弗吉尼亚最欣赏的是凯瑟琳·曼斯菲尔德那篇充满回忆的小说《序曲》(*Prelude*)。《序曲》写在凯瑟琳挚爱的哥哥查米(莱斯利·赫伦·比彻姆)于1915年战死之后,它选取了凯瑟琳在新西兰的童年时代的一串场景。凯瑟琳·曼斯菲尔德谈起哥哥时也有同样的哀思之情:"我在树丛和花簇里、在气味和光影中都能听到他的声音。除了这些远去的人,还有其他人曾为我存在吗?"她希望把他们一同经历的过去封存起来,"在我的脑海里,我和他一起在记忆中的所有地方漫游"。弗吉尼亚·伍尔夫描写童年的挽歌式小说《到灯塔去》可能在某种程度上受到《序曲》的启发。拉姆齐夫人就像《序曲》中的母亲琳达·伯内尔一样,她们化解家庭危机,吸引并安抚着自己的丈夫,但在内心深处，她们是疏离的，渴望独处。

两位作家都强调女性之间的亲密关系：海伦与雷切尔，拉姆齐夫人与莉莉·布里斯科，还有《序曲》中的凯茜娅和祖母都是如此。琳达·伯内尔独自在走廊上与母亲聊天，"用女人在夜晚交谈时的特殊的声音，仿佛她们在睡梦中，或是在某个空空的洞穴里说话"。

这是"唯一一部让我感到嫉妒的作品"，弗吉尼亚承认。《序曲》是霍加斯出版社在 1918 年出版的第二部作品，排在伍尔夫夫妇自己的《故事两则》(*Two Stories*) 之后，也是他们寄给书评作者的第一本书。弗吉尼亚·伍尔夫曾亲自为其排版、装订。

不过，她也常常不友善地把凯瑟琳·曼斯菲尔德说成一个尽力索取巨大认可的对手。1920 年 12 月，当《幸福》("Bliss") 得到了《泰晤士报文学增刊》的称赞时，弗吉尼亚故意给她寄了一封"既真诚又不真诚的信"。1922 年 3 月，她又对短篇小说集《花园茶会》表示嫉妒："啊，我找到了一个为她定位的好方法。她获得的赞美越多，我就越相信她很糟糕……她触及的点太普遍了，以至于那个点无法成为最高贵的。"

不过，她们的作品总是拥有相似的立场：凯瑟琳·曼斯菲尔德希望引导沉默的女人发声，摆脱权力的一派胡言，描写大量的细微琐事。她同样能看到这些琐事的趣味性。她坐在椅子的边缘讲故事，"面具似的脸上没有一丝微笑"，没人能像她那样让伦纳德笑得那么开心。后来，当她在芒通的伊索拉·贝拉庄园里治疗肺病时，她承认，自己正以一种特别的方式思念着弗吉尼亚："我不知道你是否明白你的来访对我意味着什么——或者说，我有多么想念那些时刻。你是唯一一个我渴望与之谈论工作的女人。再

第十一章　创造艺术家

不会有第二个了。"

1923年初,凯瑟琳·曼斯菲尔德去世了。弗吉尼亚·伍尔夫立刻用更公正也更富同情心的方式描述了她——这种态度往往是由死亡引发的。她想起了她最后一次去汉普斯特德荒野的波特兰德2号别墅的场景:

> 一切都那么整洁、明亮,有点像一座玩偶的房子。我们立刻,或者说几乎是立刻就不再羞怯。她(当时是夏天)半躺在窗边的沙发上,看起来就像个日本玩偶,她前额的刘海梳得很直。有时,我们目不转睛地看着对方,仿佛已经建立了某种持久的关系,这种关系不依赖肢体动作,全凭眼神交流。她的眼睛很美——像小狗,棕色,眼距很宽,带着一种平稳、迟缓、真诚又悲伤的神情……她看上去病得很重——非常憔悴,行动缓慢无力,她拖着自己的身体走过房间,就像一只受伤的动物。

凯瑟琳让弗吉尼亚感到不安,因为,她映照出了弗吉尼亚的月球暗面。从这个意义上来说,虽然她们的友谊如此短暂又飘忽不定,却比人们大肆渲染的她与薇塔之间的"恋情"更为严肃,因为薇塔仰慕的是那位未来艺术家美丽而敏感的形象。反过来,弗吉尼亚应和的也是薇塔的名望:正当她计划要活得更"热烈"时,她与追求享乐的薇塔成为朋友,薇塔很容易对女人动感情,她热衷于享受当下——她形容自己"对生命极度贪婪"——并常以"出身高贵"或意气风发这些词来评价别人。

尽管在二十年代后期,弗吉尼亚以情人的身份迎合薇塔,但她们之间的关系太不稳定,对弗吉尼亚而言也过于微妙,因此很难被贴上标签。"我是谁,我希望你能告诉我",她在信中对薇塔说。这种"告知"揭示了一个事实,即她们是出身背景完全不同的两位作家,她们之间相差十岁:弗吉尼亚出生于1882年,薇塔则是1892年。弗吉尼亚来自严肃的中产阶级——充满良知、对性忠诚的维多利亚时代人;而薇塔是个放浪的贵族,她出生在肯特郡的诺尔庄园,那是英格兰最雄伟的豪宅之一。她是托马斯·萨克维尔——伊丽莎白一世的亲戚和财务主管——的后裔。伊丽莎白女王将诺尔庄园赠予托马斯,大约在1605年,他翻修了大厅,并在诗人画廊里放置了一张橡木屏风——据说,薇塔小时候就躲在这张屏风后面看着父母在楼下举办宴会。她的父亲是第三任萨克维尔男爵,母亲维多利亚是西班牙舞蹈家"珀皮塔"("Pepita",薇塔一部作品的主角)的女儿。薇塔很爱诺尔庄园,她痛恨让她一生下来就丧失了继承权的女性性别。她的书《诺尔与萨克维尔家族》出版于1922年12月,就在她遇见弗吉尼亚前不久。弗吉尼亚把这本书的开头用在写给薇塔的那部虚构传记中:世世代代,萨克维尔家族都是"英国历史"的代表人物。

薇塔经常像男人一样穿着长靴和马裤,她喜欢和女人交往——最广为人知的是她与维奥莱特·特里富西斯(Violet Trefusis)从1918年持续到1921年的恋情——但她还有个更传统的身份,那就是外交官哈罗德·尼科尔森(Harold Nicolson)的妻子,他们在1913年结了婚。夫妻二人和他们的两个儿子一起(分房)居住在诺尔附近的朗巴恩(Long Barn)。

1922年8月3日,弗吉尼亚在日记里记下了很可能是从克莱夫·贝尔那里听来的话:"尼科尔森夫人认为我是最好的女作家——对于尼科尔森夫人听说过我这件事,我已经习以为常了。"鉴于弗吉尼亚后来的名声与叶芝、艾略特和乔伊斯等人不相上下,最好的"女"作家似乎是不够的,但在1922年,她还没有写出最好的作品来。当她们在克莱夫·贝尔家见面时,薇塔已经出版了两部长篇小说、一部短篇小说集和一些诗歌。她的书都由海涅曼出版社(Heinemann)出版,比起霍加斯出版社来说,海涅曼更有资历,却没有那么星光熠熠。她们之间存在相互利用的空间:在弗吉尼亚眼中,薇塔是英国历史的浪漫化身,她还给了弗吉尼亚毫无保留的奉承;而弗吉尼亚能让薇塔享有霍加斯出版社的声誉。1924年,伍尔夫夫妇出版了萨克维尔-韦斯特的《厄瓜多尔的诱骗者》(*Seducers in Ecuador*),作为编辑的弗吉尼亚很庆幸,因为她看到这位作家摆脱了"陈旧的废话,接受了某种艺术的灵光",她还声称,在这部作品里,她发现了"自己的面孔"。但弗吉尼亚反对薇塔的某种保留,她将其称作"透明性"(transparency)。

"难道你身上没有什么模糊不清的东西吗?"弗吉尼亚在1926年11月问她。"某种无法被感知的东西。也许是故意的——你不让它……一些保留的、无声的东西。"

与这种保留相对立的是薇塔的世故。"她认识每一个人",当弗吉尼亚在里士满感到与世隔绝时,她这样想。作为一名作家,她渴望生活在她喜爱的繁华世界里,在那里,薇塔追求她,邀请她去朗巴恩参加晚宴,她开车载她,还送她一条精美的项链。不过,与薇塔外出一整天后,弗吉尼亚会给伦纳德写信,说她感到"孤独",想要回归"内心"。

这是因为,尽管弗吉尼亚试着张开双翼,她还是抗拒在外面的世界游走。她抗拒的并不是薇塔,而是她认为的平庸之辈。她感到自己的灵魂"萎缩成了一颗铆钉",而她最稳定的参照对象仍旧是她的丈夫。"与我亲爱的老莱奥(伦纳德)在一起,生命是不会损耗的。哦,不,也许他会拒绝燃烧;但他绝不会减损;因此,当他燃烧的时候,火光是最纯粹的红色——现在我看到的火焰已经接近白色了。"伦纳德强烈的正义感引出了弗吉尼亚作为莱斯利·斯蒂芬的女儿充满道德感的一面。

没过多久,她就知道了薇塔是"一名公开的萨福主义者[*],而且,她可能对我有意思,虽然我已经老了……我是如此爱慕虚荣,把她对我的热情追溯到了五百年前,它让我觉得如此浪漫,就像陈年的黄葡萄酒一样"。这就是弗吉尼亚对那部奇幻小说(《奥兰多》)的最初想法,该小说的主角是一位雌雄同体的贵族,他的故事贯穿了英国五百年的历史。伦纳德认为,她们二人之间的友谊是富有创造力的,因此,他并不反对妻子与薇塔的亲密关系。他容忍这段关系的原因与哈罗德·尼科尔森不同,后者本人就是一个活跃的同性恋者。伦纳德尊重薇塔,把她当作职业作家看待,也很乐意出版她的作品。她写的王室内部的趣闻轶事《爱德华时代》(*The Edwardians*,1930)成了霍加斯出版社尚未有过的现象级作品:它是一本畅销书。这倒不是说伦纳德喜欢畅销书。他认为畅销书是二流作家的作品。他和弗吉尼亚从不把薇塔的小说与真正的艺术相提并论,不过,当他们拒绝她时,又很钦佩她始终如一的优雅风度——不论出版社如何让她失望。时间证明,薇塔把她最杰出的天赋用在了她为她最后的住宅——锡辛赫斯特城堡——所设计的华丽花园中,这座城堡曾是萨克维尔伯爵一世的

---

[*] 即女同性恋。萨福(Sappho)是古希腊时期著名的女同性恋诗人。——译注

妻子西塞莉在伊丽莎白时代的居所。

势利、奉承、对于繁华世界的渴望：薇塔是一个答案，但为什么是作品其实不被弗吉尼亚欣赏的薇塔呢？为什么从 1923 年到 1929 年，这段友谊能一直保持旺盛的势头？当尼科尔森夫妇到布鲁姆斯伯里戈登广场 46 号赴宴时——薇塔曾把这个地方戏称为"格鲁姆斯伯里"（gloomsbury）*——弗吉尼亚觉得他们太"古板"了：尼科尔森过于虚张声势，而他的妻子又太沉默。不过，在弗吉尼亚眼里，沉默也是一种"表达"。她开始称赞薇塔 1926 年从德黑兰寄来的"沉默的信件"，当时，弗吉尼亚自己也深陷于沉默之中——她沉浸在《到灯塔去》两位重要的女性角色的内在生活中。她称之为"沉默"的东西指的是女性未说出口的话："有大片未命名的领域。我敢说，那些沉默的信件才是最好的。"薇塔写给弗吉尼亚的信中的那种克制，呼应着弗吉尼亚小说中的意识的阴暗面：在《夜与日》里，夜是日的补充；患有震弹症的塞普蒂默斯·沃伦·史密斯是达洛维夫人所处的威斯特敏斯特阶层的补充；在黑暗的卧室里，莉莉·布里斯科与她的艺术对象拉姆齐夫人交谈；随之出现的是拉姆齐夫人站在灯塔光束下的场景——这束光探寻着她的权威的源头。莉莉把她画成一个黑暗的内核——画布上的抽象形态——这种黑暗（或沉默）无法用其他方式定义。那些只能在拉姆齐夫人身上看到维多利亚时代的甜美女性气质的人，看到的太少了。

1906 年，弗吉尼亚·伍尔夫开始写作时就关注"阴翳中的生命"：沉默的两姐妹待在家中，在夜晚的烛光里互诉衷肠，她们

---

* "gloom"是"昏暗"、"忧郁"的意思。——译注

等待着唯一向她们展开的人生情节：婚姻。弗吉尼亚·伍尔夫对"阴翳中的生命"这一普遍主题的持续关注，让她早就准备好去回应她的新朋友身上那"无声的"、不能说出口的东西。

"那么，我们是不是无法了解任何人？"她问薇塔，"只能了解我们眼中的他人，而那只不过是……我们自己的变体。"作为传记家的女儿，她一如既往地挑战着传记的常规。一种方式是把传记式的认知转化为创造性的结论："我向你保证，如果你创造了一个我，我也会创造一个你"——这就是她将在《奥兰多》这部戏仿传记中所做的事。

另一种方式是喜剧表演。两个女人开始像不会说话的动物一样交流。弗吉尼亚建议薇塔扮作一只帝蛾，而她自己只是一只象鼻虫。她们给对方起了小狗的名字，波托（Potto，弗吉尼亚）和陶瑟（Towser，薇塔），这种交流方式释放了她们的表达空间。不过，遗憾的是，"小狗们"说的话都显得很愚蠢——也许是因为薇塔没有能力以弗吉尼亚想要的更深刻的方式与她"共鸣"。她们之间最愚蠢的交流与波托的"无耻"行为有关——那是在朗巴恩的沙发上写《奥兰多》的时候。尖叫声与嬉笑声接连不断，薇塔不停地说着热烈又浪漫的老式情话。（薇塔的儿子奈杰尔·尼科尔森那时还是个小男孩，在他印象中，伦纳德毫无嫉妒地接受了她们的关系，但私下却认为这段关系"相当令人厌烦"。）波托表现得像一位带着侍臣的女王：她毫无羞耻心地榨取薇塔的赞美，承诺给她恩宠，假装自己急不可耐，顽皮地暗示自己拥有不同的（不存在的）情人，并装作对她的忽视感到难过。不过，弗吉尼亚主要还是把自己想象成一只宠物——一只杂交犬，就像伦纳德的灰毛犬一样，它气喘吁吁，怀着热烈和赤诚的爱，它长了兽疥癣，

第十一章　创造艺术家

因此也需要别人的关心。以这种方式,她把薇塔当作一个看护者,尽管薇塔身上的母性并不明显。弗吉尼亚甚至幻想,薇塔就是充满母性的拉姆齐夫人。当然,这种幻想不仅仅出现在她对薇塔的感情中;她在所有亲密关系中都表现出了对母性的需求。

我们很难忽视这种表演,它让演员比观众更乐在其中,但实际上,在她们交流的深处,有一些非常罕见的东西,这类似于福斯特在《霍华德庄园》中所做的测试:一个敏感的人是否能够跨越阶级和礼仪的障碍,与那些陌生的、处于困境中的公众人物建立"联系"?弗吉尼亚一再把薇塔引向内在生命的奥秘:"我希望你能告诉我,我究竟是谁。"她会从那些屈服于"吸力"的信件中找到真正的薇塔。

浪漫的语言、不同于庸常调情的彼此"倾诉",让她们之间的关系达到最具活力和创造力的状态——她们以传奇文学(romance)的风格为彼此创作角色,而在过去,这种体裁正是面向女性读者的欲望的。当女性逐渐适应了市场对性别的机械化定义后,传奇文学几乎消失了。弗吉尼亚和薇塔都不像市场上的模范形象那样毫无个性特征。她们都不漂亮:薇塔的脸色发红,唇边长着胡须似的绒毛,穿马裤、戴珍珠;弗吉尼亚的眼睛很大,她穿着长长的开襟毛衫,双手插在口袋里,显得瘦骨嶙峋。不过,对于像她们这样生于维多利亚时代的女人来说,传统的礼仪、安静的性情、茶桌上的谈话直到二十世纪二十年代仍对她们有影响,尽管这是享乐主义盛行的爵士时代——凡妮莎每次去辛德探望公婆时都必须遵守这些礼节,它们似乎自1870年就在辛德固定下来了。在传统观念里,女人出版书籍是很不体面的行为,弗吉尼亚一直都对此格外敏感。在歌剧《日本天皇》里,最高刽子手曾编写了一份滋扰公众、罪该斩首的人物名单,其中一类人就是女小说家。"那位行为异常的怪胎,那位女小说家,"最高刽子手唱道,"嗯,我认为她不会被遗漏。我确信她不会被遗漏。"作为一位"女小说家",弗吉尼亚一直觉得自己很古怪,这让她被薇塔、被她的同类吸引。

"我有成千上万的话,与其说是想对你讲,不如说是想向你倾倒",弗吉尼亚告诉薇塔。1926年底,在写完《到灯塔去》的一段时间后,薇塔邀请弗吉尼亚去诺尔庄园住一段时间。

弗吉尼亚回信说:"我不可能去诺尔,原因是:灌木丛把我的衣服刮破了[在康沃尔修改《灯塔》的时候],我找不到别的衣服穿,而且,我不能要求你的管家服侍我,也不能为了写信的尊严躲在屏风后面吃饭,因此我不知道怎么才能去诺尔。我的衣服上全是洞,没有发卡,也没有长袜可穿。你会感到羞耻的。"

第二天她就改变了主意:"我是开玩笑的。我一点也不介意自己邋遢、肮脏、破破烂烂,像个红鼻头的中产阶级……我真的想见你。真的,真的……"

1927年1月17日和18日,在薇塔第二次去德黑兰与丈夫会合之前,弗吉尼亚在诺尔度过了两晚。弗吉尼亚这次造访诺尔时看到了很多古老物件,它们出现在她开始为薇塔写的小说中。莎士比亚人形门挡、彩色玻璃窗上的猎豹图案、雕着海豚鳍的椅子、按照乔治一世和二世时期住在诺尔的贝蒂·杰曼夫人的配方调制的香料、银色的家具、布朗画廊中蒲柏的墓志铭——这一切至今仍让人想起薇塔·萨克维尔-韦斯特与弗吉尼亚·伍尔夫之间的联系。弗吉尼亚在诺尔庄园及其历史背景下看到了薇塔的世袭地位,她构思了一部虚构的"传记",主人公是奥兰多这位"因热爱

245

第十一章 创造艺术家　　289

文学而深受折磨的贵族"。奥兰多用阅读传记的方式读书,而弗吉尼亚·伍尔夫希望自己的作品也能被这样阅读;他的专注投射出一个"读者的角色,从四处散落的线索中创造出一个活生生的人的整个边界和范围;那些听得到我们[作者]用生动的声音窃窃私语[的读者],常常在我们什么都没说的时候,就能看清[作者的]真实面目,不费吹灰之力就能准确理解[作者的]所思所想,我们正是为了这样的读者而写作的"。

《奥兰多:一部传记》(1928)赞扬薇塔是一位有抱负的作家,将她写成一个英勇无畏的贵族人物。这个人物从伊丽莎白时代一直活到现代,先是作为一个男人,后来变成女人。故事情节大有可为,但《奥兰多》并非弗吉尼亚·伍尔夫最具探索性的小说之一。它更像一场展现了社交姿态和华丽服饰的盛大表演,弗吉尼亚刻画性别角色的所有技巧都发挥到了极致,使其包裹着一层浓厚的迷人色彩。1928年10月11日,当薇塔读完《奥兰多》后,她写信对弗吉尼亚·伍尔夫说:"我觉得自己就像橱窗里的一座蜡像,你把缀满珠宝的长袍披在了我身上。"

弗吉尼亚从不否认自己的势利,这种坦率——这种"不知羞耻"——有时可能会讨人喜欢,不过,安吉拉·卡特叫停了二十世纪末人们对《奥兰多》的抬高,她认为,这部作品只是对一位贵族的阿谀奉承——她是正确的。《奥兰多》的最佳场景出现在当弗吉尼亚忘了恭维薇塔而去描写十八世纪的伦敦,尤其是想象中与蒲柏的一次会面时。奥兰多思考着那位诗人身上看得见和看不见的东西,此刻,这本书的迷人色彩消失了。当奥兰多和蒲柏乘坐马车穿过灯火阑珊的小镇时,她觉得蒲柏伟大的心灵湮没在了黑暗中,后来,灯光亮起来,她又觉得他是个让人无法忍受的蠢货。

虽然薇塔/奥兰多这个角色并不那么让人信服，但她的确体现了雌雄同体的观念。1928年至1929年，在写《奥兰多》和《一间自己的房间》的时候，弗吉尼亚·伍尔夫玩味地设想了一个两性结合体的理想概念。但正如薇塔示范的那样，该结合体基于社会对男性气质和女性气质的建构，而弗吉尼亚·伍尔夫在她最具探索精神的时候，曾对这种社会建构提出质询，反而更倾向至今仍未有定论的性别的自然属性。她对雌雄同体这一概念的玩味并不长久。

《奥兰多》最有趣的地方在于，它是对冗长的大部头传记——一个容易被攻击的目标——的滑稽模仿。但弗吉尼亚·伍尔夫更具创造力的想法——那些有可能改变传记写作的东西——都融入了其他作品中：她更伟大的几部小说，当然还有她的传记随笔，而最有启发性的或许是她生前未出版的一些早期作品。

当《奥兰多》在1928年出版时，伊丽莎白·鲍恩和她的同时代作家都很震惊：在他们看来，这似乎是《到灯塔去》之后的一次退步。不过，大众很喜欢这本书：《奥兰多》是弗吉尼亚·伍尔夫在世时最受欢迎的作品之一，在二十世纪七十和八十年代，一批获得解放的新女性读者还四处为它游说，将它称为她的一流作品。我自己觉得《奥兰多》很乏味。幻想只要忠于人的内心，就不是问题，但在《奥兰多》里，那种滔滔不绝地开着玩笑的夸张声音听起来很生硬，也不肯停歇。它的声吻太像天花乱坠的时尚杂志，仿佛作为局外人的弗吉尼亚为了进入一个浅薄的世界而迎合过度：表现在薇塔身上的浅薄在于她频繁更换伴侣；而弗吉尼亚的浅薄在于她曾是伴侣之一——她扮演一个如痴如醉的情人，表达着她暴风骤雨般的情感。

那么,到底有多少证据能证明,她们是真正意义上的情人?一位编辑谈到她们在 1925 年 12 月的"结合"(consummating)与"恋爱"(affair),不过,"结合"这个词的重要引申义或许暗含着对事实的夸大。虽然薇塔声称她们上过两次床,但两次的偶然事件不足以构成我们理解中的"恋爱"关系,而且,发生的事情可能也只是爱抚和拥抱。如果事实是这样,那么,把弗吉尼亚与丈夫之间的"爱情游戏"贬低为禁欲婚姻的标志,而把她和薇塔之间发生的事(很可能还没有那么多)夸大为彻底的"结合",就是不符合逻辑的。无论是伍尔夫夫妇的婚姻,还是弗吉尼亚与薇塔之间的关系,都不怎么符合词语的表面意义。

毫无疑问,薇塔很担心弗吉尼亚不稳定的精神状态,她对待她的方式不像对待其他恋人那样粗放。她曾告诉丈夫:"对弗吉尼亚的爱是很不同的:那是心理和精神层面的东西,如果你愿意,也可以说是智力上的……弗吉尼亚不是会让人联想到 [性] 的人。那种想法不合适,甚至很下流。"薇塔还曾私下对尼科尔森坦白,弗吉尼亚是缺乏吸引力的:"所以你看,我多么明智,——不过,如果我受到更多诱惑的话,可能就没这么明智了。"以及:"我的确很爱她,但并非秘密地 [以同性恋的方式] 爱她。"

1928 年 9 月,弗吉尼亚和薇塔一起去勃艮第度过了一个短暂的假期,根据薇塔的记录,当暴风雨来临时,她去了弗吉尼亚的房间。很明显,什么都没发生,她们是分开睡的。

1994 年,在锡辛赫斯特的伊丽莎白时代的塔楼里,人们发现了薇塔写给弗吉尼亚的四封信,它们被藏在薇塔的橡木书桌的一个秘密抽屉里。信件的编辑认为，这些信确定了两人之间的肉体关系——信件的私密性似乎增强了此观点的可信度。不过，在仔细审阅之后，它们的私密性让人疑惑，因为没有什么内容是值得隐藏的——它们与其他信件并无区别。其中一封信显得更直白一些：1938年，弗吉尼亚拿薇塔打趣，说薇塔"现在"用比爱弗吉尼亚更"肉欲"的方式爱着其他女人。一种解释是，她们的确曾以"肉欲的"方式相爱过，但不是"现在"。而另一种解释是，薇塔从未像爱其他女人那样肉欲地爱过弗吉尼亚。

在她们的通信中，彼此间的吸引是很明显的——弗吉尼亚欣赏薇塔的双腿、"完美的身体"和张扬的姿态——有时，她们会欺骗伦纳德，薇塔会在情书里附上可以安全地给伦纳德看的其他信件。弗吉尼亚去世很久后，薇塔把那些信给了伦纳德，伦纳德的诚实不允许谎言存在，他很可能因为弗吉尼亚的共谋而深感失望。他的结论是，"我的妻子是一个女同性恋者"。不过，在她们关系最好的时候，他是鼓励她们的友谊的。他甚至控制着这段友谊：奈杰尔·尼科尔森回忆，有一次，弗吉尼亚在薇塔的陪伴下太过激动，伦纳德便缓缓起身，把她带出房间待了大约一刻钟："他轻抚她的肩膀时的那种温柔几乎是神圣的，而她对他的顺从也代表了她从未给过其他人的信任。"因此，他的妻子是不会为了一位同性情人而抛弃他的。

1927年1月31日，就在弗吉尼亚去过诺尔之后，她得出了另一个结论。"当你用阴影遮住性的狂烈后，女人之间所有的花斑纹路就显现出来了，它们是那样迷人。在我的洞穴里，我看到了许多被你们这些耀眼美人自身的灿烂光芒所遮掩的东西。"

1928年，薇塔陪弗吉尼亚去了剑桥，还听了她的几次演讲，

第十一章　创造艺术家

那些讲稿后来成为《一间自己的房间》。向女性敞开的是什么？这个潜藏在弗吉尼亚青年时代的问题一下子吸引了获得投票权的新一代人。1931年，薇塔最好的小说《激情耗尽》在霍加斯出版社出版了，它受到出版于1929年的《一间自己的房间》的启发。斯莱恩太太的丈夫"用他自己的生活和兴趣取代了妻子的人生……他从来没有想过，她可能更愿意做她自己"。闪回到他们结婚前夜时，这个成为斯莱恩太太的年轻女孩很疑惑，为什么她"抛弃了自己全部的独立生活"。

女人们幻想中的丈夫罗切斯特先生对简·爱说："我希望你和我在一起时是自由的，就像我发现我不可能对你拘泥俗套一样。"——罗切斯特从未比这一刻更有魅力。薇塔的书桌上摆放着一幅很常见的勃朗特三姐妹的画像。绝非巧合的是，弗吉尼亚·伍尔夫发表的第一篇随笔写的就是对霍沃斯牧师公馆[*]的探访。不论是勃朗特姐妹还是弗吉尼亚·伍尔夫和薇塔·萨克维尔-韦斯特，都敢于"说出"女人想要的是什么。

如果说凯瑟琳·曼斯菲尔德是"相似"的，那么薇塔的吸引力则建立在差异之上，她的自信和世故与弗吉尼亚·伍尔夫的内省形成了鲜明对比。凡妮莎的观点或许促进了这种相互吸引，她曾说自己的妹妹有"萨福主义倾向"（这是在弗吉尼亚与克莱夫·贝尔肆无忌惮地调情时提出的）。通过薇塔，也通过《奥兰多》，弗吉尼亚·伍尔夫建立了一个完全不真实的自我形象：薇塔给了她纵情欢愉的幻觉。一些更肤浅的信中写满单调浮泛的内容，这与她回应凯瑟琳·曼斯菲尔德的"回声"时那种惊奇的激昂语

---

[*] 霍沃斯是勃朗特三姐妹的故乡。——译注

调完全不同，与她后来跟埃塞尔·史密斯（Ethel Smyth）的通信也不同——在给埃塞尔的信中，她坦率的自白带有某种惊奇的解脱感。和薇塔相比，弗吉尼亚的赞叹是假装的，她似乎在尝试扮演某种类型的角色，然而，像往常一样，这个角色并不适合她。

在一张曼·雷（Man Ray）给弗吉尼亚·伍尔夫拍摄的照片上，她鲜明的轮廓、艳丽的红唇和剪短的头发呈现了一个大胆的现代形象，就像她与薇塔时髦的"恋情"所展现的一样。在《达洛维夫人》里，彼得·沃尔什自1918年到1923年一直待在印度，当他回国后，发现"每一个女人，就连最有身份的女人……嘴唇都像用小刀雕刻过似的……到处都是设计，到处都是艺术"。公共表达与华丽的装饰取代了"阴影"，不过，弗吉尼亚·伍尔夫的小说对"阴影"的关注却加深了。《达洛维夫人》和《到灯塔去》探索了疯癫、记忆以及像塞普蒂默斯·沃伦·史密斯和莉莉·布里斯科这样被过去所困的人。为了赋予阴影中的生命一种明确的艺术形态，她反复让角色停留在过去某个时刻，并追踪他们在那一刻的意识状态。

创作《达洛维夫人》的时候，弗吉尼亚·伍尔夫下决心去做一种"开凿隧道"的工作。她想要挖掘角色背后的"洞穴"，深入他们沉默的生命，由于这些生命的未知性，她的前三部小说只是绕着他们兜圈——雷切尔、凯瑟琳和雅各的生命都是未知的。达洛维夫人和塞普蒂默斯是她选择的更成熟的人物，他们背负着回忆的重担，他们自身就有能力去探索藏在威斯特敏斯特女主人和参战老兵这些表象背后相连的洞穴，把理智却受限的行为和错乱的疯癫行为区分开来。

中年时代的理查德·达洛维夫人是一位国会议员的妻子，她面色苍白，心脏有些毛病，如今，她一个人睡在一张白色的床上。她承受着女人们熟悉的痛苦，即她的外在形象（作为她丈夫的妻子）并不真实。克拉丽莎·达洛维反复回想起她人生的转折点，那时，她还是伯尔顿的年轻姑娘，她选择嫁给了让人感到宽慰的达洛维，而不是那个"可爱的"、苛刻的彼得·沃尔什。彼得很像伦纳德·伍尔夫，他认为，自由和思想独立比金钱或社会地位更重要。彼得从未从克拉丽莎的拒绝中完全恢复：从那一刻起，他的人生就变成了不安的、将就的、轻浮的，不过他从不欺骗自己。他觉得克拉丽莎年轻时的那种羞怯会在中年变成一种拘谨的保守主义。彼得把它称作"灵魂的死亡"。

在小说描写的1925年的一天里，克拉丽莎正准备为丈夫在威斯特敏斯特的同僚举办一场聚会。她去邦德街购物、买花、缝补衣服。表面上看，克拉丽莎为她丈夫这个公众人物提供了一个良好的背景，但她的内在生命却"独自漂泊在海上"。她的回忆里充满感情：她拒绝了与"可爱的"彼得一起冒险的人生"情节"，转而选择了可以预见的、就在眼前进行着的达洛维的"叙事"。当大本钟的钟声响起，沉闷的声波把伦敦固定在原地时，她偷偷溜回了过去，质问那个还未变成"达洛维夫人"的女孩。战争英雄塞普蒂默斯·沃伦·史密斯以一种类似但疯狂的方式坚守着过去，他质疑战争，继续与死去的人们同行。就在同一天，被送进精神病院的威胁让他选择了自杀。当人们来找他的时候，他在最后一缕日光中从窗户跳了下去。

在这个场景的"夜与日"中，达洛维夫人在夜晚最黑暗的时刻出现在故事的最高潮。大本钟敲响了午夜钟声，她离开聚会，站在窗边，想着那位英雄的死。此时此刻，她不是"达洛维夫人"，而是"克拉丽莎"，是一个拥有清晰的想象力的"未被看见"的自我，这让她能够看见一位陌生人。黑暗——掩盖了她的公众人格——加强了她的共情能力，让她和那个被战争清晰可见的"恐怖"逼疯的男人产生了共鸣。这是一个情感通达的生物，正与塞普蒂默斯相对应——塞普蒂默斯那美好的人性品质无法在公共生活中被发掘、被看到。

弗吉尼亚·伍尔夫认为，对《达洛维夫人》最中肯的批评来自利顿·斯特雷奇，他觉得达洛维夫人让人讨厌，视野也很狭窄，弗吉尼亚在日记里记下他的抱怨，"我一会儿嘲笑她，一会儿又很想拿我自己来为她掩饰"。这幅肖像作品可能有些不连贯，但当弗吉尼亚·伍尔夫从对达洛维夫人的冷漠、嘲讽态度转向她过去的"阴影"时，她距离艺术上的成熟也更近了一步。如果她想成为伟大的小说家，就必须像凯瑟琳·曼斯菲尔德建议的那样，与某个和她自己（或她的哥哥姐姐——她前三部小说的人物原型）不相关的人"融为一体"。并且，如果她想超越战后风行一时的幻灭情绪，她需要像福斯特主张的那样，创作出一个可爱的人物来。

首要问题在于，如何通过一个"可爱的人物"表达她对二十世纪二十年代初上流社会文学界的厌恶呢？那群人"暗地里嘲讽别人，在公共场合饱食鹅肝酱，他们举止失当，却有滚滚而来的名利"。她承认，她对奥托琳·莫瑞尔夫人在牛津郡盖辛顿的府宅那"湿滑的淤泥"有某种迷恋，那片土地上种着"不比芦笋大的"年轻男人。"我心里充满了对人类的厌恶，"她继续写道，"他们的虚伪，他们的虚荣……昨晚和奥托琳的谈话让人相当不快……随后，我的脑海里混合着愉快与甜蜜、轻蔑与痛苦……我想说出心灵的捉摸不定。我总是太能忍受了。事实是，人们几乎不关心彼此。"

她在此说的正是塞普蒂默斯·史密斯说过的话——他认为人类"既无善意，也无信念，除了追求眼前更多的欢乐之外，没有仁慈之心"。1922年10月6日，弗吉尼亚·伍尔夫在《雅各的房间》的手稿里写下这部小说最初的计划时，塞普蒂默斯并未出现在其中。她最初的想法是围绕达洛维夫人写一本包含六到七个场景的小书，但每个场景都是独立的，从"达洛维夫人在邦德街"开始，以"聚会"结束。10月6日她还专注于"聚会的意识"部分。后来在10月14日的日记里，她却彻底改变了想法，她打算把那个疯子加进来，并通过他引入她自己的厌恶情绪。突然间，她想到了这样一部小说，它能够平衡对待社会的矛盾态度："我将在此概述一项对精神失常和自杀的研究：展示精神健全的人和神志失常的人分别看到的世界。"

有了塞普蒂默斯承担起"异化"的全部重担，作者现在可以自由地沉浸于达洛维夫人在聚会上的意识了。事实上，达洛维夫人的场景充斥着她的可爱，而这种可爱并不完全令人信服，是对偶尔流露的轻微嘲讽的过度补偿。据说，达洛维夫人并不是基蒂·马克西的真实写照，不过，虚构的特权也无法掩盖构思上的不确定性。正如昆汀·贝尔注意到的，只有当弗吉尼亚·伍尔夫喜爱她的对象时，她的人物刻画才是接近准确的。她并不喜欢基蒂，基蒂是她母亲的学徒，是"集智慧、风度、美貌和优雅于一身的典范"。在最早的短篇速写"达洛维夫人在邦德街"里，她就讽刺了克拉丽莎·达洛维那追求时髦的势利模样。克拉丽莎心想："要是有邋遢的女人来参加她的聚会，那简直无法忍受！如果济慈穿着红袜子,人们还会喜欢他吗?"当作者写到邦德街的爆炸声吓坏了女售货员们,而两位购买白色长手套的中上层阶级顾客却勇敢地坐直了身体时,她自己的势利与克拉丽莎是一致的。后来,她在《达洛维夫人》中笔锋一转,用自己的梦替这位女主人掩护:"当她看着那些出租车时,有一种永恒的感觉,她远去了,远去了,孤身一人漂泊在海上。"

刻画达洛维夫人时的反复无常被解释为"掌握经验、在光亮中慢慢扭转它的能力"。从理论上来说,这是詹姆斯·斯蒂芬爵士提出的为实现公正而进行的理性训练:"要意识到偏见在我们身上的力量……了解如何在内心深处与我们的敌人互换位置……但仍不动摇,仍忠实地坚持我们选择的标准——这就是胜利。"而他的孙女想做的,是对敲响的大本钟所支配的世界、对政客们的制度、对他们的女主人和哈利街做出公正的审判。她打算先向它们致敬,再以达洛维夫人与被异化的塞普蒂默斯最后的结盟来削弱其基础。通过这种训练,她可以让自己的心灵保持平衡。詹姆斯爵士说:"实证主义和教条主义可能带来坚定的信念,但不会带来最坚定的心灵的信念。船只抛锚时的晃动确保了它停泊时的稳定。"在这部小说的高潮,弗吉尼亚·伍尔夫的确完成了这种审慎的"晃动"。

时髦的克拉丽莎和破碎的史密斯之间只有最微弱的联系。当威廉·布拉德肖爵士在克拉丽莎的聚会上解释,他是因为史密斯的自杀才迟到时,克拉丽莎离开房间去消化死亡这一事实。通过这个疯子,达洛维夫人唤醒了对同类的情感,这只不过是隐藏在黑暗中的片刻时光,却彻底改变了她。她不再是那个穿着绿纱裙给首相引路的光彩照人的女主人,因为当她独自待在黑暗的房间时,她看到一个从未被充分认可的自我,一个拥有前所未有的想象力的自我。

小说第一稿更明确地把达洛维夫人推向史密斯的阵营。当她望着马路对面一位准备睡觉的老妇人时，她感到很羞愧，因为她忽视了普通人的生活。史密斯展现了深陷于"可悲但英勇的沉默中"的人们那"不为人知的"面孔。

当午夜的钟声响起，这种洞察力带给她的喜悦达到巅峰。随后，外在生活随着汽车喇叭声和客厅的闲聊声卷土重来，她坚定地走了回去，就像草稿里写的那样，"她要直面她的敌人"，这里的敌人具体指的是维护"正常"的威廉爵士。当克拉丽莎回到客厅时，她身上那种颠覆性的光芒让彼得·沃尔什激动不已。

小说结尾的几句话要求读者从反映克拉丽莎·达洛维的过去和现在、深层和表层生活的不断变化的场景中组构出这个人物。当她打开门回到聚会时，一直爱着她的彼得展示出了这种组构的必要性：

是克拉丽莎，他说。
因为她来了。

254 弗吉尼亚·伍尔夫试图通过这位情人的喜悦激发我们的创造性回应。不过，我们能确定来者究竟是谁吗？

在下一部小说里，拉姆齐夫人引发的喜悦之情是合情合理的，但这里的喜悦，就像在后来的《奥兰多》中一样，是刻意烘托出来的爱慕之情，让读者难以共情。相比之下，当弗吉尼亚·伍尔夫转向拥有维多利亚时代遗风的不屈不挠的人物——比如继承了祖辈的责任感的悍妇布鲁顿夫人和天生的探索者帕里女士时——

她的文风更简洁有力。那些古怪的人无疑是可爱的，弗吉尼亚·伍尔夫在描写她们的时候也带着宽容的幽默感。然而，她沉迷于用更夸张，并且潜在地更讽刺的方式去描写达洛维夫人，她的滔滔不绝总是夹杂着淡淡的嘲讽，这是《远航》里的讽刺写法的残留，更远可以追溯到斯蒂芬家的孩子们给基蒂·马克西取的绰号（基蒂的母亲姓勒欣顿[Lushington]，他们便叫她"格欣顿"[-Gushington]）*。弗吉尼亚·伍尔夫差点放弃达洛维夫人，因为她太华而不实了，于是，她创造出了她的回忆。"但我觉得，"在小说出版后她承认，"某种对她的不喜欢始终存在。不过，这与我对基蒂的情感再次吻合。"

弗吉尼亚·伍尔夫曾在一封信中颇为神秘地说，她必须用塞普蒂默斯这个角色来完成克拉丽莎的角色。那位疯子的精神病态是对克拉丽莎半知半觉的生命枯竭状态的戏仿。他的态度是致命的，因为他在拒绝社会常规的同时，也拒绝了抚慰人心的幻象和让我们保持理智的适应能力。我们把"理性"付诸实践，将其当作理所当然的事，弗吉尼亚·伍尔夫也在刻意这么做：《达洛维夫人》从1923年一直写到1924年，她头一次没有受到疾病的干扰。通过克拉丽莎，她适应了社会规范，通过史密斯，她审视了精神疾病对人的摧残，不过，她从未让我们忘记，保持理性的代价是遗忘。

弗吉尼亚·伍尔夫放弃了叙事小说的章节形式和《雅各的房间》的极端碎片化叙事，她在《达洛维夫人》和《到灯塔去》里

---

* Gushing 一词的意思是"过分热情的，容易动感情的"。——译注

设计了一种一分为二的形式，几乎是图示般地阐明理智与疯癫、公众与私人、白天与黑夜、现在与过去这些对立概念。《达洛维夫人》是一场保持平衡的表演，它诞生于弗吉尼亚实现了生活上的平衡的二十年代中期。通过上午十一点到半夜十二点的精确的时间结构，小说维持了精妙的平衡感。这些时间尺度是为了衡量医生和政客的一天而设计的，不过，在它们"沉闷的声波"中，也有神秘的内心戏剧发生。

小说第一稿题名《时时刻刻》（"The Hours"），强调了外在的时间框架的恒常性，它是通过更突出史密斯自杀后的六次钟声和克拉丽莎觉醒后的十二次钟声实现的。弗吉尼亚·伍尔夫按照后印象主义的目标来改造这部小说，罗杰·弗莱让她理解，现代艺术不应该追求对形式的模仿，而应该去创造形式。换句话说，艺术家要创造出表达某些特定经验的形式，比如，因为一位陌生人的自杀，克拉丽莎在午夜时分感慨日光的消逝，在这一视角下，她觉醒的瞬间找到了最完美的表达形式。

修改后的小说减少了对时间的强调，也淡化了对彼得和利西娅这两个失意爱人的批判，其效果是把克拉丽莎和塞普蒂默斯推向前景，让我们直接进入他们的意识中。在形式上，他们被钟点联系起来，而更微妙的联系在于他们的意识的韵律运动以及他们对死亡的共同关注。

意识那充满韵律的波流穿过时间，就像穿过一条河道。钟声带有一种欺骗性的终结意味，仿佛是句子结尾的句号，是富有韵律感的文章一起一伏的组成部分。1919年，利顿·斯特雷奇称赞弗吉尼亚·伍尔夫创造出了一种新型句式。她的句子就像大脑在平静状态下的深层波动，1924年，这种波动首次被脑电图记录下来。生理学家科林·布莱克默称之为自然状态下的心灵,此时,心灵能够接收各类印象,却不愿把它们置于预先设定好的意识地图上。弗吉尼亚曾告诉薇塔:"某个景象、某种情绪让心灵产生这种波动,早在它制造出合适的语言之前。"

当达洛维夫人缝补宴会礼服时,她的意识就处于这样的休息状态:

> 她一针又一针,把丝绸轻巧而妥帖地缝上,把绿色褶边收拢,又轻轻地缝在腰带上,此时,整个身心有一种恬静之感,使她觉得安详、满足。正如夏日的波浪汇合,失去平衡,四处流散;汇合,流散;整个世界似乎愈来愈深沉地说,"如此而已"。

达洛维夫人缝纫时在大自然无意识的韵律中休憩,弗吉尼亚·伍尔夫最常用海浪象征这种韵律。

同样地,当史密斯帮妻子做帽子时,他那焦躁不安的意识也渐渐平静下来,此时,他恢复了理智(讽刺的是,这正好发生在医生接他去疗养所之前,医生的到来促使他选择了自杀——此时他其实很清醒)。

这些平行的意识波动实现了她在1917年提出的计划:即"从这件事轻松地滑到那件事,没有任何阻碍。我想越来越深地沉下去,远离表面,远离它坚硬的、孤立的事实"。

弗吉尼亚·伍尔夫的现实观就像她的句子结构一样改变了传统小说。她说,发现周日的午餐会、大主教、桌布和大法官都"并不完全真实"是多么奇妙。像科学家一样,我们必须把现实重新定义为一个谜团，它是铺路石上的"裂纹"，被迷雾笼罩着。《达洛维夫人》无视了"自杀"这一显著事实，也对霍尔姆斯医生咄咄逼人的力量不屑一顾，反而停留在一个做帽子的男人的意识中。弗吉尼亚在《现代小说》里指出，重要的瞬间在彼处而不在此处，她又在《小说的艺术》（"The Art of Fiction"）中强调，要成为一件艺术品，小说必须"远离茶桌"，也就是远离对外部细节的费力复制，而去探索意识洞穴中的隐秘事实。

这段时间，弗吉尼亚·伍尔夫正在读普鲁斯特，她对普鲁斯特的赞美高于同时代的任何作家*。她说："他探索着蝴蝶的色彩，直到最后一丝斑纹。他像肠线一样坚韧，又像蝴蝶翅膀上的粉霜一样转瞬即逝。"在《到灯塔去》里，她重申把严格的形式和微妙的感知结合起来的想法，这两种说法都一模一样地重复了她在1906年凝视圣索菲亚大教堂时产生的艺术理念。

普鲁斯特的感受力拥有"如此完美的接受能力"，就像一张有弹性的薄膜，伸展得越来越宽广，直到囊括记忆中最易逝的部分，这段话与她形容多萝西·理查森（Dorothy Richardson）时的措辞几乎相同，她在多萝西的作品中发现了"我们可以称之为女性心理语句的句子。它由比旧句子更具弹性的纤维构成，能够拉伸到极限，捕捉最脆弱的颗粒，包容最模糊的形状"。

弗吉尼亚·伍尔夫想到，或许她可以为女人的声音赋予一种美学定义。她在《达洛维夫人》初稿的开头就写道，女性的声音"在核心之处有一种感应力，每个词语、每个音调发出时都在颤

---

* 弗吉尼亚·伍尔夫在1922年春天开始读《去斯万家那边》（*Du côté de chez Swann*），并在接下来的几年中继续读了《追忆似水年华》（*A la recherche du temps perdu*）。她相信，法语和法国传统会阻止这些作品产生过于直接的影响。

动,都是活生生的;不过,它也带着某种害怕生命力受损的犹疑,某种使其压抑的对过去的感伤,某种渴望进入内心深处的冲动"。就像她和凡妮莎能用"听不见的方式"交流一样,当雷切尔和海伦在夜晚交谈时,她们的声音似乎也随着海浪消失了。"把事情说出来难道不会毁了它们吗?"在《到灯塔去》的手稿里,拉姆齐夫人问自己。"我们默默地交流,难道不是更好吗?在比语言更吸引我们的奇妙的沉默中,我们(至少是我们女人)安静地在高处并肩滑翔,世界的王国在我们脚下一览无余,却不需要我们去参与,这时的我们不是表达了更多吗?"

"当我写作时,……我是一个女人",弗吉尼亚·伍尔夫在1929年得出这样的结论。在二十年代,一种清晰可辨的作者声音已经在她的作品中出现,它有时会因沉默或喜剧性的灰心丧气而中断,但它就像滚滚而来的海浪,总能再次涌现。语句在划上休止符后依然跳动着,余音缭绕。多萝西·理查森的"女性"句子,普鲁斯特的感受力,以及弗莱主张的表现性艺术,或许都激励了弗吉尼亚·伍尔夫,不过,由于她的实验作品诞生得过早,倘若我们追根溯源的话,它们只能来自她本人。

258

她可能略微借鉴了艾略特和乔伊斯的某些写作效果:比如现代城市的场景和推动叙事的时刻。不过,艾略特笔下那"虚幻的城市"有种视觉上的统一性,那是诗人梦魇般的内心世界的投射。相比之下,弗吉尼亚·伍尔夫笔下的伦敦却是多样的,是一个当地人眼中的真实城市:动物园里眺望着摄政公园的棕灰色动物、哈利街朴素的色彩、斯特兰德大街上的巴士、海陆军商店中的内衣货架、威斯特敏斯特教堂里互不打扰的跪拜者。

走在邦德街上的达洛维夫人心想,现代人根本没有写过值得阅读的关于死亡的文字。她低声吟诵着抚慰人心的古老诗句，"世上缓慢蔓延的污物／他未曾沾染"，以及"不要再怕骄阳炎热／也不怕隆冬严寒"。*和塞普蒂默斯一样，达洛维夫人同样感受到，人死后依然会存在。达洛维夫人能够理性地说明她的信念，即她自己的某些残余将一直留在她熟识的人的生命中和过去的场景中（就像雅各死后依然存在一样）。而塞普蒂默斯对死者的感知是如此强烈，以至于他自己的生命都被抹杀了。死者的确会来探望他，他有过和弗吉尼亚·伍尔夫相似的幻觉，听到鸟儿用希腊语唱着"河对岸的生命乐园里，死者在徘徊"。战争结束五年后，他依然对死去的战友，尤其是他的指挥官埃文斯的命运耿耿于怀。他经历了生活的种种变化——他结婚了，还回去工作了一段时间——但他无法像作者那样去谱写一段婚姻或新生活。

《达洛维夫人》两部分之间的另一个微妙联系在于史密斯的利他主义预言。见证了战争之后，他一心想做的就是改变世界。他想立即向内阁透露，最高级的秘密在于"普世的爱"。而克拉丽莎再次用她低调的方式展示了理性的做法。她悄无声息地让人们聚在一起，让年轻人行动起来。这是她的天赋。

弗吉尼亚·伍尔夫曾在笔记里写道："这本书的优点在于它的设计，它是独一无二的——也很难懂。"其设计的两个部分并没有自然地融合在一起。它们能够连贯一致完全是技艺的壮举。在下一部小说中，她选择强调而非弱化这种一分为二的设计，这一次，她想展现的是维多利亚时代和现代之间那种更自然的、时间上的断裂。她最初的想法是用语言表达纯粹的时光飞逝，它就像

---

* 这两句诗分别来自雪莱的《阿多尼斯》和莎士比亚的《辛白林》。——译注

一条空旷的走廊,穿过战争走向战后时代。她直接将这一部分称为"岁月流逝"。

弗吉尼亚·伍尔夫最初为《到灯塔去》设计的图式是由时间走廊连接起来的两大部分内容。在第一部分,莉莉·布里斯科开始画画;而在第二部分,她完成了画作。为什么在那幅画完成之前要有十年的时光流逝呢?弗吉尼亚·伍尔夫既有一种神秘意识,又具有好奇的科学家的精确严谨。她的神秘意识是探寻性的,是方向明确的,而不是浮于表面的含混言辞。她最伟大的几部小说的框架都有清晰的、几乎是图式性的设计,每部小说都是一场实验,通向一个强有力的结尾。

要成为艺术家,弗吉尼亚·伍尔夫必须把新学到的现代艺术技巧与父母留给她的古老禀赋结合起来。这一至关重要的融合发生在《到灯塔去》的最后一部分。

《到灯塔去》的第一部分很长,它让我们沉浸在一个维多利亚时代家庭的生活中,在很多方面,它就像弗吉尼亚自己的家。旁观者莉莉·布里斯科一开始看到的是家庭成员在他们自己的时代中的特写镜头,不过,作为艺术家,她尚不能带着坚定的信念把他们记录下来,直到过了一段时间,当她以下一个时代的视角再次审视他们时,她才能做到这一点。时光就像一阵风一样拂过拉姆齐一家的房子,在这儿碰到一个人,又在那儿触到一件物品。拉姆齐夫人去世了,不过,她的披巾还留在这里,成为一件遗物。风儿戏弄着翻开的信件和书页,质问它们是否经得起时光的考验。许多年后,当麦克耐伯太太打扫这座废弃的房屋时,她回忆起拉姆齐夫人曾让厨娘端给她一盘奶油浓汤,而像钉耙一样瘦削的拉姆齐先生在草坪上慷慨激昂地朗诵诗歌。这些维多利亚时代的人活在麦克耐伯太太的记忆里,又终将随着她的死亡而消逝。她零散的回忆出现在艺术家深思熟虑的回忆之前。在小说的第三部分,成熟的莉莉重拾她给拉姆齐夫人画的画像,以一个现代人的眼光再次审视她,与此同时,剩下的家庭成员正和拉姆齐先生一起踏上那延误已久的灯塔之旅。这家人在精神上、物理上和历史上都远去了,以便小说集中于莉莉把记忆转化为艺术的过程。小说结尾实际上写的是一位艺术家的诞生,这也是弗吉尼亚·伍尔夫本人的任务,因为她恰恰是在二十年代中期走向成熟。

她说:"我把那个[斯蒂芬家族的]世界嵌入了由我自身的性情所造就的另一个世界里。"她毫不羞愧地坚持自己的想法,无情地抛弃了父母身上那些对自己的成长不利的习惯,并一直——通过莉莉——筛选记忆,寻找能够定义并完成她的艺术的种种特质。

与这种美学上的开创精神密切相关的,是作家摆脱母亲的幽灵的需要,自1915年的精神崩溃开始,母亲的声音就一直萦绕在她耳边。弗吉尼亚·伍尔夫作为作家获得的成功有赖于她为生存所做的斗争,在此过程中,她必须把母亲当作艺术素材,从而最终重新拥有她。

在《一间自己的房间》里,弗吉尼亚·伍尔夫曾说,人的心灵"能够通过父辈或母辈追忆往昔,就像我曾说的,一个从事写作的女人通过她的母辈来思考过去"。在《到灯塔去》里,弗吉尼亚区分了母亲带来的创造性影响和她病态的情感控制。当她试穿母亲那件蓬松的、维多利亚式的黑色裙装时,她正在写《到灯塔去》,那时的她到底是富于创造力的继承人还是被幽灵缠身的后裔呢?她面色苍白,神色焦虑,她的身材过于瘦削,并不适合那件丰满、低胸、缝着女性气质的荷叶边的裙装。蓬蓬袖在她弯曲的肩头古怪地耸起。这件衣服是为像玩偶一样身材挺拔的人设计的，但她身体前倾，她的双臂放在桌子上，脸上带着有主见的女人那种看似漫不经心的专注神情。在衣服领口的老式蕾丝褶边上方，是一张极不协调的面孔。朱莉娅·斯蒂芬身上有种平静的安定感，仿佛她的圣母面具永远不会摘下。她女儿的面容同样典雅高贵，但那是一张更灵动、更脆弱，也更无遮掩的脸，不过，它也和母亲的一样带有警惕的被动神情。母亲的幽灵半控制着她，但她孩子气的一面却渴望被完全占有，就像在詹姆斯的一部小说里，男主人公变成一幅祖先的画像，为了获得祖先的身份，这位主人公回到过去："让古老的幽灵把他当作他们中的一员。"

在"岁月流逝"那段黑暗的时光里，悲伤的心灵先是欢迎幽灵的到访，而后又抛弃了它们，在现实的阳光下苏醒。《到灯塔去》之所以受欢迎，部分原因在于，它成功地描写了一个从过去解脱的女人。并且，在解脱的过程中，它并没有抛弃过去，而是有选择、有控制地运用了它，这也使小说更加成功。《到灯塔去》还展示了艺术家如何在传统与个人才能之间获得平衡。她没有屈从于祖先的画像，而是画出了一幅全新的揭释性作品。

构思一位艺术家并不在弗吉尼亚·伍尔夫最初的计划里，但莉莉·布里斯科却逐渐主导了这部小说。起初，她只是反映拉姆齐夫妇不同观点的边缘人物中的一个。在一开始的手稿里，她是个名叫索菲的未婚女人，她很焦虑，有点愚蠢，非常虔诚。后来，当拉姆齐先生索求关注时，弗吉尼亚·伍尔夫仿佛听到了某种陈词滥调，突然间，她把这位老处女重新想象成一个有职业抱负的年轻女子，并且，随着莉莉地位的提高，她对拉姆齐夫妇的观点也变得愈发重要,与此同时,她取代他们成为时代的代言人。

一开始,莉莉在两种状态之间摇摆不定,一方面,作为一个未受过教育的女人,她极度谦卑,而另一方面,当她在画布上创作各种形状时,她又极为大胆。班克斯先生是第一位看到她的抽象画的维多利亚时代人,对于莉莉为窗边的母子赋予的形态,他颇感震惊。"那么它象征着母与子——这是受到普遍尊敬的对象,而这位母亲又以美貌著称——他们竟然被简单地浓缩为一个紫色的阴影,而且毫无亵渎之意。"莉莉对自己的画感到羞愧,但班克斯先生支持她。她所见的事物对他而言或许完全是陌生的,但作为一位科学家,他愿意公正对待任何审慎的观察。

莉莉为维多利亚时代的父母画了一幅现代派抽象画,最终,所有外部细节都被抹掉了,为的是呈现他们的本质形状——一片阴影中的紫色楔形内核和另一个更不明确的形状,我们可以把它想象成一大片树篱,对拉姆齐夫人而言,它"一次又一次围绕着停留的脚步旋转,象征着某种结论"。艺术家继承了拉姆齐夫人的内在精神和拉姆齐先生的刚毅不屈,她挑选出这两种品质,在她的生命和艺术中以精确的平衡悉心保存。刚开始,莉莉更清楚地看到拉姆齐夫人的母性形态。两种形态的作用未必是平等的。只有当这幅画是真实的时候,它才能成功,而直到小说最后一行,莉莉才明白,它就是真实的,因为在那时,她画完了最后一笔,她在画布中央用一条线把她想象中的遗产分成了两半。一半是"唯一说真话"的拉姆齐夫人——当莉莉完成这幅画时,拉姆齐家中最小的孩子詹姆斯已成长为一个青少年,他还能回忆起母亲以前是如何直白地说出心中所想的,因此人们也可以坦诚地向她倾诉:"只有她一个人说真话;他也只能对她一个人说真心话。也许,这就是她持久不衰的吸引力的源泉……"而在不容忽视的画布的另一半,拉姆齐先生毫不妥协地要求我们面对现实本身(他"从不歪曲事实"),这是一种伴随着忍受精神孤独的勇气而来的真理。"'我们灭亡了,各自孤独地灭亡了'",拉姆齐先生带着孩子们驶向灯塔时喃喃自语道。在小说第一部分,拉姆齐夫妇对于真理的争执因为两颗真心的结合而化解,同样,在书的结尾,他们的艺术家继承人也会把这两种真实平衡地融入她的作品中。

弗吉尼亚·伍尔夫发现,她自己就是这两个部分的总和;在二者交融的过程中,一个新生命出现了。虽然这看似是偶然发生的,但在1925年7月30日,当她构想这场新实验时,她就提出了这个假设:"我想,我可能会在《到灯塔去》里做一些事情,让情感分解得更彻底。"换句话说,她从一开始就打算把自我分解为来源于父亲和母亲的不同组成部分,这就像在破解遗传密码。而考验在于如何把碎片再次组合起来。当她完成这部作品时,她在1926年9月13日的日记里写道,她经历了一次孕育生命的过程:"我对自己感叹,幸福的事情就要结束了。这就像某种漫长的自然过程,它如此让人痛苦,又如此激动人心,我无法表达我多么渴望它结束。"

把弗吉尼亚·伍尔夫这部书写艺术家的诞生的小说与乔伊斯的《一个青年艺术家的肖像》和劳伦斯的《儿子与情人》做比较是很有趣的。对于乔伊斯和劳伦斯来说,艺术家是一个人摆脱家庭纽带和世俗野心之后余留的那个部分。保罗·莫雷尔和斯蒂芬·迪达勒斯都屈服于艺术家意志的利刃:一种顽固又浪漫的自我中心主义。然而,莉莉·布里斯科却使艺术家变成继承者,她自然地、几乎是在生物学的意义上从上一代人进化而来。

拉姆齐夫人无法看到莉莉的独特之处，因为莉莉属于下一代人。"在莉莉身上，贯穿着某种因素，闪耀着一星火花，这是某种属于她个人的独特品质，拉姆齐夫人对此十分欣赏，但是，她担心没有男人会喜欢她。"莉莉的中国眼睛象征着与维多利亚时代的狭隘品味相异的东西，因为这一点，拉姆齐夫人很同情她。但与此同时，她又意识到，莉莉拥有一种不屈服于男人的陈腐幻想的勇气。潜藏在拉姆齐夫人身上的东西，除了在回应灯塔的信号时发出了闪光之外，还在莉莉·布里斯科那里得到了延续。不过，由于莉莉身上的个性光芒丝毫不肯妥协，拉姆齐夫人只能转身离去。

莉莉望着拉姆齐先生、凯姆和詹姆斯穿过海湾向远处航行，当她画出决定性的最后一笔时，拉姆齐一家人也正好在灯塔着陆。"灯塔不代表任何东西，"弗吉尼亚·伍尔夫在给罗杰·弗莱的信中颇为神秘地说，"在书中，总要有一条中心线把构思联系起来。"从远处看，灯塔显得很浪漫，它像是"长着一只黄色眼睛的神秘宝塔，到了黄昏时分，那只眼睛突然轻轻地睁开了"。而当拉姆齐家的孩子们在哲学家的指引下到达灯塔时，镜头拉近了，他们看到了赤裸裸的现实：那是一座"僵硬笔直的"、像尖桩一样的塔，周围的岩石上还铺着晾晒的衣服。看着这座尖桩，詹姆斯·拉姆齐心想：

这就是那座灯塔了，对吗？

不，那另外一座也是灯塔。因为，没有任何事物简简单单地就是一件东西。另外一座灯塔也是真实的。

在写这本书的过程中，弗吉尼亚·伍尔夫曾在日记里写道："我想，我会发现关于小说的某种理论……目前我正在思考的是视角的问题。"

不论在远处还是近处，小说中的好多个人物都在望着灯塔，而艺术家又在看着他们，记录下他们获得启迪的时刻。拉姆齐夫人感受到了远处灯塔的光束，她的顿悟来得像闪电一样突然。而拉姆齐先生必须经过辛苦的征程才能到达灯塔。他并没有真正地被灯塔吸引，他只是想向妻子致意。站在灯塔的角度，他才能回忆起她、看到她。当他在海湾对面以真实的视角凝望她时，他让一个三角形闭合了，而三角形恰恰是拉姆齐夫人的象征。灯塔的光滋养了她，她又滋养了她的丈夫，最后，拉姆齐先生和詹姆斯一起踏上了她渴望已久的到灯塔去的旅程。

当小说人物越来越靠近灯塔时，莉莉也越来越接近艺术上的顿悟。莉莉的谦逊并没有掩盖这样一个事实：虽然她对名利无动于衷，但她一心追求不朽——至少是为了她的艺术对象。为了实现这一远大目标，视角至关重要，但它还不够。

首先，莉莉必须接受艺术变形的必要性。如果她想画出一幅不朽的肖像画，绝不能沉浸在拉姆齐夫妇的生活中，只看到大量的细节，她必须抛弃拉姆齐夫人身上那些终将化为尘埃的东西——她对权力的沉迷，她一再重复的"结婚，结婚"——而去放大她的无私和真实，莉莉必须把这些珍贵的品质化为永恒。

其次，莉莉要懂得如何运用感情。她学会了有所思索地而不是自发地爱她的艺术对象："你必须死死地盯着她瞧，一秒钟也不能放松那种紧张集中的情绪和绝不迷惑上当的决心。你必须抓住那景象——就这样——就像用老虎钳把它牢牢夹紧，不让任何不相干的东西掺杂进来，把它给糟蹋了。"抬头仰望，莉莉被淹没在记忆里；低下头来，她让自己的内心镇定。感情必须是准确的。莉莉在她对拉姆齐夫人的爱中笨拙地摸索着，她试图调整焦距，以便让她更清晰地呈现。困难在于，她越靠近她的对象，它的存在就越会把她吞没。莉莉的画笔突然掉落了。她没能控制住自己的对象，反而因为死亡带来的分离而精疲力竭。突然间，她依稀看到拉姆齐夫人坐在那里晃动着手腕编织，并对莉莉的想法表示认可。"这真是一个奇迹，她还存在，这真让人欣喜若狂。在她画画时，它就停留在她面前……"在第一稿中，这就是莉莉看到幻象的时刻。当她画下最后一笔时，台阶上是空荡荡的，鬼魂已经离去，但莉莉捕捉到了她。

弗吉尼亚·斯蒂芬十三岁时，她的母亲去世了。当她完成《到灯塔去》时，她四十四岁，正好是莉莉的年纪。在这中间的许多年里，母亲一直萦绕在她心头。"我总能听到她的声音，看到她的形象，想象她在我的日常生活中会说什么、做什么"，她回忆道。后来，当这部小说完成后，她不再看到朱莉娅·斯蒂芬，也不再听到她的声音了。通过塑造记忆，她能够支配父母赠予她的天赋，拒绝他们的错误，从而把自己锻造成艺术家。

第十二章

生命的样本

  1926 年标志着弗吉尼亚·伍尔夫写作生涯的一次转变,尽管从表面上看,它并未发生断裂。她曾对自己说,"没有任何一个传记作家能猜到 1926 年夏末发生在我生命中的重大事件;但传记家们总是装作了解别人"。

  就其本身而言,这次转变的意义之重大不亚于 1895 年至 1906 年亲人的相继离世,亲人的亡故封闭了弗吉尼亚的童年,如同一口被埋葬的记忆之井。1926 年 9 月,《到灯塔去》的初稿完成了,它重新打开了那口井,汲取其中储藏的东西。它用一位直面过去并物尽其用的艺术家来结尾,这位艺术家日渐感受到自己的力量,创作出了她的作品。然而,就在弗吉尼亚·伍尔夫到达创作巅峰不久时,她却陷入抑郁。有一天,她在凌晨三点醒来,看到一片巨浪毫无征兆地迎面而来,越涨越高,仿佛要将她击碎、淹没。她既惊恐又困惑,但还能挖苦说:"我很高兴,这件事总体来说还是很有趣的,但也让人极不愉快。"她明白,这不是疾病,而是某种幻觉,不是艺术家对自身力量的幻觉,而是某种超越自身、存在于自然宇宙中的东西。她看见一片鱼鳍在汪洋大海中远远地划过,那是某种巨大的水下生物,她必须穿越自身的抑郁去追踪它。

三年后的 1929 年，她开始动笔写《海浪》，并在 1931 年完成了它。《海浪》便是此次相逢的奇妙产物。

《海浪》是关于几个人的生命的故事，它们各自平行发展，却又在固定的节点汇合。它以永恒的宇宙、大海和太阳为背景，追溯了这些生命从童年到中年的轨迹。这本书具有明显的图式结构：六个人生命历程中的九个片段，由那些描写一天中的潮汐涨落的自然插曲连接在一起。这样安排小说结构是一种把生命陌生化并将其视为自然现象的尝试。弗吉尼亚·伍尔夫曾在日记里谈到，她有一种永恒的感觉，关于"我走在大地上时对自己的陌生感……关于人类处境的无限奇异性"。

这是她谈得最少的一本书，即便在她的私人日记里也是一样。构思《海浪》期间，她意识的两个层次比任何时候都更明显地处于分裂状态。她能言善辩又机智诙谐的表层内心世界在她的家庭和布鲁姆斯伯里公开地活跃着，让她轻松完成《奥兰多》和《一间自己的房间》，那段时间，她似乎在尽情发挥想象力和逻辑能力，而故意抑制内心更具探寻性的活动，直到探索的发现变得"意义丰富"且"迫近"。我们很难知道，在 1926 年至 1929 年之间，当她追踪那片鱼鳍时，她无言的内心深处究竟发生了什么。

关于她追踪的东西，有这样一条线索：在她试图出版《海浪》的初稿却又中止后不久，她细读了华兹华斯的自传性长诗《序曲》。1929 年 8 月 22 日，她摘录下华兹华斯安慰自己的几行诗句，华兹华斯认为，他对与外部事件相对的内心世界的关注并不会受到轻视：

他们审视内心，看到有一些纽带，

> 将生命中脆弱的岁月连接起来,
> 发现记忆与思想的存在有赖于
> 一些零碎而奇妙的道具,被它们维系。*

她下定决心只去追踪六个生命的内在发展线索,展现他们的性格、思想和灵魂。

关于弗吉尼亚·伍尔夫为何将《海浪》看作《到灯塔去》的补充,至今尚不清楚。《到灯塔去》是关于生命个体的故事,最终是关于一个人的故事,而《海浪》却淡化了人与人之间的差异。1929年7月2日,在她最开始扩写《海浪》初稿时,她写道:"我关注的并不是生命个体,而是所有生命,我想把它们构思进一个故事里。"当她9月4日重写初稿时,用了同样的话开头。一开始,六个人物的声音听起来并无区别:普通人类的声音那富有节奏的声响,讲述着通常不会表达出来的感知。这是《海浪》的奇异之处的一个方面:书中并没有我们通常理解中的人物,只有声音。小说也没有章节,这样我们才可能听到六个声音讲述生命时那连绵不断的韵律。声音的韵律与海浪的韵律形成共鸣,海浪将六个人带上存在的岸滩,随后又将他们吞没。起初,弗吉尼亚·伍尔夫想写的并不是这六个人,而是人类生命的典型历程。她想让血液如激流一般从生命之始流淌到生命终结。

在《到灯塔去》里,她展示了一位艺术家如何运用父母赠予的双重禀赋来塑造自我。四十四岁之前,弗吉尼亚·伍尔夫一直在寻求作家身份,直到写完《到灯塔去》,这个追求才得以实现。

---

* 译文参考丁宏为译本《序曲或一位诗人心灵的成长》,北京大学出版社,2017年。——译注。

她几乎立刻就转了身，如今，她面对的不是生命的源泉，而是奔向终点的涌流。1925年春天，一种个人成就感预示了《到灯塔去》的诞生，而在十八个月后，当她面对自己职业生涯的后半段时，某种令人不安的空虚感成了《海浪》的征兆。

在《海浪》里，我们可以看出，她四十四岁突然产生的抑郁情绪是中年阶段开始的标志，这个阶段也是故事讲述人伯纳德生命中一个痛苦、空虚的时期。但他明白，没有这个阶段，他就无法继续前进。伯纳德也曾谈到一片鱼鳍，它象征着在他心灵的空白地平线处瞬间划过的不为人知的生物。*事实上，他的抑郁最终被证明是一个征兆，预示着随年龄增长而可能达到的精神高度。简单来说，这就是鱼鳍这个意象所昭示的。为了理解并克服自己的抑郁，弗吉尼亚·伍尔夫必须写下这本书。她必须弄清楚抑郁是怎样嵌入生命周期的。关于抑郁的自传性细节是后来才加进去的——在第二稿中——而鱼鳍甚至更晚：它在终稿里才出现。因此，《海浪》是作者在停滞期之后自我恢复的手段。陷于中年阶段的沉沉死气的伯纳德，也观察到他的生命力在不自觉地复苏："不过，在散步的时候，注意观察一下点和画是怎样开始形成连续的直线吧。"

弗吉尼亚·伍尔夫和其他伟大的现代作家一样，拥有比浪漫

---

* 弗吉尼亚·伍尔夫或许是从《白鲸》里以实玛利的桅顶沉思中借鉴了鱼鳍这一意象，在《白鲸》里，海浪似乎保护着各种奇特的、半遮半掩的、转瞬即逝又拒绝被定义的东西，"某种不可辨认的形态那朦胧的、直挺挺的鱼鳍"，弗吉尼亚·伍尔夫在《小说的阶段》（1929）中提到了《白鲸》。另一个可能的来源要追溯到1905年8月4日（周一）她在康沃尔写下的一篇日记，当时，斯蒂芬一家租了一艘渔船。那天，当他们的船驶向一群海豚时，圣艾夫斯那沉闷、平静的海面被打破了："不远处，我们看到了一片闪闪发亮的黑色鱼鳍……"（*EJ*, p. 283.）

主义诗人更长的创作生命。现代作家认为长寿是理所当然的，因此他们也感受到持续发展的必要性。哈代和艾略特的方法是改变写作体裁（哈代从小说转向诗歌，艾略特从诗歌转向戏剧）。弗吉尼亚·伍尔夫则与叶芝一样，把衰老作为一个主题。在写《海浪》之前的几年里，她对自己日益增长的名气不屑一顾，只在乎她敏捷的反应能力——那种接受触动的能力——是否衰退。"在四十六岁的时候，我并不是无动于衷的，"她在1928年这样安慰自己，"我饱受痛苦，能做出良好的决断——我依然感觉自己富于实验性，像往常一样处于接近真理的边缘。"

阅读《海浪》就像是面对一张奇特的图表。这张图表展示了生命的历程和沿着轨道前行的六个人物，它是以近乎科学的客观态度设计而成的。"离得远一点，"她在1926年写道，"把人当作群体来看，当作轮廓来看，这样他们立刻就会让人记住。"她的图表提出了一系列问题，这些问题将在篇幅很长的小说最后一部分得到回答，并且，小说结尾还暗示了理解这部实验作品的最佳方式。对于毫无准备的读者来说，小说的前一百页可能就像未知的符码一样费解。不过，一旦符码被破译，整个实验就变得非常简单。

《海浪》提出的问题是，不同的生命历程具有何种共同形态？如果存在一个典型形态，其关键节点是否一定与出生、成长、求偶、死亡这些生物学意义上的标志性事件相一致？

为了寻找六个生命的共同轮廓，弗吉尼亚·伍尔夫让他们处于同一时间段——六个人物是同时代的人——并且，她剔除了那些模糊重点的传记式细节。我们不知道罗达住在哪里，也不清楚珍妮在第一次舞会上和谁调情。相反，弗吉尼亚截取了他们生命历程中的九个节点上的横截面。在每一阶段，她的写作方法都是在一个特定的日照角度下观察大自然，并让它支配平行的人类世界。以斜体字印刷的自然插曲把人物发展的各个阶段联系在一起，因此，它们便可以被视为一个连续体的一部分。弗吉尼亚·伍尔夫还通过一种贯穿全书的节奏把各个阶段融合起来，这种节奏从黎明的海浪开始，像血液一样从头至尾搏动着。

六个孩子——伯纳德、苏珊、珍妮、奈维尔、路易斯和罗达——被带到海边的一个花园里。这片大海就是华兹华斯笔下那不朽的、把我们带到此岸的大海。特别是罗达，当她摇晃着盆里的水时，仍感觉被"不断翻涌的巨浪"席卷。孩子们在黎明苏醒，海浪正朝着岸边滚滚而来，就像他们正在面向世界醒来。

他们说的话是如此怪异，以至于有些读者读完第三页就合上了《海浪》。我们期待从孩子那里听到的，是他们对成人话语的笨拙模仿。但弗吉尼亚·伍尔夫却让前语言阶段的思绪如此清晰流畅。她认为，只有在未经言说的而不是说出来的思绪中才能找到真实的人，因此，她设计了一种语言，通过使用它，孤独而天真的心灵才能以某种方式表达自身。形形色色的印象从每个人的意识中快速地倾泻而出。六个人中的每一个都被赋予了华兹华斯所说的那种"崇高感"，它贯穿了所有事物。他们的想象力让他们远离经验教训，这样，他们才能创造出属于自己的世界，用华兹华斯的话来说就是"存在"（to be）。

然而，若想表达个人记忆与非个人的崇高感的交汇，弗吉尼亚·伍尔夫必须成为华兹华斯本人，这种渴望明显地表现于她一开始对诗意的追求中。实际上她在初稿里把第一阶段命名为"序曲"。刚开始写这本书时，她遇到了很大的困难——即使开始动笔,她的手稿里依然满是废弃的句子——并且,她对生命早期阶段的看法基本上来源于浪漫主义,也是符合传统的(划分为中学、大学和成年阶段)。直到第五个横截面,当六个人物都走向成熟——这也是作者本人在写作时面临的挑战——她才完全拥有了独创性。不过,由于六个孩子各有不同,讲述他们的童年也是颇有趣味的。

孩子们将彼此看作依附在不同物体上的不同存在状态。犀利的奈维尔挥舞着他的小刀。感性的珍妮看着绣金线的绯红色丝带。情绪激动的路易斯用蛇头皮带束紧他灰色的法兰绒裤子。梦想家罗达摇晃着水盆,那是承载她想象力的容器;漂在水面上的花瓣代表她出海远航的梦想。她与弗吉尼亚·伍尔夫有明显的相似性,弗吉尼亚经常回忆起她在肯辛顿公园的水塘里放小船的场景。一个冬日,她的康沃尔小帆船平稳地漂到水塘中心,却突然沉没了。

"你看到了吗?"莱斯利·斯蒂芬喊道,并大步向她走去。几周后的春天,有人用捕捞网把那艘小船捞了上来。弗吉尼亚激动万分地把它要了回来。

孩子们生命中的第一个横截面取自他们因受到刺激而产生分别心的时刻。有一天,在他们洗澡的时候,保姆康斯泰伯太太举起一块海绵,她挤压海绵,让水顺着他们的脊背流下去,这激发了他们强烈的触感。经过这次偶然的洗礼,每个人都被放进了肉身中。珍妮在树篱中亲吻了路易斯,而苏珊看着他们,懂得了将在她一生中持续的欲望与拒绝。她哭了,伯纳德安慰着她。苏珊一辈子都忘不了因伯纳德的安慰而建立的美好纽带。和华兹华斯一样,弗吉尼亚·伍尔夫也想揭示那些支配着记忆、塑造着生命

第十二章 生命的样本

发展历程的隐秘瞬间：

> 那些最初的情感，
> 那些模糊的回忆，
> 不论它们可能是什么，
> 都是照亮我们一生的光源……

六个生命的第二个横截面取自他们的中学时代。前往学校的火车飞驰而去，他们被送"到了英格兰"（在第二稿里）。他们呈现出顺从的姿态：在小教堂聆听校长的布道，或者抱膝坐在操场边，听着打板球的声音。他们坐在一起，被困在观点的圈子里。

幼儿时期，天堂就在身边；而今，社会规范的牢狱开始关押成长中的男孩女孩们。六个人担着生活的重负，他们质疑这项职责，但这种质疑只在意识的边缘浮现。罗达富有想象力的纯净遭到重创，她每晚都躲在宿舍床上暗自疑惑。当其他女孩穿上长袜时，她也穿上了她的，但循规蹈矩对她来说需要努力。罗达最强烈地感受到，努力是徒劳的，因为她深知，死亡是不可避免的。

就在这时，珀西瓦尔出现了。他那轻蔑又严肃的神态把男孩们的注意力从校长的布道上吸引了过来。英俊、善良的珀西瓦尔是循规蹈矩的学生们心目中的英雄，但出人意料地，他也成了这六个特立独行的孩子们一生的焦点。和他们不同的是，珀西瓦尔没有内在生命。他的姿态是固定的：一个骑在马背上的年轻人；最后成了坟墓里的十字军战士。他兼有身体上的从容和态度上的坦率，这让他赢得主导地位。他仰面躺着听伯纳德讲故事时，帽子遮住眼睛，他因无声的大笑而浑身颤抖。他的笑声代表了对他们的认可。直到他短暂生命的最后一刻，他看起来都像是一个英雄，他戴着遮阳头盔，沿着印度那长长的、低平的海岸策马前进，是否仅仅因为他看起来像英雄，他才是一个英雄呢？

珀西瓦尔可以看作对托比·斯蒂芬的纪念，托比过世时，他对妹妹来说仍是一种未知存在，这一点在她1940年最后一次描写托比时也得到证实："托比。他的沉默、拘谨……在克利夫顿学院'他总是学校里最仪表堂堂的男孩'……他的从容和自信……他对法律的热爱。他的粗鲁……他的男子气概……有保护欲，羞涩，敏感……引领着朋友们。相信他们。不和我们谈论性的问题……古怪的保守。从不谈论家庭感情。"

在《雅各的房间》里，弗吉尼亚·伍尔夫已经做出了纪念托比的尝试。她曾在书中发问，如果一个年轻人在生命戛然而止时前途尚未展开，我们是否能从他的房间推断出他的形象。答案是否定的。和雅各一样，珀西瓦尔的形象只能从崇拜他的同学奈维尔和路易斯的记忆中窥见一斑，就像在真实生活中，弗吉尼亚也要依靠托比的朋友利顿和伦纳德将他带回自己身边。不过，为了避免雅各那让人绝望的神秘感，她立刻给珀西瓦尔贴上理想人物的标签。

珀西瓦尔唤起的并不是小说中的探索性语句，而是史诗化的扁平陈述——"他在印度骑马，摔了下来"——在史诗里，英雄们都是一个模子刻出来的。1940年10月12日，弗吉尼亚·伍尔夫写下了关于哥哥的最后一些话：他并不是一个被塑造得很成功的"人物"。

1900年左右，在三一学院的庭院里，托比·斯蒂芬曾摆好姿势拍了一张照片，他的身高超过六英尺，漂亮的眼睛闪闪发光，

第十二章 生命的样本

他站在瘦削的利顿和伦纳德之间，就像一个健壮男性的大型标本。根据昆汀·贝尔的说法，在斯蒂芬家族中，托比算是活泼外向的，他很像他的伯父菲茨詹姆斯（Fitzjames，一位维多利亚时代的法官），而不像他神经紧张的父亲。1907 年，托比死后不久，利顿·斯特雷奇对菲茨詹姆斯的描述也可以反映出托比的形象："他拥有坚强可靠的品质，以令人钦佩的伟大人格引领别人，他有广博而坚定的智识，也有丰富的常识。"在《海浪》第二稿里，这种约翰逊式的性格被转移到人在印度的珀西瓦尔身上，珀西瓦尔把腿搭在折椅的扶手上，读着《人类愿望之虚幻》。*

从斯特雷奇把托比的乐观形象描绘成"巨石一般"、"从活岩石上凿下来的"，到弗吉尼亚·伍尔夫尝试描写一个如磐石般持久的虚构形象，中间只需要简单的一小步。她希望珀西瓦尔能经久不衰，就像她和托比在希腊最后一次度假时看到的雕像。那时，她写道："美丽的雕像拥有在活人脸上看不到或很少看到的神情，一种平静的恒定感。"但珀西瓦尔的问题在于，他在去世之前就已经是一座雕像了，要我们以这种方式去赞美一个活着的年轻人，就像是要我们一同体验一种青春期的迷恋。

另一方面，珀西瓦尔让六位朋友适应了公立学校的主流秩序。他们因此变得既不消极也不反叛。珀西瓦尔是理想而温和的公共秩序的化身，这种秩序实际上促成了六位朋友"存在"（being）的瞬间。

毕业后的第一天，当六位朋友奔往不同的方向时，他们便被抛上了截然不同的路。执着的苏珊没有选择余地。寄宿学校带给

---

* 《人类愿望之虚幻》（"The Vanity of Human Wishes"）是英国作家、文学评论家和诗人塞缪尔·约翰逊于 1749 年写下的讽喻性长诗。——译注

她唯一的苦果是一种无法抵挡的思乡之情，在乡愁的驱使下，她坐上了回家的火车，回到乡村妇女的位置。另外五个人的选择空间也很小；他们被带到各自的目的地。奈维尔和伯纳德是贵族绅士的儿子，他们去了剑桥大学。路易斯是学校最优秀的学生，但他是失败的银行家的儿子，因此，他去了伦敦金融区。

在第三个横截面中，六个人的观点第一次发生冲突。在伦敦的客厅里，在大学的庭院中，在金融区简陋的小酒吧里，在孤寂的农田上，他们维持着彼此分离的状态。

两位大学生渴望建立自我身份，于是，他们急不可耐地模仿别人：伯纳德急于写出拜伦式的洋洋洒洒的书信，从而迷失了自己。奈维尔希望自己的狂热是优雅的，但他的诗却在这种狂热中化为泡影。罗达和珍妮在客厅里学习。由于性别的原因，她们无法进入大学校园那宽容的圣殿，而是被推上了一个更无遮蔽的试验场。在舞会上，珍妮胜利了，罗达不出所料地输了。她沉默地站在一旁，她睁大的眼睛是绿色的，不透明的，像蜗牛躯体的颜色一样。

在把自然插曲转化为个人的命运之前，弗吉尼亚·伍尔夫已经设计好了这一横截面的基调。升起的太阳是启蒙的象征，她"露出了她的眉毛，张大双眼，用目光在波浪上开辟出一条笔直的道路"。"开辟"（drove）、"跳上"（bounded）、"涌动"（raced）、"察觉、警醒"（aware，awake），这些动词都暗含着极速前进的意思。海浪像入侵者一样，"擂鼓似的拍击着"（drummed）海岸。

鸟儿也为这个阶段定下了基调。它们齐声和鸣，就像学院的伙伴们唱起狩猎战歌，如急流飞跃岩石一般激昂。在明媚的晨光

第十二章　生命的样本　　325

中,向前飞翔的鸟儿把注意力集中在某个物体上。它们用鸟喙一遍又一遍地"啄"(plunged)着柔软的虫子。这种残酷的紧迫感很快转移到伯纳德身上,当伯纳德计划写一封情书时,他的心中充满力量。

带着同样的紧迫感,奈维尔把他的诗扔到伯纳德腿上,而珍妮和别人调情到深夜。苏珊看着一辆不断逼近的大货车驶过平坦的泥地,她转身回农场,就像一只狐狸回到它的洞穴,她的裙子就像动物的皮毛一样,因为沾了露水而显得灰白。她将专情于一个农场主,一个穿着绑腿裤的男人。第一稿把苏珊的期望描写得很现实:他会是一个沉默且野蛮的男人,但他每天晚上都回家。"然后她就躺在他的怀里。"她穿梭于满是花粉和蚊虫的花丛中,下决心奉献自己,作为回报,她能拥有一座农场和子孙后代。

在二十岁出头时,六位朋友第一次组成一个团体。他们聚集在伦敦的一家法国餐厅里,即将创造出以珀西瓦尔为中心的共同回忆。这次聚会是为即将远航印度的珀西瓦尔举办的告别晚宴。

这一横截面展现了六个人物在珀西瓦尔的光芒直接照耀下的立体形态。在插曲中,自然物体都在阳光的直射下呈现出饱满的色彩,而在接下来的人类场景里,六个人也都坐在公众视野中。"我们之间的差异如此分明",珍妮说道。他们丰富的个性退回了原始状态,仿佛是被自然雕琢出来的:路易斯像石雕一样棱角分明;奈维尔像是剪刀裁剪出来的那般精确。

在珀西瓦尔面前,他们开始回想生命中的决定性瞬间:康斯泰伯太太给他们穿上了皮肉;苏珊看见穿长筒靴的小伙子和女佣在菜园里,风把洗好的衣服吹干了;奈维尔看到排水沟里被割断了喉管的男人。"现在，让我们痛痛快快、直截了当地说出我们心里正在琢磨的事情吧"，奈维尔建议。珀西瓦尔的许可让羞怯的想法变得坚定了。

罗达说："跟这些小鱼一样，只要发现前面出现一块大石头，我们就会心满意足地波动，回旋。舒适的感觉悄悄漫过我们的身体。金色的亮光流淌在我们的血液。"珀西瓦尔给予他们的，正是过去的赞助人为艺术家提供的理想的东西，不仅仅是金钱，还有解放思想的信心。

珀西瓦尔还扩展了岛国狭隘思维的半径，让它囊括整个地球。珀西瓦尔有形的魅力将消失在远方，但他在远处的奋斗仍是一种永恒的激励。坐在伦敦的餐馆里与珀西瓦尔道别时，六位年轻的英国人看到了"所有外部的世界——遥远地平线上的朦胧影像，例如印度，全部闯进我们的视野。一度萎缩的世界又自动舒展开来；遥远的外省从黑暗中浮现出来"。

当六个人等待珀西瓦尔时，他们之间的分歧也被弥合了。珀西瓦尔几乎从不真正在场；是一种对他的期待或回忆激发了他们对友爱的表达。"在这儿——看来似乎不可置信——他本人实实在在的身体将会出现。这张桌子，这几把椅子，这个插着三株红色鲜花的金属花瓶，马上就要发生极大的变化。"当珀西瓦尔来到最后的晚餐时，整个餐馆，连同它的弹簧门和冷餐肉，都染上了期待的气息。

与自由和平等这两种理想相比，友爱（fraternity）在当今世界已不常被人谈论了。它曾主宰着十八世纪的法国和英国小说以及十九世纪的美国小说，这些小说展示了很多理想化的伙伴情谊，比如纳蒂·邦波和钦加哥，以实玛利和魁魁格，以及哈克和

第十二章　生命的样本　　327

吉姆的友谊。*对友爱的怀恋在庞德翻译的《忆旧游寄谯郡元参军》("Exile's Letter")和劳伦斯的矿工随笔中得到延续。友爱精神作为克拉彭派的遗风在布鲁姆斯伯里长久地存在着,并在《海浪》里得到赞颂。围绕着餐桌,不同类型的爱相遇了,这个场景和古希腊《会饮篇》中的场景——雅典人在庆典餐桌旁轮流谈论爱——很相似,但与之相比,《海浪》里的爱更具内在性,更难以表达,也更英格兰。当六位友人起身离开餐厅时,他们的血液循环闭合成一个圆圈。但在这个阶段,他们年轻的自我搏动得过于猛烈,无法让这种循环持续下去,不过,六个人之间形成了某种纽带,他们不愿让弹簧门把这条纽带割成几段。

弹簧门开了又开,贯穿整个场景都在邀请他们进入成年人的预备状态。他们竭力前进,就像追踪某种气味的马儿或猎犬,他们两肋的神经兴奋得发抖,毛发充满光泽。珀西瓦尔走出餐馆进入公众生活,这也预示着六位友人进入了这个大都市。当太阳接近天空的顶点时,他们的能量最充分地燃烧起来:"这由我们巨大的能量造成的黄澄澄的光幕,犹如一块燃烧着的布,笼罩在我们的头上。"

第五段插曲展示了条件更加严酷的自然。场景突然从英国海岸转向炎热的印度平原,那里有灰色的山丘和布满石头的干枯河床。海浪被能量聚集起来,浪头迅猛落下,仿佛这沸腾的自然宇宙就是一头困兽,把它的能量聚于潮汐、天体的运行还有生命的

---

* 这三对友人分别是美国作家詹姆斯·费尼莫尔·库柏的系列小说《皮袜子故事集》(*The Leatherstocking Tales*)、赫尔曼·麦尔维尔小说《白鲸》,和马克·吐温小说《哈克贝利·费恩历险记》中的人物。——译注

周期循环中。有一个词回响着,"坠落","再次坠落",它将我们引向珀西瓦尔在印度赛马时那致命的疾驰和猛然坠地的节奏,以及千里之外感到震惊的朋友们心中的回响。奈维尔在第五部分开头突兀地重复了这个词:"他坠落了。"

伴随着珀西瓦尔的死亡,太阳也运行至中天。在它强烈又无情的照耀下,六位朋友直面死亡。"关于死亡的章节",弗吉尼亚曾在笔记中这样称它。这个横截面位于小说的中央。弗吉尼亚·伍尔夫把死亡放在生命的中心。在她原来的计划中,死亡的打击要来得更迟一些*;让它提前到来是极富灵感的一笔。她在最后的笔记里草草写下:"完全的成熟;但又增添了劫数。"选择在这个时间点让死亡带给六个人第一次挫折是为了考验他们的勇气。如果死亡来得太早,就像在弗吉尼亚自己的生命中一样,他们的士气可能会被过度打击;如果来得太晚,又会让即将到来的终点过于确定。

对奈维尔来说,这个时刻是生命的浪潮调头并开始消退的时刻。生命的顶点过后,回忆变成人生的目的:要把珀西瓦尔带回来。而伯纳德把回忆当作一种创造性训练:"我从小就记得他那古怪、超然的神情",他沉思着,把珀西瓦尔写进了小说。

1930年秋天,弗吉尼亚·伍尔夫在笔记里区分了奈维尔个人的丧失感和伯纳德饱含人性关怀的、带有"一半喜悦"的哀伤。然而,她真正的成功在于写出了罗达那"完全有创见的或理想化

278

---

* 珀西瓦尔的死结束了弗吉尼亚·伍尔夫修改后的写作计划(1930年6月15日)的第一部分。不过,奇怪的是,在她两天前的计划中(见 MSS. W 第二稿,第 400 页),死亡发生在名为"成熟"的第六部分之后,在它后面还有两个总结性的篇章,分别叫作"爱"与"书",可能是模仿了《序曲》的第五章和第八章。

第十二章 生命的样本　　329

的痛苦"，它把私人感情转化成了抽象的美和秩序。

伯纳德和罗达为珀西瓦尔举办了他们自己的葬礼，因为没有任何传统仪式对珀西瓦尔是恰当的："一切说出的话都不符合我们的实际情况。"在国家美术馆意大利展厅的一幅忧郁的圣母像前，伯纳德进行了他的私人葬礼。罗达一开始在午餐时间的音乐会上进行了她的。当她听着一首四重奏的时候，她意识到，珀西瓦尔留下的礼物是一种社会秩序，就像音乐家和数学家的理想秩序一样，他们把一个正方形"非常准确地"放在一个长方形之上，利用这种准确性，他们造出了"一个完美的栖身之所"。四重奏的结构与后来的汉普顿宫（雷恩的新古典主义建筑，而不是都铎风格的那部分）相关，因为汉普顿宫的窗户就是正方形摞在长方形之上的形状。不论是音乐还是建筑都代表了弗吉尼亚·伍尔夫的决心，她要把小说变得同其他伟大艺术一样精确。"结构现在已经清晰可见"，罗达边听音乐边自言自语。结构也是包容一切的："几乎没有什么东西被留在外面。"艺术如此有序、如此精准、如此包容，它安慰了失去珀西瓦尔的罗达。当音乐冲击着她时，心满意足的甜蜜之感顺着她的心灵之壁流淌而下，释放了她的理性。

音乐的浪潮把她推向了海边。她在格林尼治——整个地球一切度量的起点——完成了她的仪式。她站在航船即将乘风破浪驶向印度的地方，把自己的象征——一束只值分文的紫罗兰花束——抛进海浪中，使它"驰入那白沫飞溅在天涯海角的惊涛骇浪"。以这种方式，罗达有意识地完成了珀西瓦尔无意识的意愿——他那种甘愿牺牲的英雄主义愿望。珀西瓦尔策马疾驰的鲁莽行为是对自然的轻率服从，而罗达的想象力源自珀西瓦尔，她能够用渴望秩序的心灵意志作为补充，从而超越珀西瓦尔的轻率。

在这段插曲中，正如弗吉尼亚·伍尔夫在笔记里所写的，同时前进的生命节奏"遇到了障碍"。珀西瓦尔的节奏被人为打断了，他的死是不合时宜的。"珀西瓦尔正在绿叶的衬托下如鲜花般怒放，他躺在泥土里，全身的枝条依然在夏日的阵风中呼啸。"而罗达的死亡——她在中年后的自杀——具有不同的性质。死亡并没有打断罗达的节奏，像旋转滴落的水珠一样，她坠落了，宿命般地从某个高度坠落了。

伴随珀西瓦尔的死，六个人进入了未来，而未来包括他们无法避免的灭亡。从这一刻起，他们被时间浸透了，过去的时间，未来的时间，以及罕见的停滞的时间，回忆由此铸成，生命的模式由此定型。六个人物和弗吉尼亚·伍尔夫有共同的观念，即生命是被它终将结束这一事实主宰的；死亡对他们来说是永远在面前的可能性。

现在，人生的后半部分面临着一个压倒一切的挑战，那就是如何在接下来的生存中找到意义。

§

1930 年 6 月 15 日，珀西瓦尔的死结束了弗吉尼亚·伍尔夫的写作计划的第一部分。而在 1930 年 11 月 3 日，她重拾了这个计划，开始写她私下称为"生命篇章"的部分。在第六个横截面中，活跃的路易斯、苏珊和珍妮走向了前景。路易斯把他的生活变成一种生产制度。如今，他肩负着整个世界的运转：他是一名成功的商人，也可能成为任何形式的统治者。苏珊的生活是繁殖。"当我闭上自己的眼睛时，他的眼睛肯定会在瞧着"，她想着蜷缩在睡篮

280

第十二章　生命的样本

里的婴儿的柔嫩肢体。

路易斯和苏珊都想弱化自己的感官意识,以便活得更有效率。他们像铅锤一样击打自己的事业。而珍妮缺乏这样的专一性:她像一只在峭壁间跳跃的山羊,从一个情人转向另一个情人。不过,这三人有一个共同点,那就是他们都在三十岁时到达了人生的巅峰。

生命的顶点乃是能动性的至高点,是在正确的地点、正确的时间采取行动的意识。太阳在空中的角度提供了另一个尺度——能量的尺度——通过它,六个人的人生阶段在物理意义上也是同步的。当然,物理能量的顶点未必与能动性的至高点重合。在《海浪》这个例子中,大多数人的生命是在正午之后到达顶峰的,而伯纳德必须要等到六十五岁。

在这一阶段,珍妮就像一只夜游的飞蛾。她完全活在肉体之中,跟随情欲的信号伺机而动,她听着雄性动物在她感官的森林里横冲直撞。

"有一只野兽刺穿了我,"她喘息着,"有一只野兽深深地刺进了我的身体。"她被包裹在湿润柔嫩的花叶中。

相比之下,路易斯以打字机和电话为武装,将他的行动路线画遍全球,用贸易把不同的国家"捆绑"在一起。他的事业是一种哲学野心的实际体现:他希望对事物做出概括。路易斯的目的就是控制,他想用逻辑力量把人类压缩为一个单一的陈述句。与此同时,他与航运公司主管伯查德先生也保持着密切联系。在建立秩序方面,他的商务事业对应着罗达的正方形和长方形的结合体。

在他生命的顶点,路易斯明白,他不能眨眼或左顾右盼。他没有和罗达一起远走高飞，只有在听到电梯砰的一声停在他的楼层，或充满责任感的沉重脚步声穿过权力走廊的时刻，他才能获得感官上的愉悦。他无法展望家庭或神性的福乐，只能扭曲地企盼着社会地位的象征。

当路易斯变得越来越有控制欲时，罗达开始害怕他的拥抱。在他从不偏离轨道的权力驱动系统背后，突然暴露出一种不安全感。他表现得过于殷勤多礼，因为他仍然渴望被接纳——尽管他已经没有多余的精力去追求亲密关系了。

在这一阶段，路易斯的生命被削减为他自己凿刻出的那个战无不胜的形象：一把劈砍的斧子。而苏珊的生命被压缩成了一只蚕蛹。

"我已经不再是一月、五月或任何其他的季节，"她说，"而是全力纺成的一根围绕着摇篮的细线。"

她不再清晨起床去田间散步，也不再仰望夜晚的星辰。她声音中的爱恨逐渐消散，只剩下依稀可闻的低吟。她最希望的是睡意能像毯子一样覆盖孩子柔嫩的肢体。丰沛的生命力从她的身体流向下一代，就像插曲中的鸟儿厌倦了午后的鸣唱一样，苏珊也"厌倦了那些自然的乐趣"。

奈维尔的生命在早些时候已经到达了顶点，他在学院的单人房里望着壁炉上滴答滴答走着的时钟，第一个意识到"我们正在变老"。珀西瓦尔的死让他郁郁寡欢，只有某种慰藉还留存着：古老的典籍和壁炉旁的谈话。火光照亮了一位友人的面庞，但奈维尔明白，这光亮来自炉火，而不是他的情感。没有了英雄崇拜，他就无法培育出任何形式的成熟的爱，而只能拥有转瞬即逝的爱。他一直怀着对珀西瓦尔的浪漫情愫。他在伦敦散步，想要激活自己的记忆,他穿过公园走到堤岸街,沿着斯特兰德大街走到圣保罗教堂。在特拉法加广场的石狮子旁边,他"一幕幕地"回忆起过去的生活,他说,"珀西瓦尔正躺在那里。我们要永远、永远信守不渝"。

第六个横截面的特点是各种凝练的词语。苏珊对她自己哼唱的声音"感到厌烦"(glutted)。路易斯丰富的经验"集聚"(packed)在他长长的根须中,开始发挥作用。"但是,现在我很坚实,"他满足地说,"现在,在这个明媚的上午,我的精神状态非常集中。"这个简短的"生命"篇章描写了开足马力全力行动的短暂人生阶段,这或许类似于弗吉尼亚·伍尔夫在1925年和1926年那充满自信的巅峰阶段,那时,她以惊人的速度写完了《到灯塔去》,储存的记忆从她的笔下倾泻而出。

中年,而不是青年时代,是容易走向极端的阶段。在这个阶段,伯纳德、罗达以及某些时刻的珍妮都懂得了什么是绝望。有一天,伯纳德在刮胡子的时候突然觉得自己就像一堆旧衣服。而罗达在西班牙登山时也预演了她的自杀。*一阵风为这个阶段揭幕。伯纳德和罗达的生命开始摇摆、弯曲。

伯纳德审视了自己的心灵,那是个没有色彩的地方。他精确呈现了一副心智抑郁、迟钝与清醒混为一体的模样。伯纳德去罗马休养精神,在罗马这个观察位置,他认定"伦敦已经土崩瓦解

---

* 在第一稿中,第七段插曲就放在宣布罗达自杀的最后一段情节之前。而在第二稿和最后一稿中,第八段情节(汉普顿宫)才加进来。这一变动解释了为何在罗达预演了自杀之后,还能在汉普顿宫表现得和往常差不多,如果不考虑这一变动,罗达的行为将是令人费解且反常的。

了,"这恰似心情抑郁的 T. S. 艾略特在洛桑想象伦敦桥"倒塌了倒塌了倒塌了"的场景。

然而,正是在这种摇摇欲坠的状态中,伯纳德看到了弗吉尼亚·伍尔夫的"鱼鳍"。

"靠在这个栏杆上,我远远地望见一片汪洋。一片鱼鳍正在划动。"

只有当受过训练的"点画"式的思维消失,当心灵敞开接受冲击时,鱼鳍才会出现。伯纳德解释说:

> 这个单纯的视觉印象跟任何推理都毫无关系,它是突然冒出来的,正如一个人有可能看见天边突然冒出一头海豚的鳍一样。所以,视觉印象常常传递一个简要的提示,告诉我们应当及时取消遮掩,引出话语……我是一个随时在我意识的边缘记下一些话,以待将来做最后陈述的人,现在我记下了这一句。

当伯纳德在罗马从栏杆上探出身子时,罗达正站在西班牙的一座悬崖上,这里高得可以看见非洲,她不知自己是否应该纵身跳入海底。海浪会把她淹没。对罗达来说,死亡并不像对伯纳德或珀西瓦尔那样是敌人。死亡是回归不朽的海洋的自然过程,在她想象的节奏中,她从未远离过这片大海。她拥有与浪漫主义诗人一样的情怀,他们愿意回到给予他们生命的自然躯体中。惠特曼感到,大海的召唤就像摇着摇篮的老太婆一样,这完美解释了罗达对自然的屈从;她的海浪低语着

> 这个深沉而美妙的词语:死亡,

都是死亡、死亡、死亡、死亡。

伯纳德的旅行标志着他闲适生活的一场革命。而罗达的旅程则沿着她的思维习惯把她带上否定的巅峰。她一生都在默默谴责自己的同类如何缺乏勇气，她假装不因谎言和谄媚而惊讶。"为了熬过一天日子，你们多么需要泯灭天良"，这就是她无声的批判。

站在悬崖边上的伯纳德和罗达反衬着那些处于舒适区的中年人：苏珊、奈维尔和路易斯。对于苏珊来说，中年让饥渴的情感得到了休息。她感到自己就像一棵茁壮生长的树一样深深扎根于泥土里，无法被摧毁。当她和长大的儿子一起在田间散步时，她告诉自己，她已经实现了"最高的渴望"。

对于珍妮而言，目睹肉体的衰老是人生的重大打击。有一天，当她乘电梯下行到地铁站时，她看到了许多和自己一样直立的身体，"像一支由死人组成的军队，被束缚着，可怕地向下落"。她站着，像一只陷入困境的动物，两肋起伏不止。后来，她走出地铁站，忘记了这些，继续沿着皮卡迪里大街追寻她的快活之路。

珍妮濒临绝境的瞬间被放到这个阶段的中央，把一头一尾伯纳德和罗达更持久的极端状态连接在一起。伯纳德的沮丧情绪来自未知的存在方式。对于一个没有自我、以非个人化的清晰视角被观察的世界来说，语言是不存在的。语言能够承载的一切都要渐渐回到我们称之为健康的遗忘状态，这时，想象力自动填补了景物的色彩，习惯让感知变得模糊，语言又开始像往常一样丰富起来。"茫然的感觉重新出现，"伯纳德说，"带着一连串虚幻的辞藻。"

退潮的海浪引出了中年时代。浪潮退去后的沙滩很光滑，像珍珠一样白：一个崭新、空白的空间敞开了，它等待着新的行动。人到中年，已经能够远远望见人生的终点，而中年的不同阶段正在展开，这标志着一个即将面临的问题：这些阶段会通向何处？当这群人在汉普顿宫最后一次相聚时，这个问题得到了解答。

为了前往汉普顿宫，日渐衰老的朋友们不得不摆脱家庭和事业的障碍。伯纳德感到自己几乎被钉在原地。他们第一眼看到的是彼此的外套和雨伞，这表明他们就像大树一样扎根在观念、权威、名利和家庭中。只有罗达像往常一样，面目不清，态度疏离。"你们说话的声音就像森林中的树木吱吱嘎嘎断裂的声音，"她在心里对他们说，"你们的脸和树木的坑坑洼洼也是一样。"

到达汉普顿宫的路途是如此艰难，这清楚地表明，他们不会再重聚了。不过这个夜晚，他们仍希望在彼此眼中捕捉到往昔的光芒。第八个横截面是从小酒馆里的晚餐开始的，它与第四个横截面——成年初期的告别晚宴——相互呼应。此时，六个人物都到了生命衰退的时期，他们回望过去，不仅看到了自己的成就，还看到了历史已经选择要永久保留的功绩。

苏珊在日常的劳作中获得了满足，她默默贬低奈维尔展示的学术荣誉。奈维尔饱受磨炼，他坚信自己真正的成就是一张精神之网，他用一生的时间编织这张网，现在它已足够宽大，能够捕捞起鲸鱼了。苏珊的成就是她因劳作而磨损的双手，她的手呈现出深浅不一的健康肤色。伯纳德的成就是他的能言善辩：他漫不经心又十分专业地消耗着他在语言上的能量，"就像一个人把种子一大把一大把地撒出去"。从个人的角度来说，他们的成就都算不上伟大，但在汉普顿宫的花园里，当他们聚在一起作为日渐衰老的一代人时，最终留下了属于自己的印记。

第八个横截面像第四个一样，把朋友们当作一个群体来展示。汉普顿宫这座泰晤士河上的宫殿是数代人的作品，它成了这个群体的生命观和历史观的背景。表达对生命和历史的见解不仅仅是本书的目的，也是弗吉尼亚·伍尔夫整个写作生涯的目的。

弗吉尼亚曾在各类文章中提到至少十次去汉普顿宫的经历。1930年10月22日，刚从汉普顿宫回来，她就半开玩笑地提到麦克白临死时的心情："我的生命之路／已经日益枯萎，就像一片黄叶。"而在1903年、1913年、1917年和1918年，青年时代的弗吉尼亚多次游览了汉普顿宫，她陶醉于深受欢迎的王室历史的华丽景观中。她穿过庭院，想象着亨利八世如何在这里走过，他的手臂如何搂着红衣主教沃尔西的肩膀。在这里，年幼的爱德华六世被处死了，查理二世曾和卡瑟梅夫人一起散步。不过，在成熟时期，她主要把汉普顿宫看作雷恩创作的一件艺术品。始建于1689年的东部建筑拥有完美的对称性，它正对着大喷泉花园，从中延伸出的三条椴树大道向着地平线辐射开来，展现出路易十四的园林建筑师安德烈·勒诺特尔的雄伟风格。花园是威廉和玛丽设计的，他们把紫杉树种植成了他们名字首字母的形状（W和M）。他们还从西伯和皮尔斯那里定制了巨大的石瓮，从让·提约那里定制了华丽的锻铁大门，放在正对着三条大道的入口处，此外，他们还布置了泰晤士河畔的阶地，一条长达半英里的笔直步道：所有这些都是《海浪》中友人重聚的背景。

当六个人手挽手、肩并肩地走在一条渐暗的林荫道上时，他们问自己，如何才能抵抗时间的洪流。

"什么东西是持久不变的呢？"他们思忖道。"我们的生命也同样是在沿着这些暗淡无光的林荫路，度过一段混沌不明的时间，悄悄地流逝。"

随后，珍妮看到那扇大铁门关闭了，童年时代的他们走上前来，逆着时间之流，迎接现在的他们。那时，他们围绕在弹风琴的柯里小姐身边唱着歌。当他们与珀西瓦尔告别时，餐桌上放着一朵有六枚花瓣的花。时间静止了，他们持续一生的爱驱散了冰冷的死亡阴云。在那一瞬间，他们看到，某种永恒的东西的确存在，那是他们终生之努力的总和。当六个人聚在一起时，他们便构成了人类物种的肉体、精神和灵魂的总和。

"让我们停留一会儿，"伯纳德说，"让我们瞧瞧我们造出来的东西吧。让它在紫杉树的衬托下闪光发亮吧。那是同一个生命。"

就像童年时代的灵魂觉醒之后是一种感官上的悸动一样，当成熟的他们获得不朽的启示后，六个人也变成了三对。年龄的增长让他们感受到了最盲目的性渴望，就像太阳在西沉时发出的那道光一样。

罗达和路易斯停在石瓮旁望着伯纳德和苏珊，而奈维尔和珍妮穿过草地溜走，渐渐消失在湖边。在他们融入那片仿佛被挂满的尸体压垮、因饥肠辘辘而隆隆作响的阴暗树林之前，罗达和路易斯隐约听到了苏珊的话，苏珊一直爱着伯纳德，她说："我那毁灭了的人生，我那荒废了的人生。"

两对男女疲惫不堪地回来了。苏珊的眼神黯淡无光。珍妮的黄色披巾呈现出飞蛾的颜色。奈维尔有些伤感地承认，他们已经屈服于欲望了，因此，他想撇下他们"独自挤出某些苦水，某些同时也带点甜味的毒汁。但是现在，我们已经精疲力竭了"。

他们的肉体快要耗尽了，但他们一同质询了历史学家们选择永久保存的低等事实：那些人只记录毫无价值的帝王业绩，他们荒谬地认为人类文明取决于布莱尼姆战役的结果。六位朋友渐渐意识到，如果没有像雷恩的宫殿和花园这样富有秩序的成就，历史只会是庸俗的。

当六个人在河边步道上散步时，他们开始像小时候那样说话，他们的句子越来越短，仿佛生命那海浪般的脉搏开始了更短暂的跳动。与最开始的童年时代一样，他们的声音变得再一次难以区分，当小说走向尾声时，更是融入一片合唱声中。六个人像树一样一动不动地站着，抵御即将袭来的夜色。他们开始模仿大自然的沉默。伯纳德观察到，"寂静把我的脸打得坑坑洼洼，使我的鼻子逐渐融化，就像一个站在庭院里淋雨的雪人似的。随着寂静降临，我被彻底瓦解……"

接着，伯纳德听到"河的下游"传来他那一代人的合唱声，他看到自己像其他人一样在打着旋的河水中悄然消失。这是弗吉尼亚·伍尔夫自溺于乌斯河的预演。"我们的许多小小碎片正在化为乌有，"伯纳德继续说，"我再也支撑不下去了。我要睡了……我就像一根木头，平稳地顺着一道瀑布滑行。"

河水发出声声回响，淹没了伯纳德的声音。我们最后看到的是他手里仍然紧攥着回滑铁卢的返程车票。

§

虚构的生命都有改变的可能性，但《海浪》中的六个人物却是不变的。在小说中，角色往往会因生活经历而发生变化，而《海浪》却以一个生物学意义上的假设为出发点，它认为，生命的历程由天赋决定，这种天赋指的并不是可计算的基因，而是某种更难察觉、始终存在的固有属性。

一对对男女与他们的社会背景割裂开来：他们的父母、阶级、时代、正规教育、正式职业、公共成就和地位都被尽可能地简化了。作为替代，弗吉尼亚·伍尔夫用生动形象的语句勾勒出了每个生命样本的轮廓：想象力丰富的罗达是湿淋淋的泉水仙女；情绪化的苏珊是粘附在岩石上的帽贝；路易斯专横易怒，他常常听到脚上戴着锁链的野兽不断蹬踏地面；奈维尔拥有理性的智慧，像剪刀裁剪出来的那般精确严谨；珍妮肉感的身体是舞动的火焰。罗达是《海浪》里最像弗吉尼亚·伍尔夫的角色，她把目光集中在大自然远处那些若隐若现的人物塑像。弗吉尼亚·伍尔夫把人物简化为轮廓；他们脸上的沟壑仿佛是从自然中切割下来的，这就像哈代在一座阿尔卑斯山峰中依稀看到了莱斯利·斯蒂芬的身形一样。

人物的轮廓通过游戏模式和求偶习惯得到更深入的刻画。作家伯纳德娶了一个他完全不重视的女人。奈维尔在荒淫的白日梦中消耗自己。他的目光转向河流下游一个划着平底船的年轻人，他开始（在第一稿中）"像这样望着，像这样死去*。要压坏你的嘴唇，贴紧你的大腿……"珍妮在情色的权力游戏中滥用她的天赋。路易斯和罗达是六个人中唯一的一对；他们的结合是两颗真心的结合。

语言、游戏和求偶行为或许是对人类进行分类的基础。不过，由于每个声音都提出了不同观点，这种分类需要乘以六。

---

* 奈维尔或许想起了雪莱的《致歌唱的康斯坦西亚》一诗的首句："像这样迷失，像这样沉没、死去。"

伯纳德总是隔着不远不近的距离从四楼的窗口观察别人。他从小就很能容忍，他既不憎恨也不敬畏那位像船一样在讲台上摇摇晃晃、故作威严的校长。在六个人物中，伯纳德最容易屈服于社会规约；在学校时，他往往不会参加奈维尔那些危险刺激的活动，而是与"爱吹嘘的小子们"为伍。

在《海浪》的第一稿里，伯纳德承认："我曾是许许多多不同的人。"作为无数情节的潜在主人公，伯纳德的可塑性达到极致。弗吉尼亚·伍尔夫自身的某些东西也融入了对伯纳德的塑造：她的善于交际，她的语言表现力——那些充满想象力的咏叹，还有她希望拥有成百上千种不同色彩的愿望。正是这种戏剧化的可变性让弗吉尼亚·伍尔夫如此神秘。在《到灯塔去》里，她将隐秘的自我分为莉莉的画布的两半。在《海浪》中，她把她对人类天性的认知分成了六种模式，以此分析其构成，然后，在汉普顿宫里，她又将六个人物融合成一个理想的人类样本。《海浪》出版后，她给 G. 洛斯·迪金森（G. L. Dickinson）写信说："六个人物应该是一个人。我自己正在变老——明年我就五十岁了；我越来越感觉到把自己聚合成一个完整的弗吉尼亚是多么困难。"

因此，我们有必要把伯纳德看作只是六种潜在的人类禀赋中的一种，不过，不可避免的是，这位公共表演者获得了传记作家更多的关注（伯纳德清楚地意识到了未来的传记作家的存在）。

在六个人中，伯纳德最常出现，也最讨人喜欢，因为他很有亲和力。但他实际上却是最模糊不清的，就像他在少有的忧郁时刻对自己承认的那样。他消失在其他人的形态中。这就是苏珊无法抓住他的原因。"他走了！"她喊道。"他从我身边逃走了！"

苏珊被伯纳德强烈的博爱情怀吸引了：小时候，当她在激愤中哭泣时，伯纳德对她表示关怀。不过，虽然那种关怀带有让人无法抗拒的暖意，但对于作为小说家的伯纳德来说，它终将变为一种职业习惯。伯纳德最终娶了比苏珊更温顺、更平凡的女人——琼斯家的三小姐——为妻，她对他的要求没有那么多，不过，他身上其实也没有太多可以得到的。

他无法满足苏珊的热情渴望（除了一次），却喜欢在她做针线活时沉浸在她营造的"安全感"中。对他来说，真正的刺激在于他的工作：他该如何从众多的虚构性事件中挑出一部杰作的真实情节？直到中年，他还保留着自己选择的词语，它们就像"衣服挂在橱柜里一样，等着有人来穿"。晚年他渐渐明白了生命书写的真谛。传记写作的问题支配着他的老年，作为职业作家，为同时代人书写传记的任务落在了他的肩头。

伯纳德从不远不近的距离观察别人，而苏珊那双草绿色的眼睛却专注地盯着眼前的白色针线。苏珊代表坚守故土的那类女性，她必须在她的农场种植作物和养育子女。她的孩子们被安顿在草莓苗圃一样的摇篮里。

苏珊的母性中没有任何伤感的东西：她明白，这是一种"动物性的"，也是"美好的"强烈情感。她能理解动物在爱、恨、愤怒和痛苦时的叫声。她不变的面孔是专注的，有时是阴沉的"绛紫"色的，她不像她的同学珍妮那样渴望得到别人的欣赏；她只想一分耕耘一分收获，想要独处来展示她拥有的东西。她的自然属地就是菜园和玉米地，不过，当孩子们诞生后，她的生活便被挤压得如针尖一般集中。母性给了这个生物一种能量场，在六个人中，她最随意地消耗着她丰富的能量。她的身边伴随着粗鲁、聒噪、声音低沉的男人们和一摇一摆的鸽子，它们四处寻找着从她能干的双手掉落的谷粒。

年轻的时候，苏珊觉得自己是没有魅力的邋遢女人，但到了中老年，她却能为自己的身体感到欣喜，她的身体就像一件久经磨砺的工具，在日常使用中磨出了锋利平整的刀刃。苏珊建造了一个坚固实用的栖居所，庇护着她的后代。年龄的增长让她更有尊严，她就像《琼·马丁小姐的日记》中那位能干的主妇一样，展示了女性在塑造文明的进程中未被充分认可的作用。苏珊很容易被低估，尤其是对于那些认为有趣的生活必须充满大事件和变化的人来说。然而，苏珊的嗓音，以及她稳定、持续搏动的生命，击退了极易产生的躁动。对苏珊而言，生命的波动是由季节造成的。在她的生命轮次中，她重复地问候几位老牧羊人，她主宰了生育和死亡，修复并更新人际关系。

让人好奇的是，为何粗矮、恋家的苏珊能被爱情包围。她似乎无意识地提供了一种难以形容的安全感，这让伯纳德着迷。而那位魅力四射的珀西瓦尔——剑桥船篙上的主人公，帝国未来的英雄——也很喜欢她，但她拒绝了他。和珀西瓦尔结婚会把苏珊移植到世俗意义上的"成功"模式中，让她扭曲变形。苏珊紧紧抓住自己的生命之石，坚定地拒绝改变，这实际上是她作为女性最坚韧的东西。根据描述，她有水晶一般的梨形眼睛：就像斯蒂芬姐妹从母亲那里继承来的眼睛一样——弗吉尼亚·伍尔夫笔下的成熟女性那坚强、负责的形象就源自她的母亲。她还在苏珊的形象中融入一部分凡妮莎的特征，因为苏珊也是农场和家庭的控制中心。她从凡妮莎的天性中看到一种悍戾和占有欲，一种不属于圣母的母性，而是雌性虎或牧羊犬的母性。

苏珊紧抓着某些东西；珍妮则猛冲突进。她如炬的目光接纳也激发着反应。她用肉体的想象来观察世界，而她的肉体总在移动，就像一株摇曳的罂粟花，热烈且饥渴。通过珍妮，其他五个人才变得清晰可见。

青春期的珍妮就像一只未被驯化的动物一样横冲直撞，不过，当她作为一名年轻女子进入舞厅时，她逐渐变得敏感起来。当她的身体沐浴在男人们赞赏的目光中时，她便开始摇首弄姿。她裙袂飘飘地坐下，沉浸在一场白日梦中，此时，她遇上了一个女人愠怒的目光，她观察到，这个女人"猜到了我兴高采烈的心情。我的身体傲慢地在她面前像阳伞似的合拢起来"。

珍妮代表了处于狂欢时刻的肉体生命。她并不放荡，也从不滥用自己的身体，而是准确地遵循它的节奏，从她在第一场舞会汇入舞蹈的缓慢洪流，到她头发灰白、面容憔悴，在正午时分盯着镜子里露出太多牙龈的嘴唇——她仍在期待着"那个瞬间"。珍妮为了感官感受而活着，她想要抓住此时此刻的狂喜："她袒露着胸膛冲向战斗。"

尽管上了年岁，她依然在其他更清醒的居民们沉睡时迎接她的情人："电车刺耳的声音和她快活的喊叫声混合在一起；当一切本能的快感都已得到满足，她平静地颓然躺下时，那摇曳起伏的树叶还得遮掩住她的疲乏，和她那美妙的倦意。"当她额上的一绺头发变得花白时，她便把头发卷起来以展示前额的白发，她起身走向敞开的房门，就像离开学校后在伦敦度过的最初那些春夜一样。

珍妮接连不断的情人不是作为个体出现的，而是作为一种存在模式：通过她轻快的节奏、漫不经心的态度和彻底的无畏姿态，男人们成形了。不过，这种模式纵然充满激情，却不如苏珊在农场的生活更具吸引力。苏珊是有节奏地活着的，而珍妮只是重复。太多的欲望，太多缺乏灵魂或性格的肉体很快就会让人倦怠。或许，弗吉尼亚·伍尔夫身上属于《奥兰多》的那一面让她对此视而不见，那是被魅力、风格、美貌、活力等因素过度刺激着的一面；简单来说，它就像薇塔包裹在长筒丝袜里的优雅的脚。弗吉尼亚给薇塔的信中充满人为制造的激情，这或许可以解释，为何珍妮的生命不像伯纳德和苏珊的那样强韧。这完全是能够预料的。

前三个样本——伯纳德和他流动的情感，苏珊和她养育的慷慨，珍妮和她的欲望——都代表了以不同形式存在的丰富的自然能量，不过他们三个都是扎根于社会的人。而其他三个样本却逐渐远离社会，但他们也代表了人类各具特色的组成部分的另一半。

奈维尔的视角是侦探的视角。从他的好奇心中，一道探寻之光迸射而出，它不满足于任何缺乏结论的东西。他坚实的心灵与松垂的肉体形成对比，他害怕自己命中注定会使他所爱的人厌弃。

奈维尔古怪地融合了懒惰与严谨，热情与理性怀疑主义，他在利顿·斯特雷奇和 E. M. 福斯特待过的剑桥大学找到了理想的避风港。奈维尔仰面躺着，"像一缕飞絮"一样在朋友们之间飘过。智性方面，他与古罗马人较为接近。他的思维就像食蚁兽的舌头一样迅捷、灵敏、什么都能逮住，他探索着卡图卢斯和卢克莱修的一切奥秘。为了自娱自乐，他还幻想，在一艘船的甲板上，一群赤身裸体的船舱小子们用橡皮管互相喷水。他拥有混合了放浪不羁和学究般严肃的独特性格。生活在一个崇尚怪癖的男性群体中，他比在其他任何地方都更放松自在。剑桥的钟声为生命而鸣。柳树"把它美丽的小树梢刺向天空"。

奈维尔和丑陋的圣约翰·赫斯特有很多相似之处。但奈维尔的性格更有深度：他的热情可能会错付给愚蠢的爱情，但它本质上还是严肃的。奈维尔展现了一个优秀的头脑所拥有的顽强意志：他愿意"沿着词句的曲径探究下去，无论它会将你引向什么地方，进入沙漠，陷入沙流，对于诱惑和勾引都将视若无睹"。

奈维尔把他刨根问底的习惯和苏珊生活中那些平静的重复行为相比较，在他看来，苏珊无法看到邪恶的东西。他能察觉到人们内心深处隐藏的东西，比如隐隐约约的嫉妒和欲望。对奈维尔来说，每一天都会带来种种诱人的危险。他看到，在风平浪静的表面下，人们像蛇一样盘结着。奈维尔其实很享受亲密关系的危险性。二十岁出头时，他匆匆地赶到伦敦的餐馆去见珀西瓦尔，面对离别的痛苦，他能看清自己与朋友们的区别："我的生活中有一种你们所缺乏的迅捷。我就像一只追踪气味的猎犬，从黎明直到黄昏一刻不停地追逐。"

珀西瓦尔死后，这位无能的大学老师开始向一位同性情人寻求安慰。这位情人惊异于奈维尔机敏的头脑；而奈维尔则对他"身体无意间的动作"感到惊奇，不过，他正处于抑郁情绪中，无法完成身体的结合。回到学院那整洁、私密、像猫窝一样的房间里，他感到解脱，他可以沉浸在罗马作家严肃的语句中，他们会"斥责可厌的扭曲行为"。

奈维尔天性的秘密与其说在于他的残缺，不如说在于他对各类慰藉的追寻，尤其是他对身边蛇一样狡猾的人的兴趣，以及对自己随之产生的痛苦的兴趣。他在"追踪气味"。他的目光透彻明晰。他说，正是这一点才让痛苦不断地给予他智性上的刺激。

奈维尔虽然远离社会，却能让自己那种病理诊断式的探索适用于学术环境，但最后两个生命样本——路易斯和罗达——却无法适应任何社会规约。如果人类分布在社会和自然之间的光谱上，路易斯和罗达会是最接近自然那一端的，不过，路易斯迫切地需要顺应社会，他也的确强迫自己进入了行动模式。他和更加远离社会的罗达是一对——罗达只能适应无人居住的黑暗之地。他们之间的爱情和伍尔夫夫妇的爱情一样，如果把这种爱与伯纳德的家庭性、珍妮的欲望和奈维尔的膜拜所代表的公众常态相比，会显得很奇怪。他们二人像同谋者一样彼此吸引。罗达总是用手捂着嘴对路易斯说话。* 当他们退回共有的远处视角时，他们向着彼此的隐秘自我说话，而这些话被放在括号中。这两个人一心想要理解全人类，路易斯借助逻辑，罗达则运用想象。他们参与了标志着生命历程的重要时刻的庆典，比如送别珀西瓦尔的晚宴和汉普顿宫的重聚，但他们带着某种颇有远见的沉默。在太阳还未到达顶点时，他们就预见了它西沉时投下的阴影。他们"一起后退，斜倚着某个冰凉的骨灰盒"。

托比·斯蒂芬曾把伦纳德·伍尔夫描述成一个因为人类的局限性而愤怒的人，这个形象浓缩在路易斯身上——路易斯总能听到脚上戴着锁链的野兽不断蹬踏地面的声音。从表面上看，路易斯很古板，他像一只高傲的鹤一样挑剔地抬着脚，像是用夹钳夹糖块儿似的挑拣着字眼，不过，路易斯承认，他紧闭的嘴唇掩藏着他狂野的冲动。他喜爱狂暴的西风，在他生命的贫瘠秋日里，他怀念罗达，渴望西风那复苏的力量。他的内心追随着一首中世

---

* 这个姿势最早出现在《海浪》的第一稿中，MSS. W, p. 338。

纪无名诗的轨迹：

> 西风啊，你究竟何时吹来，
> 　　让细雨飘落滋润地面？
> 上帝啊，愿我的爱人投入我的怀抱，
> 　　让我能够重新在床上安眠！

　　路易斯下定决心直面世界的成功之门。他反复敲门想要进入，无论是在学校还是在伦敦金融区。这个男孩的黄铜蛇头皮带和他抚着花茎的手带着本能的情欲，在珍妮身上唤起了意外的反应。然而，路易斯不需要她的亲吻，因为他把自己封锁起来，拒绝别人的入侵。他的自给自足，他的控制欲，他那执着的野心，都掩盖了他的本能。无论罗达何时与路易斯见面，路易斯都能在他的公共生活与私人生活之间、在他自相矛盾的自律与野性之间维持一种补偿性的平衡。在第一稿里，他们在伦敦金融区的阁楼里相遇，"那是我们之间最充满激情的时刻"。最终的版本抹除了这种激情，以强调罗达如何从他的拥抱中退缩。这是因为，成功的商人最终压制了黑暗中的梦想家。控制他人的习惯渐渐使这位情人失去了人性（就像在《拉宾与拉宾诺娃》中一样）。罗达离开路易斯后，他的灵魂开始萎缩。他不得不依赖公众带给他的尊严，比如办公室女职员毕恭毕敬的问候，还有坐在他膝上的打字员带来的安慰。

　　虽然路易斯抑制了他的野性冲动，但他仍然保留着对根源的孩子气的迷恋，这种迷恋发展成一种强烈的历史感。"每一天，我都在开掘——都在挖掘"，他半骄傲半疲倦地说。当他还是个孩子的时候，他就觉得自己已经活了几千年。*他体验了一直能追溯到埃及法老时代的历史。路易斯那预言式的想象是根据《出埃及记》杜撰出来的：他还记得，人们带着红色的水罐来到尼罗河畔。在此，伦纳德·伍尔夫的异国血统透过路易斯的澳洲外表显露出来。虽然书中没有提到刻在石板上的十诫，但路易斯本人就像岩石一般顽强，他一生都在追求权威的、简单的、包容一切的单一法则。

路易斯在两种极端状态之间摇摆：极度的傲慢之后，他变成了类人猿，在提着闪亮的购物袋的邋遢女人面前畏缩不前。几年后，伦纳德·伍尔夫被一张照片吓坏了，在那张照片上，纳粹突击队员正拖着一个男人，他的裤链被扯开了，露出他是一个受过割礼的犹太人。比起这个犹太人的脸上那麻木绝望的神色，更让他害怕的是旁观者的笑脸。和伦纳德一样，路易斯也擅用刻薄的态度武装自己，以掩饰他在面对众人的嘲讽时的脆弱不堪。伦纳德曾在自传里写道，当他完成中学学业时，他的身上便长出了一层"保护性的外壳或盔甲，用来掩饰自己的不安、自卑和恐惧，我一生都能抑制住这些情绪，却从未真正摆脱它们"。

路易斯带着痛苦的烙印活着，这是遭受迫害留下的后遗症："那是一个戴着头巾的男人用一根烧红的烙铁在我哆嗦的皮肉上烫下的耻辱。"斯坦纳主张，犹太人遭到迫害并不是出于某些特定的原因，而是因为他们的属灵恩赐招致了愤恨，弗吉尼亚·伍尔夫似乎就在她丈夫身上发现了这种恩赐，尽管他是一个无神论者。

---

* 哈代曾在"小时光老人"这个人物身上尝试使用了类似的意识："在这个孩子今早的生活中，似乎时不时地有一股来自远古黑夜的巨浪把他掀了起来，那时，他转过脸向后看去，看到了某个伟大的大西洋时代……"（《无名的裘德》第五部分，第三章）

一位朋友(埃塞尔·史密斯)谴责弗吉尼亚缺乏宗教意识时,把责任推到了伦纳德身上,但她反驳说:"上帝啊!我是多么厌恶这些歌功颂德的人……我的犹太人一个脚指甲盖里包含的宗教信仰都比他们多——一根头发丝里也有比他们更多的人性之爱。"

路易斯向人群投去"幸灾乐祸又一针见血"的目光。他的朋友们感到,他在盯着他们看,还把他们当作"他老是在办公室里审核的某笔大宗账目中一些无足轻重的条款,累加在一起"。在伦纳德·伍尔夫的自传中,每当他用到"绝望"这个词时,就会让人想起先知的意象,这和路易斯用精细的文笔描绘出的人类总体形象相一致:"我们的总额将会一目了然;可是这还不能算完。"在第二稿里,路易斯与罗达像秘密法官一样加入"沉默的人群,我们常常渴求着他们的裁决"。

路易斯寻找的那种普遍结论无法在书籍中找到,却可以在伦敦这个大都市里找到。这意味着要对城市的肮脏进行无情的审视。虽然他越来越富有,但他还是流连于肮脏的小吃店、烟囱管、破裂的窗户和长癣的猫之间。"他那污秽可怜的空想强烈地吸引着我,"伯纳德说,"他经常出没在一些寒酸的街道或小镇上,每逢圣诞节,那里的女人就会喝得酩酊大醉,赤身裸体地躺在床罩上。"

小说并没有给出路易斯那"不容改变的"结论,但我们可以从他苦涩的言语中推断,这个结论并不十分积极:"我搞不懂你们怎么会认为活在世上是一种幸运。"我认为,他的结论或许与《荒原》有诸多相似之处,但它缺乏能够抚慰人心的崇高感。

路易斯那清教徒式的严苛不可能是作品的最终结论(考虑到《海浪》具有六重观念结构),但也不能被轻易忽视。最让人印象深刻的是他那近乎苦行的意志,为了追求某个结论,他甘愿牺牲

第十二章　生命的样本

自己的大半生。他努力把尘世的形形色色压缩为"一条线",这让他撅起嘴唇、睁大双眼,不过,他的眼睛也会突然带着笑意闪烁光芒。上中学时,路易斯就被认为是一个学者,他凭直觉就能够准确表达,但这不免让人心生畏惧。

为了解决路易斯性格中的迷人的矛盾之处,弗吉尼亚·伍尔夫把支撑了他的体面的道具和他从不示人的记事本搁置一旁,转而强调他皱起的眉头。他专注得就像要从头脑中纺出一条线似的,但这条线会因他人的触碰而断裂。在描写路易斯时,她使用了在日记里描写艾略特的形容词:路易斯是"苍白的","坚硬如石的"。她还曾轻描淡写地说,如果她和艾略特不都是那么"严肃"的话,他们有可能彼此喜爱。

路易斯的生活的一些外部细节源自萨克森·西德尼-特纳,特纳在财政部工作,他住在一间密室里,总去小餐馆吃饭。路易斯的形象巧妙地融合了萨克森外在的乏味和伦纳德内心的激情,他是经常发抖的伦纳德和先知一般的艾略特的混合体。"任何震动都令我浑身颤抖,"那个孩子承认,他知道自己就是未来的先知,"我的眼睛是尼罗河岸边沙漠里的一尊石像那睁得大大的眼睛。"历史迫害的阴影笼罩着他——"人对人所做出的种种丑事、所施加的种种折磨和囚禁"——即使在年轻的时候,他对田园美景和剑桥也毫无耐心。他避开了那些穿着白色法兰绒制服、拿着坐垫从河边走来轻松自在的英国朋友们。伴随着这一大胆的举动,一场争夺控制权的可怕剧目开始上演,这场戏剧是他在对抗屈辱留下的阴影时构思出来的。

在朋友们眼里,罗达和路易斯的恋情是反常的,因为他们二人的核心兴趣完全不同。不过，二人间的神秘纽带借助遍布全书的私密话语得到解释，而他们的公共姿态很少被提及。

  罗达代表了他们这代人中的局外人。她的心灵躲避阳光，而其他人都在日光下生活、行动：在日光下，她的想象力因为接触到卑劣、粗俗的东西而受到损伤。她看起来总是心不在焉，她的面容像月亮一般朦胧，她的身体在极度的羞怯中躲藏着、闪避着，消失得无踪无影。罗达的视角就像月亮那样遥远，它将诡异的光照向了地球的阴暗面。月亮的光芒不像灯塔的光束那样具有穿透力，但它是启示性的，是诗意的：它唤起了一些原始的形态，华兹华斯将其称为"形状"（forms）：

> 持续多日在我脑海中激荡，
> 我的思绪被一片黑暗笼罩，那是一种
> 无物的荒寂，或称它茫茫荒地；
> 消失了的是那些熟悉的形象……
> 只剩下巨大而超凡的形状，
> 其生命有别于人类，白天在我心灵中
> 移游……*

  在某种程度上，罗达与路易斯之间的纽带以他们的缺陷为根基——他们的羞怯、他们对嘲笑的恐惧——不过，它更真切地建立在二人充满幻梦的生活上。"和路易斯一样，我一定也曾是个先知，"罗达在第一稿里说，"不过，我讨厌那种男性化的姿态。"

---

* 华兹华斯《序曲》第 1 卷第 393—399 行，参考丁宏为译文。——译注

罗达那独一无二的纯洁性拒绝被定义。路易斯从肉体的世界中退却，才激发了自己更高级的能力。但罗达的纯洁是更天然的，那是一种精神能量的源泉：

> 纯洁的精神将要流回
> 它所涌出的燃烧的泉流之源，
> 作为永恒的一部分，穿越时间和变异，
> 它必定会永远放射光芒，依旧是不可扑灭……*

第一稿提到，罗达曾在学校图书馆里研读过雪莱的诗。弗吉尼亚·斯蒂芬也曾在年轻时翻阅过帕尔格雷夫的《英诗金库》，她偶然读到了雪莱的《一个未知世界的梦》，同样地，罗达也把手臂撑在书桌上，读着在"河流颤抖的边缘"生长着的花朵：

> 漂浮的睡莲，阔大而明艳，
> 发出似水的光芒，像月光一样，
> 照亮了树篱上方的那棵橡树。

她开始觉得自己变得雪白，变得能被渗透，一股丰沛又忽强忽弱的溪流注入她的体内，冲开了身体厚重的束缚，让它变得透明发光。在手稿里，罗达的纯净被称作"如火一般"。

罗达已经"像荒漠里的热风一样消失了踪影"，路易斯哀叹。"当阳光晒得城里的屋瓦发热膨胀时，我会想起她……"

---

* 雪莱《阿多尼斯》第38节，参考江枫译文。——译注

罗达的天性源自弗吉尼亚·伍尔夫从自己的过去中挖掘出的一个观点:"生命是……最奇怪的事……我小时候就常常有这种感觉——我记得有一次我无法跨过一个水坑,因为我在思考,多么奇怪啊——我到底是什么?"生命就像从海上涌来的幽暗波浪,让她感到震撼。"我们依附于此,"她说,"就像身体依附在野马上一样。"在某种程度上,路易斯对手头事务的专注保护着他,而罗达却敏锐地观察到了没有人能逃脱的自然法则。她小时候就看到了人类依附于自然的种种征兆,她把漂浮的白色花瓣想象成小船,它们会在汹涌的大海沉没或幸存。

罗达期待"骑在狂涛巨浪之上,然后下沉,不需要有人来救我"。她忍受着路易斯的居住环境——起重机、卡车和冷漠的面孔——部分原因在于,对她来说,白天的忙碌完全是一种伪装。她怀着雪莱的心境,叛逆、勇敢、充满好奇地踏上想象中的旅程:

> 我的心灵轻舟已被催动,
> 远离海岸,远离那战栗不已
> 从不敢迎着狂风暴雨扬帆的人群。
> 浊重的地和星光灿烂的天分裂了!
> 当我在黑暗中满怀恐惧浮身远行。*

在第二稿里,罗达的精神之旅引领她穿越冰流。她所说的"天空中有冰山"必定来自弗吉尼亚·伍尔夫反复做的梦,在梦中,她独自一人走向冰原。

---

* 雪莱《阿多尼斯》第 55 节,参考江枫译文。——译注

第十二章　生命的样本

通过罗达，弗吉尼亚·伍尔夫探索了自己内心隐藏的一面。童年时代，罗达摇晃着盆中的花瓣，那时的她就沉迷于死亡，到中年，她一直在自杀的边缘徘徊，后来，正如伯纳德在最后一章突然提起的，某天她跳入了海中。就连罗达的朋友也无法对此做出合理的解释。

中学时代的罗达在照镜子时就觉得自己的脸是不真实的。她对自己说，"我并不在这里"。她的衣服挂在身上，把她藏了起来。在第一次舞会上，她的血液无法跟上舞曲欢快的节奏，因为罗达应和着另一种节奏，那是宇宙的搏动。她会兴高采烈地挺起胸膛面对暴风雨，或同海浪一起拍碎在沙滩上。"那青灰色的泡沫就是我"，在第二稿里她自言自语道。她的自我是如此容易消解，以至于她必须用手猛击某种硬物——比如西班牙小酒馆的门——才能把她的身体召回。同样地，在三十年代，人们也见过弗吉尼亚·伍尔夫在蒙克屋的花园里缓慢行走，像是在努力记住什么，然后她会敲击一棵树，她的仆人说。罗达认为，轮回就是把永恒的精神与腐坏的肉体结合在一起，而这始终需要努力。她被某种东西诱惑着，渴望以彻底服从的姿态让自己融入自然，这很容易就把她引向了死亡。在她为珀西瓦尔举行的葬礼上，她对自己许诺要达成这种完满："现在我要撤出了；……现在我终于要释放那不受约束的、强遭阻遏的欲望，随心所欲，虚掷此生。"

弗吉尼亚·伍尔夫的密友克莱夫·贝尔、伦纳德·伍尔夫和奥托琳·莫瑞尔都曾说过，她和其他人不一样，这并不是说她像伯特兰·罗素那样聪明过人，他们指的是，她似乎属于一种不同类型的生命。一个女人如果不把这种孤傲伪装成谦逊、被动或笨拙，一定会引发嘲笑，当弗吉尼亚在街上闲逛时，路人的确会嘲笑她。

在中老年时代，罗达依然没有任何支撑，也没有清晰的面孔。她在阴影中悄悄溜过。路易斯是唯一能把她召唤出来的人，也或许能够因此保护她，然而，路易斯现在太拘泥于世俗利益，已经无法与未知的生命交流了。夜幕降临时，罗达最后一次唤醒了那个隐藏起来的路易斯，他们合作了最后一曲咏叹调，这被放在括号中，他们站在那里，冷漠地望着他们这一代人最后的滑稽戏。

具有讽刺意味的是，沉入水中的罗达是《海浪》的六个人物中最让人无法忘怀的。她消失在理性光辉下的阴影中，消失在原始生命的黑暗里，但她被赋予了古老的大自然那不灭的形态：月亮、远山、燃烧的沙漠、海浪。

弗吉尼亚·伍尔夫从自己、丈夫、姐姐和朋友身上汲取灵感，绘制出了这幅人性地图。以六个样本为基础进行的创作会引发简单化的非难。她想要的是一种典型，而不是通常小说中的人物特征列表。她把自己圈子里的成员重新塑造成最佳样本，这并不是因为他们是某种类型的人中的最佳成员，而是因为他们最有活力，个性也恰到好处，因此不会把典型变成癖性。苏珊不一定是最好的母亲，但她整个人都充满母性，她的身体，直到最细微的神经末梢，都为养育后代奉献了一切。

如果写《到灯塔去》的动机主要是传记性的，那么《海浪》的动机则是科学性的。埃里克·沃纳（Eric Warner）从六个人物身上看到"一种诗性代数"，六个抽象符号可以指代任何数值。因此，六个人都没有姓氏。尽管他们的原型可以追溯到布鲁姆斯伯里，但他们已被转化成讲述永恒人性的各种声音。

这部实验作品可以追溯到弗吉尼亚·伍尔夫 1925 年对《呼啸

山庄》的评论。她认为，夏洛蒂·勃朗特善于雄辩，她总是充满激情地说着"我爱"，"我恨"，"我痛苦"，而艾米莉·勃朗特的灵感却"来自某种更普遍的构思"：

> 这种雄心壮志在整部小说中都能感受到——这是一种虽然遭受挫折却始终坚定不移的努力，她要借小说人物之口，说出不仅仅是"我爱"或"我恨"的话，还要说出"我们——整个人类"，以及"你们——永恒的力量……"而这句话并没有说完。

因此，弗吉尼亚·伍尔夫修剪掉个性的枝叶，而去窥探埋藏在地下的岩石。当奈维尔抨击模仿拜伦的伯纳德时，他说明了这种写作方法："就像一股滚滚的波涛……把我心灵之岸的那些卵石全部暴露。"

第十三章
生命历程

弗吉尼亚·伍尔夫正在从一个更广阔的视角来审视个体生命：生命就是赐予所有人的一段时间。她以自己的生命历程为例，标记下她从一个阶段走向另一个阶段的关键节点，从青年时代对个体身份的追寻——对她而言即是艺术家的身份——到面对岁月更严峻的挑战：向着她称之为"那片鱼鳍"的未知领域前进。她把这个任务交给了伯纳德。在青年时代结束时，伯纳德承载着她的抑郁情绪，并拥有和成熟的她一样的需求，那就是留下一部蕴含永恒真理的作品。在《海浪》的长篇终曲中，伯纳德就是弗吉尼亚·伍尔夫的代言人，这篇终曲是一个大胆的尝试，它试图以大自然无限的时间尺度丈量我们自己的生命历程。

弗吉尼亚·伍尔夫不再沉迷于自我，而是以新的好奇心去审视普通大众。在《海浪》的终章里，一位陌生人出现了，此时已经上了年纪、变得笨重的伯纳德在沙夫茨伯里大街的饭店里遇到了这个人，吃晚饭时，伯纳德向他吐露了心中往事。

他是一个读者样本，并且，由于这是一次"幻想中的"晚餐，他或许代表了一位未来的读者。这就像惠特曼在《过布鲁克林渡口》中与未来的读者那次诡异的会面。诗人拒绝被关押在死亡的屏障后面，而是一步一步地靠近那个活着的读者，直到他握住他的手，并在他耳边低语。惠特曼的"你"是一个信徒，他陶醉于预言性的承诺；而伍尔夫的"你"是一位明智的读者，他对伯纳德的结论持怀疑态度。伯纳德焦急地看着那张半生不熟的面孔，观察着他不断变化的反应："你张望、吃饭、微笑、厌烦、愉快、气恼——我所知道的仅此而已"，他说。

然而，读者的存在是至关重要的。他期待的目光，他作为一个潜在敌人的威慑力，唤起了伯纳德对某些问题的结论，这些问题在一代人的生命历程中被提出，并且经受了考验：生命历程的形态是什么？我们能从生命存在中索取的最大可能性是什么？

伯纳德（就像莉莉·布里斯科一样）不愿强迫自己下结论，而更愿意徘徊在怀疑和不确定中——甚至到了放弃的程度。当科学家详述自己的步骤时，总要编造出一个有目的的故事，但伯纳德却记下了所有通向结论的步骤：包括那些失败的观点，那些死胡同："那是一项巨大的事业……"

对于人到中年的伯纳德来说，浪潮已经退去。但在生命的尽头，他的创作之潮涌上来，淹没了记忆的洞穴。他回忆着种种场景，一幕接着一幕，一个人接着另一个人。他重新讲述那些记忆，直到它们最终定型。在伯纳德专业的笔触下，六位友人变得像石雕一样坚硬，能够抵御时光的变迁。他把他们生命搏动的那一刻凝固成艺术，就像叶芝的舞池地面上的大理石花纹一样。雕象代表着人类获得的成就：记忆、想象力、语言、友爱、奋斗，以及为时代保留的特殊禀赋。

伯纳德相信，只有删去弗吉尼亚·伍尔夫在私人笔记中称作

"非存在"（non-being）*的瞬间，六个人的生命线才是连贯的。那些瞬间包括官方荣誉和活动、毕业典礼、求职面试、婚礼或是婚姻、购买房子，等等。作为一位传记作家，伯纳德认为，典型形态的传记就淹没在这些杂乱无章的事件中。

不论这种创作传记的方法多么不寻常，创作的原则本身却是完好无损的。伯纳德肯定了传记的传统目的，也就是为通常乏善可陈而悲剧的人生历程恢复意义。他的方法确保了他的多人传记的重点落在使实际人生发生转折的建设性时刻。它同时也强调了破坏性的时刻——当种种努力或是生命本身都显得毫无意义时。弗吉尼亚·伍尔夫若想走出低潮，就不得不通过她的六个人物样本询问这样一个问题：我们有什么办法去对抗生命在生理和心理上的低谷？在中年时代，伯纳德的生命曲线摆动到了最低点："在这儿，它徒劳无益地盘旋在潮水不会抵达的泥淖里。"而转折点发生在当他以火车上人们的温暖覆盖了自己虚弱的生命时：提着篮子的老太婆爬上了三等车厢。他那充满共情能力的好奇心又回来了。1931年1月，弗吉尼亚·伍尔夫在笔记里记下伯纳德最后的振奋："我有时会疑惑……是否人类的全部职责就是繁衍后代。"她把科学和哲学排在孩子之前，随后是复苏的活力、好奇心、欢笑，最后是家庭生活。这些都是我们创造力的源泉。

为了拥有创造力，成年人必须依靠记忆去恢复他们孩童时期的感知。莱斯利·斯蒂芬在圣艾夫斯的时候，曾引用过华兹华斯

---

* 在《海浪》出版四年后，艾略特在《焚毁的诺顿》中提出了相似的传记理论。他用"虚度"（waste）这个词来描述生命历程中的诸多延伸，为了呈现生命的崇高瞬间，那些延伸是不值得记录的：
> 荒唐可笑的是那虚度的悲苦的时间
> 伸展在这之前和之后。（汤永宽译文）

的《不朽颂》中的著名诗句,这首诗的主题显然与《海浪》一致:

> 尽管我们远在内陆,
> 灵魂却看到了不朽的海洋
> 它把我们带来此岸,
> 我们依然能在瞬间去往彼岸,
> 看见孩子们在海岸嬉戏,
> 听见滚滚不息的浩瀚浪涛。

弗吉尼亚·伍尔夫在《海浪》的笔记里草草写下,当一个人长大后,他就会变成"某个人物",身上会"长出一层外壳"。这是一种危险的诱惑。珀西瓦尔的死在伯纳德的外壳上敲出了一片透明,而那几乎摧毁了他的抑郁情绪则敲出了另一片。老年的伯纳德(在关于他最后独白的笔记中)回忆,他曾在一个老年政治家的聚会上"变得坚实了——我是个人物:我的虚荣心得到了满足"。在这样的时刻,他会随意发表见解,洋洋自得,随后,他承认,"一层外壳覆盖在了柔软的心灵上,带着珍珠般的光泽,激情的利喙拿它毫无办法"。

直到生命的尽头,伯纳德才找到他自己,他以一种新的传记形式敲碎了这层外壳。在第二稿里,他曾说:"我认为传记艺术仍处在萌芽阶段,更准确地说,它甚至还没有诞生。"

他的传记艺术有两个原则。第一,生命是被"存在的瞬间"塑造的——在育儿室醒来的瞬间、海绵里挤出来的水刺激感官的瞬间、男孩们围绕在珀西瓦尔的身边、蓝色的圣母画像、音乐会,以及在汉普顿宫直观地领悟到"同一个生命"的时刻。六个人的生命从这些瞬间的顶点一跃而出，留下了想象的痕迹。生命的艺术就在于辨认出这些瞬间，它们并不专属于有权势、有魅力或天赋异禀的人，而是所有人共有的。在这些重要的瞬间发生之时，六位朋友紧紧抓住了它们，将它们铭刻在记忆里。回顾这些人的生命时，伯纳德单独强调了这种充满创造性的记忆的技巧，它在童年达到顶峰，任何常规的教育标准都无法衡量它。六位友人是在中学或大学的教室外、在花园或田野里培养了这项技能的。

当伯纳德翻阅他的多人传记时，他认定，关于童年、上学、爱情、婚姻和死亡的故事都不是真实的，生命只在屈辱和胜利的瞬间发生转折，它们随时都可能出现，却很少发生在政治危机或官方庆典中："我是多么不相信那些整洁利落的生命设计啊"，他低声自语。

六个人物与众不同的地方在于，他们并没有强使自己的内在节奏与固定的讲述婚姻和职业的传记结构相一致。大自然的宏大设计早已轻松展开。这就是第二个传记原则：生命如海浪一般。弗吉尼亚·伍尔夫希望用小说的九个阶段来证明"海浪在翻涌……生命以海浪为标记；它自身就是一个完满的周期，与任何事件都无关。是一种自然的完成"。

《海浪》要求读者改变习惯，服从于这种海浪般的韵律。我们必须调整阅读速度，以适应那个意识的节奏——它频频回望过去，重述着各种语句和场景。对于受过训练的读者来说，他们已经习惯了结论性语句的线性逻辑，因此，倾听这种不断重复的语言——六个人把记忆储藏起来反复回味，他们毕生都在追求传记书写的真理——无疑是很困难的。

更让读者感到困难的是，他们要去填充只说了一半的内容。

伯纳德拒绝意义明确的语句，因为他相信，结论性太强的东西会歪曲事实。读者必须像弗吉尼亚·伍尔夫一样，学会与"鱼鳍"共处，与若隐若现或几乎不可见的东西共处。

在伦敦的一间客厅里，年轻的罗达几乎说不出一个完整的句子。她那些不能说出口的思想无法穿过大众舆论、上流社会女人的闪烁言辞和绅士们的油腔滑调浮出水面。这里有一种微弱、重复的暗示：作为权力的表达形式的语言能够记录的东西太少了。"我们只有在编织语言时才占主导地位"，在笔记里，伯纳德说。虽然他是一个职业的语言制造者，但当他即将完成自己的杰作时，却说出："我已经不再需要那些词语了。"

伯纳德描述了六个人如何发展出了一套私人的"小语言"来替代公共话语。作为一个团体，他们探索了亲密关系对语言的影响：他们似乎能自信而准确地听出对方的意图。自童年时代，他们就了解某个小动作或不经意的话语代表什么意思。他们设想了某种比标准习语更有效的交流方式，训练自己不仅学会说也学会"听"，直到能熟练地运用这种无声的、充满共情的语言。

"所以，我就一一拜访了我的这些朋友，用手指摸索着，试图撬开他们那些紧锁着的小匣子，"伯纳德说，"我依次走到他们跟前，手里捧着……我们这人生的难以理解的本质——请他们剖析。有的人去找牧师，有的人依靠诗歌，而我则依靠我的朋友。"

六位友人中的每一个都在精神上"拜访"了另外五人，而每个人也得到了他或她最渴望的东西：易变的伯纳德被赋予了身份；丑陋的奈维尔得到了爱情；没有安全感的路易斯获得了尊重。换句话说，他们迫使彼此释放出生命活力。写这部作品时，弗吉尼亚·伍尔夫在日记里提到，她把她的朋友们当作明灯："我看到了另一个领域：借着你的光。那边有一座山丘，我拓宽了我的视野。"

六位朋友让人想到被文明忽视却又依赖于文明得以生存的种种属性：分享情感和语言的能力，富于想象力的慷慨。雪莱称之为"走出自我的天性"。他说，正如耶稣基督所宣讲的，如果一个人要战胜暴力，获得"最崇高的胜利"，他必须去想象，也就是学会去爱。

伯纳德、奈维尔、珍妮、苏珊、路易斯和罗达的声音并不只是自省的。每个人的声音都因述说了另外五个人的生命而变得饱满。奈维尔对伯纳德那拜伦式的姿态不以为然，帮助他寻回了"独立的生命"。反过来，奈维尔用一首诗向伯纳德倾吐了他的秘密。"那就让我来塑造你吧，"伯纳德悄悄地建议，"（你曾经对我这样做过。）"这个为彼此书写生命的互助时刻对两人都有决定性意义。"如果一个人多了一位朋友，即使他在远方，也将使他发生多么奇妙的变化啊，"奈维尔心想，"当朋友们记起我们的时候，他们的帮助对一个人来说该是多么有益。"

在一篇评论查尔斯·兰姆的文章里，弗吉尼亚·伍尔夫第一次提出了这种观点，她说，兰姆就像创作随笔那样创造了他的朋友："我们感觉到，他把他们创造了出来；让他们与自己志趣相投；他强迫他们扮演某个角色，并通过自己的天赋将他想象出来的品质永远烙印在他们身上。"以同样的方式，弗吉尼亚·伍尔夫也在想象中塑造了她的朋友；如果这些人不存在，她就必须把他们创造出来。通过对珀西瓦尔的追忆而结下的友谊，正是她对因怀念托比而聚集的布鲁姆斯伯里的理想化描写。在托比的基础上，她塑造了珀西瓦尔，他是友爱的主人公，是现世的救世主。

弗吉尼亚·伍尔夫相信，去世前正在攻读法律专业的托比最终会成为"斯蒂芬大法官"。托比在世时似乎是个观念保守的人，他准备加入统治阶级，不过，在弗吉尼亚·伍尔夫的假设中，中年托比站在了他那两个自称是改革者和革命者的妹妹们一边。

当伯纳德暗示，珀西瓦尔是成长较晚的那类人时，这个矛盾便得到了解决。他那"沉着泰然的心理素质（拉丁语 equanimity 自然而然地冒了出来）"会保护他远离平庸，直到心灵深处那正义的情感之泉化为行动。如果他还活着，他那坚定的道德感会表现为出人意料地抨击不公正行为。珀西瓦尔的这一面从初稿开始就没什么变化。"他将成为一个行动主义者。他英年早逝了。不过，如果他还活着，毫无疑问，他的名字将会被许多普通的印度人和受到压迫的印欧混血种族所称颂；这个伟大的英国人的传说将会世代流传；他戴着遮阳头盔策马前行；他是一个公正无畏的立法者。"在第二稿里，她又想象了珀西瓦尔会如何"秉持某种不合时宜的观念"并"坚持自己的立场"。而在终稿里，我们看到了他对"某个万恶的暴政"的谴责。通过伯纳德，弗吉尼亚·伍尔夫倾吐着对哥哥的哀思：他本可以为那些因饥饿和疾病而垂死挣扎的人、为孩子们和受骗的妇女伸张正义。"他本应该去保护弱者。等到四十岁左右的时候，他会撼动那些有权有势的人。我想，世上没有任何催眠曲能让他安息。"

托比融入珀西瓦尔这个虚构形象中，他代表的是可以追溯到克拉彭派的一种道德理想。弗吉尼亚·伍尔夫渴望保留的是一个模范改革家的形象，也就是一个公职人员的正直、活力与智谋，他不会为了权力本身而去追求权力。珀西瓦尔去印度并不是为了扩张帝国的版图，而是为了扶正那陷在泥地里的牛车。他展现了詹姆斯·斯蒂芬爵士在一篇文章里总结的克拉彭派的特点，而莱斯利·斯蒂芬在女儿十五岁时给她看了这篇文章。珀西瓦尔拥有他们那种"掌控的热情"，那种解救危难的愿望。他也有"明辨是非的天性"和"不会被任何强烈的刺激打破的沉着自持"。珀西瓦尔的形象在家族肖像作品的悠久传统中占有一席之地，这些作品包括詹姆斯·斯蒂芬的《回忆录：由本人所写并为孩子们所用》和莱斯利·斯蒂芬为哥哥写的传记——它们都是昆汀·贝尔称之为"家族崇拜"的组成部分。昆汀还说："斯蒂芬家族对真理和明辨的忠诚可能会以枯燥的法律形式表现出来，但它也有朴素的美感；这个家族那古罗马总督式的性格也有令人钦佩和浪漫的一面。"

珀西瓦尔的名字让人想起基督教骑士。这个名字也可能和斯宾塞·珀西瓦尔（Spencer Perceval）有关，斯宾塞曾是保守党的首相，他在下议院大厅里被人枪杀，死在莱斯利·斯蒂芬的祖父詹姆斯·斯蒂芬怀里（1808年，他在斯宾塞·珀西瓦尔的支持下加入议会）。

伯纳德意识到，作为一个公共价值的模范仲裁者，珀西瓦尔在同时代的人们心中留存的时间是有限的。他们这代人的公共标准将会消失。或许，对弗吉尼亚·伍尔夫而言，珀西瓦尔就象征着二十世纪三十年代初期逐渐消失的某种标准。

不知出于何种原因，伯纳德买下了一幅贝多芬的肖像画，这标志着他非凡的晚年的开始。他在回顾过去时看到，合唱团那嘹亮的歌声抹除了他生命中的某些时段，这是因为，当年戴着帽子和徽章，乘着四轮马车去打板球的洋洋自得的小伙子们已变成一

第十三章　生命历程　　367

支横扫欧洲的军队。一层冷漠、幼稚、教条的薄膜封住了一切异质的迹象:"永远、永远不会有任何东西用它的鳍划破那一片灰沉沉的汪洋大海。"后来,在他最后一次与童年的朋友们重聚之后,他发现了作家的真正功能:成为这个拥有贝多芬和汉普顿宫的物种的继承者和延续者。

他把继承而来的文化想象成自己的居所。他准备好去拥有"它的所有……物品,它的成堆成堆的垃圾,以及桌子上陈列着的种种珍宝"。当然,他也曾受到诱惑,想让历史传统来支撑他,让他成为一个继承者而非延续者,不过,像弗吉尼亚·伍尔夫本人一样,他从未放弃去追逐中年时代在他空旷的视野中出现的那个潜伏的形态,因此,在老年,他容许这个未成形的东西来补充过去的丰功伟绩,就像他的精神导师贝多芬一样——贝多芬从他的老师海顿那里继承了古典旋律,而他自己的听觉想象边缘潜伏着某些古怪的声音,在这两者之间,他找到了作曲上的平衡。贝多芬后期的古怪的四重奏先是启发了弗吉尼亚·伍尔夫,后来又为T. S. 艾略特提供了灵感,让他们创作出了伟大的作品。在这些四重奏中,贝多芬似乎也在追踪着划过水面的鱼鳍。*

在《海浪》的整个终章里,各式各样的音乐演奏着生命的不同阶段:男声合唱、大学城的钟声、女人们鸟鸣一般的歌声。后来,当伯纳德心中充溢着他这一代人的集体能量时,他也借助交响乐的术语来进行思考:"包含着谐音与不和谐音,包含着高音部

---

* 弗吉尼亚·伍尔夫在日记中三次提到贝多芬,当她计划写《海浪》时(1927年6月18日),她一直在听贝多芬后期创作的奏鸣曲,而当她构思伯纳德最后的讲话时(1930年12月22日),也确实听过一首他的四重奏。弗吉尼亚·伍尔夫曾告诉杰拉尔德·布雷南,写《海浪》时,她正在阅读一本贝多芬的传记,她很羡慕他能通过反复的修改,把拒绝浮于表面的主旋律谱写出来。

和复杂的低音部……每个人都在演奏他自己的曲调,用小提琴、长笛、小号、鼓或随便什么其他的乐器。"

伯纳德的生活经历让他很适合去概括生命的最小和最大可能性。他从绝望沮丧的最低点摆动到年龄赋予他的最高可能性,这种摆动始于在他脑海中一闪而过的古老韵律,就像起伏跳动的脉搏一样。后来,当他在汉普顿宫与故友重逢时,他被他们的光芒点燃了,这才摆脱了孤立状态。

作为记录者的伯纳德比同时代的其他人活得更久。在最后的阶段他渴望永生,他运用感官的目的不是为了充实自我,而是为了超越它。通过分享其他人的自我,他乘在海浪的波峰上,仿佛与宇宙的节奏并行,也因此超越了时间。

为了让未来的听众卸下防备,他承认,那个"老畜生"依然盘踞在他体内。他伸出毛茸茸的爪子,举起一杯醇美的陈年白兰地。他扣上裤子纽扣,包裹住和野蛮人一样的器官。

休谟并没有什么宗教理想,但据说,他死的时候是极度平静的——这让约翰逊博士很困惑。伯纳德面对死亡时也是这样,他让所有的人生经验层层叠叠地在展现在眼前,而他的心灵在其上保持着平衡,无限地接纳、包容一切。他看着自己的手,根根骨头呈扇形展开,布满青筋。他确信,这就是人类获得成功的奥秘:"这手令人惊异地灵巧、柔韧,能够柔软地屈伸或是猛然把东西捏碎——它那无限的敏感性。"

夜晚,伯纳德无需从椅子起身就能随心所欲地漫游。年龄对他来说意味着想象力的延伸,这使得他无法再见到的黎明重新出现在他眼前。年迈的伯纳德望着破晓的曙光照在沉睡的房屋上,海浪那一道道波纹的光影不断加深,孩子们冲向了花园,此时,弗吉尼亚·伍尔夫带领我们循环到了新一代人的黎明。

当伯纳德的心灵延展到最大限度时，他终于能够承认自身的局限性。"那团位于中心的阴影包裹着什么东西呢？"他想知道，"是有某种东西，还是什么也没有？我不知道。"

正是因为这片阴影，《海浪》的终曲才如此余音缭绕。通过承认人类的局限性——人类不精确的想象让其信念变得荒谬——伯纳德的思想高度却增加了，这是因为，与此同时，他也展现了人类的禀赋：同情心和想象力、凭借最微妙的暗示进行交流的能力和以最坚定的诚实反省自身的力量。

《海浪》采取这种立场来对抗孕育了小说本身的中年抑郁情绪：写这部小说是为了证明，人类的持续存在是合理的。它回答了《到灯塔去》那位科学家的疑问：人类作为一个物种是否具有吸引力，我们是否应该继续存在？

最后，伯纳德赞美了六个默默无闻的普通人对抗"敌人"的行动。对罗达来说，敌人是那个刻薄、面无表情的伦敦女售货员，珀西瓦尔死后，她还在卖她的长筒袜。她代表的是冷漠的大众，他们无动于衷地注视着痛苦，只有最强烈的情感才能刺激他们迟钝的感官。对路易斯而言，敌人是那些自吹自擂的小男孩们，他们的圆脸胖乎乎的，穿着相似的衣服，他们掐掉了蝴蝶的翅膀，只留下一个小男孩在角落里哭泣。

"敌人"是这个团体使用的简称，指的是在他们身上激起反抗情绪的任何东西。受到刺激后，路易斯变得精通经济，罗达去创造秩序，而珍妮用触摸陌生人肉体的兴奋感融化冷漠。这样，六个人物都确立了主宰他们生命的行动。

然后，树叶飘落了，它们"心安理得地躺在地上，等待消亡"。伯纳德的独白攀上了最后的、最崇高的浪潮,他总结了六个人的生命,并赋予他们永恒的形态,而最后一段插曲的结尾为这场英勇行为提供了背景。当他佩戴着人类的勋章,面对死亡乘风破浪时,他模仿的是珀西瓦尔。

死亡是最大的敌人:有人可能会说,所有生命都是一场对抗死亡的行动。弗吉尼亚·伍尔夫一开始想展示的正是那种渴望战胜死亡的努力——在观察一只垂死的飞蛾时,她曾惊讶于它努力挣扎的勇气。1926 年 11 月 23 日,她在日记里写道,四十四岁的生命似乎比二十四岁时更迅速、更热切了——"就像河流奔向尼亚加拉瀑布一样,我想,死亡也是这样急迫——这是我对死亡的新的看法;它是活跃的、积极的,像其他一切事物一样激动人心;它也是非常重要的——作为一种体验"。不过,在日记的结尾,她加上了《海浪》的最后一句话:"海浪拍岸,纷纷碎裂。"伯纳德用滔滔不绝的语言所做的一切努力,都被海浪这简短而单调的韵律消解了,然而,他作为一位作家对抗死亡的英勇尝试仍是不可磨灭的:

> 而且浪潮也正在我的胸中涌起。它涨得越来越高,弓着背。我重又感觉到一种簇新的欲望,犹如某种东西从我心中升了起来,就像一匹骄傲的骏马,骑手先用马刺一催,随即又紧紧地勒住马头。现在,我骑在你背上,当我们挺直身子,在这段跑道上跃跃欲试的时候,我们望见那正在朝着我们迎面冲来的是什么敌人啊?那是死亡。死亡就是那个敌人。我跃马横枪朝着死亡冲了过去,我的头发迎着风向后飘拂,就像一个年轻人,就像当年在印度骑马驰骋的珀西瓦尔。我用马刺策马疾驰。死

314

第十三章 生命历程

> 亡啊，我要朝着你猛扑过去，绝不屈服，绝不投降！

海浪引入了生命的第一个阶段，又让最后一个阶段圆满结束，它贯穿始终，支撑着也冲击着人类的努力。六个人物的生命一直在展开，首先是从参与者自身的角度，后来是从一个年迈的记录者的角度，而在整个过程中，他们还被一个非人格化的视角观察着，那就是弗吉尼亚·伍尔夫称之为"无情的大自然"的视角。

弗吉尼亚最初对圣艾夫斯的海浪那毫无规律的涨落的记忆，在成熟时期表现为一种掌控一切的直觉：人类生命历程的节奏——倘若摆脱时间节点的干预来看——似乎与物理宇宙那海浪般的节奏、声和光的波以及大海的潮汐是一致的。

她计划"按照节奏而非情节"来写这本书。当路易斯还是一个年轻的船务员时，他曾在伦敦金融区的餐馆里吃饭，那里传来轻快的华尔兹的节奏。珀西瓦尔骑马奔驰时，马蹄发出逐渐加速的哒哒声。奈维尔的节奏是大学宿舍灯光下起起伏伏的谈话声。而罗达的节奏恰恰就是海浪的节奏，她的想象之船在远行的航程中起伏颠簸着。通过这些节奏，六个人融入了永恒的自然。

写作，包括句子的脉搏或诗歌的节拍，就像音乐一样，也是一种捕捉自然韵律的方式。苏珊的摇篮曲听起来就像海滩上一片古老的贝壳发出的哼鸣声。伯纳德写情书时需要"敏捷、热烈、融化人心的效果，就是这种语句连着语句、洋洋洒洒、奔泻而出的风格"。他应和着弗吉尼亚·伍尔夫的观点，认为节奏才是写作的主要元素："现在我正在我的心里捕捉[拜伦的]节奏。"奈维尔从剑桥大学那喷泉似的垂柳中得到灵感，开始滔滔不绝地说起来："一直处于休眠状态的语词如今又开始运转，又扬起它们的头颅，反复地时而高昂，时而低沉。没错，我是一个诗人。"

在她后期为《海浪》写的笔记里（1931 年 1 月），弗吉尼亚·伍尔夫写道："小说会随着视角的变化而改变。"《到灯塔去》从历史时间的角度看待生命；而《海浪》则从永恒时间的视角审视生命。历史时间让个性变得尖锐；永恒时间则使其钝化。"在永恒的相下"看，六位朋友不像任何活生生的人，他们拥有不变的形态，就像从大自然中凿刻出来的。伯纳德把路易斯看作一块石雕；苏珊的眼睛像两块水晶；珍妮像一簇火焰；而罗达像云朵，当其他五个人在不同角度的阳光下经历生命的不同阶段时，这片云却飘在地球的暗面。

"我要像一片云一样飘过海浪"，在开始写这本书的几个月前，弗吉尼亚·伍尔夫对自己说。她看到，许多生命就像她的一样，"那么快、那么快"地度过了限定的时间，不过，她继续说，人类是延绵不绝的。一天不同时刻的太阳光线代表了自然的时间，在其视角下，我们会呈现出怎样的形态呢？

随着太阳——时间与死亡的传统尺度——升起又落下，六个人的生命也上升到顶点又坠落了。生命的每个阶段都被某个时刻的日光衡量着，但日光并不在乎人类的努力，只是机械地运作。弗吉尼亚·伍尔夫故意把自然插曲印刷成斜体字，让它们与人类的声音形成对照，从而控制这场实验。这样做的结果是，自然世界与人类世界的平行关系既得到了维持，也遭到了破坏。

珀西瓦尔死后，伯纳德被宇宙那冷漠的机器般的震动震惊了——即使没有他的存在，宇宙也会继续运转下去。当他自己死去时，海浪依然以单调的节奏拍击岸滩。大自然那浩瀚、漠然的能量让他恐惧，面对这种恐惧，他对抗死亡的勇敢搏斗让人赞叹:"当星光经过了千百万年的穿行,终于落在我的手上时——我所能得到的只是稍稍打个冷战。仅此而已,我的想象力已经太苍白了。"

弗吉尼亚·伍尔夫曾把从无情自然的角度对人类生命施以打击称作一种"暴力手段",不过,其结果"突然的直接性"让她确信自己走在正确的道路上。这似乎就像穿越一片荆豆丛。和她在康沃尔长途跋涉的父亲一样,她"坚决地"用肩膀给自己开路:"我不会为了合乎体统而牺牲任何东西。我坚守着自己的内在核心。"

在《到灯塔去》的中间部分,她第一次从无情自然的角度攻击了人类。"岁月流逝"以非人格化的视角观看四季的更替,在极其随意的括号里,拉姆齐夫人、普鲁和安德鲁这些可爱的人物被一一抹去了。这就是造物本身的视角。《海浪》则像创造万物的过程,它开始于一个无人存在的宇宙,后来,那里出现了人类。这是一种被永恒的精神所缠绕的叙述。早在第一稿里,弗吉尼亚·伍尔夫就写下:"万物都存在于我。没有我,万物将会消亡。我可以赋予它们秩序。我知道什么必将发生。"不过,采用这种视角容易危害精神健康。当具有创造性的能量衰退时,她会把自己看作时间洪流中的一粒尘埃。这或许就是1926年9月15日的夜晚偶然发生的事情,当时,她写下:

一种意识状态

大概三点醒来了。哦,它开始了,它来了——那种恐惧——生理上就像一阵痛苦的海浪漫上心脏——把我抛上去……抛下来——天啊,我真希望我死了。暂时停止了。但

> 为什么我会有这种感觉？让我看看涌起的海浪。让我看看。

她没有理会那些与忧郁如影随形的琐事——个人的失败，他人的嘲讽——并且，在接下来的四年里，她故意冒着风险，去追踪这种神秘的意识状态，以便把"岁月流逝"的非个人化视角延伸到《海浪》的框架中。1929 年 6 月 23 日，就在她开始写《海浪》初稿之前，她陷入了极度忧郁的状态，陷入了"无情自然"的深渊中。"天啊，它是多么深啊！"她惊叹道，"和往常一样，我觉得如果我再沉得深一点，我就能触及真理。那是唯一的慰藉；那是一种高贵。一种庄严。我要让自己面对一无所有的事实——我们任何人都一无所有。工作、阅读和写作都是伪装；人际关系也是如此。是的，即使生孩子也毫无用处……我现在开始把[《海浪》]看得过于清晰了……为了安慰我自己。"

阅读《海浪》时，我们的视角会发生变化，特写镜头下的六个人使我们产生虔敬感，而在客观自然的视角下，我们遥远地审视他们。在《海浪》里，人类生命代表了自然界中一切变幻无常的东西，一切会在时间的进程中进化和消耗的东西。而太阳和海浪则提供了一个固定尺度：从开天辟地之时，它们就是不变的，就像艾米莉·勃朗特笔下的约克郡荒原或哈代笔下的爱敦荒野一样，在橄榄绿的广袤无际的荆豆丛中，一个人看起来就像一个棕色的斑点。《海浪》把人们熟悉的传记细节和独特的图式结构融合起来，通过这种方式，当弗吉尼亚·伍尔夫揭示每个生命的轮廓时，她也能提炼出一个适用于所有生命的定理。

弗吉尼亚·伍尔夫的雄心壮志在《海浪》中汇聚，并且从此再未以这样完美的方式融合过。她渴望塑造自己的生命,渴望用一曲超凡的挽歌记录她对别人的回忆,而在近五十岁的那几年里,她又有了一个新的希望:去参透某种神秘的设计。

尽管《海浪》是她的作品中最不带个人色彩的,它仍然重现了"往昔的浪潮",其潮涌的幅度无法被精确测量。毫无疑问,这部作品可以追溯到她在塔兰德屋育儿室的窗帘后和花园里对海浪的最初记忆。她还记得,小时候的她望着前门旁边的花坛里的一朵花,她突然意识到,这是一种神秘的设计,并且,"我们——我指的是所有人类——都与此紧密相连;整个世界就是一件艺术品;我们都是作品的组成部分"。

《海浪》还重现了死亡对那位少女的心灵的打击,那时,她正像飞蛾一样从蛹中孵化而出。海浪的节拍丈量着终将走向尽头的生命。1925年4月,当她与伦纳德、克莱夫·贝尔和邓肯·格兰特驱车前往罗德梅尔共度复活节周末时,她感到"这汹涌起伏的海浪又一次在我们脚下翻腾;啊,我下沉得多快啊"。

在爱情和友谊的鼓舞下——1925年那个充满创造力的春天——她走上前再次面对托比,她不再是一个被丧亲之痛吞没的年轻姑娘,她已经准备好为他谱写一曲挽歌:"我写作的时候,往日的花朵飘落下来,覆盖了这一切——它变得如此哀伤、美丽,令人难以忘怀。"她在5月2日重访剑桥,这里似乎"和其他地方一样,如今也满是往昔的浪潮"。

1928年2月,后来又在5月,她在《海浪》的第二稿里重复了在《到灯塔去》中随手写下的评论,大意是不论她在写什么,写的其实都不是小说:"我要为它们发明一个新的名字。"1925年,当她问自己如何给这种文体命名时,她曾考虑过是否可以称它为

"挽歌"。或许，她认为自己正在创造一个新的文学体裁，它汲取了挽歌中的诗性元素和传记元素，它根植于个人情感，又夹带着非个人化的、适度的探寻。其结果与科学实验有共通之处，它有假设（那片鱼鳍），有论证（六个人的生命历程），有对照（无情自然的插曲），还有结论（伯纳德的总结）。

1925年春天的悼亡情绪很快就融入这种非个人化的观察中——在丛林和暴风雨中，在生与死中，人类看起来都是一样的，他们酿着同样古怪的友情酒浆，说着同样的玩笑话。"我有时会想，"她说，"人类就像一片滔天巨浪，起伏翻涌：始终如一。"

当她心醉神迷地一口气写完《海浪》最后几页，她谱写挽歌的目的也达到了。"无论如何，它完成了，"她随即在日记里写下，"我在光荣、平静的状态下坐了十五分钟，我流着泪，想着托比……"

她第二个欣喜的想法是，她捕捉到了某种未知的东西：一个永远存在于人类视野中的自然宇宙的样本。"我捕捉到了茫茫水域中的鱼鳍，当我即将完成《到灯塔去》的时候，它曾出现在罗德梅尔窗外的沼泽里。"

第十四章

公众之声

1932年10月2日,弗吉尼亚·伍尔夫经历了另一个预言性的瞬间,就像她的鱼鳍幻象一样,这标志着她所说的灵魂的变化:"……现在我五十岁了,我已经做好准备自由地、笔直地、不偏不倚地射出我的箭弩,不论它们是什么。"

她下定决心发出一种代表公众的声音,就像她理想中的"斯蒂芬大法官"那样,去展示自己作为改革家的一面,质询权力的滥用。自1932年起,她开始称自己为"局外人"(Outsider)。这是弗吉尼亚·伍尔夫生命最后阶段的起点。她记录了它的开始,就像她在《海浪》里标记了生命历程的各个阶段一样:

> 这些是灵魂的变化。我不相信衰老。我只相信人们永恒变换着朝向太阳的角度。这就是我的乐观主义。

她计划摆脱那些让她分心的东西——崇拜者、评论、名声、"一切炫目的评价标准"——好让自己变得"洁净和清醒"。公众之声将是与布鲁姆斯伯里的华丽表演完全不同的一种呐喊声。她想要展现一个女人的观点,并把1932年的秋天称作"一个伟大的解放之季"。"你会懂得，所有障碍都突然消失了……我不再受到任何限制，因而能够自由地以从未有过的活力和自信来阐明自己的态度。"

她的公众立场被如今已经完全成熟的婚姻关系支撑着。《海浪》让罗达和路易斯作为"同谋者"走到一起：这也是她与伦纳德之间关系的最终形态。这条特殊的纽带强化了他们对权力的看法，并使二人能以不同的方式去抨击权力。

在《海浪》之后，伦纳德在她的作品中变得愈发显眼，他的脸棱角分明，鼻翼两侧是越来越深的沟纹。她在日记里勾勒出他们的幸福时光，偶尔也提到那些她仍希望矫正的伦纳德的"习惯"：他压抑的沉默、他的脾气、他的刻板。她把他在蒙克屋的房间叫做"刺猬厅"。按照她的标准，伦纳德算不上一位绅士：他很不好相处，对待仆人粗鲁、苛刻、专横。当其他人注意到这些特质时，她会感到羞耻，不过，伴随这些特质的是"某些方面强烈的正义感，还有单纯，爱做好事；但在私底下，他的性格让人难以忍受"。不过，她知道如何用玩笑化解愤怒。她从未真正受到威胁；最糟糕的时候，她会起身咒骂。但根据她的日记，在1913年至1915年之后，他们就没有真正争吵过了。1931年春天，一次雨中的法国之旅让她意识到"与伦纳德单独在一起时的温暖、新奇和依恋。如果我有足够的勇气，我想探索一下我对他的种种感觉，但由于懒惰、谦卑和自尊心，我不懂什么是沉默——克制。我不是个沉默的人"。

在二十世纪三十年代，他们开始承认，尽管他们崇尚个人自由，但二人实际上是无法分开的。早在1925年，当弗吉尼亚不愿在查尔斯顿过夜时，凡妮莎就注意到了这一点："她一刻也无法忍受和他分开。"1937年10月，弗吉尼亚想要独自去巴黎，但伦纳德说他希望她最好不要去。

"然后我就被幸福吞没了，"她在日记里写道，"我们柔情蜜意地绕着广场散步——二十五年过后，我们仍然无法忍受离别。随后，我在摄政公园的湖边散步。随后……你明白了被需要是一种巨大的愉悦：作为妻子。我们的婚姻是那么完美。"

日记最后一次暗示他们之间绵绵不绝的爱意，是关于他们对一间温室的争执。"当我们和解时，我们如此快乐"，她说。

"你现在觉得我美吗？"她问。

"是所有女人中最美的。"伦纳德说。

弗吉尼亚·伍尔夫人生最后十年的日记从"繁忙的伦敦岁月"转向家庭生活。不过，1936年她还和伦纳德去查尔斯顿参加了一场化妆舞会（他们装扮成贴着"事实"和"虚构"标签的两个书架），但他们更需要私人空间。她常把目光从布鲁姆斯伯里移开，转向"英格兰那古老的、惯常的美：银白色的羊群，羊毛向上飞扬，像鸟儿展翅翱翔一样……它滋养了我，抚慰了我，满足了我，没有其他东西能做到这一点……它是神圣的。在我死后它仍会长存。"在乡间散步能让她的思维"像烧烫的铁一样发亮"。她喜欢徒步穿过丘陵，走到悬崖边看"紫色犁地上的海鸥"。在皮丁赫的时候，有一次她吓到了格温先生（他身材瘦削，颇有贵族气质，眼睛就像湿润的鹅卵石），当时，格温先生在他的私人领地发现了她，她头戴羊毛帽，正在铁丝网下爬行。她还喜欢坐在地毯上工作，研究面包的制作和储存，在草坪上玩地滚球，俯瞰远处一直延伸到卡本山的乌斯河谷。

"在这里，我们拥有很多美妙的独处时光，"她告诉姐姐，"我们一起玩地滚球，然后我会阅读塞维涅夫人，晚餐吃烤火腿和烤蘑菇，之后再听莫扎特——我们为什么不能永远停留在这里呢，享受不朽的韵律，让眼睛和心灵都能休憩。我这么说着，有一次伦纳德说：你不像看上去那么傻……我走进去，把水壶放在炉子上，跑到楼上看了看房间，几乎都布置好了，壁炉十分可爱……沏好茶，拿出一条新烤的面包，还有蜂蜜……"安杰莉卡·加内特（Angelica Garnett）回忆说，他们喝茶的餐厅在花园的水平面以下，"就像一个暗绿色的鱼塘"，屋子角落里有一只鱼缸，窗台上放着绿色植物，让照进来的光呈现出绿色，透过植物的缝隙可以看见访客们的腿。

有一次，弗吉尼亚正要叫伦纳德从大树的梯子上爬下来——"他看起来那么美好，我的心因为他娶了我而骄傲得停止了跳动"——就在这时，游手好闲又粗鲁的访客入侵了他们的乌托邦。幸福的瞬间遭到破坏，她大为恼火。

在她最后的日子，当1940年的闪电战把他们困在罗德梅尔时，她从容地沉浸在"和平"中，自由地生活在"我们那可爱的……秋日小岛上"，免受伦敦一批批来客的困扰。当她的世界收缩至一个小村庄的辐射范围，当她想到朋友们也像他们一样困在冬天的炉火旁时，她感受到了一个由孤立的村社组成的更田园、更传统的英格兰，这种感受融入了小说《幕间》，而一种完全不同的英国史也融入了她暂时称作《阿侬》的作品中。这种感觉还引发了她对伦纳德的精妙刻画，有一天，当伦纳德穿过沼泽，他"看上去就像一位撒克逊伯爵，他的旧外套被扯破了，衣服的内衬在高筒靴周围飘动着"。

乡村生活并没有让她进一步缩回自己珍贵的小世界中，相反，它使她尝试去挖掘战争带来的"群体情感"。"这种感觉从未如此强烈。"她希望从私人记录转向公共记录,从小说转向编年史,去展示历史的全貌,牢记在名人的行动中夹杂着的普通大众的种种行为。早在1927年12月她就意识到,为了了解无名大众,她必须不再沉浸于自我:"我的梦想太集中于我自己了。"从那时起,她就下决心"保持匿名"。通过专注于因为太普通而被忽略的家庭活动,她将发出一种前所未有的声音,一种独特的女性声音,它将替代贪恋权力的政客们的叫嚷声。1932年和1933年,她对《普通读者II》和《弗勒希》(Flush)中那种低沉的、边缘化的声音非常不耐烦,急于结束这两部作品。她不愿相信自己只是个上流社会的空谈家,"这绝不是事实。但他们都这么说……不,我必须……创作,艰苦地、热烈地创作,因为我感觉我比以往任何时候都更有能力这样做"。

弗吉尼亚·伍尔夫曾经谈起过"某些改变,它们通常能让一个作家的职业生涯的最后阶段变得最有趣"。如果我们不是从销量上的成功(《弗勒希》《岁月》)来看她的写作生涯末期,而是从她未完成的或计划中的作品(《帕吉特家族》《幕间》《阿侬》和"奥克塔维亚的故事"),她的日记、谈话、随笔,还有最重要的檄文(《三枚旧金币》和《评论》[Reviewing])出发,我们可以清楚地看到,她即将改变自己的写作事业。她几乎一生都在为一个小圈子写私人的、挽歌一般的作品,而现在,她正在寻求一种代表公众的声音,向全民族的读者讲话。简而言之,伴随年龄的增长,她渴望成为民族良知的仲裁者,成为她所判定的民族财富的保护者。这似乎是个不切实际、不可能实现的目标,然而,挺身而出直面论战激烈的三十年代十分符合她勇敢的性格。"文学界有伟大的老女人吗？"她问罗斯·麦考莱（Rose Macaulay），"还是只有伟大的老男人？我想我应该准备好成为英国文学界的伟大的老女人。"

做一个"局外人"等同于"精神信仰的转变"。这意味着把自己从男性和女性的虚假义务中解放出来，而去发现女性全新的社会职能：去抵制战争，并且，按理想的情况，在遥远的未来禁止战争。

1940 年 8 月，当德军的轰炸机每晚都盘旋在罗德梅尔上空时，她不再相信战争宣传——它们把对权力疯狂的爱归咎于某个偶然出现的怪胎。她重新阐释了克拉彭派对奴隶制的讨论，她指出，不论我们是什么国籍，都已被"男人潜意识中的希特勒主义"所奴役：那是一种统治欲。"奴役"这个词也在她的《和平——空袭中的思索》（"Thoughts on Peace in an Air Raid"）一文中回响着："如果我们自己能从奴役中解脱，我们也就能将男人从暴政下解放。希特勒们是靠自己的奴隶喂养大的。"* 对于战争年代受到权力支配的读者来说，她富于想象力的解决方案看起来很荒谬：我们必须激发创造性情感，这种情感将取代战士们被煽动的对施虐和勋章的狂热，取代他们膨胀的荣誉感和手中的枪。

克拉彭派成员在拿破仑战争期间坚决反对奴隶制，和他们一样，弗吉尼亚·伍尔夫也把目光从第二次世界大战的直接原因转向文明的永久弊病上来。她的曾祖父曾写过一篇言辞激烈的反对奴隶制的檄文†；她自己也写了一篇批判战争制度的文章。她正直的

---

* 参见弗吉尼亚·伍尔夫第一篇关于女性社会地位的政治论辩文（1920 年 10 月，*Diary*, ii, Appendix III, p. 342）："……奴隶的堕落只意味着主人的堕落。"
† 詹姆斯·斯蒂芬：《被自己的奴隶殖民地所奴役的英格兰》（*England Enslaved by Her Own Slave Colonies*, London, 1826）。

脊梁骨更硬挺了。她的文章同样乐于使用直白的言辞，也有同样的信念，那就是领会了更高真理的人必须亲自去传播福音。

"我们下一个任务难道不是解放男人吗？"她在1940年问朋友希娜（西蒙夫人），一位曼彻斯特市议员。"我们怎么才能改变斗鸡的鸡冠和尖喙呢？……那么多的年轻人，如果他们能获得声望和赞赏，就会放弃荣誉，而去培育那些目前发育不良的东西——我指的是自然幸福的生活。"

1931年1月，她在女性服务协会（Society for Women's Service）发表了一次演讲，受此鼓舞，她想续写《一间自己的房间》，这篇续作将包括一系列涉及教育、性别和政治的论辩文章。1932年，她开始动笔写一部"随笔小说"：她的计划是让随笔和说明性的虚构场景交替出现。小说的场景设置在中产阶级家庭帕吉特家族中，故事开始于弗吉尼亚自己出生的年代——十九世纪八十年代。随笔的部分最终被弃用了（而小说部分后来成为《岁月》），但它们都像玛丽·沃斯通克拉夫特的随笔一样，充满开创性言论。她们二人都渴望挖掘女性的真实天性；都宣称不工作会让女性的思想变得浅薄。弗吉尼亚·伍尔夫进一步展示了维多利亚时代的女孩们琐碎的嫉妒心，她们被禁闭在家庭的牢狱中，唯一的出路就是结婚。而更隐蔽、更难补救的是对性的恐惧。她指出，小说中那个颇有才能的女孩兼具叛逆与顺从，因为她接受了主流秩序，必须学会怀疑与服从。

随后，弗吉尼亚·伍尔夫分析了一个在牛津大学读书的维多利亚时代的年轻男子相对应的扭曲心态：爱德华·帕吉特接受的教育让他对表妹吉蒂·马隆的自然反应发生了偏移，变成对工作和锻炼的狂热，如果继续下去，还会变成让女人心灰意冷的情感理想主义。当爱德华为吉蒂写了一首希腊语诗时，他根本没有把她想象成真正的女人。事实上，他那训练有素的情感本质上是自反性的，是自我崇拜的。

分析的光束最终照到了吉蒂身上，吉蒂被禁锢在父母对上流社会女性形象的虚假观念中，这让她远离自己天生的兴趣。她知道，她喜欢农业，但她只能在幻想中逃避现实。作为沃顿的女儿，她的举止礼仪无可挑剔，但隐藏在背后的是她对牛津男人们的厌烦，因为和那些人聊天时必须谈论他们本人。她暗暗被一位朋友的工人阶级家庭*的坦诚打动了，那个家庭对女儿和儿子怀有同样的期待。她还受到她的未婚家庭教师的鼓舞。尽管这些人在权力体系中都无足轻重，却反映了吉蒂可能成为的其他形象。

"帕吉特"随笔是根据1931年演讲的笔记写成的，它的大致内容是：一个女人总在接受一套与自己的价值观多少有些偏离的价值体系。弗吉尼亚·伍尔夫警告职业女性，她说，即使对她们而言，找到自我也依旧任重道远。她们自己的价值、梦想、情感，都会遭遇嘲讽。她想象了一个充满优越感的男人，有一天，他发现自己的女仆在书房里惬意地阅读柏拉图的书，而女厨正在厨房里创作一曲降B调的弥撒曲。于是，他严厉指责了仆人们作曲或阅读柏拉图的行为。弗吉尼亚·伍尔夫告诫女人们不要愤怒，因为愤怒是内心的敌人，"它总是消耗你的能量，毒害你的幸福"。她的忠告是："保持耐心；保持愉悦。"

---

*　弗吉尼亚·伍尔夫想到的或许是约瑟夫·莱特博士（Joseph Wright，1855—1930），他出身于工人阶级家庭，后来成了《英语方言词典》(*The English Dialect Dictionary*) 的编纂者。他对辛勤劳作的母亲倍感钦佩，这让他对女性怀有异乎寻常的同情。1932年7月，弗吉尼亚·伍尔夫阅读了他的妻子所著的同年发表的《约瑟夫·莱特传》。见 *Diary*, iv, pp.115-116。

演讲那天和弗吉尼亚·伍尔夫同台的是埃塞尔·史密斯女爵，她曾作了一首 D 调的弥撒曲。这位七十一岁的前妇女参政论者、作曲家和弗吉尼亚成了朋友，并帮助她表达自己的思想——通过证明她的想法是她们共有的，通过她自己直率大胆的言语示范，以及最重要的，通过召唤出弗吉尼亚为她的小说保留的另一面。在 1930 年 5 月 2 日的第一封信中，埃塞尔说："我从不觉得……我看见的你是真正的弗吉尼亚，因为……我只看本质。"那是一个完全不同的弗吉尼亚，不同于她的许多密友为我们描述的那个纤弱、疯癫、爱开玩笑的表演家：埃塞尔看到的是"战斗的兆象"。她唤醒了弗吉尼亚那属于战士和改革家的一面，而激发它的力量源自弗吉尼亚对母亲——女性力量的象征——的忠诚。"我体会到的最强烈的情感……就是对母亲的情感，"埃塞尔写道，"三十八年前她就去世了，每当我想起她，都能感到真正的激情；欢乐、温柔、怜悯、敬慕，还有痛苦……"埃塞尔还唤起了弗吉尼亚不顾一切对抗死亡的精神。1930 年 8 月 11 日，埃塞尔巧妙地拨动了这根弦：

> 不论多么生动的体验都无法从我身上剥夺这一点——我爱、我爱死亡——我愿脱离俗世——我爱（普罗提诺所说的）把永恒与现世分离的观念……

埃塞尔和之前的薇塔一样，也爱上了弗吉尼亚，弗吉尼亚让她们两个心神不宁，自己却始终忠于伦纳德。面对薇塔的时候，她滔滔不绝，故作姿态；而面对和她观点相似的埃塞尔时，她以无拘无束的坦诚写了许多信。埃塞尔讲话时就像"未被阉割的猫"

一样跳脱、吵闹、直白,把弗吉尼亚从她混合了健谈和矜持的性格中解放了出来。我想,弗吉尼亚从未对任何人用如此不经思考的方式说话。尽管她的回信带有调侃意味,也巧妙回避了可能引发混乱的约会,但她显然很享受摘下面具的感觉。她欣赏埃塞尔的勇气和公共意识,以她为基础,弗吉尼亚创造出了《岁月》里的妇女参政论者罗斯。埃塞尔直言不讳的作风与弗吉尼亚所受的保持沉默的教育是完全不同的。1931 年,她在一封给埃塞尔的信中一针见血地评论道:

> 认识你之后的几个月里,我心想,这是一位能说会道的人。他们不知道感觉是什么,这是很幸运的。因为我最尊敬的每一个人都是沉默的——妮莎、利顿、伦纳德、梅纳德:他们都很沉默;因此我也把自己训练得沉默寡言;导致这种沉默的原因还有我对自己那无限的感受力的恐惧……

她继续问自己,她习惯性的沉默是否源于她对"潜伏在表层之下的未知力量的恐惧?我从未停止过这种感觉,我必须脚步非常轻地走在火山顶上"。

埃塞尔回信说,她对那座火山了解得一清二楚。"……我每时每刻都知道,冻僵的猎鹰栖息在大片炽热的岩浆上。"她过于热情地写道,"暂停一会儿吧——别让臀部那么僵硬",并继续说:"我总是想象,在你年轻的时候,你一定曾在穿过树丛时将树木点燃,你赤脚走过岩石和墙垣,为自己开出了一条路。"她明白火山的危险——"我已经看到你脚下的地面有了细微的裂缝"——她也明白,按照惯例,我们需要掩饰危险的迫近,但她还是鼓励她说出来:

> 你知道的，弗吉尼亚，我强烈地感受到……一旦[女性]摆脱了男性观念对她们的影响，某种带着光和热的新事物就会在世界上传播开来。

弗吉尼亚·伍尔夫 1931 年的演讲稿的确尝试了一种直白有力的新语言风格：

> 如果我现在写书评，我会说[战争]是一场愚蠢的、暴力的、可恨的、白痴的、无足轻重的、卑鄙的、恶劣的表演。我会说我对战争类的书籍厌烦得要死。我痛恨男性的观点。我厌倦了他们的英雄主义、美德和荣誉。我认为这些男人能做的最好的事情就是别再谈论他们自己。

1938 年，当《三枚旧金币》出版时，她构想了一种"漠然"策略。局外人（她坚持认为所有女性都是潜在的局外人）必须漠视男人的雄辩、自大，尤其是好战：

> 她会说："'我们的国家'在她历史的大部分时期都把我当奴隶对待；它剥夺了我受教育的权利，也剥夺了我拥有它的权利……所以，如果您坚持说你们作战是为了保护我，或'我们的'国家，还是让我们冷静地、理智地说清楚：你们是为了满足我无法共有的性别天性而战；你们是为了获得我不曾并且将来也不可能共享的利益而战……"[*]

---

[*] 参考王斌、王保令译本，《伍尔芙随笔全集》卷三，中国社会科学出版社，2001年。——译注

《三枚旧金币》是写给"某位先生"的。弗吉尼亚·伍尔夫想象中的公众从职业女性扩大到了受过教育的男性。在 1931 年的演讲中，她机敏、从容又充满感情地同女人们交谈。而现在，她以冷静而耐心的礼貌态度对"某位先生"说话。这样做的目的是说服听众，而不是像《一间自己的房间》那样消除听众的敌意。《三枚旧金币》理性地审视了支撑父权制律法的那些可疑的情绪、未说出的假设和含混的言辞。她使用的是该律法本身的方法，即长篇累牍地论证有事实支持的论点。对于女性读者来说，这种冗长的论证是不必要的，不过，脚注中的材料很吸引人，而她对十九世纪女性更为隐蔽的抗争所做的分析同样精彩，比如，她分析了决心学医的索菲亚·杰克斯－布莱克（Sophia Jex-Blake）和中年时违背父亲意愿、不肯嫁给他的牧师的夏洛蒂·勃朗特。弗吉尼亚·伍尔夫意识到，最令人生畏的斗争不是与外部的斗争，而是与自己、与那些根深蒂固的让女性贬低自我的观念的斗争。

她指出，男性也被自己的虚构观念奴役着。他让自己变成工作的奴隶，只为保护他想象中的无助的女人。他以同样的虚构观念煽动战争狂热。恶性循环便持续下去：为了索取对这种自我强迫的补偿，他变成一个"对同情上瘾的人……要求补充精神能量；或像希特勒所说的，一个需要休整的英雄；又或是像墨索里尼说的那样，一个需要女侍包扎伤口的士兵"。一条脚注提到，英语文献中也有人提出了类似的要求：

> 我从来没有犯过把女作家看作严肃的同类艺术家这样的错误。我只是把她们看作具有敏锐的欣赏能力的精神上的帮助者。她们可以帮助深受天才折磨的少数几个人欣然忍受苦难。

> 所以说，她们真正的作用只是在我们流血时给我们拿拿纱布，给我们用凉毛巾擦擦额头。如果她们那富有同情心的理解力真能有更浪漫的作用，我们会多么珍惜她们啊！（威廉·格哈迪著，《一个多语者的回忆录》，第 320、321 页）

弗吉尼亚·伍尔夫写下，在二十世纪三十年代末，让女性就职于教堂、证券交易所或外交部门的提议依然遭到强烈阻挠，这"敲响了我们身体里的警钟；一种交织在一起但又非常喧嚣的吵闹声在重复：你们不能，你们不能，你们不能……"

她开始写《三枚旧金币》时，心里平静地相信，五十五岁的自己终于"走了出来，把伪装扔在一旁"。1937 年夏天，她怀着狂喜的解脱感写下这篇文章，感觉自己"像陀螺一样在丘陵上旋转了好几英里"。她构想了一种投票权，它不是为了支持某个政党，而是为了反对整个权力体系，她说："我觉得自己至死都享有投票的权利，我摆脱了所有的谎言。"

《三枚旧金币》引发了极其强烈的反响。弗吉尼亚·伍尔夫因此被称为英格兰最杰出的檄文执笔者。这本书被认为是划时代的，但伦纳德一直对其态度冷淡，她的大多数密友，比如梅纳德·凯恩斯和薇塔，也都对这本书不以为然。昆汀·贝尔在一封信中表达了他们强烈的反对："我亲爱的小姨到底想要什么呢？……没有人想打仗，不论男人还是女人。我们做了想做的事，也就是出卖我们的朋友和盟友，让他们变成奴隶，以换取几个月心惊胆战的和平，哦，这样做可真是种解脱。人人都害怕极了，到最后，我们只能战斗，因为除了自己，已经没有人可背叛了。当法国人那样做时，我们惊慌失措，像困兽一样战斗。在其中，我看不出女人比男人更好战或更不好战，而且，对于军事荣誉这个概念，除了不怎么了解 1914 年战争的老埃塞尔夫人和其他保守派的上流女士，没有人有任何想法。"

看起来，和平主义的反对者们担心即将到来的希特勒势力是对的，他们认为，弗吉尼亚·伍尔夫探讨的是"一战"中过时的问题。不过，如果跳出 1935 年至 1939 年的历史语境来看，她反对统治集团纵容男性暴行的观点对何时何地发生的战争都适用。当时，她对反对意见不屑一顾。她曾说，在《细察》(Scrutiny) 杂志上受到攻击并被朋友们送去考文垂是一种有益的解脱："我尽了最大的努力，我感到背后有一堵墙支撑着我。不过逆着潮流写作有种奇怪的感觉：完全无视潮流是很难的。但我一定会这样做。"

弗吉尼亚·伍尔夫宣称，"局外人协会"（Outsider Society）已然存在，证据就是数百万普通女性所做的薪酬微薄、无私奉献的工作。这群庞大的、未被认可的劳动者并不知道，她们正在实践"局外人"的原则：为了对工作本身的热爱而工作，保持实验精神，当有足够的生存资源时就停止竞争。

真正的"局外人"是不会在聚光灯下出现的。弗吉尼亚·伍尔夫本人坚定地拒绝了所有公共荣誉：剑桥 1933 年的克拉克讲座（Clark Lectures）、1935 年的荣誉勋爵头衔，以及 1933 年和 1939 年曼彻斯特和利物浦大学授予的荣誉学位。私下里，她对剑桥大学的奖誉感到高兴，因为她的父亲曾在 1883 年主讲了第一次克拉克讲座（讲的是十八世纪文学）。她回想起在房间里读书的"那个没受过教育的孩子"，想到"如果我能在三十年前告诉父亲，他的女儿——可怜的小吉妮——将被邀请去接替他，他一定会高兴得涨

第十四章　公众之声

红脸"。不过,荣誉学位却引发了她尖刻的评论:

1935 年 4 月 9 日

圣殿的帘幕——我不记得它属于学府还是教堂,是学术的还是宗教的——将被掀开,作为一个特例,她获准进入。不过,我们的文明又是怎样的呢?两千年来,我们做了很多没有报酬的事。你们现在没法贿赂我。

一桶杂碎?我不要;我在深深感激这份荣誉时如此说道……总之我们必须说点儿谎,力所能及地把每种润肤剂涂在我们的兄弟们肿起的皮肤上,那里正因虚荣而红肿得厉害。

她不允许自己被当作一个特例来利用。"这是一个彻底腐坏的社会……我不会接受它给我的任何东西。"荣誉学位只不过是贩卖脑力的皮条客们分发的廉价装饰品。"没有什么能使我纵容那些骗局。它们也无法带给我哪怕私底下的任何乐趣。我真切地相信,妮莎和我……都没有任何成为名人的意愿。现在来写那些客气的回信吧。尊敬的副校长——"

她认为,学位帽上的流苏、奖牌、勋章、学位服会对旁观者的头脑催眠,让它们变得僵化。她说,想象一只被汽车的前灯照得眼花缭乱的兔子吧。社会所需要的灵敏"只能通过黑暗来保存"。她的目的就是要吸引广大的无名听众,并最终把他们从令人麻木的、自吹自擂的刺眼强光中解救出来。她相信,只有通过匿名才能做到这一点。在她写作生涯的后半段,"无名"(obscurity)与"匿名"(anonymity)这两个词就像标语一样,在她的日记和作品中反复回响。

"……我终于找到了我的匿名哲学",她在1933年10月29日写道。对公众声音的寻求让她开始考虑读者的问题。她如何才能进一步扩大她的读者范围呢?不仅仅是职业女性和男性,还要囊括工人和农民——英格兰的草根民众。在中世纪晚期的无名诗人阿侬身上,她找到了自己的榜样。"很明显,我在文学诞生的初期找到了批评的新方法。"在没有自觉意识的口头诗人和普通的乡村听众之间,存在一种充满生命力却早已被遗忘的同盟关系,而弗吉尼亚希望重新将其创造出来。这篇未完成的手稿于1940年9月18日开始动笔,它被称作《阿侬》、《随意阅读》("Reading at Random")或《翻开书页》("Turning the Page")。手稿由"阿侬"和"读者"两个基本章节组成,它讲述了可以追溯到十七年前的一些想法。关于"阿侬"的想法源自1923年5月的一个问题,即在乔叟和莎士比亚之间,英国人的思想发生了什么变化;"读者"这一章可以追溯到1922年被弃用的一篇关于"阅读"技巧丧失的文章。尽管手稿的篇幅很短,其中的片段却暗示了一个不容忽视的大胆构思。

1938年12月28日,为了写一部"普通历史读本",她开始有意地广泛阅读各类书籍,并在1940年9月和11月之间开始写作。这部历史读本把注意力从以希腊罗马为典范的英国受教育阶层的声音上移开,而去重新发现乡村那天然的、本土的声音。这种声音在农场门口窃窃私语;它时而虔诚,时而嘹亮。它像鸟儿一样突然唱起歌来[*],因为"夏天就要来了",因为它饥肠辘辘或欢欣愉

---

[*] 《阿侬》的开头是特里维廉(G. M. Trevelyan)《英国史》中的一段话,这段话把史前时代的不列颠描绘成一片森林,里面有无数鸣唱的鸟儿。弗吉尼亚·伍尔夫的日记里提到,她从1940年10月26日开始阅读特里维廉。

悦，又或是因为它充满了对复苏的生命力的渴望：

> 西风啊，你究竟何时吹来，
> 　让细雨飘落滋润地面？
> 上帝啊，愿我的爱人投入我的怀抱，
> 　让我能够重新在床上安眠！*

她指出，这种"不依附于某个人的"声音是对"虚荣、自私、权欲熏心等现代罪恶"的反击。正如女人必须学会漠不关心一样，听众也必须学会对咆哮的、强硬的雄辩言辞充耳不闻，而去倾听小人物那欢乐的、口无遮拦的声音或女人们带着亲昵和爱意、意图不明又妙趣横生的悄悄话。

阿侬或许是个在冬夜一边轻声哼唱一边纺纱或哄孩子入睡的女人。在《达洛维夫人》里，有一位类似的老妇人曾在摄政公园地铁站外唱着歌。她的歌声从地洞一般的嘴里传来，那泥泞的洞口"同纷乱的杂草和树根纠结在一起"，歌声很古老：在五月，她曾去漫步——跟谁一起漫步是无关紧要的——她的每个听众都可以自己补充一个名字。

在文艺复兴前的英格兰，阿侬那朴拙的声音很容易与听众的声音混在一起，因此，没有必要用名字来区分她。这与十九世纪的女性为了掩饰自己而保持匿名是不同的。弗吉尼亚·伍尔夫最后十年的作品试图重建这种早期的更加健全的匿名体系，实际上

---

* 当路易斯想念罗达时，这些诗句也反复在他脑海中响起（W, p. 145）。它们还出现在《普通读者》弃用的引言《拜伦与布里格斯》中。

是要与广大劳动女性*中的潜在读者建立起语言纽带,包括像伊莎·奥利弗那样几乎被遗忘的家庭主妇、斯威辛太太这类被轻视的寡妇(她是想象中的普通读者的代表),还有被各种机会拒之门外的成长中的女孩。她们都不曾公开发声,因而无法让自己的思想摆脱沉默,赋予它们应有的光彩。

在《幕间》里,弗吉尼亚·伍尔夫指出了一群村民观众的问题——他们冥顽不灵、消极被动、充满陈腐观念,他们正在看一场讲述英国历史的露天戏剧。她认为这个问题根植于大众读者的历史中,并试图在《阿侬》里探索这段历史。《阿侬》将从历史的两端来解决普通读者的惰性问题:她必须剖析出历史原因,并纠正当前的后果。

她把原因追溯到印刷术的发明。"是卡克斯顿†给了阿侬一个名字,从而杀死了她。"亚瑟王的传说在1485年有了定本;从此之后,读者便再也无法参与一个共同梦想的构筑。他们变得很被动,只是图书贸易的容器。从阿侬的角度来看,书籍印刷是一场暴行,因为印刷物呈现的是完成的样子——是欺骗性的权威——它挫败了读者进行互动的尝试。

《阿侬》的第一章写了许多稿,这显示出从一个罕见的角度解

---

* 弗吉尼亚·伍尔夫初次接触劳动妇女是在1905年至1907年的莫利学院里。结婚后,她经常与女性合作协会来往。1916年至1920年,她每周或每两周都会邀请一些年长的成员来霍加斯屋喝茶。"这些聚会就像是母亲的聚会,"芭芭拉·巴格纳尔(Barbara Bagenal)回忆说,"她喜欢和这些女人聊天,当然也会问她们很多问题,以便尽可能地了解她们的生活。"(*Recollections of Virginia Woolf*, pp. 150–151.)
† 威廉·卡克斯顿(William Caxton,1422—1491),英国第一个印刷商,他印刷的书籍包括《坎特伯雷故事集》《特洛伊勒斯与克里希达》《罗宾汉故事小唱》和《亚瑟王之死》。——译注

第十四章 公众之声

读历史的困难性。她主张，英国文化起源于那些可能名叫"克罗特"（Crot）、"尼恩"（Nin）或"普利"（Pulley）的粗人。然而，伊丽莎白时代的人却渴望获得希腊和罗马的异族血统。他们在书页里处处证明自己正确的知识血统：普林尼、西塞罗等。他们假装自己能言善辩：他们的语言就像固定在环形皱领上的面孔一样一本正经。他们用古代典籍和装饰繁复的衣服让自己变得滚圆，从而开始狂热地崇拜自己。这造成了巨大的损失：普通民众的日常生活和情感都从人们的视野中消失了。

"读者"篇从现代社会这一端接上了线索，并为普通读者的复兴开出了药方。1940年5月，弗吉尼亚·伍尔夫向布莱顿工人教育协会宣读了论文《倾斜之塔》，她敦促工人和妇女、"普通人"和"局外人"都作为批评者联合起来。她承认，我们这些普通人在被高等学府驱逐出去几个世纪后，难免会踏坏古老的草坪，不过，她大胆提出了父亲的忠告："让我们牢记一个维多利亚时代的名人、一个杰出的徒步旅行者给其他步行者的忠告吧：'无论何时你看到一块木牌上写着"闲人莫入，违者必究"，立刻走进去。'"她向工人们保证，未来"我们将不会继续让那一小撮出身优渥的年轻人来为我们写作，因为他们只能给我们提供一鳞半爪的经验"。

"读者"这一章的内容与"阅读"一样，揭露了书籍市场的中介们恶劣的欺诈手段。编辑、书评家、图书管理员、批评家和学者们说服了普通读者去放弃判断，吞下"专断的"或"权威的"论述。这样做的后果是，普通读者开始渴望权威见解而不是真话。她认为，当代读者是失败的，因此，她要跳过当下，去书写属于未来的篇章。

弗吉尼亚·伍尔夫乐观地认为，只要给予适当鼓励，普通读者就能找回他们自己。她和约翰逊博士站在同一阵营，约翰逊也乐于"与普通读者保持一致；因为他们没有受到文学偏见的影响，他们的常识……必须最终决定一切的诗歌荣誉"。而作为退路，还可以设立一类仿照医疗行业的服务：提供文学方面的付费私人咨询。

　　她解释说，中介会让读者堕落，因为，他们会把时髦的理论当作简化的标尺强加给读者。在看似专业的姿态背后，他们是很懒惰的。他们中有一大批"文化人"能几眼掠过几英里长的印刷品而不"阅读"一个字。1939年，在檄文《评论》和它更尖锐的草稿里，她直白地劝诫普通读者。听着，她说，书评都有不健康的动机：为了付账单、为了算旧账、为了阿谀奉承、为了减轻自我中心主义。*现代书籍都是在对一群无形的审查者的焦虑意识中写成的。它们缺乏华兹华斯的诗歌中那种孤独的专注意识。真理不可能在文学市场的展览柜上找到，它存在于"黑暗中，静寂中，在那里，面孔是隐藏起来的，只有声音能被听到"。

　　合适的读者才能成为作者的合作伙伴。这些读者必须臣服于作者独特的世界，敞开心扉接收作者的信号。这样的臣服并不意味着被动接受；相反，它是一种永远保持警觉的态度。作为作者的"同谋"来阅读，是为了恢复心灵的自然功能：情感的涌动、好奇心的活跃、记忆的激发、平衡的需求，以及构建一个整体的愿望。

---

*　1939年11月9日的日记（*Diary*, v, 9 Nov. 1939）："《评论》上周出版了……[《泰晤士报》]文学增刊有一个尖酸刻薄、脾气暴躁的领导：我可太熟悉那种老腔调了——刺耳又伤人。《新政治家》（*New Statesman*）还算礼貌，但很容易惊慌失措。"

读者的恢复在于学会感受。为了治疗现代读者的惰性，作者开出了药方，用真情实感"直接冲击"他们。读者的惰性是由书籍市场那一贯的野蛮、势利和虚幻而诱发的疾病。我们必须学会认识真实的情感，并让它引导我们去选择书籍：

> 有一个原则在引导我们前进，那就是每部剧、每首诗或每个故事都必须激发出强烈的情感，这种情感有一股先把我们吸引过去的力量，然后，通过自然反应，它驱使我们去寻找……某种知觉，它似乎能使最初的感觉变得完整。

这样一来，读者便掌控了自己的反应，并让其变得完整。不过，她很快补充道，文学并不是情感的狂欢。它需要努力，常常还会引发失望。心灵只有在经过锻炼后才能产生情感，因为伟大的作品唤醒的是普遍的同情。要感受所有恋人们的情感、所有的离愁别绪而不是个人感受，要想象村庄普遍的样子，感受普遍的风，都需要巨大的努力。"然而，在荷马、维吉尔、但丁和莎士比亚的作品里遍布的，正是这些普遍的情感和无名的风。"读者从私人情感中醒来，意识到普遍的情感，这样他就重新走过了最伟大的艺术家们的心路历程。《阿侬》的后续就是要讨论"某种始终存在、始终能被人们感受到的情感"。

另一个重建作者和读者之间的纽带的方式是借助传记。读者应该"去猎取"作者隐藏的面孔，从地下室的窗户向内窥探，聆听他的闲谈。"在某个地方，在所有地方，在任何写下来的东西里时而隐匿时而显现的，都是一个人的形态。"

她曾在日记里细细审视过一个二十二岁的女孩，这个女孩独自一人居住在贝思纳尔格林的一间房子里,她的生活水平在贫困线以下。1936年3月20日晚上,这个"骨瘦如柴"的女孩饿得头昏眼花,她敲了敲霍加斯出版社在塔维斯托克广场52号地下室的窗户。为了找工作,她已经走了一整天——"我找不到工作",她说——早餐只喝了一杯茶。她坐在台阶上时,弗吉尼亚给了她水喝;后来又把她带进屋给她喝汤。

当弗吉尼亚给她拿了一个圆面包时,她问,"我能把它带回家吗?"弗吉尼亚又给她加了鸡蛋和牛舌。

伦纳德进屋的时候,女孩说:"你们看起来就像一对长鼻子兄妹。我是个犹太人。"她强调了"犹太人"这个词,像是在坦白什么似的。

"他也是",弗吉尼亚说,女孩的精神这才振奋了一些。她向他们保证,如果感觉不舒服,她就会卧床休息,然后再去劳工介绍所试试看。然而,弗吉尼亚却突然陷入对经济体制的羞愧之中,在这种体制内,特权阶层就是如此对待穷人的。"我从未见过如此真切的痛苦和贫穷。并且感觉是我们的错。"

1940年9月,伍尔夫夫妇在伦敦梅克伦堡广场的家被炸毁,后来,他们便一直住在蒙克屋。弗吉尼亚从未长时间在乡村居住过,有时,她会不安地想,一个饱经世故的伦敦人是否能与这里的民众交流。她沉浸在那些与公众的声音交融的英国文学作品中:无名诗人的诗歌、乔叟、莎士比亚、狄更斯。在《阿侬》里,她想象着伊丽莎白时代的人对戏剧的痴迷:男男女女终日在圣保罗大教堂附近的肮脏街道上寻欢作乐、哄骗对方,他们纷纷穿过泰晤士河来到环球剧场,在那里,他们"听到自己大声说出了从未说过的话。他们听到自己的渴望、诅咒和污言秽语都用诗歌的形式说了出来"。戏剧最吸引大众的地方在于，观众们能看着"自己的生活被创作出来"。这句话表明，弗吉尼亚·伍尔夫想追踪的是伊丽莎白时代的戏剧与二十世纪对"生命"的兴趣之间的联系。

在《幕间》里，她试图让观众活跃起来，对此，《阿侬》是一种文学批评上的支撑。《幕间》里的剧作家拉特鲁布小姐希望观众们能认出舞台上的自己，就像乔叟笔下的朝圣者们在树林里编织了永恒的舞台背景一样。当这场关于英国历史的露天戏剧进入现代时，演员们突然用镜子瞄准了村民们，强迫他们登上舞台。村民们必须把自己也看作演员。曼瑞萨太太（她正在追求伊莎的丈夫贾尔斯）对着演员们的镜子平静地涂着口红，以原始的方式扮演着她猎取男人的角色。斯威辛太太的反应则更加微妙，她感到，她未曾表现出的那部分自我在蠢蠢欲动。

"你让我扮演的角色太微不足道了！"中场休息时，她向拉特鲁布小姐吐露心声。"可你一直让我感觉我有可能扮演……克莉奥佩特拉！"

露天剧结束后，贾尔斯和伊莎·奥利弗又上演了拉特鲁布小姐构思的午夜戏剧，这恰恰是她的下一部作品。作为原始的男人和女人，他们必须战斗，而战斗之后，他们又会紧紧相拥。波因茨宅——作为文明的外壳——倒塌了，当这两个人像公狐和雌狐一样面对彼此时，他们变得十分庞大，他们的仇恨袒露在"黑暗的中心，在夜幕下的田野上"。古老的戏剧在最后一句开始了："随后，大幕升起来了。他们说话了。"

最后一刻更改的书名表明[*]，这部小说描写的并不是那栋乡村别

---

[*] 这部小说一开始的题目是《波因茨宅》（Pointz Hall），在 1941 年 2 月 26 日才改成了《幕间》。——译注

墅和露天历史剧,而是演出幕间一直进行的个人戏剧。它是一部关于英国观众的小说。它记录了1939年6月"英格兰心脏地带"的一个村庄二十四小时的生活。这个偏僻的村庄离任何地方都有三个小时的路程,在这里,安稳宁静的田园生活还未受到即将到来的第二次世界大战的威胁,不过,分歧似乎已经出现——一边是贾尔斯·奥利弗扮演的行动者,而另一边是旁观者:正在阅读一部历史大纲的老斯威辛太太和拉特鲁布小姐——她那部蔑视传统的历史剧勾勒出了她的思想轮廓,这实际上也是一种反历史。

在《海浪》里,弗吉尼亚·伍尔夫把自己分裂成伯纳德和罗达,一个作家和一个梦想家。而在《幕间》里,她又让自己化身为剧作家拉特鲁布小姐和富有想象力的读者斯威辛太太。虽然她们之间没有多少对话,但她们是相互依存的。私底下,伊莎·奥利弗也是旁观者的一员——她把自己写的诗藏在账本里(就像年轻的弗吉尼亚·斯蒂芬曾把1899年的日记藏在一本逻辑学专著的封皮之下一样)——不过,当她扮演妻子这一公众角色时,她必须和丈夫一起行动。伊莎坚守着她完整的、梦想中的自我,但她不得不承认它是失败的:这个自我总是无声无息或喃喃低语,却永远不会呈现为戏剧。她的主要角色就是一个典型的英国女人:她三十九岁,正好与这个世纪同岁;她读着报纸上关于强奸的报道;身体像衬垫一样结实;她的丈夫是典型的英国绅士,看起来像板球运动员,精力充沛,完美无缺。他们之间的戏码要等到文明之光熄灭时才开始上演:他们将在野蛮的黑暗中搏斗。尽管他们永远不明白这出戏的意义,却必须扮演自己的角色。

《幕间》是在不列颠战役期间写出来的,就像贾尔斯预言的那样,德国枪炮毫无疑问将会扫平这片土地,但土地也能治愈伤痕（它已经吸收了罗马人留下的创伤，抚平了拿破仑战争期间他们种小麦的那个山丘上的疤痕）。同样毫无疑问的是，这个民族会继续存在：人们将会不断出生。真正陷入危险的是英格兰的宝藏，波因茨宅就是一个缩影：它的生活方式，它珍藏的书籍。在早期的打字稿里，当斯威辛太太带着访客威廉·道奇参观波因茨宅时，她承认自己并不关心有血有肉的祖先，只在乎"精神"祖先，"我们在精神上继承的那些人"。随后，她用手抚过嵌在楼梯平台墙壁里的书籍，"仿佛它们是潘神的笛子"。

贾尔斯对保卫祖国极为关心，他看不起斯威辛太太这位老太婆，但事实上，作为一位敏锐的读者，斯威辛太太却是文明的主要保护者。在波因茨宅受过良好教育的观众之间——道奇和斯威辛太太、伊莎和道奇，以及伊莎和农场主海恩斯之间——相互认可的信号隐秘地传递着，不过，他们都无法登上行动的舞台，也可悲地不具有行动能力。道奇是一个同性恋，人们认为他缺乏男子气概；斯威辛太太性情古怪，被称作"老薄脆"。因此，斯威辛太太和伊莎只能返回各自的意识中，她们仿佛在睡莲池边蜷缩着，凝视着水的深处。

这些人守护着隐藏的面孔。他们的个人戏剧以无声独白的形式呈现，却比可见的行动更有戏剧性。伊莎对海恩斯的猜想是本书的一个高潮：一个能匹配未知的女人的未知的男人。弗吉尼亚·伍尔夫在一份草稿里写道，海恩斯是个古怪又强大的人，他的沉默守护着他"隐藏起来的汩汩冒泡的地下之泉"。他的性能量从未显露于表面，只在与清洁女工那个是妓女的女儿在一起时才悄然显露。海恩斯拥有神秘却未能充分发展的可能性。在他心灵的避风港中，思想就像石头下的草叶一样生长出来，"不过它们都是苍白的；没有如新鲜空气一般的确定性带来的那种绿色"。海恩斯一直躲躲闪闪，他是一个"可能的"人；他在肉体上是坚实的，在情感上却模糊不清，他被婚姻锁在一只雌鹅身边，但他还保留了几分纯洁、诱人和不可捉摸。

隐藏在观众中的面孔能够做出富有想象力的反应，但对大部分观众来说，拉特鲁布小姐的露天历史剧并不是他们所期待的。她寻找的是人性的共同点，而不是一系列事件。正如琼·马丁那位十五世纪的母亲就是维多利亚时代的拉姆齐夫人的前身一样，在这场历史剧中，十四世纪的朝圣者也反映了"我们自己"。巴斯妇、复辟时代的哈比·哈兰登夫人、维多利亚时代的哈德卡斯尔太太和观众中显眼的曼瑞萨太太是彼此延续的，并且还将延伸至未来。在最初的草稿里，波因茨宅的访客在图书室里拿起乔叟的书，"有人感觉到，'这就是我的英格兰。这是我能看见的；我正沿这条路慢慢走着；我是那位执事；我是那位修女；我是那位骑士'"。

在露天历史剧的幕间是一段空白时间。历史剧所省略的东西与它展现的场景同样引人注目，也让观众困惑不已。剧中没有提及军队、政府和帝国，这让期待看到表演者齐聚英国国旗周围的梅修上校和夫人很失望。就像琼·马丁通过阅读利德盖特来摆脱战争思想一样，这部以英国文学为基础的历史剧乃是为了增强人们性格的多样性和幽默感、为了对抗必将扭曲民族性格的国家战争而做出的最后一次努力。贾尔斯踩死了一条正在艰难地吞食蟾蜍的蛇。这件事并不是虚构的：伦纳德曾看着两只动物慢慢死去，杀死它们本是人道的做法，但为了小说的需求，他的妻子把此事件转化成战争前夕侵略行为的象征。虽然雪白的鞋子上留下了血迹,这个行动却让贾尔斯"感到解脱"。伊莎默默谴责了他的武士情感:"'愚蠢的小男孩,靴子上沾着血。'"正如拉特鲁布小姐在她的下一部剧中预见的,人性将退化为洞穴里的人的基本情感。不过,尽管黑暗在降临,白昼终止时却仍留有一丝复苏的迹象。当奥利弗夫妇的搏斗结束时,他们会彼此拥抱,新生命也将从这里诞生。这是延续生命的希望。而希望也存在于大自然不变的规律中——牛群、在农场墙边咳嗽的牧羊人、林间跳跃的燕子、交配——它们都将比战争存得更久,就像哈代在1915年的诗《写在"万国破裂"时》中预言的那样:

> 未及他们的故事失传,
> 战史便在夜空消隐。*

通过模式和关联性来阐释历史的野心之举一次又一次地指向读者。历史剧暗示,是英国文学创造了这群读者,反过来,过去的读者也为文学提供了素材。老巴特·奥利弗是理性时代的产物,而伊莎渴望找到一个失散已久的海恩斯的梦想延续了伊丽莎白时代传奇故事中亲友相认的场景。

村子里的观众包括女人,但女人却不存在于各类公共记录中。弗吉尼亚·伍尔夫发现,对特里维廉而言,历史意味着十字军、大学、下议院、百年战争、玫瑰战争、解散修道院法令和英国海事力量的起源,等等。1928年,她询问纽纳姆和格顿学院的学生是否敢于重写历史。而在《幕间》里,她自己这样做了,她把女

---

* 参考钱兆明译本。——译注

性推向前台。历史剧突出了伊丽莎白、安妮和维多利亚女王的时代，并且，她还在幕间仔细观察了斯威辛太太、伊莎和拉特鲁布小姐的日常生活。这些都应该被记录下来，比如说，当伊莎写诗的时候，曾为了买鱼而中断韵脚；尽管她私下里把公公叫作"老畜生"，却还是"继续"与他相处。

写《幕间》的时候，弗吉尼亚心里有一群乡村观众，因此，她特意把这部小说写得比其他作品更简单易懂。不过，当她修改第二稿时却觉得它太肤浅了，尽管伦纳德和约翰·莱曼（John Lehmann，他当时是霍加斯出版社的合伙人）向她保证，它一定会成功。她的问题在于，她并不像自己的榜样阿侬，因为她无法完全信任自己的读者。他们能明白自己也扮演了某些角色吗？"人们是有天赋的，"斯威辛太太说，"非常有天赋。问题在于——如何才能发挥这种天赋？"弗吉尼亚·伍尔夫知道，拉特鲁布偶尔也会成功：伊莎补上了朝圣者的台词；在复辟时代的喜剧结束后，观众席上一个不知名的人充满怀疑地说道，"全是小题大做"。拉特鲁布喜形于色。但她也很容易失去信心，因为她自己也无法融入乡村生活：住在漂亮的村舍里的女人无视她，把她当作怪胎，而小酒馆的乡下人"愚蠢、粗俗、极其无聊"，只会讲些下流笑话。因此，到最后，弗吉尼亚·伍尔夫让观众们对这场历史剧产生了极大的抵触情绪，这使剧作家很失望。拉特鲁布认为，责任都在她自己，于是，她只能诉诸一场"布道"。"想想我们自己吧"，扩音器里那无法辨认的尖锐声音传到观众耳朵里。想想那些投炸弹的人和用枪炮屠杀的人，它说，他们公开地做着我们在争权夺利时偷偷做的事：庄园女主人纡尊降贵、作家为了一钱不值的名声在粪堆里摸爬滚打。这场布道和举起镜子的那幕场景一样，是一

344

第十四章　公众之声　　405

种攻击。这也是为了弥合分歧而做出的孤注一掷的努力。

弗吉尼亚·伍尔夫发现，她无法轻易推翻现代主义对作者的独立性的假设。叶芝同样渴望站在一个共同的文化中心说话，作为一名天生的演员，他也更容易戴上民间诗人的面具。"要是跟我谈论独创性，我就会对你发火，"他在1937年宣称，"我是一群人，我是个孤独的人，我什么都不是。"然而，弗吉尼亚·伍尔夫有着小说家的经验主义思维，她不能不经过检验就采取某种立场。她的问题——这种无情的诚实——在一定程度上源自她的父亲。在整部《幕间》里，她一直在验证自己的假设，也就是创作者与现代读者之间的分歧是能够弥合的，然而，当这场历史剧触及"我们自己"时，拉特鲁布不得不承认，这种弥合尚不可能达成。事实上，正如伦纳德·伍尔夫所言，本书的结论由于弗吉尼亚过于缺乏自信而被歪曲了。其实《幕间》不仅比她的其他小说更具可读性、趣味性和透明性，它还让敏锐的读者感到，他们与作者有一种特殊的亲近感：至少对某些人来说，分歧的确被弥合了。

拉特鲁布小姐（有时也被称为"不知其名"小姐）在灌木丛后面指挥着一切，却没有露面；她全神贯注地观察观众的每一次情感波动。不过，观众是很容易分心的，他们经常错过要点，于是她就在树皮上用力地磨她的指甲，咒骂观众，而此时，战机像鲨鱼似的在头顶呼啸而过。拉特鲁布的绝望预示着弗吉尼亚·伍尔夫本人的绝望。伦纳德说，1941年1月下旬她突然毫无征兆地陷入"绝望的低谷"。拉特鲁布后来恢复了，她的创作思潮在构思一部新剧本时再次高涨，然而，对弗吉尼亚来说，除了2月的那几天，她就再也没有从深信自己失败的念头中解脱出来。

在过去的1904年和1915年，疾病打击的主要是她的私人生活。而这一次，受到直接冲击的却是她的创作节奏。她抱怨说，自己从未像现在这样失去写作的冲动。

在他们的婚姻中，伦纳德时常担心她会精神崩溃，尤其是在1936年，当时，她正在修改《岁月》并确信它会失败。不过，自从第一次世界大战以来，她还未有过实际的发疯症状。从1915年到1941年，每当像头痛这样的病症出现时，伦纳德警惕的目光和快速的行动总能让她保持清醒，但这一次，他说，打击来得毫无征兆。他心急如焚，但他无法了解她不曾说出口的那些暗中伤害她的想法。从1月下旬到3月下旬她自杀之间的三个月里，无论发生了什么，都被掩埋在沉默和"疯癫"之下。不过，她的写作的确暗示了引起"疯癫"的那些让人困扰的念头。

伦纳德·伍尔夫和约翰·莱曼观察到，她在空袭期间表现得很平静，在闪电战刚开始的几个月里，她的精神状况总体来说也很好，因此，他们的结论是，让她心烦意乱的并不是战争。但我认为，从《三枚旧金币》和《和平——空袭中的思索》来看，这种观点很难令人信服。并且，两次最危险的"疯疾"毫无预警地发作时，恰好是在两次大战期间，这绝不是一种巧合。

多年以来，孤独一直是她的精神勇气的源泉，但在1940年秋天的某段时间里，孤独却滋生出了精神上的孤立。在"一战"期间，她那些布鲁姆斯伯里的朋友都是和平主义者，如今，他们却都变得好战了。她甚至很不喜欢伦纳德的志愿军制服，因为上面荒唐地展示着军衔、绶带、勋章，她认为这是对人类本能中最愚蠢、最虚荣、最野蛮的东西的纵容。伦纳德对未来充满恐惧——当希特勒行军至莱茵兰时，他告诉弗吉尼亚，欧洲将要面临六百年来最大的打击——但弗吉尼亚看到的不仅仅是恐惧，还有战争准备工作中的荒谬。1938年9月12日，收音机里传来了希特勒在纽伦堡的野蛮嚎叫，"就像一个受酷刑的人；接着是观众的嚎叫声……想想他们的脸就感到害怕……"随后，BBC电台那沉着、有教养的声音说道，被疏散的人员不得携带宠物。"那是小孩子的游戏。"

伦纳德·伍尔夫自传的第四卷《江河日下》(*Downhill All the Way*)以及他在两次大战之间写的《洪水之后》(*After the Deluge*)和《门前的野蛮人》(*Barbarians at the Gate*)都记录了他与日俱增的绝望。他看到各个国家——德国、俄国、西班牙——都成了食人族，正以前所未有的规模攻击本国各个阶层的人民。作为《国际评论》《国家》和《政治季刊》的时政评论员，他成了像耶利米一样的见证人，见证了一个堕落的欧洲那不断蔓延的混乱局面。"生活变成一场可怕的噩梦，你想要逃离那邪恶的、无名又无形的恐惧，但你的双腿无力动弹，你只能无助地、僵硬地在恐惧中等待着无法逃脱的毁灭。"这种深重的悲观主义与他在十九世纪所持的信念是相反的——年轻时，他相信文明是局部传播的。虽然伦纳德的信仰被摧毁了，但在无尽的痛苦中，他以同样的韧性坚持他作为G. E.摩尔的信徒的身份。他只需闭上眼睛，就能看到自己回到1903年，回到摩尔在三一学院回廊里的房间，他仰慕他那毫无侵略性的纯善人格。终其一生，他都在竭力效仿摩尔的理性判断——哪怕只是作为一种道德姿态。正是在这种独立精神的照耀下，他写出了那些预言性的书籍，蔑视各个政党的路线。他意识到，未来几年将会发生可怕的屠杀，但他也正确地预测到，野蛮的独裁者和他们的政治体制自身就携带着解体的种子。他认为，长期的危险其实来自堡垒内部的野蛮人,来自民主国家的经济野蛮主义和苏联的意识形态野蛮主义。"因为这两种野蛮主义都摧毁了自由,让共同体理念变成幻想和骗局,在共同体中,个体自由是集体自由的前提。"

伦纳德可以在不期望自己的书能有任何效果的状态下写作。我想,这解释了为什么尽管他使用了诸多预示灾变的词汇——"野蛮人"、"洪水"、"毁灭"——他仍是不可动摇的。他的密友们都把他看作极其清醒、理智、冷静的人。他冷静到去帮助一个臭名昭著的反犹分子——自称波兰伯爵的杰弗里·弗拉迪斯拉夫·瓦伊勒·波托基·德蒙塔克(Geoffrey Wladislaw Vaile Potocki of Montalk)——此人来自新西兰,喜欢穿着一件红色斗篷。1932年2月8日,波托基被人指控在圣诞卡片上印淫秽诗歌,他被判处六个月监禁。他向主张言论自由的出版人伦纳德·伍尔夫求助。当这位伯爵到塔维斯托克广场拜访伍尔夫夫妇时,他并没有表示感谢,反而当着伦纳德的面大肆发表对犹太人的恶毒言论。有趣的是,是弗吉尼亚站出来阻止了他。

"你知道吗,波托基伯爵,我一直觉得我丈夫的种族比我们文明得多。他们早就有坚固的城池和自己的文学了,比我们早了两千多年;事实上,当我们的祖先还涂着蓝色染料、绕圈跳舞时,他们就有这些东西了。你不这么认为吗?"

"不,说实话,我不这么认为,"伯爵说,"我完全不同意这种说法。"

"但是,波托基伯爵,"她坚持说,"您必须承认,犹太人的文明史要比我们长得多。我们不能无视眼前的事实,不是吗?"

后来,这位伯爵在他的右翼杂志上把弗吉尼亚的言论发表出来，还嘲讽了她的口音，以此阻止读者注意到她对犹太人的辩护。同时，他还嘲笑伦纳德采取了"我们可以称之为一只杰出的类人猿的态度"。

弗吉尼亚附和着丈夫的话——"这是野蛮到来的前奏"，她这样描述遭受战争重创的伦敦。不过，她和丈夫在有一个方面是相反的：她对人性更加乐观。我曾想，伦纳德的极端言辞是否动摇了她对生命的执着，但我认为，尽管她意识到世间深重的痛苦——她很欣赏俄国小说家的这一特点——她的本能还是抗议而非绝望，而且，她认为英国人的反应也是如此。"抗议的声音……似乎在我们心里引起了要享乐和战斗而不是要受苦和理解的本能。"她在英国小说中看到，"我们生性喜欢幽默和喜剧，喜欢大地的美，喜欢智力活动，喜欢身体的强健"。如果说伦纳德是灾难的预言家，那弗吉尼亚·伍尔夫就是一位战士。"思想就是我的战斗"，她在1940年说。她最后两本书就是为了激发民族士气而做出的努力——她将英国的本土精神置于隐秘的乡村山谷和共同的历史记忆中。1940年的平安夜，她站在窗前，想起阿尔西斯顿（Alciston）的农舍："在这些深深的山谷里，过去几乎静止不动，英格兰在怎样安慰、温暖着我们啊。柔嫩的幼苗遍布田野……"那天，她从刘易斯步行到罗德梅尔，她看到，这个国家如今已伤痕累累，但它依然展示着古老的色彩。

《幕间》和《阿侬》试图从过去的积淀中筛出英格兰的宝藏，并将其带到现在。此后，她需要展望未来。当侵略战争迫在眉睫，这是很困难的。罗德梅尔距离纽黑文只有三英里，如果"海狮计划"执行的话，德国第九集团军就会在纽黑文登陆。1940年，当弗吉尼亚享受写作时，她不得不承认伦纳德对德军入侵的恐惧是合理的。"作为一个犹太人,我猜我至少要被'暴打一顿'",他曾对她说。他们并不知道,当时他们二人都已在希姆莱要即刻逮捕的人员名单上,不过他们已经意识到了危险。

"等待是没有意义的,"伦纳德说,"我们要关上车库的门自杀。"他一开始的想法是窒息而死,为此,他储备了汽油。6月,他从阿德里安·斯蒂芬那里弄来一些"保护性毒药"(致命剂量的吗啡)。

"不,"对于第一种自杀的提议,弗吉尼亚写道,"我不想在车库里结束自己的生命。我还想再多活十年,写完那本像往常一样突然闯入我脑海里的书[《幕间》]。"对她来说,伦纳德的计划是"一个平淡乏味的结局——比不上一整天散步,等到了晚上再坐在炉火旁读书"。在 1940 年,竟然是伦纳德向弗吉尼亚提议自杀,而弗吉尼亚不为所动——这的确有些古怪。伦纳德承认,自 1938 年以来,死亡就一直萦绕在他心头。

弗吉尼亚回答说,如果他死了,她也不想活着。"不过在死之前,我觉得生命是怎样的呢?激动人心吗?我想是的。"她鼓励伦纳德认同她的观点。甚至死亡本身也可能变为"让人兴奋的体验——就像人们年轻时看待婚姻那样"。她很享受他们纯粹的快乐,这持续激发着她活下去的渴望。

"你觉得在人的一生中,最幸福的时刻是什么?"她问友人鲍勃·梅厄(Bob Mayor),就像自言自语似的,她继续说,"我觉得就是走在自己的花园的那个时刻,或许你会摘下几朵枯萎的花,然后突然想起:我的丈夫就在那栋房子里——并且他爱着我。"

虽然她的精神崩溃本身很难解释,但我们可以把阻碍她发出公众之声的种种想法拼合起来。她丧失了唤醒乡村读者的希望;

她开始害怕"下层乡村世界"里的沉沉死气会像水蛭一样贴住她并吸干她的活力。疏散到这里的学童们引起她"极度的反感"。在她的工作笔记里,她记下了大人国国王对格列佛说的话:"我只能得出结论,你们国家大多数人都是恶心的害虫中最有害的一类,大自然只能容忍他们在地面爬行。"莱斯利·斯蒂芬曾在《斯威夫特》中引用了同一句话,他还补充说,"在某种程度上,沉迷于令人反感的形象是精神疾病的表现"。他的女儿看到像白色鼻涕虫一样的女人在布莱顿的弗勒斯喝茶。一个肥胖的时髦女人戴着一顶红色猎帽和一串珍珠项链,她的脸就像是白色的大松饼,而她衣衫褴褛的侍从"像被微微烘烤过似的",也膨胀了起来。"布莱顿是鼻涕虫的爱情角。那些涂脂抹粉、娇生惯养、不体面的人们。"

她开始觉得,或许没有什么能拯救男性观念孕育出来的女性观念"——两者都如此可恨"。2月底,在布莱顿苏塞克斯的烧烤店那单薄的厕所门后,她无意中听到两个女孩在肤浅地大骂"那些男孩":伯特"从不喜欢胖女人"。这两个女孩在《海滨小镇》("The Watering Place")里再次出现,在这篇小说中,盥洗室的冲水声盖住了汹涌的海浪声,也掩盖了她们说的话。盥洗室就是布莱顿这片更大水域的缩影。在海军游行队伍中,女人们穿着长裤和高跟鞋,手提编织包,戴着珍珠项链,看上去就像一具具女人形象的外壳,"仿佛真实的动物已经被抽走了"。这个海滨小镇也不是真实的,虚幻的彩灯点缀着它的轮廓。到晚上,整个地方似乎都沉入海水里。

1904年,她曾因为想象国王的污言秽语而发疯。同样,在1941年,她被战士们那虚构的"豪言壮语"弄得崩溃了。《幕间》的草稿里有一个关于自杀的片段,在其中,她把自己描绘成大篷车队的最后一头驴子，它背着从过去的尘堆中拣出来的珍宝，驮着它们穿越沙漠。她预言，这头驴子会在中途倒下。

> 但是不能躺下；不能丢弃；也不能忘记。这是在摇篮里就赋予我的使命；摇晃的榆树在上方散发出香气；海浪轰然作响……人群涌出，死者被绑在记忆的重担上……当他们散落大地时，我还剩下什么呢？

弗吉尼亚·伍尔夫的遗书里提到耳边嗡嗡作响的声音，这对她来说意味着她快发疯了。在更早版本的关于这头驴子的片段里，她就提到自己如何被各种回声所困扰，"总有污浊的低语声，总有低劣的叮当作响的声音"。一切都被古老的权力洞穴里的潮气污染了。"这些声音只会扰动耳蜗中的长毛，制造出古怪、疯狂的音乐，发出断断续续的刺耳声音；我们必须摇晃耳朵，就像山羊晃走身上的蜜蜂，或被苍蝇骚扰的奶牛用尾巴抽打它的侧身似的，然后，我们必须……挑出我们的财产"，拒绝向导，因为所有政治领袖本身就是精神囚徒。

她一直在伦敦寻找过去不为人知的宝藏。1939年，她曾走下台阶来到泰晤士下街附近的泰晤士河边，到"老鼠出没的地方"四处搜寻。伦敦桥上的人都盯着她看。后来，她找到了佩皮斯的教堂，又穿过比林斯盖特和利德贺市场，走进了芬丘奇巷。大约在她发病十天前，她还去看了伦敦的废墟。她对法院街和金融区之间的某些巷子和小庭院的感情已达到激情的程度，这是她最接近于爱国主义的情感：一个拥有乔叟、莎士比亚、佩皮斯、约翰逊和狄更斯的英格兰。"我去了伦敦桥，"她讲述道，"我望着泰

第十四章　公众之声

晤士河，雾蒙蒙的，有几缕烟，可能是从燃烧的房子里冒出来的……然后我坐地铁到了圣殿教堂，在那古旧荒凉的庭院废墟中走了一会儿；伤痕累累；墙体倒塌；古旧的红砖变成白色的粉末，就像一片建筑工地。灰色的尘土、破碎的窗玻璃……一切完整性都被破坏了。"

她从充满灾难的当下转向过去。她一直打算在生命的最后阶段写自传。为此，她坚持记日记，把它当作未来自传的资料，从1917年她三十五岁开始，每年她都要写一本日记。1940年12月24日，她突然意识到，世上根本没有以卢梭的那种坦诚态度写下的女性自传。至于她究竟想写什么，我们只能根据碎片式的《往事札记》和各类练习作品（比如《回忆录》《到灯塔去》和关于她那代人的《岁月》）来推测。"我在思考该如何讲述我的人生故事……我有那么多的东西"，她在最后扩写《海浪》时沉思着。

1939年4月，她开始筛选她的记忆，断断续续地写作，在写《罗杰·弗莱》和《幕间》的间隙，她勾勒出了年轻时的种种场景和维多利亚时代的各个人物。圣艾夫斯的海浪声再次传来；还有塔兰德屋花园里的田园风光；朱莉娅·斯蒂芬那神秘的、压倒一切的形象和被她圣母般的外表与坚定的姿态所掩盖的性格；斯黛拉在母亲去世后变得面色苍白，并于1897年夏天悄然离去；未来的法官托比高兴地看到妹妹在后屋努力学习希腊语，还被他的朋友们的故事迷住了。

《往事札记》写得非常精彩，因为它详细回忆了家庭习俗、维多利亚时代的礼仪，还有在酒店和人群出现之前的老圣艾夫斯。它最精确地再现了包裹着她正在觉醒的想象力的那层外壳。在餐厅里，年幼的弗吉尼亚从课本上抬起头，看着海浪的光影变化。

她可以一览无遗地看到海湾对面的戈德雷伊灯塔。她把这些存在物称作"第三种声音",它们并不属于私人的或公众的声音,而是某种身外之物:"在我的航程中,我感觉自己一直在追踪着这些声音,一会儿朝着这边航行,一会儿又朝向那边,在日常生活中,我也总被这些声音左右。"在《往事札记》开头,这"第三种声音"照亮了她的童年,但当回忆录继续下去时,它却被那种切断生命通道的权力之声取代了:父亲暴怒的声音——"凶恶、盲目、兽性、野蛮"——这是为他身边的女人保留的声音;随后响起的是乔治武断的声音,其中还夹杂着他不合理的需求。

当这层外壳失去光彩时,弗吉尼亚·伍尔夫便被抑郁情绪压倒了。1940年11月,她放弃了这部回忆录,此时,她还没有看清自己完整的生命。倾听第三种声音的耳朵本可以使自传成为一种尚不为人知的艺术,但它似乎被嘈杂的干扰声阻断了。在最后几页里,外部事实仅仅作为外部事实简单堆砌着。女人都藏了起来,男人的形象也变得扁平。相比之下,1907年至1908年那篇简短的《回忆录》要更好一些,它对人物的刻画更鲜明,对父亲的看法也更公允。在《往事札记》里,莱斯利·斯蒂芬并不是"最可爱的人"、勇敢的攀登者、警觉的读者或敏锐的丈夫;他是一个性格扭曲的学者,把对自己的缺陷的不满发泄在女人身上,他是典型的维多利亚时代的暴君,是海德公园门的巴雷特先生,从他那里,他的女儿们逃向了布鲁姆斯伯里和自由。

在《回忆录》里,她给自己设定了一个有限的任务:回忆死去的家人。而在《往事札记》中,她面临的挑战是如何掌控自己的余生。然而,她无法丢下死者继续活下去。他们似乎发出了某种权威的信号,让眼下的生活都变得虚幻起来。死者一直都在她身边。"多奇怪啊,死去的人会在街角或梦中扑向我们。"当乔治强迫两姐妹去参加她们讨厌的舞会时,逝者就站在乔治背后:"斯黛拉和母亲的鬼魂依然在指挥我们的生活。"1929年的一天,当弗吉尼亚和克莱夫·贝尔聊天时,托比的身影隐约出现在他们身后,"——那个奇怪的鬼魂"。仿佛,她的余生只是一场没有他的旅行,而死亡不过是回到他的身边。

她想知道,是否人们有一天会发明某种储存记忆的设备。"我不必回忆这里的某个场景、那里的某个声音,我只要插上插头就能聆听往事。我会调到1890年8月。我觉得强烈的情感必定会留下痕迹;问题只在于如何与它们重建联系,那样一来,我们就能从头再活一次。"

1907年至1908年和1939年至1940年的自传几乎在同一时间点中断了。1908年的片段将斯蒂芬的家族史带到当下。而当她的思绪越来越深地沉浸在过去的场景中时,1940年的片段则是在相同的地方戛然而止。她说:"那么,就让我像赤脚走入冰冷河水的孩子一样,再次沉入那条溪流吧。"

当她放下笔时,她打开了装着父母信件的黑色铁盒,"闻到了一股可怕的过去的气味"。从动荡不安的当下出发,她回想起维多利亚时代的育儿室里轻轻哼唱的歌谣。

"他们多么美好,"她在1940年12月22日写道,"那些过去的人们——我是指父亲和母亲——多么单纯,多么透明,多么无忧无虑……他们的生活对我来说是多么平静欢愉:没有泥淖,没有漩涡。"

《往事札记》以当下的视角讲述童年和青年的各个阶段。其效果是很奇怪的:战争的细节赋予的并不是历史感,而是时间的阻隔感。每一篇都要大步跨越几乎无法逾越的鸿沟。在写作前的整个晚上，她的思绪都在与时间赛跑，她要强迫自己穿越《海浪》里的成熟阶段，回到童年早期那些萦绕心头的人物。在《往事札记》的笔记里，弗吉尼亚·伍尔夫草草记下："我们的社会地位：上层中产阶级。现在都被摧毁了。"她一生再没见过与母亲和斯黛拉相似的人。"她们不再与活人的世界有任何瓜葛了。"在她生命的尽头，曾作为创造力源泉的悼亡冲动变成情感陷阱，就像莉莉呼喊着"哦，拉姆齐夫人"时那样，在痛苦中，她的笔掉落了。"死亡是一种交流的尝试，"达洛维夫人心想，"死神能拥抱人。"或许在某种意义上，弗吉尼亚·伍尔夫的自杀就是跨越时间的阻隔去拥抱过去的一种方式。

她的书信集编辑指出，当她在罗德梅尔附近的河里自溺时，她并没有发疯。她害怕的是无法治愈的疯疾。她故意地、不顾一切地追逐那些轻易就能把她带走的死者。3月21日，她花了一整个下午的时间整理父亲的旧书。伦纳德曾求她把父亲抛在脑后。在最后的时刻，她的确尝试过用更富创造力的活动来取代伤害她的回忆——她想为"奥克塔维亚表妹"写一篇肖像作品，但她无法将她的直系亲属身上的光芒转移到那个强壮、朝气蓬勃但缺乏想象力的克拉彭后裔身上去。*

奥克塔维亚·威尔伯福斯是布莱顿的蒙彼利埃新月医院的医生，她的家里四处都挂着家庭成员的肖像。弗吉尼亚第一次见她是在1937年1月10日。她看起来"是个容光焕发、精神健康的

---

* 奥克塔维亚（·威尔伯福斯）的信件表明，她在3月22日与弗吉尼亚面谈了，而根据弗吉尼亚·伍尔夫的日记，她在自杀前四天还在思考这篇肖像作品。她们之间没有血缘关系，但莱斯利·斯蒂芬的继祖母是威尔伯福斯家的人。

医生,她穿着黑衣服,戴着银色项链,牙齿整齐,脸上挂着我喜欢的那种坦诚而亲切的微笑"。在弗吉尼亚的版画肖像对面,她放了一个威尔伯福斯的瓷像,而在伦纳德对面放的是汉娜·摩尔(Hannah More)的。这引发了她们对家族史的一场讨论,当她们"聊起零零碎碎的回忆"时,弗吉尼亚感到"满面通红,精神抖擞"。弗吉尼亚痴迷于克拉彭派遗产的另一个迹象是,同年晚些时候,她去了斯托克纽因顿,在那里发现了一块书桌形状的白色墓碑,上面刻着"詹姆斯·斯蒂芬",这几个字刻得"大而朴拙,就像我想象中的他的样子,高大又淳朴"。碑上还有一长串铭文,记录了他如何与威尔伯福斯一起在废奴运动中发挥了领袖作用。她"因为这一切而精神振奋"。

奥克塔维亚在亨菲尔德有一处饲养泽西奶牛的农场。在战时实行配给制的时候,她开始每周带牛奶、奶油和奶酪之类的礼物到蒙克屋,部分原因是为了增强弗吉尼亚的体质,但伦纳德明白,这其实是带有医疗性质的探访。2月28日,当奥克塔维亚起身离开的时候,弗吉尼亚盯着她说:"我想给你写一篇人物速写,你介意吗?"奥克塔维亚充满疑惑地拒绝了,说她没什么可写的。

"有的,"弗吉尼亚急切地说,"我脑海里已经有一幅你小时候在拉文顿*的画面了,它的名字很美,你可以跟我聊聊。你知道,我觉得描写活着的人很有趣——当然是匿名的。"

或许,弗吉尼亚·伍尔夫想找到一个类似于弗洛伦斯·南丁

---

* 拉文顿宅在拉文顿东面,靠近苏塞克斯的奇切斯特。那里是威尔伯福斯家族的住宅,是奥克塔维亚出生的地方。

格尔的当代人物——南丁格尔也是克拉彭派的孙女辈后裔。*奥克塔维亚的家人并不鼓励她做医生。她作为上流社会的淑女所接受的教育也无法帮助她获得医生资格。但她坚持了下来。吸引弗吉尼亚的正是这位同时代人的不落俗套的成长经历。《奥克塔维亚的故事》要写进"1900年的英国青年"系列。弗吉尼亚常常拿自己与奥克塔维亚相比，并把自己的人生夸张地描述成虚无的、空洞的、停滞的、被维多利亚时代的父权制所摧毁的人生，这与奥克塔维亚那"有用"的生命形成鲜明对照。这种人为的对比又因奥克塔维亚的羞怯和弗吉尼亚的清高而更加明显，也难怪她们见面时总是很拘束。或许，"奥克塔维亚的故事"只是为了代替弗吉尼亚必须提供的病历。她并不信任医生，在1904年、1913年和1915年的危机中，医生们已经证明了他们的无知和专横。

一开始，奥克塔维亚发誓要温柔对待她，但这位医生很快就被激怒了，她说，弗吉尼亚是她"最糟糕的敌人"。3月22日，奥克塔维亚试图惹她生气："我对她说，我认为家族这回事毫无意义，什么血浓于水。总之我让她吃了一惊。"

除了过去的死者，弗吉尼亚·伍尔夫还为近些年去世的珍妮特·凯斯和在西班牙内战中身亡的外甥朱利安·贝尔感到难过。"我总是在半夜醒来，"她在1932年斯特雷奇去世后写道，"有种置身于一间空旷大厅的感觉。"1934年，弗莱的死"比利顿的死更让人痛苦……这样一堵空白的墙。这样的沉默：这样的贫瘠。他在

---

* 奥克塔维亚是雷金纳德·加顿·威尔伯福斯的女儿，他是威廉·威尔伯福斯的儿子塞缪尔·威尔伯福斯的长子。弗洛伦斯·南丁格尔是艺术鉴赏家威廉·史密斯爵士的孙女，他当了四十六年的国会议员，是废奴运动的领导人，工厂工人的领袖，他还反对宗教对残疾人的歧视。

我心中回荡着!"她不断结交像伊丽莎白·鲍恩这样的新朋友,但她依然对老朋友保持最初的忠诚。她与弗莱建立了她称之为"死后的友谊",它"在某种程度上比我生活中的任何友谊都更亲密"。阅读弗莱的信时,她发现"我猜测的事情如今都被验证了;而真实的声音消失了"。

弗吉尼亚曾批判过父亲那"陵墓式的"情感,但她最后几年的日记或许可以被更恰当地称为一部"陵墓之书"。1937年5月5日,她回忆起四十二年前母亲去世的那个早晨,她在日记里快速交代了自己做的事,然后就流连于死去的人,甚至包括一些不那么重要的人:比如她的表亲H. A. L. 费希尔,还有一篇为她的婆婆写的长篇悼文——在婆婆活着的时候,她几乎没有时间顾及她。只有朱利安·贝尔抵抗挡了这种充满想象力的改写:"我亲爱的姨母——",她还能听到他抓紧椅子扶手时突然发出的笑声。

"灵魂应该是不朽的",伦纳德曾说,那时,他们正从罗素广场一家旅馆的房间往回走,另一位老朋友弗朗西斯·比勒尔(Francis Birrell)正躺在那家旅馆的房间里死去。弗吉尼亚·伍尔夫曾有几次想尝试写一篇诗作,以捕捉一座高山上的灵魂。"我想写一篇出现在我梦里的关于山顶的故事,"她在1937年6月22日记下,"关于躺在雪地里;关于彩色的圆环;沉默和孤独。"这成为她的最后一篇悲剧故事《辛波尔》("The Symbol")。

题目里的"辛波尔"是一座瑞士山峰,在一个被划掉的句子里,她说它象征着人类的努力。一个年迈的英国女人在阳台上给家人写信,她正观察着一支青年登山队的攀登进程,和她通信的人的儿子就在这个队伍里。然而,就在她眼前,那位年轻人瞬间被冰川的裂缝吞没了。她那封平静的、追忆往昔的信上的字迹拉成了一条直线。她如何才能继续写下去呢？

这是莱斯利·斯蒂芬英勇攀登阿尔卑斯山时的场景。*他崇拜山峰。当他描写山峰时，他的感情接近于宗教意义上的敬畏感。她的父亲曾登上一座又一座高峰，但在这个故事里，一个当代年轻人却被毁灭了。或许，她正在思考着许多年轻人的死，包括在战争中死去的她的外甥。在最后一篇故事里，她没能把悲伤转化为艺术，艺术——实际上是写作这种行为——被死亡的画面阻止了。1941年3月14日，她对奥克塔维亚说，这让她感到"绝望——极度的沮丧"。

在她生命最后的十年里，弗吉尼亚·伍尔夫试图克服对死者的迷恋。她尽力为活着的人和活着的传统说话。在《岁月》里，她为她那一代（从十九世纪八十年代到二十世纪三十年代）女性发声。在《幕间》里，她代表了英国社会的声音，这种声音穿越时间，化作偏远乡村的波因茨宅。在《阿侬》里，她追忆着"快活的英格兰"那本土的声音。然而，个人记忆却依然挥之不去。在生命的最后几个月里，她分别写着《阿侬》和她的自传，不知道哪一部作品会像推动伯纳德那样把她推向岁月的最远端。

虽然她无法乘着公众的浪潮到达顶峰，但看到其可能性本身就是一种胜利，不过，这和《到灯塔去》中的艺术家的胜利不同。这是对抗精神衰退的一次胜利，伯纳德曾以越来越强的力量打败了这个敌人。"我痛恨老年的僵化——我能感受到它。我发出刺耳的声音。我变得刻薄了"，她在1940年12月29日写道。"我需要的是过去那种灵感的爆发"，她在1月26日痛苦地抱怨。但事实上，

---

* 弗吉尼亚·伍尔夫用父亲那位著名的登山向导梅尔基奥尔·安德雷格（Melchior Anderegg）的名字来称呼一位瑞士老板赫尔·梅尔基奥尔，他曾提醒人们注意雪崩。

她的灵感枯竭是在几个月的高产之后到来的：11月的时候，她一直在同时写三部作品。

或许，正是丰沛的创造力摧毁了她。1939年，她等待着一场全新的充满想象力的冒险："要不是因为战争，我应该会——不断向上飞，飞到人迹罕至又激动人心的高层：我的思维运转得极快，就像睡着了似的；像飞机的螺旋桨一样。"这样的自由翱翔要么会加快她的创作，要么会打破她心灵的平衡。两种状态的效果无比接近，就像写《海浪》结尾的时候，她的想象力渴望飞奔疾驰，而她的理性则试图坚守。这是一场不计后果的疾驰，宛如伯纳德视死如归的奔跑。写《三枚旧金币》时，她使用了同样的意象："啊，这些早晨我一直在加速狂奔！灵感挤压着我，从我体内喷射而出。这是力量的证明，就像一座人体火山一样。"伯纳德的逞强和罗达暗中迸发的力量似乎在这里融为一体了。

1932年夏天的一个晚上，她意识到这种疾驰可能是致命的。当时，她正和伦纳德一起坐在蒙克屋的院子里，望着绿色的丘陵渐渐消失在黑暗中，她脑海中"奔腾的马蹄声变得狂暴起来"，她的心忽而狂跳，忽而停止，然后又狂跳起来，在剧烈的痛苦中，她昏倒了。

因此，对黑暗中的梦想家加以约束是很有必要的。她必须用长篇纪实作品来平衡像《远航》《到灯塔去》和《海浪》这样狂野的小说。但另一方面，过多地暴露在世俗环境中也会让她崩溃。在接待了芝加哥的一位记录员的妻子埃莉诺·内夫之后，她浑身发抖，在床上躺了两天，"再度造访了那些沉默的领域"。当她睡觉、散步，或悄悄进入"与伦纳德在一起时那完全自然、童真的生活时"，她才能重新进入那些领域。在《夜与日》里，凯瑟琳·希尔伯里曾说起过一座悬崖，它将心灵一分为二，"一边是在日光下活跃的心灵，而在另一边，它沉思着，那里黑暗如夜"。

这部传记一直追踪着弗吉尼亚·伍尔夫"黑暗的"一面，追踪她一次次纵身跃入陌生水域的探索。在面对职业女性的演讲中，她曾说过，这种投入是一个作家生命中必不可少的事。她解释说，小说家就像站在湖边的渔夫，把她理智的鱼竿投入意识的水塘。当她的想象力沉浸在深水时，有时，她会感到一阵猛烈的晃动，鱼线就从她的指缝间溜走了。然后，理智不得不把因愤怒和失望而喘息的想象力拉回水面，因为它已经走得太远了。

"沉没"是她用来形容大胆又隐秘的想象行为的意象，而她的海浪意象在她的作品里贯穿始终。站在《海浪》的顶峰，弗吉尼亚·伍尔夫呼唤着新的浪潮来超越她已获得的成就。这就是她的创作生命的模式：一波浪潮涌上顶峰，接着是一次低谷，但总有另一个浪头从远处涌起。她让后续的浪潮打破先前的模子：一部诗歌－小说，然后是随笔－小说，接着是一部戏剧－小说。不过，尽管形式发生了变化，她还是继续探索着记忆：塑造了一位艺术家的私人记忆，影响了一代人的共同记忆，以及构筑了整个民族的公共记忆。她总在打破既定的模式——也许是生命的历程，也许是女性的形象——而去探索正在形成的形态：因此，在她最伟大的作品中，她复原了某些缺失的瞬间，比如使生命发生转折的时刻、女性丧失的能动作用，以及被历史遗忘的她们对文明那长久而沉默的奉献。

新浪潮带来的特殊挑战从不是一目了然的，但它迫使她的职业生涯发生转折。这部传记标明了那些不与外部事件同步的转折点：1892年，一个十岁的孩子看到了父母不朽的品质；1897年，姐妹两人学着独自行走；1905年，这位年轻姑娘开拓了她的小说的非正统形式；1907年至1908年，她发现了记忆的作用；1912年至1915年，她克服了婚姻和精神上的种种困难，建立起自己的私人生活；1925年那个创造力丰沛的春天；1926年的"鱼鳍"；1932年"灵魂的变化"。她把生命的每一个阶段都想象成一次探索之旅，甚至把衰老也看作一次冒险，正如她在1940年5月6日所说的："就这样，我的船驶入老年的海洋，陆地退去了。"

1941年1月，一次想象之旅遭遇了前所未有的失败。她不安地发现，她完全沉浸在对自我的关注中，她尝试至少变得客观一些，却失败了。她在1941年3月8日写道："我记下了亨利·詹姆斯的一句话：永远观察。观察年龄的增长。观察贪婪。观察我自己的抑郁情绪。这样一来，它们就变得有用了。"

她告诉奥克塔维亚："伦纳德说，我不应该太关注我自己，我需要多想想外面的事情。"她考虑每天骑自行车去大英博物馆看看历史。1666年的大火或许能提供一个观察伦敦废墟的视角，对侵略的恐惧也许能让人想起"无敌舰队的处境"。一个历史学家的视角是她最后的救援，也是她坚持客观看待事物的最后的努力。

我一直在想，既然她与伦纳德之间的爱是如此有力量，她为什么拒绝伦纳德的帮助？她的理由是，她害怕发疯，也无法忍受自己成为他的负担，但这只是一个猜测，或许还有其他更难解释的理由。一个可能的线索是罗达自杀前提到路易斯时说的话："如果我们能一同攀登高峰，如果我们能凭高远眺"，那样，一种独特的共同视角可能会幸存下来，然而，路易斯被更加世俗化的观念吸引了——就像伦纳德开始支持战争一样——"而我，最讨厌人们嘴上的是非与毁谤,我只信赖孤独和不可抗拒的死亡,因此我们只好分道扬镳"。

对伦纳德来说,更难解释的是,为何死者总比任何活着的人都更彻底地占有弗吉尼亚,在某种意义上,她时刻准备着加入他们的行列。死亡对她和塞普蒂默斯·沃伦·史密斯而言都是激动人心的挑战。溺水自尽在塞普蒂默斯眼里并不是可怕的事,而是一条通向死者的路,是另一次发现的旅程。塞普蒂默斯和达洛维夫人都不相信死亡:"我们的幻影,即我们显现的那一部分,同无形之魂相比是昙花一现的,而后者充塞于天地之间,因此可能永存,经过某种轮回,依附于此人或那人身上,甚至死后常在某处出没。也许……也许。"

3月28日星期五,弗吉尼亚·伍尔夫投河自尽了。她留给伦纳德的字条*和在她书桌上发现的另一张纸条都促使伦纳德相信,她将自己一生的幸福归功于他。她的话长期以来被广为传颂。它们可以追溯到《远航》里雷切尔的死:"没有任何两个人像我们那样幸福。"她最后的愿望是安慰伦纳德,并记录下他的好。她以这样文雅的方式死去了,唇边留下了优美的话语。

伦纳德一度伤心欲绝,并控制不住地自责起来。"我应该被钉死在自己的十字架上,"他写道,"我知道,弗吉尼亚再也不会从小屋那边穿过花园走来了,但我还望着那个方向寻找她。我知道她已经淹死了,但我还听着她进门的声音。我知道这是最后一页,但我还是把它翻了过去。我的愚蠢和自私是没有限度的。"

---

* 奈杰尔·尼科尔森提出了一个看似很合理的说法:这张纸条是在十天前,即3月18日写的,那时弗吉尼亚·伍尔夫可能已经尝试过溺水自尽了。(*Letters*, vi, Appendix A, pp. 489–91.)

他把她的骨灰埋在蒙克屋花园旁边的一棵大榆树下,这棵树与另一棵榆树的树枝交缠在一起,他们曾把这两棵树叫作"伦纳德"和"弗吉尼亚"。如今,榆树已不复存在,弗吉尼亚·伍尔夫的骨灰也被移至斯蒂芬·汤姆林在1931年为她雕塑的半身像之下,她的脸被塑造得长而僵硬,有一双猫头鹰一般的、向内看的双眼。另一件复制品矗立在她盛年之时居住的塔维斯托克广场上,作为对她的纪念。

二十世纪六十年代,伦纳德·伍尔夫在生命最后十年把妻子的随笔整理成四卷。其中两卷是传记随笔,另两卷是评论文章。后来,又出现了一套完整的、按照时间顺序排列的随笔全集,它把传记性的文章分散开了,因此,人们现在比任何时候都更容易忽视弗吉尼亚·伍尔夫作品中的传记部分。她作为小说家、日记作家、评论家、书信作家、旅行作家和编辑而受到人们的称赞和研究,但为什么不是一位传记作家呢?是因为她的传记随笔写得太简短了,所以看上去不重要吗?还是因为,说实话,我们觉得她出于责任感为罗杰·弗莱写的传记(这部传记因为弗莱家人所期待的那种得体性而写得很死板)很无聊?

她留给后世传记作家的遗产尚未得到应有的重视。我们仍须着眼于她在传记写作上的创新,以此来平衡二十世纪对她的现代主义和女权主义的强调。她最激动人心的想法——超越二十世纪末所谓的"传记黄金时代",也超越现下——都存在于她最伟大的小说中,而非像《奥兰多》和《弗勒希》这类戏仿传记里。传统传记按照时间顺序展开,被纪实性的事实所"捆绑"、限制,无法达到艺术的境界——当她辛苦地为弗莱写传记时这样安慰自己。

不过，与此并存的还有一种将传记文体中潜藏的艺术性定形的野心：它是从"松散、流动的生活素材中"提炼出来的更富有想象力、在某种意义上也更连贯的书写生命历程的形式。

她致力于探索女性未被定义的方方面面，这与她想写《无名的生命》("Lives of the Obscure")的传记冲动息息相关。她拒绝堆砌可证的事实，那是她父亲为三百七十八个生命（总计上千页）所做的事，从 1885 年弗吉尼亚三岁一直到 1901 年她十九岁，父亲一直在为《国家人物传记大辞典》做这样的贡献。

1923 年 12 月 3 日，她说："如果没有他对英国历史的贡献，我本不会如此聪明，但我的情绪应该会更稳定。"

当然，传记辞典中的人物是根据他们在公众中的重要性来选择的。但弗吉尼亚·伍尔夫在她的随笔《传记文学的艺术》("The Art of Biography"，1939）中反驳了这一观点：

> 现在，必然会出现这样的问题：是不是只有大人物的生命历程才值得传写。失败者和成功者，名不见经传的和声名赫赫的——难道一个曾经生活过并留下一段生命轨迹的人，就不值得书写吗？——什么是伟大，什么是渺小？[*]

因此，她选择去写在 1790 年担任家庭教师的塞琳娜·特里默（Selina Trimmer）；编辑了父亲诗作的萨拉·柯勒律治（Sara Coleridge）；在伊丽莎白·巴雷特的病房陪伴她、随她与勃朗宁私奔的西班牙猎犬弗勒希；还有（威灵顿公爵和其他人的）交际花

---

[*] 参考肖宇译本，《伍尔芙随笔全集》卷三。——译者注

哈丽雅特·威尔逊（Harriette Wilson）——她过着弃儿般的生活，在"阴暗地下的悬崖边和沼泽地里"来来去去。

　　刻在无名的生命中、写在我们尚不能解读的基因里的是一种隐藏的天性，它深深吸引着传记作家。过去最具创造力的女性都曾反复提到过这一点：玛丽·沃斯通克拉夫特曾说，"我无法墨守成规。这违背了我的天性"，弗吉尼亚·伍尔夫感受到了她跳动的脉搏。夏洛蒂·勃朗特笔下的谢利这样回答一个朋友提出的关于她的天性的问题："在展示我的珍宝的时候，我可能会藏起……一块奇特的、并非购买得来的、精雕细琢的石头……连我自己也难得看一眼它那神秘的光辉。"即便是颇为先锋的谢利也无法看清她的自我中被严密保护的某些方面。莉莉·布里斯科凭直觉感受到，那记载了无法辨认的"神圣铭文"的"石碑"就藏在拉姆齐夫人的脑海和心灵中。揭穿她作为家中天使的完美表演对传统的人物画像提出了挑战。当莉莉把她描绘成一个阴影中的楔形内核——一种超越语言的抽象形态时——她标识出一个尚不能被归类的生物。

　　理解一个人的生命是没有尽头的。需要厚重的大部头作为"权威"传记的观念只是市场的错觉。传记作家无法避免带着主观偏见去筛选、排列事实；而属于这部传记的"偏见"是：弗吉尼亚·伍尔夫的生命核心是一场日新月异的探索，而且，这种探索有其难以捉摸的根源，就在于她所谓的"夜"，而不是可见人生的"日"。她的探索一开始就从女性视角出发，但它比二十世纪末以"解放"为旗帜的女权主义更微妙也更复杂，因为后者把弗吉尼亚·伍尔夫局限在一种简单的、以女性的愤怒对抗男性权力的意识形态中。在她的生活中，愤怒的确强烈地存在过，但过度强调愤怒只会扭曲她的职业生涯，因为在她的写作人生中占据主流的，是一种更具建设性也更有远见的女性主义：对权力本身的拒绝，探索比"雌雄同体"更深层的天性的必要性。"关于女性真实天性的重大问题"，她向剑桥的学生们提出了这个问题，却没有给出答案。这个问题是留给后人的——是留给我们的。传记写作必须着眼于生命核心之处的不可名状的东西。我们必须像这个女人所经历的那样，投身于存在的谜题，专注于那些不确定的事物，尽管它们没有定论，但除此之外，再没有通向传记之真的其他道路了。

总体来看，弗吉尼亚·伍尔夫在作品中尝试了五种可能改变传记写作的方法。她所展示的第一种方法是拒绝用文献记录的虚假完整性来弥补生命中的空白（比如雅各的生命）。连贯无缝的传记是一个骗局。重要的事实往往藏在阴影中。这可以追溯到她的写作生涯的开端——《V小姐谜案》（写于1906年，当时作者自己就是一位不知名的V小姐）。V小姐就是一个不为人知的生命那逐渐消失的"阴影"。她谈论天气的客套言辞无法提供任何关于"真实自我"的线索，对死亡的描述似乎填补了传记意义上的空白。但那片空白还是超越了文字记录反复回响着，它变成一种挑战，"去追踪那道阴影，去探寻……她是否活过，去和她说话"。用夏洛克·福尔摩斯的话来说，这是一桩"谜案"。它证实了的确有一个亟待侦破的谜团。第二种方法是，我们可以选择值得记录的无名人士作为写作对象。在这个方向上可做的尝试是某些报纸征集的普通人的讣告。第三种方法与叙事有关。《海浪》发明了一种颇具革命性的书写生命历程的方式。在这部作品中，她与传统传记模式——从出身写到坟墓的普遍流程——距离最远。《海浪》里不仅没有出身，也没有姓氏，没有值得一提的社会背景，因为她探索的是生命的既定基因，在大自然永恒的背景下（太阳和大海），她展现的是人性的本质。伯纳德告诉他的读者，他想"把我的生命赠予你"。他的生命，以及与他同时代的五位友人的生命，都具有内在的一致性，这源于某些先天的特质。与此相比，生命历程的固定形态——按时间顺序展开的出生、上学、婚姻、死亡——用伯纳德的话来说，是"一种贪图便利的行为，一个谎言"，因为它无法看到在公共行动舞台之下的、使生命发生转折的种种不易察觉的情节。

第四种模式是去关注不同生命的共有元素，不仅仅是可预见的相互影响，更是人们彼此创造的方式。她开创了超越公共记录的种种创作形式。小说中的人们常把拉姆齐夫人的晚宴称作一件艺术品；而友谊中的创造性元素也是一样，这是弗吉尼亚·伍尔夫从布鲁姆斯伯里获得的东西，她将其融入了《海浪》。

最后，或许也是最重要的，是那些"看不见的存在"。她的所有作品都在提醒我们，死去的人依然存在，他们打破了生命形态的限制。事实上，余音缭绕的生命回响永远都没有终结。

弗吉尼亚·伍尔夫确信，"传记艺术仍然处于萌芽阶段"，这个观点持续引发共鸣。"从我小时候起，"她回忆道，"我就有通读传记的习惯，我想用我能找到的任何信息来给各个人物建立我想象中的形象。在这种狂热中，考珀、拜伦或不管谁的名字似乎都开始出现在最不可思议的书页上。"这个热切的孩子继承了父亲对传记的激情。不过，她也听到父亲抱怨撰写《国家人物传记大辞典》时的枯燥无味——海德公园门的书房里堆积着大量单调乏味的传记。她的哥哥托比曾在五岁时制作了一个盒子，他称之为"反辞典之盒"（contradictionary box）。问他为什么取这个名字，他说是因为盒子里装满了垃圾。莱斯利·斯蒂芬从中察觉到一丝讽刺。从某种意义上说，弗吉尼亚·伍尔夫的全部作品都是"反辞典式的"（contra-dictionary）。她在回忆里不断折返，让我们质疑沿着熟悉的道路一步一步循序渐进的传统传记。她提醒我们注意静默无声的事物：丛林、沉默、隐秘的行动留下的细微痕迹、分享秘密的人。对于以收集事实为目的的作品，她很不耐烦。她认为，传记作家"可以告诉我们的远比又一个事实更多。他可以告诉我们创造性的事实，血肉丰满的事实，能带来启发、正在成形的事实"。她希望我们"像滚滚巨浪"一样扑向某个生命，就像她曾说的，"把我心灵之岸的那些卵石全部暴露"。

弗吉尼亚·伍尔夫生前绝不可能想到她现在的受欢迎程度。在二十世纪二十年代，她的实验作品似乎只吸引了一小部分先锋读者。当她的名声从三十年代中期开始下降时，她形象中的非理性部分——那种在二十年代很时髦、在日益严肃的三十年代不合时宜的嬉笑怒骂——便开始对她不利了。随着独裁者的崛起和第二次世界大战的爆发，她的形象逐渐变成与残酷的政治世界脱节的疯癫女作家。同时出现的还有一个退离真实世界、矫揉造作的唯美主义者的神话——这是三十年代的批评家温德姆·刘易斯和奎尼·利维斯（Queenie Leavis）为她塑造的反面形象。

1937年2月19日，她告诉自己，"我现在面临的问题是如何找到一个公众群体"。

在人生的最后几年里，她开始寻找一个更广大的公众群体，但这种寻找似乎陷入怯懦的漩涡和战争的逆流。不过，她的和平主义理念虽然在当时不被接受，却超越了历史背景幸存下来。

二十五年后，六十年代末的美国人拒绝了他们在越南的战争鼓动者，这标志着弗吉尼亚·伍尔夫设想的文明开始变得更有说服力。不出所料，她在大众中的盛名便从那时开始。1972年，昆汀·贝尔为她写的传记出版，她受到狂热的追捧。英国驻美大使尼古拉斯·亨德森（Nicholas Henderson）曾描述过华盛顿的"名人狂热者"如何"拜伏在昆汀脚边，请求他告诉他们'一切'"。

随着二十世纪七十年代"女性解放运动"的开始，新一代读者利用弗吉尼亚·伍尔夫为他们的政治立场服务，他们把她奉为写了《一间自己的房间》和《三枚旧金币》的女权主义作家，认为她推动了争取女性权利的斗争。这是事实，但只是一部分事实。当弗吉尼亚不符合他们的"反家庭模范"时，那些紧紧抓住她的七八十年代的女权运动者有时会感到仓皇失措。

把弗吉尼亚·伍尔夫当作女权斗士而为她欢呼，虽然正当，但可能会忽视贯穿她的作品的一个更长远的问题：女人是什么，以及女人到底能为文明做出何种贡献。属于V小姐的未解之谜在《远航》里重现为一个假设，即这种未知的生命形态仍需六代人的努力才能在公众视野中出现。捕捞女性潜在欲望的渔女（1931）和月光下的爱情戏剧《拉宾与拉宾诺娃》（1939）都讲述了这位神秘作家所处的"夜"。她很早就为人生暮年预留了一个空间，用来试验书写女性自传的种种可能性。它将成为一部全新的"杰作"，穿透那隐秘的生命——就像她在阅读亨利·詹姆斯的自传时写下的——"在日光的照耀下，许多事物的细节都被抹平了，但在阴影中它们便能被察觉"。因此，如果生命想要逃脱日光的局限，它就必须召唤出那片阴影。

幸运的是，她的日记时不时地让我们看到那片阴影。1975年至 1985 年，她的遗作井喷式出版，五卷日记全集就是其中的一部分，此外还有她的书信全集（共六卷，由薇塔的儿子奈杰尔·尼科尔森编辑出版）、各种回忆录、小说草稿和短篇小说全集。后来，凡妮莎·贝尔的书信集进一步揭示了她的生命，这部书信集本身就是文学作品。

弗吉尼亚·伍尔夫持续增长的名声吸引了其他媒体。一张收录了十八首歌的 CD《伍尔夫——音乐画像》由沙佩莱、史密斯和泰勒制作而成，它歌颂了这个长久以来被认为是悲剧的生命。2002 年，芭蕾舞剧《奥兰多》在圣保罗的比索尼埃剧院上演。九十年代，艾琳·阿特金斯（Eileen Atkins）凭借绝佳的单人表演精准再现了弗吉尼亚·伍尔夫在剑桥演讲《一间自己的房间》时的场景。1984 年 11 月，BBC 广播二台曾播放过一个名为《书签》(Bookmark) 的节目，把她的生活和作品结合在一起讲述。同年，BBC 电视台改编了《到灯塔去》。《奥兰多》和《达洛维夫人》的电影分别于 1993 年和 1998 年上映，瓦妮莎·雷德格雷夫在《达洛维夫人》中贡献了出色的表演。

同时出现的还有一种奇怪的趋势，就是把弗吉尼亚·伍尔夫的人生局限在疯癫和自杀的痛苦中，这在戏剧作品中尤为明显。爱德华·阿尔比那"宏大、恶意的"标题——《谁害怕弗吉尼亚·伍尔夫？》——暗含贬义，而妮可·基德曼在电影《时时刻刻》中扮演的那个焦躁不安、平淡无奇的作家，躺在地上与一只死去的小鸟四目相对。好像这还不够糟糕似的，那部电影还创造出一个对丈夫而言极其可厌的弗吉尼亚。它咄咄逼人的拍摄手法一开始就吓到了观众，不连贯的镜头反复抓拍一个溺水自尽的女人。我们被迫观看——快看啊！快看啊！——后果就是，在我们还未

第十四章 公众之声

看到这个生命的其他方面之前，一个注定陨落的天才的刻板形象已然固定下来。

这样的表现方式与对其他女作家的失之偏颇的处理方式是一致的——比如艾丽丝·默多克的精神衰退，再往前追溯还有盖斯凯尔夫人在夏洛蒂·勃朗特传记中描述的那些阴森恐怖的墓碑。每个例子的效果都是让读者远离她们的作品，而去关注那些削弱她们的伟大之处的苦难。还有一类倾向是用一个女人的缺点来评价她：按照十九世纪"冷淡平静"的标准来看，夏洛蒂·勃朗特不是一位淑女；以二十世纪五十年代的女性气质标准来衡量，西尔维娅·普拉斯拥有过度的野心；还有弗吉尼亚·伍尔夫自己承认的势利和反犹主义。这并不是说，真正的错误，比如反犹主义，应该被忽略，但我们需要意识到，男性犯下的过错——比如华兹华斯抛弃了怀孕的安妮特·瓦隆，拜伦曾虐待他的孩子阿利格拉：他把她丢在一个修道院里，在她将死之时也不愿去看望她——常被区别对待，而且似乎对他们闪闪发光的名声影响不大。

这一切的后果是，在弗吉尼亚·伍尔夫在世时和去世后的几十年里，她遭到误读，变成一个传奇故事。家人为她塑造的疯癫古怪的形象，以及她在布鲁姆斯伯里的聚会上的奇思妙想，都让她获得了不值得信任的名声，这影响了公众对她的人生的看法。她是一位性冷淡的脆弱女作家，或是远离真实世界、矫揉造作的唯美主义者，这样的迷思仍旧招致许多抱怨。

在传奇故事的阴影下，是一位努力工作的职业作家，一个"不知疲倦的探索者"。她喜欢想象一段探索的航程，追索伊丽莎白时代航海家的故事——莱斯利·斯蒂芬在她十七岁时把它们从伦敦图书馆带了回来。"为什么生命中没有这样一次探索呢？"她在1926年问自己,"人们可以伸手触碰它,并说:是它吗?"每天下午她散步时,伦敦就像一片未经开垦的土地一样召唤着她。穿过离家不远的罗素广场时,她感受到"人类处境的千奇百怪",也感受到,她说,"我自己的怪异之处,当我走在大地上时"。

平衡这种向内探索的生命的,是一种日益增强的寻找公众之声的期冀,以及像伯纳德那样成为民族成就的保卫者的愿望。在《阅读》中,她指明了什么是民族的财富;在《阿侬》里,她辨认出了天然的声音。不过,在1941年,她放弃了伯纳德的进取精神,转向创作《海浪》时构想的另一种情形:罗达的消极结局。对于罗达来说,中年之后不再有进一步的奋斗,不再有复苏,只有她自己生命的圆满结束,就像一滴落下的水珠。

罗达在其他人前面飞翔,她伸长脖子,笔直地飞向大自然凿刻出来的塑像。然而,她自己就像雷切尔·温雷克一样沉入水中:她被淹没在未知的存在模式那深不可测的井底。在这口井中,雷切尔沉入死亡的静寂。只有作者才能把她沉默的一面公之于众。在弗吉尼亚·伍尔夫的第一部小说里,即将成为小说家的特伦斯·黑韦特想要探究沉默的含义,但他被禁锢在了陈词滥调之中。不过,在《海浪》里,她想象了伯纳德这样一位小说家和传记作家,他成了她真正的代言人。

伯纳德和罗达分别代表了弗吉尼亚·伍尔夫的公众之声和个人之声。和伯纳德一样,她复述了自己作为职业作家的记忆,直到它们最终定形:珀西瓦尔悠闲地躺在操场边缘;路易斯敲着门请求进入;精力充沛的海伦·安布罗斯默默地埋头做针线活;拉姆齐先生像海岬上的标桩一样警惕;维多利亚时代的母亲给她的孩子念书,在夏日的余晖中,他们变成一个三角形阴影。一切都成了坚固的实体，抵御着时光的变迁。在它们背后，海浪永恒地拍击海岸，对弗吉尼亚·伍尔夫而言，海浪拥有自己的节奏——一、二，一、二——在意识的曙光中，在育儿室黄色的窗帘后。大约五十年过后，她写下了《海浪》，她展望着某一时刻，那时，记忆的泡沫和她个人的声音都将退去，留下公众之声持续回响。

缩略表

本书所引用的弗吉尼亚·伍尔夫著作,如无特别说明,均系伦敦霍加斯出版社版本和美国哈考特·布雷斯·乔瓦诺维奇(Harcourt Brace Jovanovich)出版社版本。所引页码系弗吉尼亚·伍尔夫作品的第一个统一版本——她自己的版本——以及其他所有书籍的英文版的页码。

AROO	*A Room of One's Own*(《一间自己的房间》)
BA	*Between the Acts*(《幕间》)
Berg	Henry W. and Albert A. Berg Collection, The New York Public Library, Astor, Lenox, and Tilden Foundations(伯格收藏馆)
BG	*The Bloomsbury Group: A Collection of Memoirs, Commentary and Criticism*, ed. S. P. Rosenbaum, University of Toronto; Croom Helm, 1975
CE	*Collected Essays* (i-iv)(《随笔全集》)这是伦纳德·伍尔夫在1966年至1967年编选的版本,收录了他与妻子为1925—1958年间出版的六部随笔单册所选的文章
Diary	*The Diary of Virginia Woolf* (i-v), ed. Anne Olivier Bell, assisted by Andrew McNeillie, 1977–84(《弗吉尼亚·伍尔夫日记》)
EJ	*A Passionate Apprentice: The Early Journals of Virginia Woolf*, ed. Mitchell A. Leaska, 1990(《弗吉尼亚·伍尔夫早期日记》)
Essays	*The Essays of Virginia Woolf* (i-vi), ed. Andrew McNeillie, 1986–94.(《弗

吉尼亚·伍尔夫随笔集》）这是按时间顺序收录的完整随笔集。

JR	*Jacob's Room*（《雅各的房间》）
JS	Julia Stephen（朱莉娅·斯蒂芬）
Letters	*The Letters of Virginia Woolf* (i-vi), ed. Nigel Nicolson, assisted by Joanne Trautmann, 1975–80（《弗吉尼亚·伍尔夫书信集》）
LH	*To the Lighthouse*（《到灯塔去》）
LS	Leslie Stephen（莱斯利·斯蒂芬）
LW	Leonard Woolf（伦纳德·伍尔夫）
	伦纳德·伍尔夫的五卷自传（*Autobiography*, Harcourt Brace Jovanovich; Hogarth）：
LW, i	*Sowing* … *1880–1904*, 1960
LW, ii	*Growing* … *1904–1911*, 1961
LW, iii	*Beginning Again* … *1911–1918*, 1964
LW, iv	*Downhill all the Way* … *1919–1939*, 1967
LW, v	*The Journey not the Arrival Matters* … *1939–1969*, 1969
LWL	*Letters of Leonard Woolf*, ed. Frederic Spotts, London: Weidenfeld and Nicolson, 1989（《伦纳德·伍尔夫书信集》）
MB	*Moments of Being: Unpublished autobiographical writing*s, ed. Jeanne Schulkind, University of Sussex, 1976; Harcourt Brace Jovanovich, 1977（《存在的瞬间：未出版的自传写作》）
MHP	Monks House Papers, University of Sussex. MHP A 为生平史料性的手稿；MHP B 为文学手稿
Mrs. D	*Mrs. Dalloway*（《达洛维夫人》）
MSS.BA	《幕间》草稿，包括手写诗歌。出版为：*Pointz Hall: The Earlier and Later Typescripts of* Between the Acts, ed. Mitchell A. Leaska, New York University, 1983
MSS.D	《达洛维夫人》全息影印草稿。出版为：*The Hours: the British Museum Manuscript of 'Mrs Dalloway'*, ed. Helen M. Wussow, Pace University Press, 1996
MS.LH	《到灯塔去》全息影印草稿。出版为：*To the Lighthouse*, ed. Susan Dick, University of Toronto, 1982; Hogarth, 1983
MS.Par	一部小说–随笔的草稿，其中的一些成为《岁月》的部分内容。出版为：*The Pargiters*, ed. Mitchell A. Leaska, New York Public Library, 1977; Hogarth, 1978

MSS.VO	《远航》的五份全息影印草稿和打字稿，Berg。（其中一份早期草稿出版为：*Melymbrosia*, ed. Louise A. DeSalvo, New York Public Library, 1982。后来，有人尝试出版一个把草稿与《远航》的几个章节拼凑起来的版本，理由是《梅林布罗希亚》是一部独立小说，这个理由是站不住脚的，出版尝试也是错误的。）
MSS.W	*The Waves: the two holograph drafts*, ed. J. W. Graham, University of Toronto; Hogarth, 1976
QB	Quentin Bell, *Virginia Woolf: A Biography* (i-ii), Hogarth; Harcourt Brace Jovanovich, 1972（昆汀·贝尔《弗吉尼亚·伍尔夫传》）
RN	*Virginia Woolf's Reading Notebooks*, ed. Brenda R. Silver, Princeton University Press, 1983（《弗吉尼亚·伍尔夫读书笔记》）
SF	*The Complete Shorter Fiction of Virginia Woolf*, ed. Susan Dick, 2nd edition, 1989（《弗吉尼亚·伍尔夫短篇小说全集》）
TG	*Three Guineas*（《三枚旧金币》）
TLS	*Times Literary Supplement*（《泰晤士报文学增刊》）
VB	Vanessa Bell（凡妮莎·贝尔）
VBletters	Vanessa Bell, *Selected Letters*, ed. Regina Marler, London: Bloomsbury, 1991（《凡妮莎·贝尔书信选集》）
VO	*The Voyage Out*（《远航》）
VSW	Victoria (Vita) Sackville-West（维多利亚[薇塔]·萨克维尔-韦斯特）
VSWletters	Vita Sackville-West, *The Letters of Vita Sackville-West to Virginia Woolf*, ed. Louise DeSalvo and Mitchell Leaska (NY: Morrow, 1985; repr San Francisco: Cleis Press London: Virago, 1992)（《薇塔·萨克维尔-韦斯特与弗吉尼亚·伍尔夫通信集》）
VW	Virginia Woolf（弗吉尼亚·伍尔夫）
W	*The Waves*（《海浪》）

注释

第一章

3　"如果生命有其根基"：*MB*, p. 64.
　　"海浪拍岸……"：Ibid. p. 64-65.
4　旧照：斯黛拉·达克沃斯的相簿，Berg。见本书照片插页。
　　"他们再也不会……"：*LH*, p. 94.
　　"生命的一切恐惧……"：1936 年 5 月 21 日致朱利安·贝尔，*Congenial Spirits: The Selected Letters of Virginia Woolf*, ed. Joanne Trautmann Banks (Hogarth; Harcourt, 1989), p. 372。（这封信未收入《弗吉尼亚·伍尔夫书信集》卷 6。）
　　"……鬼魂……"：*Diary*, iv (17 Mar. 1932), p. 83.
　　"……过去……"：Ibid. iii (18 Mar. 1925), p. 5.
5　"我的体内似乎有个坐立难安的探索者……"：Ibid. iii (27 Feb. 1926), p. 62.
　　"某个场景……"：'The Philosophy of Shelley's Poetry' (1900), *Selected Criticism*, ed. A. Norman Jeffares (Macmillan, 1964, repr. 1973), p. 79.
6　"多奇怪啊……"：*Diary*, iv (4 July 1935), p. 329.
　　"我必须是私人的……"：1938 年 9 月 17 日致埃塞尔·史密斯，*Letters*, vi, p. 272.
　　"存在某种不可避免的裂隙"：MSS.W, p. 157.
7　"一位作家灵魂中的每个秘密……"：《奥兰多》, pp. 189-190.
　　"我很疑惑……"：*Diary*, ii (14 Jan. 1920), p. 7.
　　"不被察觉的"瞬间：《同情》, MHP A.24d. *SF*, p. 108.
　　"触动"：*MB*, p. 72.

"我生命的整体"：*Diary*, iv (31 May 1933), p. 161. 另见 Jean O. Love, *VW: Sources of Madness and Art* (Berkeley: Univ. of Calif. Press, 1977), p. 6：" 她 试图……通过她的写作将她的经验构建成完美的整体。"

8 "扎根于此……"：*Diary*, ii (22 Mar. 1921), p. 103.

"书籍就像……"：《达洛维夫人》前言（NY, 1928），重印于 *Virginia Woolf: a collection of criticism*, ed. Thomas S. W. Lewis (McGraw-Hill, 1975), p. 35。

9 "新人种的诞生……"：*Autobiographies*: 'The Trembling of the Veil', Book III (Macmillan, 1955, repr. 1977), p. 273.

"训练得沉默寡言"：1931 年 12 月 29 日致埃塞尔·史密斯，*Letters*, iv, p. 422. 见 John Mepham, 'Trained to Silence', *London Review of Books*, (20 Nov.–4 Dec. 1980.)

"隐形存在"：*MB*, p. 80.

她懊恼地发现：*Diary*, iv (26 Aug. 1934), p. 239.

10 "……家中的天使……"：提到考文垂·帕特莫尔的诗歌《家中的天使》。1931 年 1 月 21 日为伦敦 / 国家女性服务协会所做的演讲，收录于 MS.Par, pp. xxvii–xliv. 另有一个大幅删减的版本收录于 *CE*, ii, pp. 284–289，即 'Professions for Women'。

海德公园门 22 号：《海德公园门 22 号》，于 1920 年 3 月至 1921 年 5 月 25 日期间向"回忆录俱乐部"宣读。*MB*, pp. 142–155.

老雷德格雷夫人：自传片段，全息影印本 'Essays 1940'，pp. 55–69. 伯格收藏馆的编目为"文章、随笔、小说与评论，卷 9"。《往事札记》的一部分：见《存在的瞬间》修订版。

下流的呓语：Ibid.

弗吉尼亚大约六岁时：*MB*, p. 69. 弗吉尼亚·伍尔夫的异父兄弟们对她的性骚扰在 *QB*, i, p. 44 中被简要提及，更详细的探讨见 Roger Poole, *The Unknown Virginia Woolf* (Cambridge, 1978), pp. 28–32；Love, pp. 200–208, Louise DeSalvo, *VW: The Impact of Childhood Sexual Abuse in her Life and Work* (London: The Women's Press, 1989)。

11 "当我想起这件事时……"：1941 年 1 月 12 日致埃塞尔·史密斯，*Letters*, vi, pp. 459–460。

"安静地坐着……"：*MB*, p. 133.

昆汀·贝尔解释说：*QB*, i, pp. 20–21.

"我所有的男亲戚……"：*MB*, p. 132.

"像树根一样坚固……"：《两位女性》（1927），*CE*, iv, pp. 61–66。随后对

教育的评论也出自这篇文章。

范妮·伯妮：伍尔夫的《女性小说家》(1918)。Claire Harmon, *Fanny Burney: A Biography* (London: Harper Collins, 2000), pp. 52–53 修正了一些事实.

12　夏洛蒂·勃朗特与罗伯特·骚塞的通信：*The Brontë Letters*, ed. Muriel Spark (Macmillan, 1966), pp. 65–67.

《夜与日》：pp. 117–118.

《岁月》：p. 357.

老斯特雷奇夫人高声朗读：1917 年 2 月 11 日致凡妮莎·贝尔，*Letters*, ii, p. 144.

老斯特雷奇夫人的朗读与"多才多艺"：她的讣告，*Nation & Athenaeum* (22 Dec.1928)，repr. VW, *Books & Portraits*, ed. Mary Lyon (Hogarth, 1977), pp. 208–211。

13　"难以形容的充满期待的神色"：这个短语出自 *LH*, p. 22，是用来形容拉姆齐夫人的。

一个带着高尚意图的女人：莱斯利·斯蒂芬在随笔中引用了'She Was a Phantom of Delight'这首诗，见'Forgotten Benefactors', repr. *Social Rights and Duties*, ii (London, 1896)。这篇随笔是在朱莉娅·斯蒂芬去世不久后写的，是他对她的公开悼词。

"她眉宇间……"：*MB*, p. 38.

"无法抹除的……"：Ibid. 39.

与浪漫主义诗人的联系：埃里克·沃纳首次对这一重要话题做了全面的研究，'Some Aspects of Romanticism in the Work of VW' (D.Phil. thesis, Oxford, 1980)。另见 Warner, *Woolf: The Waves* (Cambridge University Press, 1987)。

"能够想象到的最美的路程"：莱斯利·斯蒂芬于 1882 年 4 月致朱莉娅·斯蒂芬。本章所有莱斯利·斯蒂芬的引文都来自他给妻子写的信，Berg。

14　"看到海滩上嬉戏的……"：华兹华斯《不朽颂》：IX.

康沃尔奶油茶点：*MB*, p. 110.

步行到特伦克罗姆山：Ibid. 115.

15　"地狱般的宾馆"：莱斯利·斯蒂芬致朱莉娅·斯蒂芬。

1905 年的康沃尔日记：Diary No.4 (11 Aug. 1905–14 Sept. 1905). *EJ*, pp. 281-299.

英格兰这个小小的角落：康沃尔日记，1905 年 8 月 11 日。*EJ*, p. 281.

16　又一次回到这里：*LW*, iv, p. 154.

"从我还是……"：*Diary*, v (19 Dec. 1938).

17　**共同创作连环故事**：*MB*, pp. 76–77, 79; VB, *Notes on Virginia's Childhood*, ed. Richard F. Schaubeck, Jr. (NY: Frank Hallman, 1974). 这是在弗吉尼亚·伍尔夫去世后凡妮莎·贝尔为"回忆录俱乐部"写的。Jean O. Love, p. 229 注意到了勃朗特姐妹的相似性。

18　**颂词**：1892 年 11 月 21 日，印出来的标题是'Stephen versus Gladstone' (Cambridge: Rampant Lions Press, 1967).

19　**连载故事**：'A Cockney's Farming Experience and The Experiences of a Paterfamilias', ed. Suzanne Henig (San Diego State Univ. Press, 1972). 这是与托比合作的连载故事。

　　莱斯利·斯蒂芬对弗吉尼亚的爱：见 Jean O. Love, p. 153.

　　"她突然问我……"：VB, *Notes on Virginia's Childhood*.

第二章

21　**詹姆斯·罗素·洛厄尔**：'On a Certain Condescension in Foreigners', repr. in *My Study Windows* (Boston, 1871), p. 73.

　　"我父亲那个老家伙"：1927 年 5 月 3 日致薇塔·萨克维尔－韦斯特，*Letters*, iii, p. 374。

　　"挑剔又敏锐的思维……"：*Diary*, v (22 Dec. 1940), p. 345.

　　从两个角度：Ibid. v (25 Apr. 1940), p. 281.

22　**《陵墓书》**：所有引文都直接引自大英图书馆的全息影印本（Add. 57920，自 1895 年 5 月始）和随附的'Calendar of Correspondence'——这份 157 页的档案总结了他与两任妻子自 1895 年 6 月 13 日开始的通信。最后的文本见 *Sir Leslie Stephen's Mausoleum Book*, ed. Alan Bell (Oxford, 1977)。

23　**"失魂落魄"、"怅然若失"**：莱斯利·斯蒂芬致朱莉娅·斯蒂芬。所有随后的引文都来自伯格收藏馆中的这些信件（1877—1895）。琼·O. 洛夫认为，莱斯利·斯蒂芬的母亲和米妮在同年去世，这引发了他的这种孩子气的表现，Jean O. Love, op. cit. 74。

　　"向上帝祷告让我快点死去吧……"：朱莉娅·卡梅伦致杰克逊夫人（朱莉娅·斯蒂芬的母亲），Berg。

　　"更深切、更敏锐的同情心……"：'Forgotten Benefactors', op. cit., p. 255.

24　**朱莉娅·斯蒂芬出版的书**：*Notes from Sick Rooms*（见参考文献）。

　　科尼斯顿信件：在《陵墓书》中有概述。

27　**"他说的是事实……"**：*LH*, p. 13.

28 **想象中的审判**：MS.LH, pp. 321–324.

"他已经有多么老"：见 Noel Annan, *Leslie Stephen: His Thought and Character in Relation to His Time* (MacGibbon, 1951; Harvard, 1952), p. 101.

"就像一只鸣叫的蚂蚱"：1909 年在拜罗伊特游览时，萨克森·西德尼 - 特纳的行为唤起了这段记忆。*Letters*, i (10 Aug. 1909), p. 405.

29 "狂风"：这个词出自 MS.LH, p. 247.

痛苦地分裂了：Jean O. Love, p. 268 有过分析。

"完全的、彻底的痛苦"：MS.LH, p. 323.

30 **莱斯利·斯蒂芬的恶化**：Noel Annan, p. 97 和 *QB* 都提到过莱斯利·斯蒂芬性格的分裂。

"一个蓄着胡须……"：*LW*, i, p. 180.

沃博伊斯日记：题为 'Warboys. Summer holidays 1899'。Diary No. 1, 4 Aug.–23 Sept. 1899. Berg. *EJ*, pp. 135–162.

莱斯利·斯蒂芬 1893 年对朱莉娅的抱怨：书信，Berg。

31 **莱斯利·斯蒂芬与哈尔福德·沃恩**：1881 年致朱莉娅·斯蒂芬的信，Berg。

莱斯利·斯蒂芬的"精炼"和"简洁"：梅特兰在 *The Life and Letters of LS* (Duckworth, 1906; Detroit: Gale Research, 1968) , p. 372 中的用词。

"学究式"：*Dictionary of National Biography*, iii, p. 1029.

32 "不是一个困在……"：MS.LH, pp. 71–72.

"那种说了谎……"：Ibid. 73.

"东方式"的悲伤：*MB*, p. 40.

"很像一位希伯来先知"：Ibid.

33 **永远地留在**：见 *LH*, p. 200 和 *MB*, p. 91。

第三章

34 "不过，一个人能说出事实吗？"：*Diary*, iii (27 June 1925), p. 34. 这位友人是她的姐夫杰克·希尔斯。

"这并不是编造出来的……"：Ibid. (18 Apr. 1926), p. 76.

35 **是平时写作速度的二十倍**：Ibid. (23 Feb. 1926), p. 59.

塞尚：*MB*, p. 85.

"我真是太高兴了……"：*Letters*, iii (25 May 1927), p. 383.

36 "她的确把……"：*LH*, p. 15.

"红色的、精力充沛的蚂蚁"：Ibid. 302.

坦斯利的论文：Ibid. 24.

37　马戏团：Ibid. 23.

"她从万花丛中……"：Ibid. 27.

"'明天不可能在灯塔……'"：Ibid. 17.

38　"一个不结婚的女人……"：Ibid. 80–81.

"一个拥有最迷人的魅力……"：'Am I a Snob?'(1936), *MB*, p. 185.

39　"她肯定能够……"：*LH*, p. 233.

40　最初为《到灯塔去》写的笔记：见全息影印笔记'Notes for Writing', 1922–1925, Berg。

"唉，没办法独处……"：*MB*, p. 90.

"把其中的实质精炼提纯……"：*LH*, p. 101.

"我们的幻影……"：Ibid. 100.

"沉默的"女性：见 *Perceiving Women*, ed. Shirley Ardener (London: Malaby Press, 1975) 的前言（尤其是'Muted Groups and Differing Orders of Perception'）以及 Edwin Ardener, 'Belief and the Problem of Women', pp. 1–2。

41　"无话可说"：*LH*, p. 54.

"'我拥有女人的情感……'"：《男人与女人》, *TLS*, 18 Mar. 1920, repr. *Essays*, iii, p. 195。

"要跟上她的思路……"：*LH*, p. 43.

"用被放逐者的语言刻写"：*Ulysses* (Penguin's corrected text, 1986), p. 117 or (NY: Random House, 1961), p. 143.

"她想象着……"：*LH*, pp. 82–83.

42　"她的目光就像……"：Ibid. 160.

"最积极的怀疑论者"：*MB*, p. 32.

"仿佛她永远能听到……"：Ibid. 35.

时光之流：MS.LH, p. 196.

"是啊……"：Ibid.

43　无与伦比的美好：*MB*, pp. 37–38.

44　"但他却明白了"：*LH*, p. 191. 这是美国版的结语，并非霍加斯最初的统一版本的结语。

"说点儿什么"：Ibid. 188.

"不自觉地……"：Ibid. 189.

即使在一个孩子眼里：*MB*, p. 37.

看着那张老照片：*Sir Leslie Stephen's Mausoleum Book*, pp. 58–59.

45 "这个鬼魂……"：引自 Frances Spalding, *Vanessa Bell* (Weidenfeld; Ticknor, 1983), p. 15。

"他们会回到……"：MS.LH, p. 187.

笑声：Ibid. 312 and *MB*, p. 81.

"幽灵……"：*LH*, p. 275.

反复做同一个梦：MS.LH, pp. 303–305.

46 她会俯瞰火车的车厢：*LH*, p. 279.

"'拉姆齐夫人！拉姆齐夫人！'……"：Ibid. 310.

47 凡妮莎的信：Appendix, *Letters*, iii, pp. 572–573.

"没有什么比……"：MSS.VO：早期的打字稿。

48 "她依然无处不在……"：MS.LH, p. 262.

"数不清有多少次……"：*MB*, p. 40.

第四章

51 1897 年的日记：这是现存的弗吉尼亚·伍尔夫最早的一部日记（1897 年 1 月 3 日至 1898 年 1 月 1 日），Berg。*EJ*, pp. 5–134.

52 艾略特的蝶蛹：'2nd Debate between the Body & Soul' (Feb. 1911). *Inventions of the March Hare*, ed. Christopher Ricks (Harcourt; Faber, 1996), p. 68.

"用湿黏颤抖的足……"：自传片段，全息影印本'Essays, 1940'，Berg。见《存在的瞬间》中的修改版。

"即便是现在……"：*MB*, p. 53.

53 "就像一头……"：*LH*, p. 241.

"表现得……"：*MB*, p. 55.

"他的拳头就会砸到……"：Ibid. 124–125.

"他抓住了我的手……"：Ibid. 121.

乔治的拥抱：Poole, pp. 107–112 给出了细致的分析。Phyllis Rose, *Woman of Letters: A Life of VW* (New York: Oxford; Routledge, 1978), pp. 8–9 比较了杰拉尔德和乔治带来的影响。

54 "某种克制的感情……"：*MB*, p. 57.

"这栋房子里……"：*LH*, p. 230.

"一片翻涌着情感的海洋"：*MB*, p. 58.

"单独散步"：Ibid. 57.

"妮莎和我……"：Ibid. 123.

"我们对忧伤的感觉已经麻木了……"：Ibid. 45.

55 "我真希望我死了……"：Noel Annan, op. cit. 102 and *QB*, i, p. 74.

孩子们的麻木：Mark Spilka, *VW's Quarrel with Grieving* (Nebraska Univ. Press, 1980) 详细分析了这一话题。

"我们依赖她……"：*MB*, p. 49.

56 顺从：MS.LH, p. 345.

白色的意象：*MB*, p. 97.

"顽固的刚毛㹴犬"：Ibid. 47.

"要与他正面……" Ibid.

凡妮莎告诉儿子：Spalding, op. cit. 23.

"母亲知道吗？"：*MB*, p. 101.

57 弗吉尼亚和斯黛拉的健康状况：*QB*, i, p. 56.

58 "普鲁·拉姆齐……"：*LH*, pp. 204–205.

"我害怕……"：*MB*, p. 117.

59 与狄金森的友谊：*QB*, i, pp. 82–84.

女性友谊的模式：Rose, p. 116.

自传片段：Op. cit.

第五章

62 "所有这些关于父亲……"：维奥莱特·狄金森保存下了一本记录着她和弗吉尼亚的对话的空白食谱簿，Berg。

"那可怕的头疼……"：1942 年 6 月 16 日，查尔斯顿文献，在剑桥大学国王学院存有影印本。

"并不反常"：《老布鲁姆斯伯里》，*MB*, p. 161.

特威克纳姆趣闻：1910 年 7 月 28 日致凡妮莎·贝尔，*Letters*, i, p. 431。

63 "如下地狱一般"：詹姆斯 1912 年 12 月 4 日致伊迪丝·华顿。

64 卡·考克斯：*Diary*, v (25 May 1938), p. 143.

"轻率鲁莽……"：《论生病》(1930)，*CE*, iv, p. 200。

"通过疾病……"：Ibid. 193.

"健康状态的体面审慎……"：Ibid. 196.

"一个望向虚空的……"：MSS.D, iii, pp. 9–10.

"跨越生死的第一人……"：Ibid. i, pp. 58, 61-62. 有部分出现在《达洛维夫人》中的摄政公园一幕，*Mrs. D*, p. 105。

65　"衰竭"：引自 *QB*, ii, p. 26.

在希腊时床上的虫子：Diary of Foreign Travel，伯格收藏馆中有复印本，手稿藏于大英图书馆（British Library, Add. 61837）。*EJ*, 'Greece 1906', p. 320.

"我想……"：*Diary*, i (13 Sept. 1919), p. 298. 另见 Jean O. Love, op. cit. 3："最重要的是，我们应该注意到，她的疯病是在她极其丰富的生命中相对有限地、间隔地发生的。"

66　"事物看起来……"：Ibid.

"人在最低谷时……"：Ibid.

"或许这个世界……"：*Mrs. D*, p. 134.

"既无善意……"：Ibid. 136.

"屈辱和堕落"：*Diary*, v (20 Oct. 1938), p. 181.

"每个女孩……"：*The Cause* (1928; repr. Virago, 1978), p. 45.

67　约翰·密尔：*The Subjection of Women* (1869; repr. MIT, 1970), pp. 22–23.

莫德斯利医生：引自 *The Cause*, p. 251。

萨维奇的观点：Stephen Trombley, '*All that summer she was mad*' (London: Junction Books, 1981), p. 126 有所总结。有关弗吉尼亚·伍尔夫的医生的诸章节描述了他们对待精神病人那令人震惊的态度和方法。我还要感谢 Jane Marcus 这篇有益的文章：'On Dr. George Savage' in *The VW Miscellany* (1981)。

"我们现在是……"：*Letters*, i (29 June 1906), p. 228.

斯蒂芬家族的不稳定情绪：见莱斯利·斯蒂芬的 *Life of Sir James Fitzjames Stephen* (London: Smith, Elder, 1895), pp. 10, 52。

68　"就像大猩猩似的……"：*Diary*, i (7 June 1918), p. 153.

物的邪恶的一面：见 *QB*, ii, p. 15。

"天涯海角……"：*Mrs. D*, p. 141.

"十五分钟前，我写下了……"：*Diary*, iv (7 Feb. 1931), p. 10.

69　作家的潜意识：《倾斜之塔》(1940)，*CE*, ii, p. 166。

"各种疯狂的事情"：*Letters*, i (22? Sept. 1904), p. 142.

"有些奇怪的幻影……"：*Diary*, ii (9 Jan. 1924), p. 283.

70　"我现在运用……"：1930 年 10 月 16 日致埃塞尔·史密斯，*Letters*, iv, p. 231.

71　警钟：*TG*, p. 233.

《岁月》：Mitchell A. Leaska, 'Virginia Woolf, the Pargeter. A Reading of *The Years*', *Bulletin of the New York Public Library* (Winter 1977), pp. 172–210.

72 "必定会发疯"：*AROO*, p. 74.
"她一定会如此……"：Ibid. 75-76.
"我能忍受……"：*Diary*, i (27 March 1919), p. 259.

73 幽灵般的知音："Time Passes"全息影印本，标注日期为1926年4月30日。MS.LH, pp, 199–200.
"试想……"：*Diary*, iii (16 May 1927), p. 136.
诊断的问题：这里我不同意罗杰·普尔的观点，他认为弗吉尼亚·伍尔夫没有疯。不过，他的观点还是有一定道理，她的很多所谓的疾病都可归因于她所处的文化环境和个人处境，另外，如果我们能非常小心细致地阅读她的小说，也可以从中找到原因。
描述"疯癫"的词语：见 Poole, p. 4.
"平静地滑入……"：*Diary*, iii (27 June 1925), p. 33.

74 "枯叶在我的……"：Ibid. (27 Nov. 1925), p. 46.
"那骇人的恐怖……"：*Mrs. D*, p. 133.
"渗出了……"：Ibid. 136.
金斯顿的智力低下的人：*Diary*, i (9 Jan. 1915), p. 13.

75 女王音乐厅：Ibid. (3 Jan. 1915), p. 5 and n.
"我开始厌恶……"：Ibid., p. 5.
"我不喜欢……"：Ibid. (4 Jan. 1915), p. 6.
"完全丧失了……"：Ibid. (13 Feb. 1915), p. 33.

76 "像一个潜水员……"：Ibid. iii (20 July 1925), p. 37.
"这个世界对她……"：*AROO*, p. 79.
征兆：见 *LW*, iii and v; *QB*; and George Spater and Ian Parsons, *A Marriage of True Minds* (Cape and Hogarth, 1977)。弗吉尼亚·伍尔夫也在日记中总结了她的症状，*Diary*, v (24 Nov. 1936)。
普尔：Poole, pp. 152–156.

77 "杂乱无章……"：*W*, p. 208.
布拉德肖讲座：Poole, p. 124.

78 "曾几何时……"：*Mrs. D,* p. 153.
"这些画……"：*Roger Fry*, p. 156.

79 "威廉爵士……"：*Mrs.D*, p. 151.
"劝人服从……"：Ibid. 155.
"我正写到……"：*Diary*, ii (15 Oct. 1923), p. 272.

80 "让人感受到……"：凡妮莎·贝尔1912年12月24日致罗杰·弗莱，查尔斯顿文献。
"愚笨的"麦克耐伯太太：*LH*, p. 202.

81 对詹姆斯的小说的看法：1909 年 8 月 19 日致凡妮莎·贝尔，*Letters*, i, p. 409。
詹姆斯的照片：摆放在阿什海姆屋的书桌上。David Garnett, *Great Friends* (Macmillan, 1979; NY: Atheneum, 1980), p. 125.
"疯狂的火山岩"：1930 年 6 月 22 日致埃塞尔·史密斯，*Letters*, iv, p. 180。

第六章

82 "她总说……"：*Notes on Virginia's Childhood*, op. cit.
成为作家的训练：《倾斜之塔》（1940），*CE*, ii, p. 169。
艾略特论教育：'The Naked Man'，*Athenaeum* (13 Feb. 1920), p. 208.
讽刺：*QB*, i, Appendix C, p. 205.

83 舞蹈课：*QB*, i, p. 27.
"生在绿荫之下"：MSS.VO. 早期的打字稿中海伦的话。
"我继承了……"：*MB*, p. 68.

84 "向被法律或习俗……"：'The Clapham Sect'，*Edinburgh Review*, 80 (1844), p. 26, repr. in *Essays in Ecclesiastical Biography*, ii (Longman, 1849), p. 311.
"我和凡妮莎生来……"：*MB*, pp. 126–127.
威尔伯福斯的妹妹：LS, *The Life of Sir James Fitzjames Stephen* (London: Smith, Elder, 1895), pp. 67-68.
流传下来：见 Noel Annan, op. cit. 关于福音主义的章节；另见 A. O. J. Cockshut, *Truth to Life* (London: Collins, 1974), pp. 71, 74, 78. 在《克拉彭教派》一文中，詹姆斯·斯蒂芬爵士曾说，作为一个小团体，克拉彭派的成员"从书籍和他们父母的谈话中学习了很多批判的准则；而对于圈子外的人来说，这有时显得不够宽容。"(p. 307)
"卑劣的动机……"：出自 *The History of English Thought in the Eighteenth Century*, ii (London, 1876), p. 223 论伯克的一段话。
"与其说是缺乏……"：Ibid. 222.

85 托马斯·克拉克森的简略描述：引自 Sir James Stephen, 'The Clapham Sect'，*Essays in Ecclesiastical Biography*, ii, pp. 330–332。
"'像没有皮肤'……"：见 *The Life of Sir James Fitzjames Stephen*，转引自 Cockshut, p. 74。

密尔谈论"敏感"：*The Subjection of Women*, op. cit. 62.
"内心的冷漠……"：*Diary*, iii (28 Nov. 1928), p. 210.
"去阅读……"：'Leslie Stephen' (1932), *CE*, iv, p. 80.

86 从不卖弄学问：'The Clapham Sect', p. 308.
"真正的克拉彭人……"：Ibid. 383.
关于如何正确使用书籍的演讲：是为英国文学与科学学会什鲁斯伯里教会所做的演讲，重印于 *Literary Addresses*, 2nd Series (London, 1855), p. 7。
"看到人们……"：致朱莉娅·斯蒂芬的信。
"当他躺在……"：Maitland, p. 476.（梅特兰请弗吉尼亚·伍尔夫在她父亲的官方传记中加入一些个人回忆，pp. 474–476。）

87 "获得某种节奏"：*Diary*, ii (18 Nov. 1924), p. 322.
"她想，他读书的时候……"：*LH*, pp. 292–293.
"带着火一般的热情"：讣告，repr. *Books and Portraits*, op. cit. 210。

88 "我翻开书本……"：*MB*, p. 93.
父亲的书房：自传片段，见全息影印本 'Essays, 1940', Berg。见《存在的瞬间》中的修改版。
"所有异想天开的……"：MS.LH, p. 320.

89 私下写的随笔：这些随笔并没有留存下来，见 *QB*, i, p. 51。

90 莱斯利·斯蒂芬和奥利弗·施赖纳：致朱莉娅·斯蒂芬的信。
"这是适合女士们做的事"：致朱莉娅·斯蒂芬的信。
"吉尼亚正在如饥似渴地读书……"：*Mausoleum Book*，转引自 *QB*, i, p. 51。
莱斯利·斯蒂芬谈论霍桑：'Nathaniel Hawthorne', *Hours in a Library*, i (London, 1892), pp. 169–198.
"在我们的文学中，我们对过去的……"：《古老的秩序》，重印于 *Essays*, ii, p. 168。

91 乔治·艾略特的聚会：《陵墓书》
卡梅伦夫人：Ibid.

92 "阅读盛宴"：《图书室时光》(1916)，重印于 *Essays*, ii, p. 56。

93 "只让最一流的……"：Ibid. 57.
"纯粹世俗"：*MB*, pp. 135–156.
莱斯利·斯蒂芬谈论简·卡莱尔：弗吉尼亚·伍尔夫 1903 年 5 月 4 日致维奥莱特·狄金森，*Letters*, i, p. 76。
哈代对莱斯利·斯蒂芬的看法：'The Schreckhorn', *Poems of Thomas Hardy*, selected by T. R. M. Creighton (Macmillan, 1974), p. 107.

94 "宿命般地"：Maitland, p. 364.

95 "在地点与地点……"：Ibid.

《露西·格雷》：弗吉尼亚·伍尔夫很可能是在帕尔格雷夫的《英诗金库》中读到这首诗的。（她提到的许多诗歌都来自这部抒情诗集。）

96 "这就是他的命运……"：*LH*, pp. 71–72.

"都是最可鄙的贩卖……"：*AROO*, p. 160.

《现代散文》：(*TLS*, 30 Nov. 1922), repr. *Essays*, iv.

剑桥分析式思维：*MB*, p. 126.

97 "并不否认……"：写乔伊特的文章，另见 Annan, p. 132。

"卸下了沉重的负担"：*Some Early Impressions* (Hogarth, 1924), p. 70. 写于 1903 年，同年发表于《国家评论》。

"花岗岩似的"大脑：*LW*, iv, p. 80.

"优雅精确的"：Ibid. i, p. 184.

参观圣索菲亚大教堂：Diary of Foreign Travel, British Library, op. cit. *EJ*, 'Turkey, 1906', pp. 349–350.

"一味用逻辑切割事实"：引自莱斯利·斯蒂芬的信，Maitland, p. 306。

"极其有害的"：*MB*, p. 126. 转引自 Rose, p. 19。

98 "事实为我们……"：MSS.VO: 早期的打字稿。

99 密尔的思维模式：*On Liberty* (Penguin), pp. 109-110.

"向我们描述了……"：*MB*, pp. 45–46.

"总体来说，读书是我……"：Diary No. 2, 题为 'Hyde Park Gate'（30 June 1903–1 Oct. 1903?), Berg。*EJ*, p. 178.

100 嫉妒：1903 年 5 月致托比，*Letters*, i, p. 77。转引自 *QB*, i, p. 70.

101 "我觉得……"：*MB*, p. 108.

"希腊语是我每日的食粮……"：*Letters*, i (17? June 1900), p. 35.

"私人生活的核心"：自传片段（1940），op. cit. 见 Rose, pp. 28–29。

102 学习希腊文：Holograph notes, MHP A.21. Dated 1 Dec. 1907–25 May 1909. RN, pp. 166–169.

"维吉尔在恺撒大帝……"：MHP A.21. (28 July 1908).

"生活背后的悲伤……"：《论不懂希腊文》，*CE*, i, p. 13。

"她是一个顾问……"：弗吉尼亚伍尔夫为《泰晤士报》写的讣告（1937），MHP B.26c。

凯斯的愤怒：弗吉尼亚·伍尔夫 1911 年 7 月 25 日致凡妮莎·贝尔，*Letters*, i, p. 472.

103 "请你明白……"：*Letters*, vi (22 Mar. 1937), p. 114.

在莫利学院教书的报告：*QB*, i, Appendix B, pp. 202-204.

《琼·马丁小姐的日记》：Berg. *SF*, pp. 33–62.

"顺便说一句……"：*Letters*, i, p. 190.

104 "扎扎实实地读了……"：Ibid. (July 1905), p. 202.

"每走一步都在创作……"：Ibid. (4 Aug. 1906), p. 234.

106 "你我没有遇到本可能更糟糕的事……"：《米德尔马契》，"尾声"。

107 调情了很长一段时间：昆汀·贝尔有完整的描述，*QB*, i, pp. 132–136。

"我们聊天……"：我引用了弗吉尼亚·伍尔夫对他们后来的一次相遇的描述，那是战后在摄政街 Verrays 餐厅的一次晚餐。*Diary*, i (15 Feb. 1919), p. 240.

"我亲爱的弗吉尼亚……"：克莱夫·贝尔致弗吉尼亚·伍尔夫的信，MHP。

"说真的……"：*Letters*, i (6 May 1908), p. 330.

"我想了很多……"：Ibid. (19 Aug. 1908), p. 356.

"我认识的最快乐的人……"：Clive Bell, *Old Friends* (Chatto, 1956; Harcourt, 1957), p. 99.

"眼神柔和……"：1909 年 2 月 14 日致弗吉尼亚·伍尔夫，MHP。

108 "你必须……"：Letter (19 July 1917), ibid.

转向法国：Letter (11 Aug. 1907), ibid.

写一些关于女人的东西：Letter (6 Sept.? 1910), ibid.

"麦穗"意象：Letter (4 Nov. 1908), ibid.

"我只是继续……"：1908 年 8 月 3 日致弗吉尼亚·伍尔夫，ibid。

饱含期待：John Russell, 'Clive Bell', *Encounter* 23 (Dec. 1964), 47–49, repr. *BG*, pp. 197–201.

109 克莱夫·贝尔对《远航》的评价：*QB*, i, Appendix D, pp 207–210.

"然后你来了……"：*Letters*, i (May 1908), pp. 333–334.

第七章

110 "我们没必要……"：1909 年 2 月 7（？）日致克莱夫·贝尔，ibid., p. 382。

"重新塑造……诸多事物"：Ibid. (19 Aug. 1908), p. 356. 转引自 *QB*, i, p. 137。

乔治·艾略特的引文：《米德尔马契》，"序言"。

"'谈论女人是极其困难的……'"：*VO*, pp. 180–181。

乔治·艾略特的女主人公：《乔治·艾略特》，重印于 *Essays*, iv。

111 **《远航》作为成长小说**：见 John Bayley, 'The Diminishment of Consciousness: A Paradox in the Art of VW' 和 Gillian Beer, 'Virginia Woolf and Prehistory' in *VW: A Centenary Perspective*, ed. Eric Warner (Macmillan, 1984)。

"她必须走出……"：《乔治·艾略特》。

海德公园门日记：Diary No. 2, op. cit. Berg. *EJ*.

旅行日记：Diary of Foreign Travel，Berg. *EJ*.

第一章：这一章的标题为 'The Hero'，MHP A.26d。另一个写于 1906 年 6 月 3 日至 20 日的故事《菲利斯和罗莎蒙德》同样表达了对上流社会的不满，MHP A.23f. *SF*, pp. 17–29。

112 **简·卡莱尔**：'The Letters of Jane Welsh Carlyle', *Guardian* (2 Aug. 1905), p. 1295. *Essays*, i, pp. 54–58. 另见 'Geraldine and Jane', *CE*, iv, p. 36: "她的书信那无与伦比的光辉在于，她的思维向鹰隼一样俯冲和下降，抓住事实……她能透过清澈的水面，看到底部的岩石。"

夏洛蒂·勃朗特：见 'Mrs Gaskell', *TLS* (29 Sept. 1910), repr. *Essays*, i, pp. 343–344。

雪莱：对雪莱与西琴勒的往来书信的评论：*TLS* (5 Mar. 1908), repr. *Essays*, i, pp. 176–177.

伊丽莎白一世：'The Girlhood of Queen Elizabeth', ibid. (30 Dec. 1909), repr. *Essays*, i, pp. 319–324.

113 **海斯特·斯坦诺普小姐**：Ibid. (20 Jan. 1910), repr. *Essays*, i, pp. 325–329.

斯特雷奇笔下的斯坦诺普：*Athenaeum* (4 Apr. 1919), repr. *Biographical Essays* (Chatto, 1960), pp. 211–218.

"她没有受过多少教育……"：*Essays*, i, p. 326.

114 **《一位小说家的回忆录》**：MHP B.9a. *SF*, pp. 69–79.

"写一篇关于……"：1908 年 4 月 15 日致克莱夫·贝尔，*Letters*, i, p. 325。

116 **贝尔致弗吉尼亚·伍尔夫**：Letter (27 Oct. 1909), MHP.

失事船只：*VO*, pp. 23–24.

"深水中巨大的……"：Ibid. 18.

"就像海底的一条鱼"：Ibid. 198.

五份草稿的证据：Louise A. DeSalvo, *Virginia Woolf's First Voyage. A Novel in the Making* (Macmillan, 1980).

烧毁了更多：昆汀·贝尔认为她烧掉了七份草稿，*QB*, i, p. 126。

117 **"无限奇异的形态"**：1908 年 8 月 19 日致克莱夫·贝尔，*Letters*, i, p. 356。

"一块雕刻的石板"：1908 年 4 月 15 日致克莱夫·贝尔，ibid., p.383。

"我的大胆……": 1909 年 2 月 7 日致克莱夫·贝尔, ibid., p. 383。
"流水般的感觉": Ibid.

118 "一个巨大的优势": *VO*, pp. 31–32.
"简单的传记片段": 1909 年 2 月 7（？）日致克莱夫·贝尔, *Letters*, i, p. 382。

119 "翻版": 1908 年 8 月 10 日致凡妮莎·贝尔, ibid. p. 349。
"从未有过……": Ibid.
"自伊丽莎白时代以来……": *VO*, p. 323.
拉雷的描述: Hakluyt, ed. E. J. Payne (London, 1880), p. 362。

120 很多人都写过航海录: 'Trafficks and Discoveries': a review of *English Seamen in The Sixteenth Century* by J. A. Froude and *Hakluyt's Voyages, Travels, ind Discoveries of the English Nation TLS* (12 Dec. 1918), p. 618. *Essays*, ii, p. 333.
"人们被囚禁在那里": *VO*, p. 29.
"两艘看起来很邪恶的灰色船舰……": Ibid. 75.
"优雅、轻快……": Ibid. 67.

121 对异父哥哥的恐惧: Poole, p. 36.
"她躺在那里……": *VO*, p. 86.
"我再也、再也、再也不会……": MSS.VO。这句引文来自后期的打字稿。
"在束缚中匍匐前进": Ibid.
"我们什么时候才能自由？……": *The Years*, p. 320.
"永恒的发现": Ibid. 413.
"让[雷切尔]变得……": *VO*, p. 273.
克莱夫·贝尔的控诉与弗吉尼亚·伍尔夫的回应: *QB*, i, Appendix D, pp. 209, 211.

122 牛津和剑桥的教师: *VO*, p. 172.
"男性化的生活构想……": Ibid. 253.
"'我的好姑娘……'": Ibid. 43.
"劳埃德·乔治……": Ibid. 211.

12 重写维多利亚时代的理想: Gillian Beer, op. cit 认为弗吉尼亚·伍尔夫"重写了"维多利亚时代的人。
"她会推理吗……": *VO*, p. 244.
"几千年来……": Ibid. 258.

124 "筑起了……": Ibid. 259.
"她回想……": Ibid. 260.

"'我相信……'"：Ibid.
125 "她抬起一只脚……"Ibid. 245–246.
"她比穿越沙漠……"：Ibid. 29.
"应该分开生活……"：Ibid. 182.
"因为，她总是带着……"：Ibid. 298.
"你可以说任何事……"：Ibid. 297.
"她带着一种……"：Ibid. 206.
126 "'坠入爱河是什么样子？'……"：Ibid. 207.
每当她完成一稿：DeSalvo, op. cit.
"黑夜的中心"：*VO*, p. 325.
《黑暗之心》：Avrom Fleishman 将这两部小说联系在一起，*Virginia Woolf: A Critical Reading* (Baltimore: Johns Hopkins, 1975), p. 1。
127 "随着航船……"：*VO*, p. 326.
"'我们在一起很快乐。'……"：Ibid. 332.
128 贝多芬的 112 号作品：赫米奥娜·李确认了这首曲子，*The Novels of VW* (Methuen, 1977), p. 43.
"在平静的时刻……"：爱默生，《论自立》。
129 "在千千万万的……"：Diary of Foreign Travel. *EJ*, p. 393.
"'你写的是什么样的……'"：*VO*, p. 262. 关于《曼斯菲尔德庄园》中小说家与读者之间的"无声对话"，见 John Preston, 'The Silence of the Novel', *Modern Language Review* (Apr. 1979), pp. 257–267。
"沉默背后……"：《米德尔马契》，第二十章。
"人类深切的……"：《亚当·比德》，第十七章。
130 对女性的看法：*VO*, pp. 356–357.
"雷切尔什么也没说……"：Ibid. 357.
131 说的话变得更少：与后来的打字稿相比。
"现实寓于……"：*VO*, p 35.
"如果把它们……"：Ibid. 18.
132 "对我来说，海洋……"：*Letters*, i (20 Apr. 1908), p. 326. 这封信是从圣艾夫斯寄出的。
"你不知道……"：Ibid. (15 Apr. 1908), p. 325.
133 "似箭的光阴"：*MB*, p. 39.
蝴蝶翅膀形状的光斑：*LH*, pp. 78, 264.
134 "面对自己……"：'The Decay of Essay-writing', *Academy and Literature* (25

Feb. 1905), pp. 165–166, repr. *Essays*, i, p. 26.

"她们的嗓音……"：*VO*, p. 220.

第八章

137 "把我的生命赠予你"：W, p. 169. 见弗吉尼亚·伍尔夫对传记的评论，p. 365.

"一种方便做法……"：Ibid. 181.

关于**女性地位**的檄文：这是一封写给《新政治家》的精彩的信。'The Intellectual Status of Women', *New Statesman* (Oct. 1920), repr. *Diary*, ii, Appendix III, pp. 339–342.

138 对海德公园门的反叛：《老布鲁姆斯伯里》，*MB*, p. 159: "从我的角度来看，人们可以通过海德公园门了解布鲁姆斯伯里。"

"冲向"：4 Mar. 1905 in Diary no. 3, headed 'New Forest' (Xmas 1904–31 May 1905), Berg. *EJ*, p. 246.

139 房间的装饰：Spalding, p. 46.

菲茨罗伊广场：邓肯·格兰特的描述，他当时住在这个广场，*BG*, p. 65。

女性环境：这一点是 Michelle Totah 提出的。

放荡不羁的话：Diary (1909), MHP Add. 13.

凡妮莎跳舞：阿德里安·斯蒂芬在 1942 年致凡妮莎·贝尔的信中回忆了这件事，查尔斯顿文献，剑桥大学国王学院。

西德尼·沃特洛：全息影印版日记（1911 年 1 月 3 日），Berg。

育婴堂：*MB*, p. 179.

140 "中国女子的三寸金莲……"：Ibid. 88.

"对绘画和松节油……"：Ibid. 148–149.

"做希腊奴隶的那几年"：Ibid. 106.

极其不情愿的表情：大卫·加内特评论《存在的瞬间》时所说，*New Statesman* (11 June 1976), pp. 777–778.

糟糕的夜晚：*MB*, pp. 151–153.

141 "花园舞会"：海德公园门日记，*EJ*, pp. 169–172。

"一个撒满谷粒的晒谷场……"：*VO*, pp. 176–178.

"吻我……"：《海德公园门 22 号》，*MB*, p. 147。

"显然喜欢过"乔治：奥克塔维亚·威尔伯福斯医生在一份记录了弗吉尼亚·伍尔夫的病情和最后的时光的总结里提到。Appendix to Herbert Marder, *The Measure of Life: VW's last years* (Cornell, 2001).

作为"情人"的乔治：*MB*, p. 155.

为了安慰她：*MB*, p. 160.

142 "马上入睡之际……"：Ibid. 155.

"乔治的过失"：1908 年 8 月 21 日致弗吉尼亚·伍尔夫，*VBletters*, p. 70。

143 "能够把他……"：为《往事札记》中海德公园门部分做的笔记。MHP A.13a.

"去把它撕了"：*MB*, p. 130.

坚持"正确"的人：Anne Olivier Bell 的注释，*Diary*, i, p. 61。

"因美德而获得……"：弗吉尼亚·伍尔夫于 1903 年 10 月 11 日致维奥莱特·狄金森，*Letters*, i, p. 101。

乔治的虚伪：Poole, p. 111.

"非常低俗的事情"：*MB*, p. 169.

144 "一种浮萍似的东西"：将这个短语和达克沃斯联系起来的是米切尔·A 利斯卡，*Bulletin of the New York Public Library* Vol.80 (Winter 1977), p. 181。

"两只天鹅……"：利斯卡注意到的浮萍再次出现，ibid.。

穿白色连衣裙，身体僵硬：Poole, p. 112n. Rose, p. 25 印出了这张照片。

《关于社交成就的思考》：海德公园门日记，*EJ*, pp. 167-169。

145 "老母亲并非天生……"：Diary of Foreign Travel. *J*, p. 390.

玛格丽特·施莱格尔：《霍华德庄园》，第十五章。

"它们读起来……"：*VBletters* (25 Aug. 1908), p. 71.

146 "裤子"等：凡妮莎·贝尔 1908 年 8 月 21 日致弗吉尼亚·伍尔夫，*VBletters*, p. 70.

1905 年 3 月 8 日的日记：Diary No. 3 (Xmas 1904–27 May 1905). *EJ*, p. 249.

第一支烟：Diary (28 Apr. 1905) and *MB*, p. 164. *EJ*, p. 269.

周四的讨论会：《老布鲁姆斯伯里》，*MB*, pp. 168-169。

147 没有高高在上的氛围：VB, 'Notes on Bloomsbury'，这是为回忆录俱乐部写的文章（1951），重印于 *BG*, p. 79。

"我从未……"：*MB*, p. 168.

"你可以……"：查尔斯顿文献，1911 年 6 月 23 日（？）。

堡垒：见凡妮莎·贝尔的女儿安杰莉卡·加内特对她的精彩描述，*Recollections of VW*, ed. Joan Russell Noble (London: Peter Owen, 1972), pp. 83-88。

148 虚荣：*QB*, i, Appendix C, pp. 205-206 and Rose, p. 39.

嘲笑他们的诗歌：见上文第 100 页的注释。

"总把布鲁姆斯伯里当作……" 1932 年 8 月 16 日致 Harmon H. Goldstone, *Letters*, v (16 Aug. 1932), p. 91.

对萨克森·西德尼-特纳的虚构描写：MHP A.13c. 题为 'One of our Great Men'。VW's 'Victorianism'. *Old Friends*, pp. 100–101.

149 斯特雷奇与"西哥特人"的相遇：引自 Michael Holroyd, *Lytton Strachey: A Critical Biography*, i (Heinemann, 1967; Holt, Rinehart, & Winston, 1968), p. 397（在修订版中被删去）。

"显得有些小气"：*Diary*, i (24 Jan. 1919), p. 236.

"过度苍白……"：转引自 Holroyd, 1973, p. 168.

水蜘蛛：'My Early Beliefs' (1938), repr. *BG*, p. 64. 在回忆录俱乐部宣读的文章。

150 中学同学的故事：*MB*, p. 165.

发抖的伍尔夫：Ibid. 166.

"如果这六个人都死了……"：*Diary*, iii (27 Nov. 1925), p. 48.

变成蝴蝶的福斯特：*MB*, p. 176 and *Diary*, i (24 July 1919), p. 295.

151 小说中的托比：*QB*, i, p. 112.

"我多么想念他……"：*Letters*, iv (15 Oct. 1931), p. 391.

共同的悲痛：*QB*, i, p. 113.

斯特雷奇谈论托比：致伦纳德·伍尔夫的信，Berg。

152 史蒂文森：在她的外甥朱利安·贝尔死于西班牙之后，这些诗句被粗略地记录在日记中，*Diary*, v (12 Oct. 1937), p. 113.《纪念》出自《丛林之下》(*Under wood*)，她有可能是从 *Poems* (Chatto, 1906), p. 38 中读到的。

《同情》：MHP A.24d. *SF*, pp. 108–111. 未注明日期的打字稿，但版式很像《墙上的斑点》(1917)，因此日期可能很接近写《雅各的房间》的时间。另见 Susan Dick 给 *SF*, p. 299 做的注释，她认为是 1919 年。

153 "东倒西歪……"：MS. LH, p. 241.

情感：昆汀·贝尔在为《弗吉尼亚·伍尔夫日记》写的序言中得出了这一准确结论，*Diary*, i, p. xxvii："归根结底，连结他们的力量并非基于相似的思想或观点，而是基于情感。"

154 "把背挺起来……"：*MB*, p. 84.

"哈利看到……"：*The Wise Virgins: A Story of Words, Opinions and a Few Emotions* (Edward Arnold, 1914), p. 68.

"她一直都不……"：*LH*, p. 144.

"旁观者"：书信，查尔斯顿文献。

福斯特的"幸存的"：A. O. J. Cockshut, *Truth to Life*, p.78 把《最漫长的旅程》中的这个词与克拉彭派联系在一起。

155 安南论伦纳德·伍尔夫：Review of LW: v, *The Political Quarterly*, 41 (Jan.-Mar. 1970), pp. 35–341, repr. *BG*, pp. 187–194.

该团体的肖像：这一点我要感谢 Michelle Totah。

玛丽·哈钦森：Richard Shone, *Bloomsbury Portraits* (Phaidon; Dutton, 1976), p. 175.

《斯塔兰德海滩》：Ibid. 76.

156 "你觉不觉得我们其实有……"：*Letters*, vi (17 Aug. 1937), p. 158.

《浴缸》：Shone, p. 177.

《一位女士的肖像》：Ibid. 139.

在查尔斯顿农舍的凡妮莎·贝尔：Shone，彩色插图 VII（第 256 页的背面）。

157 查尔斯顿的生活：Shone, p. 18.

平静状态：Angelica Garnett, op. cit. 85，她这样描述凡妮莎·贝尔："像一片水塘一样平静……"

《凡妮莎·贝尔》，1942：Shone, p. 12. Shone, p. 19 把它描述为"一位重要的维多利亚时代晚期人物"的肖像。

"我觉得她很严肃……"：1881 年 4 月 16 日致朱莉娅·斯蒂芬。

158 "很有品味与学识……"：1950 年 5 月 4 日致安杰莉卡·加内特，*VBletters*, p. 526。

格兰特在艺术中的冒险精神：'Vanessa Bell and Duncan Grant', *VBletters*, pp. 553–555.

"我很平静"：凡妮莎·贝尔于 1930 年 2 月 5 日和 7 日致邓肯·格兰特，*VBletters*, pp. 349, 352.

"就像一条宽广的河流"：*Ottoline at Garsington: Memoirs of Lady Ottoline Morrell 1915–1918*, ed. Robert Gathorne-Hardy (Faber, 1974; Knopf, 1975), p. 51.

159 "凡妮莎是冰冷的……"：全息影印本日记，op. cit. (2 Dec. 1910)。

凡妮莎·贝尔不愿表露情感：1881 年 4 月 14 日致朱莉娅·斯蒂芬。

"当弗吉尼亚表达她的情绪时……"：*QB*, ii, p. 203.

第九章

160 **伦纳德致弗吉尼亚·伍尔夫的信**：MHP and *LWL*.

161 "**我希望'山魈'……**"：Berg. *LWL*, p. 176.

"**极大的魅力**"等：布鲁姆斯伯里团体中的一位年轻成员弗朗西斯·帕特里奇在和 Victoria Glendinning 的对话（2001 年 9 月 14 日）中回忆起了这一点，Glendinning, *Leonard Woolf* (Free Press, 2006). p. 281。

"**强大的理解力**"，洗净了"**浮渣**"：Angelica Garnett, *Deceived with Kindness* (Hogarth Press, 1984).

162 "**我总是……**"：*LW*, ii, pp. 151–152.

"**但上帝作证……**"：*Letters*, i (1 May 1912), pp. 496-497.

"**足够的激情**"：见上文第二章第 24 页。

"**世界上没有什么东西比……**"：*MB*, p. 105.

163 男人"**拥有**"女人：Ibid. 104.

164 "**最愚蠢……**"：*LH*, p. 158.

"**从她的个人经验……**"：Ibid. 159–160.

女武神：《存在的瞬间》的书评，*New Statesman* (11 June 1976), pp. 777–778。

"**明天你会吻我吗……**"：*Letters*, i (14 Aug. 1908), p. 355.

"**这里有一群小公牛……**"：Ibid. (10 Aug. 1909), p. 406.

"**我们一起从草坪上……**"：Ibid. ii, p. 124.

165 梅里美的信：是她游览希腊时读的。Diary of Foreign Travel. *EJ*, pp. 341–345.

华兹华斯对妹妹的爱：对华兹华斯书信的评论，*TLS* (2 Apr. 1908), repr. *Essays*, i, p. 185。

"**或许世上真有这样的人……**"：To Fanny Knight (18 Nov. 1814), *Jane Austen's Letters*, ed. R. W. Chapman (Oxford, 1952), p. 409.

"**我承认……**"：*Night and Day*, p. 156.

166 斯特雷奇的外貌：Frances Partridge 的生动描述，见 *Memories*, (Gollancz; Little, Brown, 1981), pp. 77–78。

"**啊，爱上他是正确的……**"：*Diary*, ii (17 Oct. 1924), p. 317.

"**柔软地接纳各类感知……**"：Ibid. i (12 Dec. 1917), p. 89.

"**通过末端……**"：Ibid. ii (5 Apr. 1918), p. 131.

"**一旦有人打破……**"：Ibid. i (15 Nov. 1919), p. 311.

"**我觉得你像是……**"：*Letters*, i, p. 374.

"**你的命运……**"：转引自 *A Marriage of True Minds*, p. 56。

167 《犹太人》：*Carlyle's House and Other Sketches*, ed. David Bradshaw (Hesperus, 2003), pp. 14–15, 38–45.

一只幼年猎鹰：见弗吉尼亚·伍尔夫对路易斯的描述，MSS.W, p. 52。其他对伦纳德·伍尔夫的精彩描述见 Gerald Brenan, South from Granada (Hamish Hamilton, 1957), pp. 139–140，以及 Richard Kennedy, *A Boy at the Hogarth Press* (1972; repr. Penguin, 1978), p. 20。

两性关系：*A Marriage of True Minds*, p. 53："……从贾夫纳随处可见的妓女那里寻求满足。"另见斯特雷奇的回信，Berg。

堕落迅速降临：未识别的文献，"智慧的男人……"n.d., Leonard Woolf Papers. I P, University of Sussex。

168 **伦纳德·伍尔夫的日记**：In 63 vols., Leonard Woolf Papers, II R.

"药鼠李起作用了吗？"：(10 and 13 Mar. 1914.) *LWL*, p. 206.

"不仅仅是长相上"：1912年6月24日致维奥莱特·狄金森，*Letters*, i, p. 505。

引用先知弥迦的话：*LW*, i, p. 26.

169 **安南评论伍尔夫**：*BG*, pp. 187–194.

"每个男人……"：莱斯利·斯蒂芬致他的岳母的信，转引自 Maitland, p. 314。

"维多利亚时代的……"：*LW*, i, pp. 183–184.

170 **塞格斯塔神庙**：Ibid. 183.

叙利亚流浪者：'Aspasia' paper, Leonard Woolf Papers, II D. 7a, University of Sussex.

171 **"但从一开始……"**：*Letters*, i (June 1912), p. 503.

"一股奇思妙想之泉……"：'Aspasia' paper, op. cit.

"我们根本没看到……"：*Letters*, ii (17 Aug. 1912), pp. 3–4.

"第七天堂"等：凡妮莎·贝尔1912年8月19日和23日致弗吉尼亚·伍尔夫，*VBletters*, pp. 125–126。

172 **"床上的正经事"**：1912年9月1日致利顿·斯特雷奇，*Letters*, ii, p. 5。

"你说为什么……"：Ibid. (4 Sept. 1912), pp. 6–7.

"一个真正合意的……"：凡妮莎·贝尔1912年9月21日致伦纳德·伍尔夫，*VBletters*, p. 127。

"我们已经连续讨论了……"：致莫莉·麦卡锡，ibid. 9。

"我想继续……"：*Diary*, ii (11 May 1920), p. 36.

《拉宾与拉宾诺娃》：*A Haunted House* (1944, repr. 1973), pp. 69–78.

173 "那些可怜的毛茸茸的小动物……"：凡妮莎·贝尔于 1908 年 8 月 21 日致弗吉尼亚·伍尔夫：*VBletters*, pp. 69–70.

175 "快乐的脏狐獴……"：*Letters*, ii, p. 35.
"过来吧，土拨鼠……"：Ibid. 95.
"一套加密语言"：*Orlando*，p. 254.

177 "敏捷大胆的狐獴"：*Letters*, ii (31 Oct. 1917), p. 193.
"我敢说……"：*Diary*, i (28 Dec. 1919), p. 318.
"明天见到主人……"：*Letters*, ii (11 Sept. 1919), p. 388.
合同：MHP，昆汀·贝尔有所描述，*QB*, ii, p. 19。*LWL* 中有照片。

178 "没有你的生活……"：*Letters*, ii (29 and 30 Oct. 1917), pp. 191, 193.

180 卡莱尔的情书：'More Carlyle Letters'，*TLS* (1 Apr. 1909), p. 126. *Essays*, i, pp. 257–262.
"那其中混合着……"：*LH*, pp. 270–271.

181 "我记得……"：MSS.VO：早期打字稿。
"热带地区"：*MB*, p. 166.
伦纳德的犹太身份意识：Roger Poole, op. cit. 78.

182 "我有点害怕……"：*Letters*, i, p. 496.
"就像覆盖着……"：*The Wise Virgins*, p. 118.
"她的人生就是一场冒险……"：Ibid. 222.
"极端的狂躁……"：*Letters*, i (1 May 1912), p. 496.
"某种强烈的爱情"：*The Wise Virgins*, p. 62.
"格外温柔"：伦纳德·伍尔夫 1912 年 4 月 27 日的日记。日记是加密书写的，Anne Olivier Bell 将其转译出来。Leonard Woolf Papers, Univ. of Sussex Library.

183 "就像一块石头"：*Letters*, i (1 May 1912), p. 496.
对他产生了抗拒：1912 年 5 月 24 日致弗吉尼亚·伍尔夫。
"如此可爱……"：1912 年 5 月 24 日致弗吉尼亚·伍尔夫。
密尔：*The Subjection of Women*, pp. 24–25.
"阿斯帕西娅"：*A Marriage of True Minds*, pp. 61–62 引用的一个片段。

184 致卡·考克斯：*Letters*, ii, pp. 6–7.
《聪明的处女们》：Poole, pp. 78–102 最先用这部小说佐证伦纳德·伍尔夫的态度。

189 《聪明的处女们》的书评：LW papers, MHP.
凯瑟琳的观点：*The Wise Virgins*, ch 6. ibid 149.

192 埃德加·伍尔夫致伦纳德·伍尔夫的信：收录于 *LWL*，p. 493.
贝拉·伍尔夫致伦纳德·伍尔夫：Letters, Leonard Woolf Papers. MHP.
"他古怪的悲观脾性……"：*Diary*, iv (23 Oct.? 1931), p. 51.

193 "我们弓着背等待着……"：*The Wise Virgins*, p. 126.
"去感受人们……"：Ibid. 128.
"她喜欢他的敏锐……"：Ibid. 98.

194 利顿·斯特雷奇的批评：(14 Dec. 1913) *Letters*, ed Paul Levy (Allen Lane, 2005).
激烈的争执：*Diary*, iv (11 Mar. 1935), p. 286.
《聪明的处女们》写到一半：*Letters*, ii, p. 23.

195 弗吉尼亚·伍尔夫阅读《聪明的处女们》：*Diary*, i (31 Jan. 1915), p. 32.

196 "非常强烈地……"：伦纳德·伍尔夫 1915 年 7 月 12 日致维奥莱特·狄金森，*LWL*, p. 213。
1915 年 6 月至 8 月间伦纳德·伍尔夫面对弗吉尼亚·伍尔夫的疾病：Glendinning, *Leonard Woolf*, pp.193–194.
医学方面的无知：细节参见 Stephen Trombley, op. cit.。
厚羊毛连体内衣：Barbara Bagenal, *Recollections of Virginia Woolf*, p. 150.

197 "但到了第五天……"：*Diary*, iii (2 Aug. 1926), p. 105.
"世界带给那些人……"：MSS.W, pp. 367–368.
"在人对人做出的……"：Ibid. 291. 我把 tortured 校订为 tortures。
"颤抖和痛苦的灵魂"：Ibid. 292.
"可怕、瘦骨嶙峋……"：Ibid. 这一行被删去。
恢复了幻想：*Diary*, i, p. 73.

198 "愚蠢的游戏"：《到灯塔去》"岁月流逝"第 7 节。
"因此，毫不犹豫地……"：MS.LH, p. 280.
更想要三英镑：*Diary*, iii (20 Apr. 1925), p. 11.

199 "'还有你的丈夫……'"：弗吉尼亚·伍尔夫于 1912 年 11（？）月致卡·考克斯，*Letters*, ii, p. 11。
"我们被卧室里的老鼠……"：Ibid. (11 Apr. 1920), pp. 428–429.
"神圣的满足感"：*Diary*, i (3, 4, 5, Nov. 1917), p. 70.
"当他不在那里……"：Ibid. (2 Nov. 1917), p. 70.

200 "除非是非常谦逊的人……"：Ibid. (6 Jan. 1915), p. 9.
"停"：Ibid. (19 Jan. 1915), p. 23.
"冷漠"：*Diary*, iv (15 Apr. 1935), p. 300.
"我永远不会把你往好处想了"：Ibid. iii (9 Mar. 1926), p. 66.

"伦纳德或许很严肃……"：Ibid. (14 Dec. 1929), p. 273.
201 "我紧靠着……"：Ibid. (14 June 1925).
"伦纳德和我……"：Ibid. (8 Apr. 1925), pp. 8–9.
"如果现在就死去……"：《奥赛罗》, II. i.

第十章

202 "这种荒谬的、男性化的杜撰……"：1916 年 1 月 23 日致玛格丽特·卢埃林·戴维斯, *Letters*, ii, p. 76。
"一盏接一盏灯……"：*LH*, p. 195.
203 《诺桑觉寺》：第十四章。
"如果你反对……"：MS.Par，第一篇文章, p. 9。另见 'Modes and Manners of the Nineteenth Century', *TLS* (24 Feb. 1910), repr. *Essays*, i, p. 331："……我们被遗忘了，在我们看来，历史缺少一只眼睛。"同样地，亨利·詹姆斯也在《对过去的感知》(*The Sense of the Past*) 中说过"用普通的历史镜头是看不清真相的"。
斯坦纳：*After Babel: Aspects of Language and Translation* (Oxford, 1975), pp. 29–30.
《罗马之路》：*Selected Poems of Thomas Hardy*, pp. 92–93.
204 拉姆齐夫人制服了野蛮：*LH*, p. 77.
"她还以为他就要在……"：Ibid. 32.
"他穿着那套土黄色的制服……"：《岁月》, p. 308.
205 帕里小姐：*Mrs, D*, pp. 268-269.
"把腐朽和霉烂的过程抑制住了……"：*LH*, pp. 215–216.
206 "庸俗的自我吹嘘"：1877 年 8 月致朱莉娅·斯蒂芬，Berg。
207 "能让德国农民……"：*Diary*, i (30 Oct. 1918), p. 211.
"是否还有……"：1918 年 11 月 13 日致凡妮莎·贝尔, *Letters*, ii, p. 293。
"像一群湿透的蜜蜂一样……"：*Diary*, i (19, 20, 24 July 1919), pp. 292–294.
"珍宝"：见 'A Haunted House'，《阅读》以及写在《幕间》手稿里的诗歌。
《雅各的房间》里的宝藏：p. 133. 转引自 Hermione Lee, op. cit. 89。
"你不知不觉……"：*LW*, iv, p. 16.
在威斯特的构思：致凡妮莎·贝尔的信，转引自 *QB*, ii, p. 32。
210 "天生就觉得议会很可笑"和"如果有人认为……"：*Diary*, i (27 July and 13 Apr. 1918), pp. 173, 138.

"玛丽让你改变信仰了吗……"：*ND*, p. 85.

211 "一个行走在我们……"：*ND*, p. 460.
"他们对即将到来的未来……"：*ND*, p. 458.

212 "他们一起在这个……"：*ND*, p. 470.
"卑微的鼠灰色的……"：*A Haunted House*, p. 43.
"浪漫主义形象"：见 Eric Warner, 'Some Aspects of Romanticism in the Work of Virginia Woolf', op. cit.。

213 "它们有大象的身子……"：*BA*, pp. 13–14.
"就像旧皮包……"：1920 年 4 月 2 日致凡妮莎·贝尔，*Letters*, ii, p. 426。
爱玛·渥恩：1917 年 5 月 22 日致凡妮莎·贝尔，ibid, p. 156。

214 "虚弱地迈着小碎步……"：*Diary*, i, p. 246.
"一种冷酷的、伺机而动的才思……"：MSS.D, i, p. 18.
"公众的旁观者……"：*Diary*, i (30 Nov. 1918), p. 222.
"不过是一串影子"：*JR*, p. 115.
雕塑：弗吉尼亚·伍尔夫特指古希腊雕塑，不过这是不准确的。希腊人是完成了雕像的背部的，Peta Fowler 提供了这一信息。

215 "在佛兰德斯战场上"：作者是 John McRae，他于 1918 年死在基地医院里。
"干净、洁白……"：*JR*, p. 13.
"要是他能够践登王位……"：*MB*, pp. 119–120. Jeanne Schulkind 指出了这里的用典。

216 卡图卢斯的挽诗：Poem No. 101. John Griffiths 提供了诗的来源和相关情况。
"神秘洞穴的入口……"：*JR*, pp. 117–118.

218 "一道墙"：*Diary*, ii (26 Jan. 1920), p. 14.
"乏味的杂耍"：Ibid. (14 Feb. 1922), p. 161.
"还有绕着圣詹姆斯广场……"：Ibid. i (12 Apr. 1919), p. 263.

219 "很符合伦敦的精神"：Ibid. ii (8 June 1920), p. 47.
死后出版的自传：*The Middle Years*.
"《古老的秩序》"（1917）：*Essays*, ii, pp. 167–176.
"六十岁的时候……"：*Diary*, iii, p. 58.
"某种形式的影子……"：op. cit. 168.

220 "去特利威尔……"：Ibid. ii, p. 她当时正计划着春天去康沃尔。
"并发现……"：Ibid. i (20 Apr. 1919), p. 266.
"不愉快经历过就够了……"：Ibid. (15 Mar. 1919), p. 253.
《一位作家的日记》：1953 年。这些摘录中没有任何内容来自她单独保存的笔记本。

德国战俘：*Diary*, i (10 Sept. 1917), p. 49.

基蒂与达洛维夫人：Ibid. ii (8 Oct 1922), p. 206.

"异常不受重视"：Ibid. (15 Feb. 1923), pp. 234–235.

221　**"像一颗熟透的葡萄……"**：Ibid. (15 Sept. 1924), p. 313.

"对阴影的关注……"：《古老的秩序》, op. cit. p. 168.

"他是多么痛苦啊……"：*Diary*, iv (5 Feb. 1935), p. 277.

"青铜面具"：Ibid. v (16 Feb. 1940), p. 268.

拜访玛丽·希普尚克斯：Ibid. ii (13 June 1923), p. 246.

222　**"失误"**：Ibid. i (15 Feb. 1919), p. 239.

"《哭泣的姑娘》"：T. S. 艾略特，《普鲁弗洛克及其他观感》(*Prufrock and Other Observations*, 1917)。

"完成的文章……原材料"：*Diary*, iv (23 Nov. 1933), p. 189.

"若想和亨利·詹姆斯一样……"：'The Letters of Henry James' (1920), repr. *Essays*, iii, p. 205. 她更像是在写自己而非詹姆斯。

绝妙、恰当的措辞：我用的是她描述詹姆斯书信的措辞。

"某种无法传达的东西……"：Ibid.

"艺术家生命中的超然……"：《古老的秩序》, p. 173.

223　**"灵魂"**：*Diary*, ii (19 Feb. 1923), p. 234. 另见 iii (27 Feb. 1926), p. 62。

"我很高兴看到……"：Ibid. i (28 Dec. 1919), p. 317.

第十一章

224　**"新的征程"**：Ibid. 236.

福斯特：'Anonymity: An Enquiry'，*Two Cheers for Democracy* (Penguin), p. 97.

嗓音与作风：*South from Granada*, pp. 139–140, repr. *BG*, pp. 283–295.

225　**"我看透了……"**：*Diary*, iii (27 Feb. 1926), p. 63.

冲动之语：这个短语出自 *QB*, i, p. 67。

斯蒂芬·斯彭德：书评，*Observer* (30 Oct. 1977)。

226　**"我不喜欢……"**：*Letters*, iii (4 Sept. 1924), p. 131.

"让我们考虑一下……"：*JR*, pp. 91–92.

《阅读》：MHP B.11d. 未注明日期的打字稿，共 41 页，但日记中的证据表明它可能写于 1922 年 3 月（这篇文章需要跟另一篇重印于 *Essays*, Ⅲ, pp.

141–161 的《阅读》区分开来）。本文在随笔集中的标题是'Byron & Mr Briggs'，*Essays*, iii, Appendix II, pp. 473-499。

"逃离凡俗……"：'Truth: Balade de Bon Conseyl'，这是乔叟的一首短诗，转引自'Byron & Mr Briggs'，p. 488。

"我觉得我好像……"：*Diary*, ii (19 June 1923), p. 248。

直言不讳：Ibid. (28 July 1923), p. 259。

"我必须赞美这一点……"：Ibid.

227 "我觉得时间……"：Ibid. ii (22 Jan. 1922), p. 158。

"贴近现实"：Ibid. (14 Oct. 1922), pp. 207–208。

"现在，我时常……"：Ibid. 246。

弗吉尼亚·伍尔夫在地下室：Richard Kennedy, *A Boy at the Hogarth Press* (1972; repr. Penguin, 1978), p. 36. 这些回忆片段还配了有趣的图画。

228 一层保护性的薄膜：*LW*, iv, pp. 52–53。

"那种认为文学能从……"：*Diary*, ii (22 Aug. 1922), p. 193。

"我开始明白……"：Ibid. (18 Feb. 1922), p. 168。

"一个穿过黑夜……"：Ibid. 221。

229 "伦敦本身……"：海德公园门日记 (1903), Berg. *EJ*, p. 172。

"人们会发现……"：*Diary*, ii (17 Oct. 1924), p. 317。

汤姆林雕刻的半身像：1931 年，英国国家美术馆，在蒙克屋的花园和伦敦塔维斯托克广场上都有复制品。

疯疯癫癫的英国妇人：*Memories*, p. 236。

230 "没有什么能动摇……"：*Diary*, ii (23 June 1920), p. 49。

英国公众：《本涅特先生和布朗太太》, repr. as 'Character in Fiction', *Essays*, iii, p. 432。

二流作品：《简·奥斯丁》，重印于 *Essays*, iv。

231 《米德尔马契》……：《乔治·艾略特》，重印于 *Essays*, iv。

"在那里能找到……"：《论不懂希腊文》，重印于 *Essays*, iv。

"从你们的谦逊来看……"：'Character in Fiction', p. 436。

234 "我是不是和父亲一样……"：*Diary*, iii (23 Feb. 1926), p. 60。

伦纳德·伍尔夫对工作的看法：*LW*, v, p. 128。

"为什么要买……"：Kennedy, op. cit. 23。

"斯巴达式的"：*Diary*, iii (28 June 1923), pp. 250–251。

235 "但我的上帝啊……"：Ibid. (7 Dec. 1925), p. 49。

236 "我们都希望……"：Ibid. i (11 Oct. 1917), p. 58。

"很奇妙地完全能够相互理解"：Ibid. (7 May 1918), p. 150.

"接着我们谈到了……"：Ibid. ii (31 May 1920), pp. 44–45，编辑的注释也很有用。转引自 *QB*, ii, pp. 70–71。

237 "像我一样热爱写作……"：*Diary*, ii (25 Aug. 1920), pp. 61–62.

"我在树丛和花簇里……"：*The Letters and Journals of Katherine Mansfield: A Selection*, ed. C. K. Stead (Penguin, 1977), pp. 62, 65.

"用女人在夜晚交谈时……"：*Prelude: XI, Collected Stories* (Constable, 1945; repr. 1973), p. 53.

238 "啊，我找到了一个……"：*Diary*, ii (12 Mar. 1922), p. 171.

"面具似的脸上……"：*LW*, iii, p. 204.

曼斯菲尔德致弗吉尼亚·伍尔夫的信：1920 年 12 月 27 日，MHP。*Collected Letters of Katherine Mansfield*, ed. Vincent O'Sullivan with Margaret Scott (OUP), iii.

"一切都那么整洁……"：*Diary*, ii (16 Jan. 1923), p. 226.

240 "尼科尔森夫人认为……"：*Diary*, ii, p. 187.

"难道你身上没有……"：*Letters*, iii, p. 302.

241 "一名公开的萨福主义者"：*Diary*, ii, p. 235.

242 "沉默"：致薇塔·萨克维尔-韦斯特，*Letters*, iii, p. 242.

"阴翳中的生命"：《菲利斯和罗莎蒙德》，*SF*, pp. 17–29.

243 "相当令人厌烦"：与 Victoria Glendinning 在 2001 年 12 月 13 日的对话，Glendinning, *Leonard Woolf*, p. 283。

244 "我有成千上万的话……"：*Letters*, iii (16 Mar. 1926), p. 249.

"我不可能去诺尔……"：*Letters*, iii (9 Dec. 1926), p. 311.

诺尔和《奥兰多》中的物件：Glenis Jones, 'Orlando at Knole', *VW Bulletin*, (2005).

246 "结合"：Regina Marler 在《凡妮莎·贝尔书信集》第 287 页的脚注中写道："就在几天前，薇塔·萨克维尔-韦斯特与弗吉尼亚·伍尔夫的爱情实现了结合。"

247 "对弗吉尼亚的爱……"：*VSWletters*, p. 27.

"但并非秘密地……"：*VSWletters*, p. 26.

薇塔·萨克维尔-韦斯特对伦纳德·伍尔夫的欺骗：Glendinning, *Leonard Woolf*, p. 263.

248 "他轻抚她的肩膀……"：Nicolson, *Virginia Woolf* (Weidenfeld & Nicolson, 2000).

249 "每一个女人……"：*Mrs. D*, p. 109.

"洞穴"：*Diary*, ii (30 Aug. 1923), p. 263.

250 "灵魂的死亡"：*Mrs. D*, p. 91.

251 "我一会儿嘲笑她……"：*Diary*, iii (18 June 1925), p. 32.

可爱的人物：在《夜与日》完成之后，福斯特给了她这一建议，ibid. i (6 Nov. 1919), p. 310。

"暗地里嘲讽别人……"：Ibid. ii (17 July 1922), p. 180.

"湿滑的淤泥"：Ibid. (4 June 1923), pp. 243–244.

"既无善意……"：*Mrs. D*, p. 136.

最初的计划：《雅各的房间》手稿，iii, pp. 131, 153, Berg。

改变了想法：*Diary*, iii, p. 207.

252 **昆汀·贝尔注意到**：*QB*, i, p. 80n.

"集智慧、风度……"：*MB*, p. 143.

"要是有邋遢的女人……"：*Mrs. Dalloway's Party*, ed. Stella McNichol (Hogarth, 1973), p. 26.

"当她看着那些出租车时……"：*Mrs. D*, p. 15.

"掌握经验……"：彼得·沃尔什这样认为，p. 120。

"要意识到……"：'The Clapham Sect', *Essays in Ecclesiastical Biography*, p. 309.

253 "不为人知的"面孔：MSS.D, iii, p. 92.

"她要直面她的敌人"：Ibid. 98–99.

254 "某种对她的不喜欢……"：*Diary*, iii (18 June 1925), p. 32. 见 Jane Novak, *The Razor Edge of Balance: A Study of VW* (Univ. of Miami, 1975), p. 125。

完成克拉丽莎的角色：1932 年 3 月 19 日致 Harmon H. Goldstone, *Letters*, v, p. 36。

255 **罗杰·弗莱论现代艺术**：弗吉尼亚·伍尔夫在关于 1910 年的第一次后印象主义艺术展和 1912 年的第二次展的一章中引用了罗杰·弗莱的话，*Roger Fry*, pp. 177–178。这句重要的引文是 John Batchelor 关于弗吉尼亚·伍尔夫的"方法"的精彩章节的题词，*Virginia Woolf: The Major Novels* (Cambridge University Press, 1991), pp. 29-55。

自然状态下的心灵：Colin Blakemore, *The Mechanics of the Mind* (Cambridge, 1977), p. 51.

256 "她一针又一针……"：*Mrs. D*, p. 61.

"从这件事轻松地……"：《墙上的斑点》, *A Haunted House*, p. 42。

"并不完全真实"：Ibid. 44, 47.

"裂纹"：'Lady Fanshawe's Memoirs', *TLS* (26 July 1907), p. 234. *Essays*, i, p. 145.

257　读普鲁斯特：*Diary*, ii (10 Feb. 1923), p. 234.

"他探索着……"：Ibid. iii (8 Apr. 1925), p. 7.

"如此完美的接受能力"：《小说的阶段》, *CE*, ii, p. 83。

"我们可以称之为……"：'Romance and the Heart' (review, 19 May 1923), repr. *Essays*, iii, p. 367.

"在核心之处……"：MSS. D, i, p. 5.

"听不见的方式"：*Diary*, iii (15 June 1929), p. 232.

"把事情说出来……"：MS.LH, p. 214.

"当我写作时……"：*Diary*, iii (31 May 1929), p. 231.

258　乔伊斯：乔伊斯对弗吉尼亚·伍尔夫的影响，见 Guiguet, *VW and Her Works* (Hogarth, 1965)，尤其是第 240—245 页。

梦魇般的内心世界：T. S. Eliot, 'Cyril Tourneur', *Selected Essays* (Harcourt, 1950), p. 166.

现代人：'Mrs. Dalloway in Bond Street', p. 23.

"世界上缓慢蔓延的污物……"：雪莱，《阿多尼斯》, 第 40 节。

"不要再怕……"：《辛白林》, 第四幕，第二场。

"河对岸的……"：*Mrs. D*, p. 39.

259　"普世的爱"：Ibid. 103.

"这本书的优点……"：1923 年 6 月 18 日，在四本类似日记的笔记本中的一本里，Berg。

最初的图式：'Notes for Writing', 一本全息影印的笔记本，标注的日期为 1922 年 3 月至 1925 年 3 月，Berg。

十年：MS.LH, Appendix A, p. 11 and Appendix B："岁月流逝"的大纲。

260　"我把那个 [斯蒂芬家族的] 世界……"：*MB*, p. 84.

"能够通过父辈……"：*AROO*, p. 146.

试穿母亲的裙装：John Lehmann, *VW and Her World* (Thames and Hudson, 1975), p. 22.

261　"让古老的幽灵……"：*The Sense of the Past*. 我要感谢 Julia Briggs 让我注意到这一点，*Night Visitors: The Rise and Fall of the English Ghost Story* (Faber, 1977), pp. 114–116。

262　"那么它象征着母与子……"：*LH*, pp. 85, 271–272.

一大片树篱：Ibid. 243. 另见 pp. 246, 279, 297。

"一次又一次……": Ibid. 70.

"唯一说真话": Ibid. 288.

"从不歪曲事实": Ibid. 13.

"'我们灭亡了……'": Ibid. 256. 他引用的是考珀的诗《漂泊者》('The Castaway')。

263 "我想，我可能……": *Diary*, iii, p. 38.

"我对自己感叹……": Ibid. 109.

264 "灯塔不代表任何东西": *Letters*, iii (27 May 1927), p. 385. 参见日记中的评说，*Diary*, iii (13 Sept. 1926), pp. 109–110: "我在使用某种象征主义。"

"长着一只黄色眼睛……": *LH*, p. 286.

"僵硬笔直的": Ibid.

"我想，我会发现……": *Diary*, iii (7 Dec. 1925), p. 50. 当时的背景是计划写一本关于小说的书籍，最后呈现为《小说的阶段》，于 1929 年发表。

265 "你必须死死地盯着……": *LH*, p. 309.

"这真是一个奇迹……": MS.LH, p. 348.

"我总能听到她的声音……": *MB*, p. 80.

第十二章

266 "没有任何一个……": *Diary*, iii (4 Sept. 1927), p. 153.

抑郁: Ibid. (15, 28, 30 Sept. 1926), pp. 110–113.

"我很高兴……": Ibid. (28 Sept. 1926), p. 112.

267 "我走在大地上……": Ibid. (27 Feb. 1926), p. 62.

《序曲》: 1850 text, Book VII, ll. 461–465, 记录于 *Diary*, iii, pp. 247–248. 她在 1911 年说，《序曲》是有史以来最伟大的书籍之一（*Letters*, i, p. 460）。

269 "不过，在散步的时候……": *W*, p. 134.

"在四十六岁的时候……": *Diary*, iii (21 Apr. 1928), p. 180.

"离得远一点……": 'Impassioned Prose'（论德·昆西）*TLS* (16 Sept. 1926), repr. *CE*, i, p. 172. 另见 *LH*, p. 289: 一种了解人的方法是 "看轮廓，不看细节"。

270 华兹华斯的不朽的大海: 《不朽颂》，第 9 节。

271 "崇高感": 与《丁登寺》的隐在关联，参见 Eric Warner, op. cit. 222。

"序曲": MSS.W, p. 192, 'verso'.

放小船: 为梅特兰的传记回忆起来，又在《存在的瞬间》里提到，*MB*, p. 77.

272 "那些最初的情感……":《不朽颂》,第 9 节。

"到了英格兰":MSS.W, p. 431.

打板球:在第一稿中更显著。

273 对托比的描述:MHP A.13a.

"人物":*MB*, p. 120.

昆汀·贝尔对托比的描述:*QB*, i, p. 22.

274 斯特雷奇对菲茨詹姆斯爵士的描述:'The First Earl of Lytton', *Independent Review* (Mar. 1907). 转引自 Holroyd, i (1967), pp. 359–360。

珀西瓦尔阅读:MSS.W, p. 565.

"巨石一般":1905 年的书信,转引自 Holroyd, p. 140。

"美丽的雕像……":Diary of Foreign Travel, 1906. *EJ*, p. 322.

275 "露出了她的眉毛……":*W*, pp. 52–54.

"然后她就躺在……":MSS.W, p. 188.

276 "我们之间的差异……":*W*, p. 101.

路易斯像石雕一样:Ibid. 84.

"现在,让我们……":Ibid. 89.

"跟这些小鱼一样……":Ibid. 98.

"所有外部的世界……":Ibid.

"在这儿——看来似乎不可置信……":Ibid. 85.

277 "这由我们巨大的……":Ibid. 105.

278 "完全的成熟……":题为 'Additions to Waves etc.' 的练习册,1931 年 6 月 30 日,MHP B.2e。In MSS.W: Appendix A, p. 64.

"我从小就记得……":*W*, p. 109.

1930 年秋天的笔记:Notebook, MSS.W, p. 755.

"一切说出的话……":*W*, p. 112.

"一个完美的栖身之所":Ibid. 116.

279 "几乎没有什么……":Ibid.

"驰入那白沫飞溅……":Ibid. 117.

"遇到了障碍":日期为 1930 年 11 月 3 日的条目,MSS.W, p. 761.

"珀西瓦尔正在绿叶……":*W*, p. 144.

280 弗吉尼亚·伍尔夫的写作计划的第一部分:她在 1930 年 9 月至 10 月进一步完善了第一部分。

"当我闭上……":*W*, p. 122.

六十五岁:草稿的第九章给出了伯纳德的年龄。

"有一只野兽……"：*W*, p. 126.

281 "我已经不再是一月……"：Ibid. 122.

"我们正在变老"：Ibid. 126.

282 "一幕幕地"：Ibid. 127.

"感到厌烦"：Ibid. 123.

"但是，现在我很……"：Ibid. 119.

伦敦桥"倒塌了……"：《荒原》（1922）

伯纳德看到了鱼鳍：*W*, pp. 134–135.

283 惠特曼：《从这永不停息地摇摆着的摇篮里》。

"为了熬过一天……"：*W*, p. 145.

"最高的渴望"：Ibid. 135.

284 "茫然的感觉重新出现……"：Ibid. 204.

"你们说话的声音……"：Ibid. 158.

285 "就像一个人……"：Ibid. 154.

去汉普顿宫：*Diary*, iii, p. 324.

麦克白的心情：《麦克白》，第五幕，第三场。

286 "什么东西是……"：*W*, p. 161.

冰冷的死亡阴云：雪莱，《阿多尼斯》，第54节。

"让我们……"：*W*, p. 162.

"我那毁灭了的人生……"：Ibid. 163.

"独自挤出……"：Ibid. 165.

287 "寂静把我的脸……"：Ibid. 159.

"河的下游"：Ibid. 166–167.

288 "像这样望着……"：MSS.W, p. 167.

"我曾是许许多多……"：Ibid. 377.

289 "六个人物……"：*Letters*, iv (27 Oct. 1931), p. 397. 我要感谢 Eric Warner 指出了这一点。

"他走了！"：*W*, p. 96.

"安全感"：Ibid. 176.

"衣服挂在橱柜里一样……"：Ibid. 154.

290 "动物性的"：Ibid. 94.

291 "猜到了我兴高采烈的心情……"：Ibid. 46.

缓慢洪流：Ibid. 74.

"她袒露着……"：Ibid. 195.

292 "电车刺耳的声音……"：Ibid. 196.
"像一缕飞絮……"：Ibid. 173.
食蚁兽的舌头：Ibid. 174.

293 "沿着词句的曲径……"：Ibid. 63.
"我的生活中……"：Ibid. 92.
"斥责可厌的……"：Ibid. 128.

294 "一起后退……"：Ibid. 101.

295 "西风啊……"：Ibid. 145.
"那是我们之间最……"：MSS.W, p. 359.
《拉宾与拉宾诺娃》：见上文第 173 页。
"每一天……"：W, p. 91.

296 突击队员的照片：LW, v, p. 14.
"保护性的外壳……"：Ibid. i, p. 98.
"那是一个戴着头巾……"：W, p. 69.
斯坦纳：In Bluebeard's Castle (Faber, 1971), p. 38. 完整的论点更加复杂和微妙。
"上帝啊！……"：Letters, v (8 Aug. 1934), p. 321.
"幸灾乐祸……"：W, p. 66.
"沉默的人群……"：MSS.W, p. 707.
城市的肮脏：Allen McLaurin 评论了艾略特诗歌中城市景观的相似性。Virginia Woolf: The Echoes Enslaved (Cambridge, 1973), p. 134.

297 "他那污秽可怜的……"：W, p. 179.
"我搞不懂……"：Ibid. 156.
"苍白的"，"坚硬如石的"：Ibid. 66, 156; Diary, ii (16 Feb. 1921), p. 90.
先知一般：MSS.W, p. 315.
"任何震动……"：W, p. 8.

298 "人对人所做出的……"：这个表述在第一稿中就已经出现了，MSS.W, p. 291. W, p. 155.
华兹华斯的引文：《序曲》，第一卷，第 393—399 行。

299 "纯洁的精神……"：雪莱，《阿多尼斯》，第 38 节。
阅读雪莱：MSS.W, pp. 127–129.
"如火一般"的纯净：Ibid. first draft, p. 325.
"像荒漠里的热风……"：W, p. 144.
"生命是……"：Diary, iii (30 Sept. 1926), p. 113. 这个水坑在《存在的瞬间》

里也被提起过，*MB*, p. 78。罗达也看到了"水坑"，并"无法跨越它"，*W*, p. 113。

300 "骑在狂涛巨浪之上……"：Ibid. 114.

"我的心灵轻舟……"：雪莱，《阿多尼斯》，第 55 节。

冰流：MSS.W, p. 510.

弗吉尼亚·伍尔夫的梦：1975 年 7 月，约翰·莱曼在牛津曼彻斯特学院的演讲中回忆起。

宇宙的搏动：出自爱默生 1832 年的布道词 'The Genuine Man'："他的心脏与宇宙的心脏一起搏动。"我很感谢 Faith Williams 指明了出处。

暴风雨：*W*, p. 76.

"那青灰色的泡沫……"：MSS.W, p. 512. 更早的版本参见 ibid. first draft, p. 202.

自我的消解：另一次描述见 MSS.W, p. 134。

301 敲击一棵树：蒙克屋兼厨师的家仆路易·马耶尔的回忆，Louie Mayer, *Recollections of Virginia Woolf*, p. 159。

"现在我要撤出了……"：*W*, p. 117.

典型：见《狭窄的艺术桥梁》，*New York Herald Tribune* (14 Aug. 1927) repr. *CE*, ii, pp. 224–245。

302 "一种诗性代数"：Eric Warner, op. cit. 326.

弗吉尼亚·伍尔夫谈论勃朗特姐妹：《〈简·爱〉和〈呼啸山庄〉》，这是 1916 年为纪念夏洛蒂·勃朗特百年诞辰而写的文章的修订版和扩充版，收入《普通读者》（1925），重印于 *Essay*, iv。

"就像一股滚滚的波涛……"：*W*, p. 64.

第十三章

303 "幻想中的"晚餐：笔记本中 1930 年 11 月 3 日的提纲也是这样描述的，MSS.W, p. 757.

304 "你张望……"：*W*, p. 208.

"那是一项巨大的……"：Ibid. 201.

"非存在"：*MB*, p. 70.

305 "在这儿，它徒劳无益地……"：*W*, p. 191.

"我有时会疑惑……"：MSS.W, p. 764.

莱斯利·斯蒂芬与《不朽颂》：致朱莉娅·斯蒂芬的信，Berg。

"某个人物"：MSS.W, p. 762.

敲出了一片透明：W, p. 187.

306 "变得坚实了……"：MSS.W, p. 762.

"一层外壳……"：W, p. 181.

"我认为传记艺术……"：MSS.W, p. 684.

童年故事等：W, p. 169.

大自然的宏大设计：挪用自 Eric Warner。

"海浪在翻涌……"：1930 年 11 月 3 日的笔记，MSS.W, p. 758.

307 "我们只有在编织……"：1931 年 1 月 3 日，MSS.W, p. 764.

"我已经不再需要那些词语了"：W, p. 209.

"所以，我就一一拜访了……"：Ibid. 189.

308 "我看到了另一个领域……"：*Diary*, iii (2 Sept. 1930), p. 316.

"走出自我……"：《为诗一辩》

"独立的生命"：W, p. 64.

"那就让我……"：Ibid. 61.

"如果一个人……"：Ibid. 60.

"我们感觉到……"：MHP B.11a. 一篇对 *The Letters of Thomas Manning to Charles Lamb*, ed. G. A. Anderson 的评论。

309 "斯蒂芬大法官"：*MB*, p. 120.

改革者，革命者：见上文第 84 页。

"沉着泰然的心理素质……"：W, p. 172.

"他将成为一个行动主义者……"：MSS.W, p. 347.

"秉持某种不合时宜的观念"：Ibid. 561.

"某个万恶的暴政"：W, p. 108.

"他本应该去保护……"：Ibid. 172.

克拉彭派的特点：'The Clapham Sect', op. cit. 290.（詹姆斯爵士在此化身为 Henry Thornton。）

310 "家族崇拜"：见《日记》的序言，*Diary*, i, p. xxiii.

"永远、永远不会……"：W, p. 174.

继承者：Ibid. 180.

311 贝多芬后期的四重奏：昆汀·贝尔提到了这些四重奏对《海浪》的影响，*QB*, ii, p. 130。

"包含着谐音……"：W, p. 182.

312 "这手令人惊异地……"：Ibid. 206.

"那团位于中心的阴影……"：Ibid. 207.

313 "心安理得地……"：Ibid. 167.

努力：*Diary*, iii (22 Dec. 1930), p. 339.

飞蛾之死：《飞蛾之死》，*CE*, i, pp. 359–361。

四十四岁更热切的生命：*Diary*, iii p. 117.

"海浪拍岸……"：*W*, p. 211.

314 "而且浪潮也正在……"：Ibid.

"按照节奏……"：*Diary*, iii (2 Sept. 1930), p. 316.

315 作为写作的基础的节奏：见上文第 72 页。

"敏捷、热烈……"：*W*, p. 57.

"一直处于休眠状态……"：Ibid. 59.

"小说会随着……"：Notebook, MSS.W, p. 765.

"我要像一片云……"：*Diary*, iii (4 Jan. 1929), p. 218.

316 "当星光经过了千百万年……"：*W*, p. 190.

"坚决地"：*Diary*, iii (26 Dec. 1929), p. 275.

造物的视角：见 J. W. Graham, 'Point of View in *The Waves*: Some Services of the Style', *Univ. of Toronto Quarterly*, xxxix (Apr. 1970), pp. 193–211。

永恒的精神：华兹华斯，《不朽颂》，第 8 节。

"万物都存在于我……"：MSS.W p. 39，转引自 Graham。

"一种意识状态"：*Diary*, iii, p. 110.

317 框架（containing frame）：Eric Warner 的用词。

"天啊，它是多么深啊"：*Diary*, iii, p. 235.

318 "我们——我指的是……"：*MB*, pp. 72–73.

"这汹涌起伏的……"：*Diary*, iii (19 Apr. 1925), p. 10.

"我写作的时候……"：Ibid.

"和其他地方一样……"：Ibid. (4 May 1925), p. 16.

不是小说：Ibid. (18 Feb. 1928), p. 176 and ibid. (31 May 1928), p. 185. J. W. Graham 注意到她在《海浪》第二稿上的评语："如果以下页面没有被当作小说来读的话，作者将会很高兴。"MSS.W, p. 582.

第十四章

320 "……现在我五十岁了……"：*Diary*, iv, p. 125.

局外人：日期为 1932 年 10 月 11 日的随笔，MS. Par, p. 7.

"这些是灵魂的变化……": *Diary*, iv (2 Oct. 1932), p. 125.

"洁净和清醒": Ibid.

"一个伟大的解放之季": Ibid. (31 Dec. 1932), pp. 134–135.

321 "习惯": Ibid. (11 Mar. 1935), p. 287.

压抑的沉默：就像《岁月》中的勒尼一样。

刺猬厅：*Diary*, iii (5 Aug. 1929), p. 238: "伦纳德的新房间，刺猬厅。"

算不上一位绅士：Ibid. iv (25 June 1935), p. 326.

法国之旅：Ibid. (Apr. 1935), p. 18.

"她一刻也无法忍受……": 1925 年 12 月 27 日致邓肯·格兰特，*VBletters*, p. 287。

去巴黎的想法：*Diary*. v, p. 115.

"当我们和解时……": Ibid. (28 July 1939), p. 228.

322 "繁忙的伦敦岁月": Ibid. (9 Dec. 1939), p. 250.

"英格兰那古老的……": Ibid. iv (16 Sept. 1932), p. 124.

"紫色犁地上的……": Ibid. (2 Oct. 1932), p. 126.

格温先生：Ibid. v (6 Jan. 1940), p. 257.

"在这里，我们……": *Letters*, vi (8 Oct. 1938), p. 286.

"就像一个暗绿色的……": *Recollections of VW*, p. 87.

323 "我们那可爱的……": *Diary*, v (12 Oct. 1940), 转引自 *LW*, v, 71–72。

《阿侬》: *Diary*, v (23 Nov. 1940), p. 340.

像伯爵的伦纳德：1941 年 2 月 1 日致埃塞尔·史密斯，*Letters*, vi, p. 466。

"群体情感": *Diary*, v (15 Apr. 1939), p. 215.

从小说转向编年史：Ibid. (29 Apr. 1939), p. 217.

"我的梦想……": Ibid. iii (22 Dec. 1927), pp. 168–169.

"这绝不是事实……": Ibid. iv (2 Oct. 1933), p. 181，这是《弗勒希》出版的时候。

"某些改变……":《简·奥斯丁》，重印于 *Essays*, iv。她在这篇文章中指出，奥斯丁在她的能力到达巅峰时去世了，那时她仍然可能发生这些"改变"。

324 "奥克塔维亚的故事": 这并不是一个题目，只是她在 1941 年 3 月 24 日的日记中使用的描述性词语，转引自 *LW*, v, p. 90。

"文学界有伟大的……": *Recollections of VW*, p. 165.

"精神信仰的转变": *Diary*, v (20 May 1938), p. 141.

"《和平——空袭中的思索》": *CE*, iv, pp. 173–177.

325 乐于使用直白的言辞等：Noel Annan, p. 110, 将这些特点定义为克拉彭派的遗产。

"我们下一个任务……"：*Letters*, vi (22 Jan. 1940), pp. 379–380.

1931 年的演讲：MS.Par, pp. xxvii–xliv.

像玛丽·沃斯通克拉夫特的随笔：米切尔·利斯卡在"帕吉特家族"手稿的序言里提出，MS.Par, p. vii。

326　**内心的敌人**：MS.Par, pp. xli, xliv.

327　**埃塞尔·史密斯致弗吉尼亚·伍尔夫的信**：Berg.

埃塞尔与罗斯：见 Grace Radin, *Virginia Woolf's The Years* (Knoxville: Univ. of Tennessee, 1981), pp. 5–6。

328　"认识你之后……"：*Letters*, iv (29 Dec. 1931), p. 422.

"……我每时每刻都知道……"：1931 年 12 月 31 日。Adrienne Rich 在伯格收藏馆的文件夹上提到，这是对弗吉尼亚·伍尔夫 12 月 29 日的信件的回复。

"你知道的，弗吉尼亚……"：未标明日期。

"如果我现在写书评……"：21 Jan. 1931, MS.Par, Appendix, p. 164.

329　"'我们的国家'……"：*TG*, p. 197.

330　"对同情上瘾的人……"：Ibid. 203.

"我从来没有……"：Ibid. 314–315.

"敲响了我们……"：Ibid. 233.

"走了出来……"：*Diary*, v (9 Apr. 1937), p. 78.

"像陀螺一样……"：Ibid. (12 Mar. 1938), p. 130.

"我觉得自己……"：Ibid. (28 Apr. 1938), p. 137.

"杰出的檄文执笔者……"：In *TLS* (4 June 1938), reported in *Diary*, v (3 June 1938). Review repr. in *VW: The Critical Heritage*, ed. Robin Majumdar and Allen McLaurin (Routledge, 1975), pp. 400–401.

对《三枚旧金币》的反感：*QB*, ii, pp. 204–205.

"我亲爱的小姨……"：1984 年 10 月 22 日致本书作者。

"我尽了最大的努力……"：*Diary*, v (22 Nov. 1938), p. 189.

局外人的原则：*TG*, pp. 203–204.

332　"圣殿的帘幕……"：*Diary*, iv, p. 298.

"这是一个彻底腐坏的……"：Ibid. (25 Mar. 1933), p. 147.

廉价装饰品：*TG*, p. 171.

"没有什么能使我……"：*Diary*, iv (25 Mar. 1933), p. 148.

催眠：*TG*, pp. 207–208.

"只能通过黑暗来保存"：Ibid. 208.

333 "……我终于找到了……"：*Diary*, iv, p. 186.

"很明显，我在……"：Ibid. v (19 Feb. 1937), p. 57.

"阿侬"和"读者"：Berg. Ed. Brenda R. Silver, *Twentieth Century Literature*, 3/4 (Fall/Winter, 1979), pp. 356–441. 在伯格收藏馆中有三个版本的"阿侬"，由于没有最终版，我随意地引用任一版本。

"阅读"：MHP B.11d，出版时以'Byron & Mr Briggs'为题。见上文第十一章第 227 页。

开始广泛阅读：阅读笔记，MHP B.2c，书摘自 G. B. Harrison's *Elizabethan Journal*, Trevelyan's *History, Coriolanus*, Eileen Power's *Medieval English Nunneries*, Aubrey on Spenser, and Henslowe's diary. 更多细节见 *RN*, pp. 184–189. 1938 年 10 月 14 日，她萌生了最初的想法（见《日记》）："写一本……涉及整个英国文学的批判性著作，既然我过去二十年里一直在读，并且一直在做笔记。"

"普通历史读本"：*Diary*, v (12 Sept. 1940), p. 318.

334 "虚荣、自私……"：*TG*, p. 149.

阿侬可能哼唱过哄孩子入睡的歌谣：*AROO*, p. 74.

老妇人：*Mrs. D*, pp. 123–125，其他细节引自 MSS.D, i, pp. 95–98。

335 《倾斜之塔》：*CE*, ii, p. 181.

336 约翰逊博士：*Lives of the English Poets* (Thomas Gray) 的最后一段。

不"阅读"一个字：'The Reader', *Twentieth Century Literature*, p. 428.

《评论》：MHP B.11c. 霍加斯出版社的六便士小册子系列第四本，重印于 *CE*, ii, pp. 204–215。

337 华兹华斯：*Diary*, v (7 Aug. 1939), p. 229.

"黑暗中，静寂中……"：批判书评作者的草稿。MHP B.11d, p. 3.

合作伙伴：《如何读书》, *CE*, ii, p. 2, repr. *Essays*, v。

"有一个原则在引导……"：《阅读》, MHP B.11d, pp. 22–24。*Essays*, iii, pp. 488–489.

338 "某种始终存在……"：Notes for Reading at Random (18 Sept. 1940), *Twentieth Century Literature*, p. 374.

"在某个地方，在所有地方……"：《阅读》, *CE*, ii, p. 29.

339 "听到自己……"：《阿侬》, *Twentieth Century Literature*, p. 396。

"你让我扮演的……"：*BA*, p. 179.

"黑暗的中心……"：Ibid. 256.

最后一刻更改的书名：1941 年 2 月 26 日，这部小说的题目由"波因茨宅"

改为了"幕间"(据当日日记)。

341 "精神"祖先：MSS.BA, p. 86.

用手抚过：*BA*, p. 85.

"隐藏起来的……"：MSS.BA, p. 38.

"可能的"：Ibid. 37.

342 乔叟：MSS.BA, p. 49. 日期为 1938 年 4 月 2 日。

《幕间》中的蛇和蟾蜍：昆汀·贝尔于 1984 年 10 月 22 日致本书作者的信，他是从伦纳德·伍尔夫那里听到这个故事的。

"感到解脱"：*BA*, p. 119.

"'愚蠢的小男孩……'"：Ibid. 133.

343 特里维廉的历史：*AROO*, pp. 67-68.

"继续"：*BA*, p. 24.

"人们是有天赋的"：Ibid. 73.

"愚蠢、粗俗……"：MSS.BA, p. 176.

344 "布道"：*BA*, pp. 218-219.

叶 芝：'A General Introduction for My Work', *Selected Criticism*, ed. A. Norman Jeffares (Macmillan, repr. 1973), p. 266.

用力地磨指甲：*BA*, p. 210.

"绝望的低谷"：转引自 *LW*, v, p. 78。

345 很难令人信服：Roger Poole, p. 222 最先表达了质疑。

346 最大的打击：*Diary*, v (13 Mar. 1936), p. 17.

"就像一个受酷刑的人……"：Ibid. (13 Sept. 1938), p. 169.

"那是小孩子的游戏"：Ibid. (2 Oct. 1938), p. 178.

"生活变成一场……"：*LW*, v, p. 11.

闭上眼睛。Ibid. 47-49.

"因为这两种野蛮主义……"：《门前的野蛮人》的最后一句话(*Barbarians at the Gate*, Gollancz, 1939, pp. 218-219)。

347 弗吉尼亚·伍尔夫与波托基：Jean Moorcroft Wilson, *VW and Anti-Semitism*, pp. 15-16, 19, 摘自 Count Potocki, *Social Climbers in Bloomsbury: from the Life* (London: The Right Review, 1939)。

"这是野蛮到来的前奏"：《战时的伦敦》，夹在《幕间》手稿里的三页纸，MSS.BA. MHP A.20。

348 "抗议的声音……"：《现代小说》('Modern Fiction')，1919 年 4 月 10 日首次发表时题为'Modern Novels'，重印于 *Essays*, iii, p. 36。

"思想……"：*Diary*, v (15 May 1940), p. 285.

"在这些深深的……"：Ibid. (24 Dec. 1940), p. 346.

侵略战争：奈杰尔·尼科尔森的脚注，*Letters*, vi, p. 432。

"作为一个犹太人……"：*LW*, v, p. 46.

希姆莱的名单：*LWL*, p. 164.

"等待是没有意义的……"：*LW*, v, p. 46.

"保护性毒药"：Ibid. 15 and *QB*, ii, pp. 216–217.

349　"我不想在车库里……"：转引自 *LW*, v, p. 46。

"不过在死之前……"：*Diary*, v (11 Dec. 1938), p. 190.

让人兴奋的死亡：Ibid. (18 Jan. 1939), p. 200.

"你觉得在人的一生中……"：1964 年 5 月 26 日鲍勃·梅厄的信，现藏苏塞克斯大学，转引自 *A Marriage of True Minds*, p. 62。

"下层乡村世界"：1941 年 1 月 25 日致西蒙夫人希娜，*Letters*, vi, p. 464。

"极度的反感"：*Diary*, v (26 Feb. 1941)，转引自 *LW*, v, p. 89。

工作笔记：MHP B.2d., p. 38. 这个笔记本上记录的大部分书籍都是在 1918 年至 1922 年读完的，但她阅读《格列佛游记》的日期没有记录下来。见 *RN*, pp. 190, 194。

莱斯利·斯蒂芬：*Swift* (1882; repr. London 1902), p. 179.

白色鼻涕虫：*Diary*, v (26 Feb. 1941)，转引自 *LW*, v, p. 88。

350　"——两者都如此可恨"：致希娜，loc. cit。

伯特"从不喜欢……"：*Diary*, v (26 Feb. 1941)，转引自 *LW*, v, p. 87。

《海滨小镇》：MHP A.28. 更早一些的草稿"女士们的盥洗室"，见 'Flush and Other Essays', Berg. *SF*, pp. 291–292.

"豪言壮语"：转引自 *LW*, v. p. 46。

关于驴子的片段：题为 'Possible Poems' 的全息影印本，MSS.BA, p. 504。未注明日期，但米切尔·利斯卡认为它写于 1940 年的夏天到 10 月之间。（这个片段的另一个版本出现于伯格收藏馆后期的打字稿中：part II, p. 131。见 MSS.BA, pp. 557–558。）一些选段也在《幕间》出现过，*BA*, pp. 182–183。

351　对某些巷子的感情：1940 年 9 月 12 日和 1941 年 1 月 12 日致埃塞尔·史密斯，*Letters*, vi, pp. 431, 460。

"我去了伦敦桥……"：*Diary*, v (15 Jan. 1941), p. 353.

女性自传：致埃塞尔·史密斯，*Letters*, vi, p. 453。

"我在思考……"：1931 年 1 月 30 日的笔记，Notebook, MSS.W, p. 767。

352　从课本上抬起头：*MB*, p. 110.

海湾对面的景色：Ibid. 111.
"第三种声音"：Ibid. 115.
"凶恶、盲目……"：Ibid. 126.

353 "多奇怪啊……"：*W*, p. 194.
"斯黛拉和母亲的鬼魂……"：*MB*, p. 135.
"——那个奇怪的鬼魂"：*Diary*, iii (26 Dec. 1929), p. 275.
只是一场旅行：转引自 *QB*, i, p. 112。
"我不必回忆……"：*MB*, p. 67.
"那么，就让我……"：1939 年 7 月 19 日，*MB*, p. 98。
"他们多么美好……"：*Diary*, v, p. 345.

354 "我们的社会地位"：MHP A.13a.
"她们不再与活人……"：*MB*, p. 97.
"死亡是一种……"：*Mrs. D*, pp. 277–278.
她的书信集的编辑：奈杰尔·尼科尔森，《书信集》第 6 册的引言，*Letters*, vi, p. xvii。
她父亲的旧书：To Lady Tweedsmuir , *Letters*, vi, p. 483.

355 拜访斯托克纽因顿：*Diary*, v (12 July 1937), p. 102. 弗吉尼亚·伍尔夫的曾祖母安妮·斯滕特（Anne Stent）来自斯托克纽因顿，她的曾祖父的第二任妻子，也就是威尔伯福斯的妹妹，也葬在那里。
"我想给你写一篇……"：奥克塔维亚与弗吉尼亚·伍尔夫的对话记录在她写给伊丽莎白·罗宾斯（Elizabeth Robins）的六封信中，NY, MHP.

356 "最糟糕的敌人"：致伊丽莎白·罗宾斯。
"我对她说……"：Ibid.
"我总是在半夜……"：*Diary*, iv (8 Feb. 1932), p. 74.
"比利顿的死更让人痛苦……"：Ibid. (17 Oct. 1934), p. 253.
"在某种程度上……"：Ibid. (30 Dec. 1935), p. 361.

357 "我亲爱的姨母——"：Ibid. v (28 Aug. 1938), p. 164.
"灵魂应该是……"：Ibid. iv (18 Dec. 1934), p. 266.
"我想写一篇……"：Ibid. v, p. 95.
《辛波尔》：标注的日期为 1941 年 3 月 1 日。MHP A.24e. *SF*, pp. 288–290.
崇拜山峰：例如，莱斯利·斯蒂芬的 'The Alps in Winter', *Men, Books and Mountains*, ed. S. O. A. Ullman (London 1956)。

358 "我痛恨……"：*Diary*, v, p. 347.
"我需要的是过去……"：Ibid., p. 355.

"要不是因为战争……"：Ibid. (11 Apr. 1939), p. 214.
"啊，这些早晨……"：Ibid. (12 Oct. 1937), p. 112.
"奔腾的马蹄声……"：Ibid. iv (17 Aug. 1932), p. 121.

359 "再度造访了……"：Ibid. (12 Aug. 1933), p 171.
"与伦纳德在一起……"：Ibid. 172.
"一边是在日光下……"：《夜与日》, p. 358.
演讲：MS. Par, pp. xxvii–xliv.

360 "就这样，我的船……"：*Diary*, v, p. 283.
"我记下了……"：Ibid., pp. 357–8.
骑自行车去大英博物馆：Ibid. (8 Mar. 1941), p. 358.
大火：Ibid. (1 Jan. 1941), p. 351.
"无敌舰队的处境"：Ibid. (12 Sept. 1940), p. 318.
"如果我们能一同……"：*W*, p. 164.

361 一条通向死者的路：手稿中的细节，见本书第 64 页。
"我们的幻影……"：*Mrs. D*, p. 230.
遗言：*Letters*, vi, p. 481.
"没有任何两个人……"：*VO*, p. 431. 这些话在第一份遗书（尼科尔森考证的日期为 3 月 18[？]日）中几乎一字不差地重复了一遍，在 3 月 28 日以不同的方式重复了一遍。Leaska, *The Novels of VW*, p. 25; Poole, p. 34 都指出了这一点。第一封给伦纳德·伍尔夫的字条的复印件发表于 *A Marriage of True Minds*, p. 185。
"我应该被钉死……"：*LWL*, p. 165.

362 两棵树：*LW*, v, p. 96. *A Marriage of True Minds*, p.179 有这两棵榆树的照片。

364 "阴影"；"真实自我"：*SF*, pp.30–32.

365 "从我小时候起……"：*Diary*, i (7 Aug. 1918), p. 180.

366 "可以告诉我们……"：《传记的艺术》
"我现在面临的……"：*Diary*, v (19 Feb. 1937), p. 57.

367 "拜伏在昆汀脚边……"：*Mandarin: the Diaries of an Ambassador, 1969–1982* (1994), p. 337.

369 "不知疲倦的探索者"：*Diary* (27 Feb. 1926), p. 62.

致谢

本书献给 Siamon Gordon，他敏锐的判断力和作为编辑的天赋影响了这本书的每一个阶段。我受益于与弗朗西斯·帕特里奇就弗吉尼亚·伍尔夫的和平主义所做的交流，葛丽塔·韦尔丹对"存在的瞬间"的看法，上世纪六十年代末我在哥伦比亚大学读书时与卡洛琳·海尔布伦的交谈，布鲁姆斯伯里的传记作家弗朗西斯·帕特里奇，昆汀·贝尔对七八十年代的批评方法的观点，还有 E. M. 福斯特的传记作者尼古拉·博曼，他的珀尔塞福涅出版社似乎在某些方面模仿了霍加斯出版社。洛拉·斯洛迪奇（纽约公共图书馆伯格收藏馆馆长）为这本书提供了标题；吉拉·贝尔科维奇（美国文库出版社的创始编辑）给了我灵感和鼓励；珍妮·约瑟夫对终稿做了细致的评论。

注释并没有充分说明《弗吉尼亚·伍尔夫日记》——安妮·奥利维尔·贝尔那无可挑剔的版本——带给我的帮助。感谢昆汀·贝尔允许我引用当时尚未发表的文献，也感谢特雷基·帕森斯同意我引用伦纳德·伍尔夫的文献。

感谢维拉戈出版社的出版人勒尼·古丁斯接受这部修订版，感谢瓦妮莎·诺伊林对这本书的处理。也要感谢诺顿的编辑玛丽·坎南和阿兰·萨列尔诺·梅森。玛丽·本内特热心提供了一批家庭信件；雨果·布伦纳冒着风雨骑车送来很有用的材料；阿拉斯泰尔·福勒寄来一份修订清单；奈杰尔·尼科尔森提供了一张照片；而英国弗吉尼亚·伍尔夫协会和希拉·威尔金森精心策划的活动营造了一个非常融洽的氛围。

参考文献

这份参考文献仅限于与弗吉尼亚·伍尔夫的生活和作品相关的书目。关于她的著作的完整列表，请参阅 B. J. 柯克帕特里克（B. J. Kirkpatrick）和斯图尔特·N. 克拉克（Stuart N. Clarke）的《弗吉尼亚·伍尔夫作品目录》（*A Bibliography of Virginia Woolf*, Soho Bibliographies IX, Oxford: Clarendon Press, 1997）。本书所引用的弗吉尼亚·伍尔夫著作，除非另有说明，均系伦敦霍加斯出版社版本和哈考特·布雷斯·乔瓦诺维奇出版社的原版书籍。详细信息参见缩略表。

原始文献

弗吉尼亚·伍尔夫文献档案的三大收藏库为：纽约公共图书馆的伯格收藏馆（藏有十本写于 1925 年至 1940 年的文章、随笔、小说和评论的工作笔记，还有弗吉尼亚·伍尔夫未完成的最后一本书《阿侬》的精彩草稿）；苏塞克斯大学的蒙克屋文献（Monks House Papers）（包括弗吉尼亚·伍尔夫写她哥哥托比的笔记）；现归泰特美术馆所有的查尔斯顿文献（Charleston Papers）。另见苏塞克斯大学的伦纳德·伍尔夫文献。

Bell, Clive, letters to Mary Hutchinson. Harry Ransom Center at the University of Texas

—— *Old Friends: Personal Recollections* (London: Chatto, 1956; NY: Harcourt, 1957)

Bell, Quentin, *Virginia Woolf: A Biography* (Hogarth and Harcourt, 1972)

—— *Bloomsbury* (London: Weidenfield and Nicolson, 1968; repr. Futura, 1976)

—— A letter commenting on this biography and *Three Guineas* (Oct 1984)

Bell, Vanessa, *Selected Letters*, ed Regina Marler (London: Bloomsbury, 1991), with foreword by Quentin Bell and Afterword by Frances Spalding

—— *Sketches in Pen and Ink: A Bloomsbury Notebook*, ed Lia Giachero (London: Hogarth Press, 1997)

—— *Notes on Virginia's Childhood*, ed Richard F. Schaubeck, Jr (NY: Frank Hallman, 1974)

Bennett, Mary, *Who Was Dr Jackson? Two Calcutta Families: 1830–1855* (London: British Association for Cemeteries in South Asia, 2002)

Brenan, Gerald, *South from Granada* (Hamish Hamilton, 1957)

Cameron, Julia Margaret, her many photographs of VW's mother. National Portrait Gallery, London

—— *A Victorian Album: Cameron and her Circle*, ed Graham Ovenden, (London: Secker, 1975)

—— Letter to her mother Mrs Jackson about J. S. Berg.

Carrington, Dora, *Carrington: Letters and Extracts from her Diaries*, ed David Garnett (London: Cape, 1970)

Chaucer, Geoffrey, 'Truth: Balade de Bon Conseyl'

Duckworth, Stella, album of photos (Berg)

Eliot, T. S., *Collected Poems* (Faber, Harcourt)

Forster, E. M., *Howard's End*

—— *Virginia Woolf*. The Rede Lecture 1941 (Cambridge University Press, 1941)

Garnett, Angelica, *Deceived with Kindness: A Bloomsbury Childhood* (London: Chatto; NY: Harcourt, 1984)

Garnett, David, *Great Friends* (London: Macmillan, 1979; NY: Atheneum, 1980)

Hakluyt, *Voyages, Travels, and Discoveries of the English Nation*

Heilbrun, Carolyn (ed), *Lady Ottoline's Album* (NY: Knopf, 1976)

Humm, Maggie (ed), *Snapshots of Bloomsbury: The Private Lives of Virginia Woolf and Vanessa Bell* (London: Tate Publishing, 2006)

Kennedy, Richard, *A Boy at the Hogarth Press* (Penguin, 1978)

Lehmann, John, *Virginia Woolf and her World* (Thames and Hudson, 1975)
Mansfield, Katherine, *Collected Stories* (London: Constable, 1945)
—— *Letters and Journals: A Selection*, ed C. K. Stead (Penguin Modern Classics, 1977)
Mill, J. S., *The Subjection of Women*
Morrell, Lady Ottoline, *Ottoline at Garsington: Memoirs of Lady Ottoline Morrell 1873–1915*, ed Robert Gathorne-Hardy (London: Faber, 1963; Knopf, 1975)
Partridge, Frances, *Diaries* (published in separate volumes, all marvellous)
—— *Memories*, entitled *Love in Bloomsbury* in the US, (London: Gollancz; Boston: Little, Brown, 1981)
—— 与作者在八十年代早期就弗吉尼亚·伍尔夫的和平主义的谈话
Rosenbaum, S. P. (ed) *The Bloomsbury Group: A Collection of Memoirs, Commentary and Criticism* (London: Croom Helm; University of Toronto, 1975)
Russell Noble, Joan (ed), *Recollections of Virginia Woolf* (London: Peter Owen, 1972). 这部回忆集的内容均是一手的，且可信。最好的回忆是伍尔夫的厨子 Louie Mayer 提供的。
Sackville-West, Vita, *The Letters of Vita Sackville-West to Virginia Woolf*, ed Louise DeSalvo and Mitchell Leaska (NY: Morrow, 1985; repr San Francisco: Cleis Press; London: Virago, 1992)
Shone, Richard, *Bloomsbury Portraits: Vanessa Bell, Duncan Grant, and their circle* (Oxford: Phaidon; NY: Dutton, 1976)
Smyth, Ethel, Letters to Virginia Woolf (Berg)
Stephen, James, *The Memoirs of James Stephen written by Himself for the Use of His Children*, ed. Merle M. Bevington (Hogarth, 1954)
Stephen, Sir James, 'The Clapham Sect' in *Essays in Ecclesiastical Biography* (Longmans, 1849)
Stephen, Julia Duckworth, *Stories for Children, Essays for Adults*, ed Diane F. Gillespie and Elizabeth Steele (Syracuse University Press, 1987)
—— *Notes from Sick Rooms* (Smith, Elder, 1883; Orono 1980)
Stephen, Leslie, photograph album. Mortimer Library, Smith College
—— *Selected Letters*, ed John W. Bicknall (London: Macmillan, 1996)
—— Letters to Julia Stephen, 1877–95 (Berg)
—— 'Calendar of Correspondence' (British Library)
—— *Sir Leslie Stephen's Mausoleum Book*, ed Alan Bell (Oxford, 1977)
—— *Life of Sir James Fitzjames Stephen* (Smith, Elder, 1895)

—— Articles for the *DNB*

—— 'Forgotten Benefactors', repr in *Social Rights and Duties*, ii (London, 1896). 一篇朱莉娅·斯蒂芬死后纪念她的文章

—— 'The Alps in Winter', in *Men, Books and Mountains*, ed S.O.A. Ullman (London, 1956)

Strachey, Lytton, *Letters*, ed Paul Levy, assisted by Penelope Marcus (Allen Lane, 2005; repr Penguin, 2006)

Waterlow, Sydney, Diary, Berg.

Wilberforce, Octavia, six letters to Elizabeth Robins about her conversation with Virginia Woolf. Monks House Papers.

Woolf, Leonard, *Letters*, ed Frederick Spotts (London: Weidenfeld and Nicolson, 1989)

—— *The Village in the Jungle*, afterword Christopher Ondaatje (repr UK: Eland Publishing, 2005). Yasmine Gooneratne 根据现藏斯里兰卡佩勒代尼耶大学的手稿校订了一个学术版（Edwin Mellen Press, 2004），并做了注释。

—— *The Wise Virgins* (1914; repr London: Persephone Press, 2003)

—— *Autobiography* (Hogarth and Harcourt, 1960–9)

Woolf, Virginia, *Hyde Park Gate News: The Stephen Family Newspaper: Virginia Woolf, Vanessa Bell with Thoby Stephen*, introduced and ed Gill Lowe, foreword by Hermione Lee (London: Hesperus Press, 2005)

—— *Carlyle's House and Other Sketches*, ed David Bradshaw, foreword Doris Lessing (London: Hesperus, 2003)

—— 'Four Hidden Letters: Previously Unpublished Letters by Virginia Woolf to Vita Sackville-West', ed and introduced Joanne Trautmann Banks, *Charleston Magazine* (autumn-winter, 1994)

—— *Congenial Spirits*, (one-volume selection of letters, including twelve previously unpublished) ed Joanne Trautmann Banks

—— Anon, ed Brenda Silver, in the Virginia Woolf issue of *Twentieth Century Literature*, (Fall/Winter 1979)

—— *Mrs. Dalloway's Party*, ed Stella McNichol (Hogarth: 1973)

—— *Women & Fiction: The Manuscript Versions of A Room of One's Own*, ed S.P. Rosenbaum (Oxford: Blackwell/Shakespeare Head, 1992)

—— *On Women and Writing* ed Michèle Barrett (London: The Women's Press, 1996)

—— *The London Scene* (Hogarth; Random House, 1982)

—— the library of LW and VW at Washington State University in Pullman, Washington

—— Five albums of photographs (Harvard Theatre Collection, Harvard College, Library)

Wordsworth, William, 'Ode on Intimations of Immortality from Recollections of Early Childhood'

—— *The Prelude* (1805)

二手文献

Ardener, Shirley (ed), *Perceiving Women* (London: Malaby Press, 1975)

Batchelor, John, *Virginia Woolf: The Major Novels* (Cambridge University Press, 1991)

Annan, Noel, Leslie Stephen: *The Godless Victorian* (1951; revised edn University of Chicago Press, 1984)

Beauman, Nicola, *Morgan: A Biography of E.M. Forster* (London: Hodder; NY: Random House, 1993)

Benzel, Kathryn and Ruth Hoberman (eds), *Trespassing Boundaries: Virginia Woolf's Short Fiction* (Macmillan/Palgrave, 2004)

Bradshaw, David, *Winking, Buzzing, Carpet-beating: reading Jacob's Room* (Southport: VW Society of Great Britain, 2003)

Briggs, Julia, *Virginia Woolf: An Inner Life* (London: Penguin Press, 2005)

—— *Reading Virginia Woolf* (Edinburgh University Press, 2006)

Brosnan, Leila, *Reading Virginia Woolf's Essays and Journalism: Breaking the Surface of Silence* (Edinburgh University Press, 1997)

Caws, Mary Ann and Nicola Luckhurst (eds), *The Reception of Virginia Woolf in Europe* (Continuum, 2002)

Charleston Magazine

Curtis, Vanessa, *Virginia Woolf's Women*, foreword by Julia Briggs. (London: Robert Hale, 2002)

—— *The Hidden Houses of Virginia Woolf and Vanessa Bell* (London: Robert Hale, 2005)

—— *Stella and Virginia: An Unfinished Sisterhood* (London: Cecil Woolf, 2001)

Dalsimer, Katherine, *Virginia Woolf: Becoming a Writer* (New Haven: Yale, 2002)

DiBattista, Maria, *Virginia Woolf's Major Novels: The Fables of Anon* (New Haven: Yale, 1980)

Dunn, Jane, *A Very Close Conspiracy: Vanessa Bell and Virginia Woolf* (London: Cape, 1990)

Gerzina, Gretchen, *A Life of Dora Carrington* (London: Pimlico, 1989)

Gillespie, Diane F., *The Multiple Muses of VW* (University of Missouri Press, 1997)

Glendinning, Victoria, *Leonard Woolf: A Biography* (Free Press, 2006)

—— *Vita: A Life of Vita Sackville-West* (Weidenfeld and Nicolson, 1983)

Gordon, Lyndall, 'Virginia Woolf' *Oxford Dictionary of National Biography*

—— 'Virginia Woolf and Biography', see Kukil below

—— 'Two Sisters: Virginia Woolf and Vanessa Bell' in *A Cézanne in the Hedge and other memories of Charleston and Bloomsbury*, foreword by Michael Holroyd, ed by Hugh Lee (London: Collins & Brown, 1992)

—— 'Our Silent Life: Virginia Woolf and T.S. Eliot' in *Virginia Woolf: New Critical Essays*, ed Patricia Clements and Isobel Grundy (London: Vision Press and US: Barnes & Noble, 1983)

—— Preface to *The Wise Virgins* (Persephone, 2003)

Holroyd, Michael, *Lytton Strachey: A Biography* (Penguin, 1971)

Humm, Maggie, *Modernist Women and Visual Cultures: Virginia Woolf, Vanessa Bell, Photography, and Cinema* (Edinburgh University Press, c.2002; Rutgers University Press, 2003)

—— *Virginia Woolf, Photography, and Modernism* (VW Society of Great Britain, 2002)

Hussey, Mark, *Virginia Woolf A to Z* (Facts on File, New York, 1995)

—— *The Singing of the Real World: the philosophy of Virginia Woolf's Fiction* (Columbus: Ohio State University Press, 1986)

—— *Virginia Woolf and War: Fiction, Reality and Myth* (Syracuse University Press, 1991)

Jones, Susan, 'Virginia Woolf and the Dance', *Dance Chronicle*, 28/2 (2005), 169–200.

Kukil, Karen V (ed), *Virginia Woolf in the Real World: Selected Papers from the Thirteenth International Conference on Virginia Woolf* (Clemson, SC: Clemson University Digital Press, 2005)

Lee, Hermione, *Virginia Woolf* (1996; London: Vintage, 1997)

—— *The Novels of Virginia Woolf* (Methuen, 1977)

Levy, Paul, *G E Moore and the Apostles* (London: Weidenfeld and Nicolson, 1979)

Love, Jean O., *Virginia Woolf: Sources of Madness and Art* (Berkeley: University of California Press, 1977)

Maitland, F.W. *The Life and Letters of Leslie Stephen*, 尤其是莱斯利·斯蒂芬的女儿口述的内容，pp. 474–476 (London: Duckworth, 1906; Detroit: Gale Research, 1968)

Mepham, John, 'Trained to Silence', *London Review of Books* (20 Nov–4 Dec 1980)

Nicolson, Nigel, *Portrait of a Marriage* (London: Weidenfeld and Nicolson, 1973; NY:

Atheneum)

Oldfield, Sybil, 'The Child of Two Atheists: Virginia Woolf's Humanism'. VW Society Birthday Lecture (London, Jan 2006)

—— (ed), *Afterwards: Letters on the Death of VW* (Edinburgh University Press, 2005)

Poole, Roger, *The Unknown Virginia Woolf* (Cambridge University Press, 1978)

Raitt, Suzanne, *Vita and Virginia: The Work and Friendship of Vita Sackville-West and Virginia Woolf* (Clarendon Press, 1993)

Reed, Christopher, *Bloomsbury Rooms: Modernism, Subculture and Domesticity* (New Haven: Yale University Press, 2004)

Roe, Sue and Susan Sellers (eds), *The Cambridge Companion to Virginia Woolf* (Cambridge University Press, 2000)

Rose, Phyllis, *Woman of Letters: A Life of Virginia Woolf* (NY: Oxford; London: Routledge, 1978)

Rosenberg, Beth Carole and Jeanne Dubino (eds), *Virginia Woolf and the Essay* (Macmillan, 1997)

Rosenbaum, S. P., *Victorian Bloomsbury: The Early Literary History of the Bloomsbury Group* (NY: St Martin's Press, 1987)

Ruotolo, Lucio P., *The Interrupted Moment: A View of VW's Novels* (Stamford, 1986)

Seymour, Miranda, *Ottoline Morrell: Life on a Grand Scale* (London: Hodder, 1992)

Silver, Brenda, *Virginia Woolf Icon* (University of Chicago Press, 1999)

Snaith, Anna, *Virginia Woolf: Public and Private Negotiations* (Macmillan, 2000)

Spalding, Frances, *Vanessa Bell* (1983; repr Phoenix, 1994)

—— 'Vanessa Bell and Duncan Grant', afterword to *Selected Letters of Vanessa Bell*

—— *Duncan Grant* (London: Chatto, 1997)

—— *The Bloomsbury Group* (London: National Portrait Gallery, 2005)

—— *Gwen Raverat: Friends, Family and Affections* (London: Pimlico, 2004)

—— *Roger Fry: Art and Life* (London: Paul Elek, Granada Publishing, 1980)

Spater, George and Ian Parsons, *A Marriage of True Minds: An Intimate Portrait of Leonard and Virginia Woolf* (Cape and Hogarth, 1977)

St John, Christopher, *Ethel Smyth: A Biography* (Longman, 1959)

Tomalin, Claire, *Katherine Mansfield: A Secret Life* (Viking, 1987)

Trombley, Stephen, '*All that summer she was mad*': *Virginia Woolf and Her Doctors* (London: Junction Books, 1981)

Tweedsmuir, Susan, 'Letter to Elizabeth Bowen about Virginia Woolf', *A Winter Bouquet*

(London: Duckworth, 1954)

Virginia Woolf: Bulletin of the Virginia Woolf Society of Great Britain, ed Stephen Barkaway

Virginia Woolf Miscellany

Webb, Ruth, *Virginia Woolf* (London: British Library Writers' Lives, 2000)

Wilson, Jean Moorcroft, *Virginia Woolf, Life and London: a biography of place* (London: Cecil Woolf, 1987)

—— *Virginia Woolf and Anti-Semitism* (London: Cecil Woolf, 1995)

—— Leonard Woolf, *Pivot or Outsider of Bloomsbury* (London: Cecil Woolf, 1994)

—— *Virginia Woolf's London: a guide to Bloomsbury and beyond* (London: T.B. Tauris, 2000)

Zwerdling, Alex, *Virginia Woolf and the Real World* (University of California Press, 1986)

索引

（本索引中的页码为原书页码，即本书边码）

Alciston farmhouse, Sussex 苏塞克斯的阿尔西斯顿农舍 348
Allan, Miss 艾伦小姐（《远航》的虚构人物）122
Ambrose, Helen 海伦·安布罗斯（《远航》的虚构人物）118，124，128，131，134，157，237，257，370
Ambrose, Ridley 里德利·安布罗斯（《远航》的虚构人物）87-88，102
Anderegg, Melchior 梅尔基奥尔·安德雷格 357n
Anderson, Elizabeth Garrett 伊丽莎白·加勒特·安德森 57
Annan, Noel 诺埃尔·安南 84，155，169，377n，379n，382n，406n
Ardener, Shirley and Edwin 雪莉·阿德纳和埃德温·阿德纳 40
Arnold, Edward 爱德华·阿诺德 186
Arnold, Matthew 马修·阿诺德 97
Asheham (Asham) House 阿什海姆屋 157, 164, 174, 178, 220
Asquith, Margot 玛戈特·阿斯奎斯 234
Aunt Mary 玛丽姨母，见 Fisher, Mary

Austen, Jane 简·奥斯丁 75, 87, 92, 111, 120, 165, 178, 213, 231, 406n
《爱情与友谊》115
《曼斯菲尔德庄园》75, 131, 387n
《诺桑觉寺》202-203
《劝导》120

Bacon, Francis 培根 96
Bagenal, Barbara 芭芭拉·巴格纳尔 334n
Balzac, Honoré de 巴尔扎克 44
Bankes, William 威廉·班克斯（《到灯塔去》的虚构人物）204, 262
Bayreuth 拜罗伊特 164
Beauchamp, Leslie Heron 莱斯利·赫伦·比彻姆 237
Beer, Gillian 吉莉恩·比尔 119n, 387n
Beethoven, Ludwig von 贝多芬 310-311
Belfrage, Sydney 西德尼·贝尔弗雷奇 77
Bell, Anne Oliver 安妮·奥利弗·贝尔 389n
Bell, Clive 克莱夫·贝尔 110, 117, 120n, 121-122, 132, 143, 148, 150, 151, 158, 161n, 172, 200, 235, 240, 249, 318,

384n, 386n
早期对弗吉尼亚·伍尔夫的鼓励 107-109, 117
谈论弗吉尼亚·伍尔夫的性格 148-9, 164, 301
作为特伦斯·黑韦特的原型 119, 121
Bell, Julian 朱利安·贝尔 56, 155, 356, 374n, 390n
Bell, Quentin 昆汀·贝尔 11, 57, 64, 146, 151, 235, 310, 324, 329-333, 345, 358, 367, 379n, 384n, 390n
Bell, Vanessa ('Nessa', née Stephen) 凡妮莎·贝尔（"妮莎"，原姓斯蒂芬）ix, 10, 17, 29, 35, 54, 56, 59, 61, 82, 84, 90, 92, 107, 119, 132, 138, 140, 143, 145-157, 149, 154-159, 161n, 163, 164, 171, 173, 207, 223, 227, 243, 257, 321, 328, 368, 376n, 382n, 384n, 386n, 389n, 390n
凡妮莎的性格 53, 84, 139, 147, 155-159, 185, 332
凡妮莎的绘画 155-156
凡妮莎谈论弗吉尼亚·伍尔夫 46-47, 80, 82, 245
与莱斯利·斯蒂芬的关系 10, 19-20, 53, 70
作为海伦·安布罗斯的原型 119, 134, 157, 370
作为凯瑟琳·希尔伯里的原型 208
作为苏珊的原型 291
Bennett, Arnold 阿诺德·本涅特 197
Bennett, Mary (Fisher) 玛丽（费希尔）·本内特 142-143
Beresford photographs of LS and VW 贝雷斯福德为莱斯利·斯蒂芬和弗吉尼亚·伍尔夫拍摄的照片 144
Bernard 伯纳德（《海浪》的虚构人物）137, 268-316, 318, 340, 358, 370
Bible, the《圣经》32, 99
Birling Gap, Eastbourne 伊斯特本的柏令海崖 182
Birrell, Francis 弗朗西斯·比勒尔 357
Blakemore, Colin 科林·布莱克默 255
Blo'Norton Hall, East Harling, Norfolk 诺福克郡东哈林的布罗诺顿宅 104
Bloomsbury 布鲁姆斯伯里 6, 9, 71, 132, 134, 137-139, 188, 189, 223, 224, 227, 229, 234, 241, 267, 308, 320, 322, 353, 369
Bloomsbury Group 布鲁姆斯伯里团体 145-155, 157, 184, 225, 277, 302, 308, 345, 365
Bodichon, Barbara 芭芭拉·博迪雄 210
Bowen, Elizabeth 伊丽莎白·鲍恩 246, 356
Bradshaw, Lady 布拉德肖夫人（《达洛维夫人》的虚构人物）77-79
Bradshaw, Sir William 威廉·布拉德肖爵士（《达洛维夫人》的虚构人物）77-79, 226, 253
Brenan, Gerald 杰拉尔德·布雷南 185
Brighton 布莱顿 29, 91, 196, 234, 335, 349, 355
Briscoe, Lily 莉莉·布里斯科（《到灯塔去》的虚构人物）5, 8, 34, 37-45, 98, 147, 154, 164, 205, 237, 242, 249, 254-265, 304, 354, 363-364
Brontë family 勃朗特一家 83, 231

Brontë, Charlotte 夏洛蒂·勃朗特 12, 92, 112, 116, 133, 210, 302, 329, 363, 368-369
《简·爱》170, 233, 248
《维莱特》188
Brontë, Emily 艾米莉·勃朗特 317
《呼啸山庄》302
Brooke, Rupert 鲁伯特·布鲁克 139, 151
Brunswick Square, No. 34 布伦斯维克广场 34 号 139, 161
Bruton, Lady 布鲁顿夫人（小说《达洛维夫人》）254
Burke, Edmund 埃德蒙·伯克 382n
Burley, Cambridge Park, Twickenham 特威克纳姆的剑桥公园的伯利疗养院 62, 64, 195
Burney, Fanny 范妮·伯尼 11, 162
Byron, George Gordon, Lord 拜伦 226, 275, 302, 308, 315

Cambridge 剑桥 11, 22, 30, 82, 89, 97, 100, 101, 106, 132, 139, 146-149, 161, 210, 216, 274, 291, 292, 315, 318, 325, 331
Cameron, Julia Margaret 朱莉娅·玛格丽特·卡梅伦 23, 91, 139
Carlyle, Jane 简·卡莱尔 93, 112, 133, 180, 385n
Carlyle, Thomas 托马斯·卡莱尔 18, 31, 91, 92, 93, 180
Carmichael, Mr 卡迈克尔先生（《到灯塔去》的虚构人物）15
Carrington, Dora 多拉·卡灵顿 151
Carter, Angela 安吉拉·卡特 245
Case, Janet 珍妮特·凯斯 101, 102-103, 171, 195, 200, 210, 356
Catullus 卡图卢斯 216, 293
Caxton, William 威廉·卡克斯顿 335
Cézanne, Paul 塞尚 35
Chamberlain, Austen 奥斯汀·张伯伦 67
'Charge of the Light Brigade, The'《轻骑兵的冲锋》，见 Tennyson
Charleston, Sussex 苏塞克斯的查尔斯顿 156, 157, 164
Chaucer, Geoffrey 杰弗里·乔叟 75, 106, 204, 226, 231, 333, 338, 339, 342, 351
Christ 基督 308
Clapham Sect 克拉彭教派 84-86, 277, 309-310, 324-325, 354-355, 382n, 406-407n
Clark Lectures 克拉克讲座 331
Clarkson, Thomas 托马斯·克拉克森 85
Clifford, Mrs W. K. 克利福德夫人 213
Clifford's Inn, Fleet Street 佛里特街的克利福德旅馆 182, 199
Cockshut, A. O. J. A. O. J. 科克沙特 382n, 383n, 390n
Conrad, Joseph 康拉德
《黑暗的心》126–127
Constable, Mrs 康斯泰伯太太（《海浪》的虚构人物）271, 276
Constantinople 君士坦丁堡 71, 133, 216
Co-operative movement 合作运动 189
Cornwall 康沃尔 3, 13–17, 19, 94–95, 215, 220, 227, 305, 316 另见 Talland House, St Ives
Cosham, Mrs 科舍姆夫人（《夜与日》的虚构人物）165
Cowper, William 威廉·考珀 226, 262,

索引 499

400n

Cox, Katherine (Ka) 凯瑟琳（卡）·考克斯 64, 151, 172, 184, 394n

Craig, Dr Maurice 莫里斯·克莱格医生 77

Curry, Miss 柯里小姐（《海浪》的虚构人物）286

Dalingridge Place, Sussex 苏塞克斯的达林格里奇广场 64

Dalloway, Clarissa 克拉丽莎·达洛维（《远航》和《达洛维夫人》的虚构人物）38, 78, 119, 120, 162, 211, 220, 224, 242, 249–259, 354, 361

Dalloway, Richard 理查德·达洛维（《远航》和《达洛维夫人》的虚构人物）120–1, 124, 164, 181, 249–250

Dante, Alighieri 但丁 338

Darwin, Charles 达尔文 6, 64, 119n, 123, 139

Darwin, Gwen (Gwen Raverat) 格温·达尔文（格温·拉弗拉）226n

Datchet, Mary 玛丽·达切特（《夜与日》的虚构人物）208, 209–210, 211, 242, 249-250

Davies, Margaret Llewelyn 玛格丽特·卢埃林·戴维斯 200, 394n

Defoe, Daniel 笛福 218

Denham, Ralph 拉尔夫·德纳姆（《夜与日》的虚构人物）208–209, 211–212

DeSalvo, Louise A. 路易斯·A. 德萨沃 386n

Dickens, Charles 狄更斯 180, 338, 351

Dickinson, G. Lowes G. 洛斯·迪金森 289

Dickinson, Violet 维奥莱特·迪金森 59, 62, 69, 71, 104, 163, 164, 174n, 195, 199, 383n, 389n, 392n

Dilke family 迪尔克一家 17

Dodge, William 威廉·道奇（《幕间》的虚构人物）340–341

Dostoevsky, Feodor 陀思妥耶夫斯基 196

Doyle, Minta 明塔·多伊尔（《到灯塔去》的虚构人物）15, 38, 164

Duckworth family 达克沃斯家族 132

Duckworth, George 乔治·达克沃斯 17, 64, 67, 108, 139, 147, 163, 165, 352, 353, 379n

性格 141

对弗吉尼亚·伍尔夫的性骚扰 53, 102–103, 121, 141–142

作为休·惠特布雷德的原型 67

Duckworth, Gerald 杰拉尔德·达克沃斯 10, 379n

Duckworth, Herbert 赫伯特·达克沃斯 23

Duckworth, Julia 朱莉娅·达克沃斯，见 Stephen, Julia

Duckworth, Stella 斯黛拉·达克沃斯，见 Hills, Stella

Eleanor 埃莉诺，见 *Pargiter, Eleanor*

Eliot, George 乔治·艾略特 54, 72, 82, 91, 106, 110–111, 116, 129, 133, 20, 210, 212, 367

《米德尔马契》187, 231

Eliot, T. S. T. S. 艾略特 1, 51, 52, 82, 153, 212, 218, 221, 222, 223, 230, 269, 297, 304n, 311

《荒原》66, 70, 221, 258, 282, 297
Eliot, Vivienne 薇薇恩·艾略特 221
Elizabeth I 伊丽莎白一世 112–113, 133, 181
Elizabethans 伊丽莎白一世时代的人 335, 338–339
Elmer, Fanny 范妮·埃尔默（《雅各的房间》的虚构人物）216
Emerson, Ralph Waldo 爱默生 128, 403n
Evelyn 伊夫琳，见 *Murgatroyd, Evelyn*

Fergusson, Dr 弗格森医生 77
Fielding, Henry 亨利·菲尔丁 217
Firle, Sussex 苏塞克斯的弗尔镇 102
Fisher family 费希尔家族 11
Fisher, H. A. L. H. A. L. 费希尔 356
Fisher, Mary 玛丽·费希尔 132
Fitzroy Square, No. 29 菲茨罗伊广场 29 号 139, 145
Flanders, Betty 贝蒂·佛兰德斯（《雅各的房间》的虚构人物）207
Flaubert, Gustave 福楼拜 76, 108, 119
Flushing, Mrs 弗拉欣太太（《远航》的虚构人物）119
Forster, E. M. ('Morgan') E. M. 福斯特 42, 84, 132, 149, 150, 154, 213, 224, 243, 251, 292
《霍华德庄园》120, 145, 243
Freshwater, Isle of Wight 怀特岛的弗雷什沃特 91, 99
Fry, Roger 罗杰·弗莱 x, 139, 147, 158, 255, 258, 264, 356, 362, 382n

Garnett, Angelica 安杰莉卡·加内特 322, 389n, 390n
Garnett, David 大卫·加内特 164, 207, 389n 398n
Garsington set, the 盖辛顿圈子 234, 251 另见 Morrell, Lady Ottoline Gaskell, Elizabeth 伊丽莎白·盖斯凯尔 83, 92
Gauguin, Paul 高更 139, 180
Gerhardi, William 威廉·格哈迪 《一个多语者的回忆录》330
Gladstone, William Ewart 威廉·尤尔特·格莱斯顿 18–19
Gordon Square, No. 46 戈登广场 46 号 138, 145, 151
Graham, J. W. J. W. 格雷厄姆 405n
Grant, Duncan 邓肯·格兰特 10, 140, 149, 156, 157–158, 207, 318, 388n
Graves, Robert 罗伯特·格雷夫斯 228
Greek 希腊 11, 86, 88, 92, 101–102, 109, 140, 183, 258, 277, 326, 335
Greek statues 希腊雕像 157, 274, 395n

Haines, Rupert 鲁珀特·海恩斯（《幕间》的虚构人物）144, 341, 343
Hakluyt, Richard 理查德·哈克卢特 《航海记》89, 92, 119, 131, 182
Hampton Court 汉普顿宫 107, 279, 282n, 284–287, 289, 294, 306, 310, 311
Hardy, Thomas 托马斯·哈代 13, 93–94, 111, 206, 269, 288, 317
《远离尘嚣》41n
《写在"万国破裂"时》342–343
《无名的裘德》295n
《罗马之路》203

索引

Harris, Lilian 莉莲·哈里斯 200

Hawthorne, Nathaniel 霍桑 16, 87, 90, 92, 111

Haydn, Franz Josef 海顿 311

Head, Sir Henry 亨利·黑德爵士 63, 77

Headlam, Walter 沃尔特·黑德勒姆 144, 161

Henderson, Nicholas 尼古拉斯·亨德森 367

Hewet, Terence 特伦斯·黑韦特 (《远航》的虚构人物) 118, 121–130, 134, 165, 367

Hilbery, Katharine 凯瑟琳·希尔伯里 (《夜与日》的虚构人物) 208–212, 232, 249, 359

Hilbery, Mrs 希尔伯里夫人 (《夜与日》的虚构人物) 12

Hills, Jack 杰克·希尔斯 53, 162, 377n
　与斯黛拉的关系 56–57, 162

Hills, Stella (née Duckworth) 斯黛拉·希尔斯 (原姓达克沃斯) 54–60, 62n, 71, 90, 92, 133, 162–163, 202, 219, 352, 353, 354, 374n
　作为母亲的角色 54–59
　去世 4, 26, 46, 51, 53, 58, 59–60, 142
　作为普鲁·拉姆齐的原型 56, 58, 202

Hirst, St John 圣约翰·赫斯特 (《远航》的虚构人物) 110, 118, 123, 125, 150, 293

Hitler, Adolf 希特勒 324, 330, 345

Hogarth House, Richmond 里士满的霍加斯屋 69, 207, 334n

Hogarth Press 霍加斯出版社 25, 109, 212, 218, 223, 224, 227, 234, 237, 241, 338, 343

Holmes, Dr 霍尔姆斯医生 (《达洛维夫人》的虚构人物) 78, 79

Homer 荷马 338

The Hours《时时刻刻》ix, 368

Hume, David 大卫·休谟 311

Hunt, Holman 霍尔曼·亨特 23

Hutchinson, Mary 玛丽·哈钦森 155

Hyde Park Gate, No. 22 海德公园门 22 号 10, 17, 21, 42, 88, 102, 132, 138–144, 147, 154, 161n, 162, 353

Hyde Park Gate News, The《海德公园门新闻报》15, 17

Hyslop, Dr T. B. T. B. 希斯洛普医生 77, 78

Ibsen, Henrik 易卜生 92, 118

Jacob 雅各 (《雅各的房间》的虚构人物) 215–218, 227, 249, 258, 273

James, Henry 亨利·詹姆斯 45, 81, 90, 93, 140, 208, 219, 222, 261, 360, 367, 394n
　《一位女士的画像》208

Jews and Jewishness 犹太人与犹太性 75, 150, 167–168, 170, 181, 184–193, 212, 234, 296, 338, 347, 348, 369

Jex-Blake, Sophia 索菲亚·杰克斯-布莱克 329

Jinny 珍妮 (《海浪》的虚构人物) 270–292, 295, 308, 313

Johnson, Samuel 塞缪尔·约翰逊 274, 312, 336, 351, 384n

Jowett, Benjamin 本杰明·乔伊特 384n

Joyce, James 詹姆斯·乔伊斯 129, 153,

206

《一个青年艺术家的肖像》263

《尤利西斯》41, 258

Keats, John 济慈 76, 123, 225, 252

Kennedy, Richard 理查德・肯尼迪 397n

Kensington 肯辛顿 9, 71, 132 另见 Hyde Park Gate

Kensington Gardens 肯辛顿公园 10, 54, 88, 89, 90, 271

Keynes, John Maynard 约翰・梅纳德・凯恩斯 132, 145, 149, 189, 223, 328, 330

Lamb, Charles 查尔斯・兰姆 69, 92, 196, 308

Lamb, Walter 沃尔特・兰姆 75, 148, 161

Latin 拉丁语 11, 92, 102, 293, 335

La Trobe, Miss 拉特鲁布小姐（《幕间》的虚构人物）71–72, 339, 341–344

Lavington House, Sussex 苏塞克斯的拉文顿宅 355

Lawrence, D. H. D. H. 劳伦斯 225, 230, 277

《儿子与情人》263

Leaska, Mitchell A. 米切尔・A. 利斯卡 389n, 398n, 407n, 410n

Lee, Hermione 赫米奥娜・李 387n

Lehmann, John 约翰・莱曼 343, 345, 400n, 404n

Lewis, Wyndham 温德姆・刘易斯 153, 230, 366

Linsett, Miss 林赛特小姐（《一位小说家的回忆录》的虚构人物）115

London 伦敦 6, 18–19, 22, 46, 66, 98, 103, 139, 199, 216, 223, 227, 229, 252–253, 258, 281–282, 292, 293, 296, 338, 351, 360

London Library 伦敦图书馆 18, 92

Louis 路易斯（《海浪》的虚构人物）180, 182, 197, 270–301, 308, 313, 314, 315, 320, 360–361, 370

Love, Jean O. 琼・O. 洛夫 376n, 377n, 380n

Lowell, James Russell 詹姆斯・罗素・洛厄尔 17, 21n, 91, 139

Lucretius 卢克莱修 293

Lucrezia 卢克的西娅（《达洛维夫人》的虚构人物）74, 77–78, 196, 256

Lushington, Katherine 凯瑟琳・勒欣顿, 见 Maxse, K.

Macaulay family 麦考莱一家 84

Macaulay, Rose 罗斯・麦考莱 324

Macaulay, Thomas Babington 托马斯・巴宾顿・麦考莱 90, 92

MacCarthy, Desmond 德斯蒙德・麦卡锡 227

MacCarthy, Molly 莫莉・麦卡锡 392n

Macmillan, Harold 哈罗德・麦克米伦 155

McLaurin, Allen 艾伦・麦克劳林 403n

McNab, Mrs 麦克耐伯太太（《到灯塔去》的虚构人物）80, 205, 260

MacRae, John 约翰・麦克雷 214

Maitland, F. W. 梅特兰 94, 377n, 383n, 401n

Malone, Kitty 吉蒂・马隆（《帕吉特家族》《岁月》的虚构人物）325–326

Manorbier, Pembrokeshire 彭布罗克郡的马诺比尔 111

Man Ray 雷・曼 249

索引

503

Manresa, Mrs 曼瑞萨太太（《幕间》的虚构人物）339, 342

Mansfield, Katherine 凯瑟琳·曼斯菲尔德 212, 218, 229, 234, 235–239, 248–249

《序曲》237

Marcus, Jane 简·马库斯 382n

Martin 马丁，见 *Pargiter, Martin*

Martyn, Joan 琼·马丁（《琼·马丁小姐的日记》的虚构人物）105–106, 111, 133, 205, 342

Marvell, Andrew 安德鲁·马维尔 83n

Maudesley, Dr 莫德斯利医生 67

Maxse, Katherine 凯瑟琳·马克西（"基蒂"，原姓勒欣顿）38, 132

作为明塔·多伊尔的原型 38

作为达洛维夫人的原型 38, 119, 220, 252, 354

Maxse, Leo 利奥·马克西 38

Mayer, Louie 路易·马耶尔 403–4n

Mayhew, Colonel and Mrs 梅修上校与夫人（《幕间》的虚构人物）342

Mayor, Bobo 鲍勃·梅厄 349

Mecklenburgh Square, No. 37 梅克伦堡广场 37 号 338

Melville, Herman 赫尔曼·麦尔维尔

《白鲸》269n, 277

Mepham, John 约翰·米弗姆 374n

Meredith, George 梅瑞狄斯 93, 111, 117, 139

Mérimée, Prosper 梅里美 108, 165, 391n

Merridew, Miss 梅里杜小姐（《琼·马丁小姐的日记》的虚构人物）104, 106

Mill, John Stuart 约翰·密尔 67, 85, 97, 99, 183, 209

Milton, John 弥尔顿 87, 217

Monks House, Rodmell, Sussex 苏塞克斯罗德梅尔的蒙克屋 65, 177, 228, 234, 300, 321, 323, 338, 355, 359, 361

另见 Rodmell, Sussex

Moore, G. E. G. E. 摩尔 145, 346

More, Hannah 汉娜·摩尔 355

Morley College 莫利学院 103, 146

Morrell, Lady Ottoline 奥托琳·莫瑞尔夫人 71, 151, 200, 214, 223, 251, 301

作为弗拉欣太太的原型 119

另见 Garsington set, the

Mozart, Wolfgang Amadeus 莫扎特 322

Murdoch, Iris 艾丽丝·默多克 368

Murgatroyd, Evelyn 伊夫林·穆加特罗伊德（《远航》的虚构人物）124, 128

Mussolini 墨索里尼 330

Murry, John Middleton 约翰·米德尔顿·默里 236

National Gallery 国家美术馆 92, 278

Neville 奈维尔（《海浪》的虚构人物）151, 270–294, 302, 308, 314, 315

Nicolson, Harold 哈罗德·尼科尔森 240, 241

Nicolson, Nigel 奈杰尔·尼科尔森 235, 243, 247–8, 361, 368

Nightingale, Florence 弗洛伦斯·南丁格尔 355

《卡桑德拉》233

Nijinsky, Vaslav 瓦斯拉夫·尼金斯基 188

Oliver, Bart 巴特·奥利弗（《幕间》的

虚构人物）343

Oliver, Giles 贾尔斯·奥利弗（《幕间》的虚构人物）144, 161, 206, 339, 340, 342

Oliver, Isa 伊莎·奥利弗（《幕间》的虚构人物）144, 156, 162, 180, 334, 340–343

Owen, Wilfred 威尔弗雷德·欧文 206n, 215

'O western wind' "西风啊"一诗 294, 334

Oxford University 牛津大学 97, 325

Palgrave's *Golden Treasury* 帕尔格雷夫《英诗金库》88, 299, 383n

Pargiter family 帕吉特一家（《岁月》的虚构人物）71, 325

Pargiter, Edward 爱德华·帕吉特（《帕吉特家族》《岁月》的虚构人物）325–326

Pargiter, Eleanor 埃莉诺·帕吉特（《岁月》的虚构人物）12, 121

Pargiter, Martin 马丁·帕吉特（《岁月》的虚构人物）71

Pargiter, Rose 罗斯·帕吉特（《岁月》的虚构人物）71, 327

Pargiter, Sara 萨拉·帕吉特（《岁月》的虚构人物）204

Parry, Miss 帕里小姐（《达洛维夫人》的虚构人物）205, 254

Partridge, Frances 弗朗西斯·帕特里奇 229, 391n

Pater, Clara 克拉拉·佩特 101

Pater, Walter 沃尔特·佩特 96

Patmore, Coventry 考文垂·帕特莫尔

10, 375n

Pattle, Virginia 弗吉尼亚·帕特尔 140

Peggy 佩吉（《岁月》的虚构人物）12

Pepper, William 威廉·佩珀（《远航》的虚构人物）122

Pepys, Samuel 佩皮斯 91, 351

Perceval, Spencer 斯宾塞·珀西瓦尔 310

Percival 珀西瓦尔（《海浪》的虚构人物）151, 152, 272–315, 370

Plato 柏拉图 100, 102, 140, 326
《会饮篇》277

Plough Inn, Holford, Somerset 萨默塞特郡霍尔福德普拉旅店 171, 194

Poole, Roger 罗杰·普尔 76, 379n, 381n, 389n, 393n

Pope, Alexander 蒲柏 245

Portland Villas, No. 2 波特兰德 2 号别墅 238

Post-Impressionists 后印象主义者 78, 140, 224, 255

Potocki, Count 波托基伯爵 347

Pound, Ezra 庞德 36, 153, 230, 277

Proust, Marcel 普鲁斯特 257, 258

Ramsay, Andrew 安德鲁·拉姆齐（《到灯塔去》的虚构人物）80, 202, 316

Ramsay, Cam 凯姆·拉姆齐（《到灯塔去》的虚构人物）28, 29–30, 70, 88, 98, 263

Ramsay, James 詹姆斯·拉姆齐（《到灯塔去》的虚构人物）28, 37, 39, 70, 262, 263, 265

Ramsay, Mr 拉姆齐先生（《到灯塔去》的虚构人物）8, 26, 28, 32, 34, 36, 37,

39, 40, 44, 45, 47, 87, 98–99, 180, 204, 260–265, 370

Ramsay, Mrs 拉姆齐夫人（《到灯塔去》的虚构人物）4, 5, 32, 34, 35–46, 56, 98, 105, 147, 156, 179, 180, 204, 211, 237, 242, 254, 259–265, 316, 354, 364, 365, 370, 375n

Ramsay, Prue 普鲁·拉姆齐（《到灯塔去》的虚构人物）56, 58, 202, 316

Raverat, Jacques 雅克·拉弗拉 226 and n.

Rayley, Paul 保罗·雷勒（《到灯塔去》的虚构人物）38, 42, 164, 181

Regent's Park 摄政公园 79, 229, 258, 334

Rhoda 罗达（《海浪》的虚构人物）68, 180, 182, 197, 229, 270–315, 320, 340, 358, 360–361, 370

Richardson, Dorothy 多萝西·理查森 257, 258

Ritchie, Lady Anne (née Thackeray) 安妮·里奇夫人（原姓萨克雷）18–19

作为希尔伯里夫人的原型 12

Robins, Elizabeth 伊丽莎白·罗宾斯 410n

Rodmell, Sussex 苏塞克斯郡罗德梅尔 229, 287, 318, 322, 323, 348, 349, 354

另见 Monks House, Rodmell, Sussex

Rodney, William 威廉·罗德尼（《夜与日》的虚构人物）150, 208

Rose 罗斯，见 *Pargiter, Rose*

Rose, Phyllis 菲莉丝·罗斯 379n, 389n

Rousseau, Jean-Jacques 卢梭 351

Russell, Bertrand 罗素 221, 301

Russell, Lord John 约翰·罗素爵士 203

Sackville-West, Victoria ('Vita') 维多利亚（"薇塔"）·萨克维尔－韦斯特 x, 59, 185, 240, 243–249, 255, 292, 327, 330, 376n

弗吉尼亚·伍尔夫对薇塔的描述 221

与弗吉尼亚·伍尔夫的关系 234, 235–6, 239–48

作为《奥兰多》的原型 224, 245, 248–9

St Ives 圣艾夫斯，见 Cornwall

St Sophia 圣索菲亚大教堂，见 Constantinople

Sand, George 乔治·桑 72

Sara 萨拉，见 *Pargiter, Sara*

Savage, Sir George 乔治·萨维奇爵士 63 and n., 67, 77, 141, 195

Schreiner, Olive 奥利弗·施赖纳 90

Schulkind, Jean 琼·舒尔坎德 395n

Scott, Sir Walter 司各特 44, 87, 90, 205

Scrutiny《细察》331

Seton, Dr 西顿医生 57, 62n

Sévigné, Mme de 塞维涅夫人 322

Shakespeare, William 莎士比亚 77, 92, 99, 179, 201, 215, 227, 258, 285, 333, 338, 351, 408n

十四行诗 43, 151

Sheepshanks, Mary 玛丽·希普尚克斯 103, 221

Shelley, Percy Bysshe 雪莱 113, 217, 258, 288n, 299, 308

Silver, Brenda 布伦达·西尔弗 407n

Shone, Richard 理查德·肖恩 156

Simon, Shena, Lady 希娜，西蒙夫人 325, 409n

Smith, George 乔治·史密斯 31

Smith, Reginald 雷金纳德·史密斯（《康希尔杂志》编辑）114

Smith, Septimus Warren 塞普蒂默斯·沃伦·史密斯（《达洛维夫人》的虚构人物）9, 55 64–65, 66, 68, 74, 77–79, 227, 242, 249, 250, 252–259, 361

Smyth, Ethel 埃塞尔·史密斯 249, 296, 327–328, 374n, 375n, 381n, 382n, 406n, 410n

　作为帕吉特·罗斯的原型 327

Southey, Robert 罗伯特·骚塞 12

Spalding, Frances 弗朗西斯·斯波尔丁 158, 378n, 379n

Spender, Stephen 斯蒂芬·斯彭德 225

Spilka, Mark 马克·斯皮尔卡 379n

Stanhope, Lady Hester 海斯特·斯坦诺普小姐 113, 133

Steiner, George 乔治·斯坦纳 203, 296

Stent, Anne 安妮·斯滕特 410n

Stephen family 斯蒂芬家族 11, 28, 30, 73, 83–86, 97, 154, 224, 260, 310

Stephen, Adrian 阿德里安·斯蒂芬 x, 29, 55, 68, 139, 140, 154, 348, 388n

　作为詹姆斯·拉姆齐的原型 27–29

Stephen, James 詹姆斯·斯蒂芬（曾祖父）84, 310, 325, 329

Stephen, Sir James 詹姆斯·斯蒂芬爵士（祖父）67–68, 83–84, 85, 86, 91, 100, 252, 309, 382n

Stephen, Sir James Fitzjames 詹姆斯·菲茨詹姆斯·斯蒂芬爵士（伯父）273, 382n

Stephen, Julia (Julia Duckworth, née Jackson) 朱莉娅·斯蒂芬（朱莉娅·达克沃斯，原姓杰克逊）4, 15, 18, 19, 21, 30, 47–48, 53, 56, 71, 133, 139, 260–261, 352–354, 370, 375n, 377n, 383n, 391n, 404n

　作为护士 3, 24–25, 26, 29, 35

　去世 4, 26, 32, 45–48, 51, 52, 54, 59, 88, 219–220, 265, 356

　与莱斯利·斯蒂芬的关系 19–20, 22–33, 86, 183

　女性典范 13, 112

　作为拉姆齐夫人的原型 4, 8, 15, 34–48, 260–265, 370

Stephen, Karin 卡琳·斯蒂芬 228

Stephen, Katherine 凯瑟琳·斯蒂芬 89, 220

Stephen, Laura 劳拉·斯蒂芬 18, 29, 47, 55

Stephen, Leslie 莱斯利·斯蒂芬 3, 11, 14, 15, 18, 133, 142, 157, 159, 220, 228, 271, 288, 305, 310, 352–353, 354, 357, 366, 375n, 411n

　生平与性格 21–33, 67–68, 85, 93–99 各处, 108, 169, 206, 352–353, 366

　与朱莉娅·斯蒂芬的关系 12, 22–33 各处, 43–44, 169–170, 183

　与弗吉尼亚·伍尔夫的关系 17–19, 85–100 各处, 107, 109, 137, 354

　对朱莉娅·斯蒂芬之死的反应 30, 32, 45, 52, 55

　莱斯利·斯蒂芬之死 4, 62, 111, 132

　作为安布罗斯先生的原型 119

　作为拉姆齐先生的原型 8, 27–28, 30,

34–35, 44, 47, 87, 88–89, 95–96, 98, 370
《国家人物传记大辞典》21, 31, 42, 95, 362–363, 365
《陵墓书》22, 26–27, 32, 45, 90, 356
Stephen, Thoby 托比·斯蒂芬 17, 29, 90, 100, 101, 168, 170, 181, 220, 294, 318, 319, 352, 353, 365–366, 376n, 384n
 去世 4, 46, 71, 107, 133, 151–152, 166, 202, 216
 作为布鲁姆斯伯里团体的一份子 146–151
 作为雅各的原型 214–218, 273–274
 作为珀西瓦尔的原型 151, 273, 308–309, 370
Stephen, Vanessa 凡妮莎·斯蒂芬，见 Bell, Vanessa
Stephen, Virginia 弗吉尼亚·斯蒂芬，见 Woolf, Virginia
Sterne, Laurence 斯特恩 129
 《项狄传》217–218, 225
Stevenson, Robert Louis 史蒂文森 152
Stoke Newington 斯托克纽因顿 355, 410n
Strachey, Giles Lytton 利顿·斯特雷奇 100, 113, 120n, 132, 148, 154, 166, 176, 194, 227, 255, 274, 292, 327, 356, 392n
 对弗吉尼亚·伍尔夫的描述 149
 弗吉尼亚·伍尔夫谈利顿·斯特雷奇 149, 166
 作为圣约翰·赫斯特的原型 119, 150
 作为威廉·罗德尼的原型 151
 作为奈维尔的原型 151, 292
Strachey, Lady 斯特雷奇夫人 12, 87

Strachey, Marjorie 马乔里·斯特雷奇 151
Strachey, Ray 雷伊·斯特雷奇 67, 233
'Summer is y-comen in' "夏天就要来了" 333
Susan 苏珊（《海浪》的虚构人物）270–315
Swift, Jonathan 斯威夫特 75, 99, 349
Swithin, Mrs (fict. *Between the Acts*) 斯威辛太太（《幕间》的虚构人物）213, 334–335, 340, 341, 343
Sydney-Turner, Saxon 萨克森·西德尼-特纳 148, 178, 297, 377n
Symonds, J. A. 约翰·阿丁顿·西蒙兹 38
Symonds, Margaret ('Madge') 玛格丽特·西蒙兹（"玛奇"）见 Vaughan, 'Madge'

Talland House, St Ives 圣艾夫斯的塔兰德屋 13–17, 25, 34, 39, 43, 220, 317–318, 352 另见 Cornwall
Tansley, Charles 查尔斯·坦斯利（《到灯塔去》的虚构人物）36–37, 130n, 154
Tavistock Square, No. 52 塔维斯托克广场 52 号 34, 227
Tennyson, Lord Alfred 丁尼生 86, 91, 93, 97, 139, 165, 217
 《轻骑兵的冲锋》40, 204
Thackeray, Anne 安妮·萨克雷，见 Ritchie, Lady Anne
Thackeray, Harriet Marion ('Minny') 哈丽雅特·玛丽昂·萨克雷（"米妮"）22, 23, 29, 88, 376n

508   VIRGINIA WOOLF: A WRITER'S LIFE

Thackeray, William Makepeace 萨克雷 12, 18, 53

Thomas, Edward 爱德华·托马斯 203n

Thomas, Jean 琼·托马斯 63, 65

Thorburn, Ernest 欧内斯特·索伯恩（《拉宾与拉宾诺娃》的虚构人物）172–173

Thorburn, Rosalind 罗莎琳德·索伯恩（《拉宾与拉宾诺娃》的虚构人物）172–173

Thornton family 桑顿一家 84

Thynne, Lady Beatrice 比阿特丽斯·锡恩夫人 146

Times Literary Supplement《泰晤士报文学增刊》185, 189, 230, 238, 337n

Tit-Bits《点滴》17, 54

Tomlin, Stephen 斯蒂芬·汤姆林 229

Trefusis, Violet 维奥莱特·特里富西斯 239–240

Trevelyan, George Macaulay 特里维廉《英国史》333n, 343, 408n

Trombley, Stephen 斯蒂芬·特朗布利 380n

Twickenham 特威克纳姆，见 Burley

Vaughan, Adeline 阿德琳·沃恩 31

Vaughan, Emma 艾玛·沃恩 101, 213

Vaughan, Henry Halford 哈尔福德·沃恩 31

Vaughan, 'Madge' (née Symonds) "玛奇"·沃恩（原姓西蒙兹）38, 74, 170–171

Vaughan, William 威廉·沃恩 38

Venn, Henry 亨利·维恩《人的全部责任》84n

Venn, Jane 简·维恩 84n

Venn, John 约翰·维恩 84n

Vinrace, Rachel 雷切尔·温雷克（《远航》的虚构人物）9, 72, 110, 116–132, 134, 156, 157, 164, 165, 181, 238, 249, 257, 361, 370

Virgil 维吉尔 102, 338

Walsh, Peter 彼得·沃尔什（《达洛维夫人》的虚构人物）249, 250, 253, 255

Warner, Eric 埃里克·沃纳 302, 375n, 401n, 402n, 404n

Waterlow, Sydney 西德尼·沃特洛 139, 159, 161

Watts portraits 沃茨肖像画 88, 139

Whitbread, Hugh 休·惠特布雷德（《达洛维夫人》的虚构人物）67

Whitman, Walt 惠特曼 126, 217, 283, 303

Wilberforce, Octavia 奥克塔维亚·威尔伯福斯 148, 185, 324, 354–357, 360, 388n

Wilberforce, Sir William 威廉·威尔伯福斯爵士 84, 355

Willatt, Miss 维拉特小姐（《一位小说家的回忆录》的虚构人物），114–116, 133

Wissett Lodge, Suffolk 萨福克郡威斯特农舍 207

Wollstonecraft, Mary 玛丽·沃斯通克拉夫特 325, 363

Woman Question 女性问题 211

Women's Co-operative Movement 女性合作运动 196–197, 200–201, 334

Women's Social and Political Union 女性社会政治联盟 210

Woolf, Bella 贝拉·伍尔夫 176, 186, 187,

509

192, 196

Woolf, Leonard 伦纳德·伍尔夫 9, 25, 107, 109, 120n, 131, 140, 148, 150, 151, 159, 189, 207, 220, 222, 225, 227–235, 238, 273, 286–287, 301, 318, 328, 331, 343, 354, 356, 358, 382n, 390n, 392n

 对莱斯利·斯蒂芬的描述 29

 谈论弗吉尼亚·伍尔夫的健康 69, 73, 177, 194–199, 207, 344–345, 360

 谈论弗吉尼亚·伍尔夫的性格 97, 230

 与弗吉尼亚·伍尔夫的关系 160–201, 234–235, 241, 247, 320–323, 349, 360–361

 伦纳德·伍尔夫的政治观点 155, 187, 200, 345–348

 作为哈利·戴维斯的原型 187, 188, 191, 192

 作为拉尔夫·德纳姆的原型 191, 208

 作为路易斯的原型 294–297, 320, 370, 392n

 作为彼得·沃尔什的原型 250, 254

 《自传》148, 189, 296, 346–348

 《三个犹太人》148, 155, 181

 《丛林里的村落》179–180, 195

 《聪明的处女们》x, 154, 160, 168n, 170, 181, 182, 184–195, 212

 另见 Jews and Jewishness

Woolf, Virginia (née Stephen) 弗吉尼亚·伍尔夫（原姓斯蒂芬）

 生平

  反犹主义与相反情况，见 Jews and Jewishness

  性格 4–7, 9, 51, 65–73, 80, 84–86, 96, 106, 110–111, 128, 157–158, 169, 174–177, 181, 185, 199, 228, 229–230, 234, 267, 269, 330, 358

  自我形象 5, 9, 65, 109, 117–118, 120, 128, 132, 228–229, 359, 361, 362

  教育 67, 83–109

  对第一次世界大战的反应 202–218

  对第二次世界大战的反应 324–325, 340–342, 344, 346–349, 354, 357, 361

  关系 与莱斯利·斯蒂芬 8, 17–19, 26–33, 44, 55, 63, 85–100, 132, 137, 354

  与朱莉娅·斯蒂芬 34–48, 112, 260–265, 352–354

  与伦纳德·伍尔夫 9, 160–201, 234–235, 241, 247, 320–323, 349, 360–361

  与斯黛拉 54–60, 163

  与凡妮莎·贝尔 54, 59, 139, 145–147, 155–159, 163, 171, 321

  与克莱夫·贝尔 107–109, 164

  与珍妮特·凯斯 101–102

  与利顿·斯特雷奇 166

  与凯瑟琳·曼斯菲尔德 229, 235–239

  与薇塔·萨克维尔-韦斯特 59, 234, 235–236, 239–249

  与埃塞尔·史密斯 327–328

  文学主题无声与沉默 6, 10, 11, 22, 35, 40–41, 53–54, 68–72, 116–127, 129–130, 133, 183, 212, 253, 257–258, 326–328, 334, 370

  女性主义与女性典范 5, 9–13, 36–43, 52–54, 62, 67, 80, 82–83, 86, 89, 102–106, 110–116, 120–125, 132, 139,

144-149, 155-156, 200, 205-206, 232-234, 261, 264-265, 320-331, 355-356

对死亡与逝者的反应 4-5, 35, 42, 44-48, 51-55, 59, 62, 70, 133, 152-153, 232, 238, 278-280, 283, 313-319, 327, 354, 356-357, 359-363, 364, 367

转化为艺术的记忆 3-4, 5, 15, 45-48, 58, 214-215, 217, 219-220, 260-261, 264-266, 272-274, 278, 308-310, 370

逆写历史 5-6, 104-107, 203-223, 233-234, 285, 286-287, 323, 324-325, 333-335, 340, 341, 343, 348, 351

阿侬与读者 5, 72, 106-107, 132, 223, 224, 226, 230-231, 323, 333-344

传记与自传理论 8, 9, 34, 46, 111-118, 133-134, 214, 216-217, 242, 245, 246, 266, 304-313, 338, 351-356, 362-366

作品

《阿侬》(未完成) 7, 103, 106, 219, 227, 323, 324, 333-339, 348, 358, 369, 407n

《传记文学的艺术》363

《小说的艺术》256

《幕间》103, 144, 180, 204, 206, 213, 323, 324, 335, 340-344 348, 350, 352, 357-358

《书和画像》87, 113, 386n

《一个伦敦佬的务农经历》17

《随笔集》230-231, 362

《普通读者》226, 334n, 386n

飞蛾之死》313-314

《散文写作的衰落》134

《弗吉尼亚·伍尔夫日记》219-223, 225, 226

《弗勒希》323, 362

《伊丽莎白女王的少女时代》112-113

"花园舞会" 141

《乔治·艾略特》110-111, 231

《英雄》111

《图书室时光》92, 93

《我们应当怎样读书》336-337

《女性的智识地位》137

《雅各的房间》152, 207, 214-219, 226, 251, 254, 258, 273, 390n

《简·奥斯丁》230, 324

《〈简·爱〉和〈呼啸山庄〉》233, 302

《琼·马丁小姐的日记》104-106, 114, 133, 205, 214, 234, 290, 341

《海斯特·斯坦诺普小姐》113

《拉宾与拉宾诺娃》172-173, 295

《倾斜之塔》82, 335

《简·卡莱尔的书信》112

《亨利·詹姆斯的信》222

《无名的生命》362

《弗吉尼亚·伍尔夫书信集》226-227

《战时的伦敦》346

《墙上的斑点》181, 212, 213, 257, 390n

《男人与女人》41

《梅林布罗希亚》,见《远航》

《一位小说家的回忆录》7, 52, 114-115, 133, 167

《现代散文》96

《现代小说》214, 231-232, 256, 346

《存在的瞬间》7, 11, 12, 14, 18, 32-33, 39, 42, 45, 52, 54, 56, 58, 83, 88-89, 96, 101, 140, 141, 147, 150, 151, 154, 163, 181, 216, 252, 260, 265, 304, 318,

353, 354, 403n
《本涅特先生和布朗太太》232
《达洛维夫人》9, 55, 64–80, 196, 205, 206, 211, 214, 219, 220, 224, 226n, 228, 229, 249–259, 334, 354, 361
《达洛维夫人的派对》252
《V小姐谜案》211, 232, 364, 367
《狭窄的艺术桥梁》232, 404n
《夜与日》12, 72, 150, 165, 191, 207–212, 214, 242, 359
《奥克塔维亚的故事》324, 356
《老布鲁姆斯伯里》61, 138, 147
《古老的秩序》219, 222
《一位我们的伟人》149
《论生病》64
《论不懂希腊文》102, 231
《奥兰多》7, 103, 175, 239, 224, 242–243, 245–246, 253, 267, 292, 362, 368
《帕吉特家族》324, 325–326
《小说的阶段》256, 269n, 400n
《菲利斯和罗莎蒙德》385n
《波因茨宅》340–342, 351 另见《幕间》
《阅读》226, 333, 334n, 369
《回忆录》44, 58, 111, 118, 133, 214, 351, 353
《评论》324, 336
《罗杰·弗莱》78, 352, 362
《一间自己的房间》71–72, 76, 96, 232, 245–246, 248, 260, 267, 325, 329, 367
《普通读者 II》323
《往事札记》11, 14, 54, 58, 99, 352–354
《斯蒂芬与格莱斯顿》18–19
《辛波尔》357
《同情》152–153

《和平——空袭中的思索》324, 346
《关于社交成就的思考》144
《三枚旧金币》324, 329–333, 345, 358, 367
《到灯塔去》3, 5, 8, 11, 12, 19, 26–48, 52, 54, 56, 61, 70, 73, 80, 87, 88, 95–96, 103, 133, 138, 154, 163, 180, 198, 201–205, 224, 237, 242, 244, 249, 254, 257, 259–269, 282, 289, 302, 312, 315, 316, 318, 351, 354, 358, 368, 400n
《海德公园门22号》140, 141
《两位女性》11
《一部未写完的小说》214, 217–218
《远航》9, 17, 23, 72, 87–88, 103, 109, 110, 116–132, 134, 138, 144, 150, 157, 181, 186–188, 195, 212, 228–229, 254, 358, 361, 367
《女性小说家》11
《海滨小镇》350
《海浪》3, 6, 9, 42, 68, 77, 137, 138, 150, 155, 160, 180, 182, 191, 197, 201, 229, 234, 236–237, 266–320, 340, 351, 354, 358, 359, 360–361, 364–365, 369, 370
《一位作家的日记》220
《岁月》12, 16, 71, 103, 121, 323, 325, 327, 345, 357, 405n

Wollstonecraft, Mary 玛丽·沃斯通克拉夫特 x, 325, 363
Woolner, Thomas 托马斯·伍尔纳 23
Wordsworth, Dorothy 多萝西·华兹华斯 165, 171
Wordsworth, William 华兹华斯 13, 80, 87, 165, 171, 272, 337, 369
《不朽颂》13, 270, 272, 305

《序曲》267, 271, 278n, 298
Workers' Educational Association 工人教育协会 335
Wren, Sir Christopher 雷恩 279, 285, 287
Wright, Dr Joseph 约瑟夫·莱特博士 326n
Wright, Dr Maurice 莫里斯·赖特医生 64, 77

Yeats, W. B. 叶芝 5, 9, 222, 304, 344
Young, Edward Hilton 爱德华·希尔顿·杨 161

译后记

逝世八十余年，弗吉尼亚·伍尔夫的人生故事已被世人广为传颂，作家学者争相为这个神秘女作家立传作赋，为她的作品或人生提供解读，正如伍尔夫自己在《到灯塔去》中所言："一个人需要有五十双眼睛来观望。她想，要从四面八方来观察那个女人，五十双眼睛还不够。"[*]

英国传记作家林德尔·戈登的《弗吉尼亚·伍尔夫传》第一版于1984年问世，在国内已有译本[†]，2006年，戈登在此书的修订版中增添了许多新的思考，今有幸将其译出。比起昆汀·贝尔作为"内部人士"为他的姨母写的传记，戈登的版本似乎少了一些权威的光环和窥私探秘的诱惑力，而在许多伍尔夫研究者的眼中，它似乎也不及赫米奥娜·李（Hermione Lee）那部包罗万象的长篇传记更加详实、细致[‡]。然而，我认为，它一定属于伍尔夫本人最欣赏的那类传记。戈登指出，修订版的主要目的之一在于强调伍尔

---

[*] 瞿世镜译，弗吉尼亚·伍尔夫《到灯塔去》，上海译文出版社，2008年，第243页。
[†] 伍厚恺译，林德尔·戈登《弗吉尼亚·伍尔夫：一个作家的生命历程》，四川人民出版社，2000年。
[‡] Hermione Lee, *Virginia Woolf* (London: Vintage, 1997).

夫作为传记作家的一面——这里指的并非她的戏仿传记《奥兰多》或《弗勒希》，也并非她为友人罗杰·弗莱所作的那部授权传记，而是她为书写生命（常常是生命不为人知的一面）所做的探索和努力。在总结、体悟伍尔夫本人的生命创作理论和实践的基础上，戈登的这部传记似乎以一种具象化的方式展示了伍尔夫对于传记艺术的构想，它本身就是一部伍尔夫设想中的"新传记"的样本。于是，我们看到，传记作家在观察、塑造写作对象的同时，也被她的写作对象反向塑造，二者之间形成一种交互模式，作品本身也呈现出一种圆融的嵌套结构，而它们最终指向的，是从松散、流动的生活素材中提炼出来的"存在的瞬间"（moments of being），是无法被归类的生命种属在暗夜和沉默中的进化时刻。

这种对于"阴影"、对于实验性生命存在的关注将我们引向了修订版的第二个目的：对伍尔夫的"女性主义"的再度探讨。戈登认为，伍尔夫对于生命写作的探索一开始就从女性的视角出发，然而，"它比二十世纪末以'解放'为旗帜的女性主义更微妙也更复杂，因为后者把弗吉尼亚·伍尔夫局限在一种简单的、以女性的愤怒对抗男性权力的意识形态中。……在她的写作人生中占据主流的，是一种更具建设性也更有远见的女性主义：对权力本身的拒绝，探索比'雌雄同体'更深层的天性的需要"[*]。"女人的天性是什么"，伍尔夫反复追问，但这是一个面向未来的问题，她认为，这个问题仍需六代人的时间才能获得解答。而今，在这部传记的修订版中，戈登从二十一世纪的视角出发，将这个更具先锋性的女性问题引入读者视野：在当今时代，"女性的关注点已从权

---

[*] Lyndall Gordon, *Virginia Woolf: A Writer's Life* (London: Virago Press, 2006), 364.

利和就业机会转向了另一个迫在眉睫的问题,即一个由'局外人'（Outsiders）组成的群体可能对全球政治做出何种贡献？"[*]从某种意义上来说,修订版的两个关注点紧密相连,第二个问题的答案,或许就隐藏在第一种生命书写的实践之中。

异域的探索者

在林德尔·戈登的传记里,弗吉尼亚·伍尔夫被呈现为一位不知疲倦、永不止步的探索者,她探索的不仅是知识的海洋、生命的体验,更是一片不为人知的"心灵的异域"。伍尔夫虽不像许多现代主义作家那样拥有旅居或流散经历,是空间地理意义上的"异乡人",但作为一位无权进入高等学府圣殿、受到精神疾病困扰的女性,她始终站在"局外人"的行列,讽刺并批判她的男性朋友享有的教育特权,抨击医疗体系对精神病人的摧残,反抗强加在她身上的种种标签。她毕生致力于创造新的语言形式、叙事方式和文学体裁,以便更有效地再现"局外人"（女性、工人阶级、"普通读者"、无名大众、外族人、病人等）的生存境遇和内在生命体验。她的视野中始终存在一片属于未知之物的"鱼鳍",召唤着她驶向浪涛翻涌的汪洋大海。对于无法被同化的"他性"的追逐是她探索未知经验的渠道,让她能够超越主流的文化体系、传统的语言范式和既定的等级制度,而去跨越边界、弥合分歧、体验未知,去发现、改变和创造。弗吉尼亚·伍尔夫认为,她和

---

[*] Lyndall Gordon, *Virginia Woolf: A Writer's Life*, x.

译后记

姐姐凡妮莎·贝尔"生来就是探索者、革命者、改革者"[*]。读者往往从审美维度和形式技巧层面解读弗吉尼亚·伍尔夫对现代小说的革新与重塑，却不够重视她思想中的颠覆性与革命性，也较少关注她的诸多先锋理念的现实意义和社会价值。

  理解弗吉尼亚·伍尔夫的"生命写作"（life writing）也要从她对传统传记的批判与革新出发。众所周知，弗吉尼亚·伍尔夫的父亲是维多利亚时代的著名学者莱斯利·斯蒂芬，他曾是《国家人物传记大辞典》(*Dictionary of National Biography*)的主编。几乎所有为伍尔夫立传的作家都要从她与父亲的关系入手，戈登的这部传记也不例外。戈登认为，在某种意义上，伍尔夫的所有作品都是"反辞典式的"（contra-dictionary），它们的立足点都在莱斯利·斯蒂芬主编的那部传记辞典的对立面。伍尔夫曾说，如果她的父亲活得再长一些，那么作为一个现代小说家的她可能就不会存在。二十世纪对维多利亚时代的反叛与继承彰显在紧张又微妙的父女关系中，也体现在侧重点不同的生命书写实践中。伍尔夫认为，维多利亚时代的大部头权威传记以时间顺序按部就班地描写一个人的生老病死，以长篇大论的事实材料纪念英雄人物和帝王业绩，其目的是对读者进行知识灌输和道德教化，对此，她直截了当地提出质询："是不是只有大人物的生命历程才值得传写。失败者和成功者，名不见经传的和声名赫赫的——难道一个曾经生活过并留下一段生命轨迹的人，就不值得书写吗？——什么是

---

[*] Virginia Woolf, *Moments of Being*, ed. by Jeanne Schulkind (New York: Harcourt Brace Jovanovich, 1985), 147.

伟大,什么是渺小？"[*]

　　除了写作对象的选择，伍尔夫还质询了传统传记再现生命的方式。1927 年，她在《新传记》("The New Biography")一文中提出，传记写作的目的是要将"花岗岩般坚硬的事实"和"彩虹般捉摸不定的个性"熔铸为"一个无缝的整体"。[†] 当然，将这两种属性截然相反的"真实"融为一体绝非易事，伍尔夫本人也不得不承认，传记文学是一门戴着镣铐跳舞的艺术——传记作家受到书信、日记、回忆录等事实材料的约束，而洞悉人物的性格，钻入人物"古怪的灵魂"、"奇特的肌体"却都需要传记作家充分发挥想象力和创造力。如何在两种"自相残杀"的事实之间寻找出路，成了传记这类文学体裁必须解决的问题。[‡] 在《新传记》里，伍尔夫赞扬了哈罗德·尼科尔森和利顿·斯特雷奇的"新传记"写作。她指出，二十世纪的传记作家开始模糊事实与虚构的差别，为的是寻找一种更有效的"传达个性"的方式，探索描写对象的情感和精神世界。换句话说，新一代的传记家拥有更多能动性和自主性，他不仅记录历史的外部事实，更要切入内在真实，用艺术的方式诠释历史；他"维护自己的自由和独立判断的权利……他不再是一个编年史家；他已经成为一位艺术家"[§]。"新传记"代表人物利顿·斯特雷奇也表达过类似观点，他认为历史和真理应该经由艺术来诠释，以便使其更有价值和意义，如他所言："未经诠

---

[*] 弗吉尼亚·伍尔夫，《传记文学的艺术》，见胡龙彪、肖宇等译，《伍尔芙随笔全集》卷三，中国社会科学出版社，2001 年，第 1334 页。

[†] Virginia Woolf, 'The New Biography', *Granite and Rainbow* (New York: Harcourt, Brace and Company, 1958), 149.

[‡] 弗吉尼亚·伍尔夫，《传记文学的艺术》，第 1332 页。

[§] Virginia Woolf, 'The New Biography', 152.

释的真理就像埋在地下的金子一样无用；而艺术是伟大的诠释者。只有它才能把大量的事实整合为一个意义非凡的整体。"[*]

　　林德尔·戈登的这部传记便体现了"花岗岩"与"彩虹"的精妙熔铸。她以扎实的考据功夫、敏锐的洞察力、丰富却有度的想象力、精准细腻的文字，捕捉到了伍尔夫生命中"存在的瞬间"，将其化作"一圈光晕，一个半透明的气囊"[†]，它让人想起伍尔夫在 1906 年遥望圣索菲亚大教堂时产生的艺术感悟：教堂穹顶"像玻璃般轻薄，被吹出了饱满的曲线；又像金字塔一般坚实稳固"，好的艺术作品便应该像这样结合起"严格的形式和微妙的感知"[‡]。阅读戈登的这部伍尔夫传，丝毫没有从外部去切割、划分、再现一个传奇女作家的生命历程之感，读者仿佛直面着一个活生生的有机体，一件圆融的艺术品，一颗充满诗性的心灵，每一字一句的精雕细琢，每一次对作品的阐释、对素材的征引、对史实的考证，每一处暗示和留白，似乎都在随着这个有机体自身的节奏呼吸、流淌、搏动。

　　艺术地阐释历史材料绝不代表篡改真实，相反，它探索的是内在之真与心灵之真，是被历史的聚光灯忽略的普通事件，是无法言说的留白，是杰出的艺术心灵在新的时代语境下对过去的共情与再创造。如今，人们早已认识到客观真实的不可获知，认识到历史与历史编纂学之间的复杂关系，戈登同样点明，每部传记都有它的"偏见"，每段人生留下的可见痕迹也都是不完整的，除

---

[*] Lytton Strachey, 'A New History of Rome', in *Spectatorial Essays* (New York: Harcourt, 1964), 13.

[†] Virginia Woolf, 'Modern Fiction' (1925), *The Essays of Virginia Woolf, vol. IV: 1925–1928*, ed. by Andrew McNeillie (London: The Hogarth Press, 1994), 160–161.

[‡] Gordon, *Virginia Woolf: A Writer's Life*, 133; 257.

了证据确凿的事实，传记作家们还可以"告诉我们血肉丰满的，具有创造性和启发性的事实"[*]。因此，弗吉尼亚·伍尔夫把她洞幽察微的目光移向了沉默的边缘群体和心灵的隐秘洞穴。1917年，她在随笔《古老的秩序》一文中称赞了亨利·詹姆斯对"阴影"的关注："在阳光的照耀下，许多事物的细节都被抹平了，但在阴影中它们便能被察觉……在半明半暗的微光中，他看到的最多，也看的最远。"[†]戈登反复援引这句话，并给出了许多具体例证来阐明伍尔夫对"阴影中的生命"的关注，从《V小姐谜案》到《拉宾与拉宾诺娃》，从《远航》里的深水怪兽到《夜与日》中的夜行者，从玫瑰战争中的母女到中世纪的无名诗人"阿侬"，从达洛维夫人的午夜沉思到被呈现为"黑暗的楔形内核"的拉姆齐夫人。当然，伍尔夫眼中的"阴影"不仅跨越了性别与阶级的藩篱，更挣脱了文化、语言、物种甚至生死的桎梏。举例来说，伍尔夫对外国文化兴趣浓厚，曾学习过多门外语，并广泛阅读外国文学和艺术著作；在她与丈夫伦纳德·伍尔夫和姐姐凡妮莎·贝尔的私人通信中，她常常扮演猿猴、山魈、鸟类等动物，以拓展自己的表达空间和身份属性；她对劳动女性和工人阶级充满同情；她常常觉得死去的亲人依然活在自己身边，对于鬼魂和生死轮回都充满兴趣；她探索意识在宁静状态下的波流，将沉默引入叙事，追索语言与经验的复杂关系，并用她卓越、敏锐的艺术心灵将语言拉伸成一张透明的细网，捕捉并重塑既广阔又细微的生命瞬间。

种种对"他异性"的探索和追逐扩充了她的经验储备和心

---

[*] 弗吉尼亚·伍尔夫，《传记文学的艺术》，第1335页。
[†] Virginia Woolf, 'The Old Order' (1917), *The Essays of Virginia Woolf*, vol. II: 1912–1918, ed. by Andrew McNeillie (London: The Hogarth Press, 1987), 168.

灵密室,因此,虽然她的人生经历有限,却可以在日常生活和细微琐事中探幽索胜。在创作的状态下,她觉得自己就像"一只漂浮在感觉之上的多孔的船;一块暴露在看不见的光线之下的感光板"。*坚固的外部事实是海面的浮标、矗立的灯塔、结实的花岗岩,它们引出了水下深沉的波流和海面转瞬即逝的彩虹。将"存在的瞬间"嵌套在"非存在的瞬间"的精妙结构中,这似乎就是弗吉尼亚·伍尔夫生命书写的基本模式。当这种模式与永不止息的探索精神相结合,它便成了一段驶向生命内部的航程;当它与非凡的艺术造诣相连结,便引发了具有开创意义的现代主义美学实验;而就弗吉尼亚·伍尔夫的情况而言,它还与一种强烈的道德意识和社会责任感相碰撞,于是,这种生命书写实践便成了她为女性的独立与自由发声的渠道。

"女性问题"("the Woman Question")

弗吉尼亚·伍尔夫的名字早已与"女性主义"紧密相连,《一间自己的房间》和《三枚旧金币》更是被当作女性主义经典著述被广大读者阅读、称颂。毫无疑问,伍尔夫推动了女性争取权利的斗争,她伟大的思想激励着一代代女性去追求经济、思想和精神上的独立自由,她的"一年五百英镑和一间自己的房间"也成了女权实践的最基本的构想。然而,她在性别议题上的先锋性是否仅限于这些老生常谈?在当今时代的语境下重提伍尔夫,我们又该如何把握她对女性问题的思考与探索?戈登这部传记的另一

---

* Virginia Woolf, *Moments of Being*, 133.

有趣之处在于，她犀利地捕捉到了弗吉尼亚·伍尔夫区别于一般女性主义的独特路径，就像戈登评价自己的性别理念时所说的："或许我也不是个典型的女性主义者，我确实有不一样的女性主义主张。我是'女性主义'的外来者，或者说局外人……女性主义并非女性模仿男性，而是女性吸收和发扬自己的传统，以创造一类新的女性种群。"*

弗吉尼亚·伍尔夫写第一部小说《远航》（1917）和第二部小说《夜与日》（1919）的时候，英国女性投票权运动正如日中天地进行着，《夜与日》的出版日期还恰好是投票权运动获得胜利的日期。在这两部小说里，伍尔夫都设置了妇女参政论者（suffragist）这样的进步女性角色（《远航》中的伊夫琳·M与《夜与日》中的玛丽·达切特），然而，她们都不是伍尔夫渴望深度探讨的女主人公。在她笔下，这些所谓的进步女性更像是男权社会的复制品：她们崇尚男人们渴望的权力、武力和话术，遵循男权文化的内在逻辑结构。而伍尔夫的女主人公们——沉默的闺中女儿雷切尔·温雷克、在夜晚钻研数学的凯瑟琳·希尔伯里、家庭女性达洛维夫人和拉姆齐夫人、神秘又躲闪的罗达——她们不仅是男权社会的"局外人"，同时也是激进女权主义的"外来者"，她们并不为争取政治权力、控诉男权压迫而奔走疾呼，而是沉默地停留在属于自己的黑暗领域，探测着自己的天性，就像一群未曾浮出水面，甚至还未成形的深海动物。此外，戈登还在访谈中提到，弗吉尼亚·伍尔夫的母亲朱莉娅·斯蒂芬和姑母卡罗琳·斯蒂芬（Caroline Stephen）都曾参加过反对女性投票权的运动，她们称自

---

* 许小凡，《林德尔·戈登：为了那些被遗忘的声音》，《小说界》，2020年第1期，第186页。

己为"前进派"(the forward party),她们反对的恰恰是女性参政运动中激进的那部分。*当然,这并不意味伍尔夫不支持女性参与投票或希望女性回归传统角色,相反,她认为自己"至死都享有投票的权力",但不是为了支持某个政党,而是为了"反对整个权力体系"。†因此,伍尔夫提出的或许是个更犀利也更长远的问题:女性究竟应该如何参与政治?女权是否意味着女性加入旧有的权力结构,扮演传统的男性角色,从而获得相应的地位与报酬?女性这个长久以来被男权社会放逐、压抑的沉默群体能为当今社会带来何种新贡献?

毫无疑问,伍尔夫反对性别本质主义,渴望摆脱男权文化对女性的传统定义,但同时,她也拒绝将原本对立的等级结构简单地颠倒,而是试图消解这种二元对立。在1940年,当女性的基本的权力和自由尚不能获得充分保障时,她竟然提出"我们下一个任务难道不是解放男人吗?"‡——当然,这不仅仅是一个性别问题,它更多地包含着对战争和文明的思考,但或许,在她眼中,解放女性等同于解放男性,性别问题最终指向的是人性问题。她渴望用创造性情感和天然的幸福感把人从控制欲的奴役中解放出来,她渴望探知在摆脱了性别的社会化建构和男权文化的话语暴力之后,两性究竟有何天然差别。而女性在被长久地放逐、异化、压迫的历史长河中,她们不曾言说的生命经验、未经试炼的潜

---

* 许小凡,《林德尔·戈登:为了那些被遗忘的声音》,第186—187页。
† Gordon, *Virginia Woolf: A Writer's Life*, 330.
‡ Virginia Woolf, *Leave the Letters till We're Dead: The Letters of Virginia Woolf*, ed. by Nigel Nicolson and Joanne Trautmann (London: The Hogarth Press, 1980), vi (22 Jan. 1940), 379–380.

能、不同的表达方式和感知模式、因被他者化而生成的共情能力和创造力，究竟能不能成为另一种可能性、另一种资源或另一条出路？1928 年，弗吉尼亚·伍尔夫向剑桥大学的女学生们提出了这个问题（此次的讲稿便是《一间自己的房间》的前身）：女人真实的天性是什么？除了一年五百英镑和一间自己的房间，她更渴望探索女性的独特价值和进化空间。然而，这种追问无异于在一片漆黑中摸索——当语言和思维本身都已是男权社会建构的产物时，我们又如何剥除层层叠叠的裹挟与窒碍，直指女性生命的内在核心？

于是，她将沉默引入故事，构想出自己独特的写作句式与叙事模式；她追溯女性的写作传统，在历史的遗迹中搜寻被遗忘和被忽视的女性声音；她创作出一系列非凡的女性形象，让读者感受到她们的韧性和灵性、强大的生命力和创造力：达洛维夫人和拉姆齐夫人以她们卓越的女性魅力聚集人群、维系秩序；不起眼的麦克耐伯太太成了《到灯塔去》中文明的修复者；莉莉·布里斯科用她的绘画将过去化作永恒；《海浪》里的苏珊拥有如大地般丰沛的孕育能力；纯净的罗达象征着精神能量的汩汩之泉；地铁站不知名的老妪唱着无法破译的神秘歌谣……而在《三枚旧金币》里，弗吉尼亚·伍尔夫提出了一个更加实际、具体、富有前瞻性和先锋性的计划，即一个由女性构成的"局外人社群"（Outsiders' Society），期望她们能够阻止战争，能够建立一个"第三议院"，发出属于自己的政治声音，而不是重复男性的政治话语。例如，她主张"局外人"应以"无动于衷"（indifference）的态度对待战争狂热、自大和雄辩；"局外人"只为热爱而工作，一旦获得必要的生存资源就停止竞争；她们反对一切形式的战争和帝国主义；主张为家庭妇女的无私奉献争取应得的报酬等。面对法西斯的威胁，伍尔夫并不主张以暴制暴，也不愿屈服于任何狭隘民族主义的奴役，她渴望激发人们的创造性情感——由伟大的文学、艺术所哺育的情感，渴望唤醒人们对国土天然的热爱，对和平的追求，渴望暗影中的"局外人"能把沉迷于争权夺利和自吹自擂的刺眼强光中的"受奴役者"解救出来。

"女人真实的天性是什么"，这个问题具有自然属性和生物属性，但它并非是对性别本质主义的再度回归，而是对关于性别的知识话语暴力的反抗。它呼唤着由一种共同的异化经验带来的理解力、批判力、共情力与创造力，而去言说、书写、创作这种经验，让其形成一种自知自觉的集体意识、社会模板和历史势能，或许才是女性主义挣脱桎梏的未来。伍尔夫无法为这个问题提供清晰的答案——在演讲时，她感觉到，伴随着一道银色的闪光，这条未知的鱼溜走了——这个问题是对一百年后的我们提出的。然而，伍尔夫一直在探索与试验，在她职业生涯的末期，她感受到了个人经验和声音传播范围的有限性，于是，她试图将这种私人的声音变为铿锵有力的面向公众之声，渴望重建与"普通读者"和"无名大众"的联系，她参加公共演讲、撰写政论檄文、与工人阶级和劳动女性频繁交流、倾听乡村民众的表达。而在此过程中，她愈发受到"第三种声音"的引导，这使她超越了个人经验和性别属性，转而去探索生命存在本身和人与天地宇宙的关联，走向一个更加开阔的境地。

"海浪拍岸,纷纷碎裂"("the Waves broke on the shore")

在整部传记的十四章中,戈登用了整整两章的篇幅解析《海浪》这部作品,并将其视为弗吉尼亚·伍尔夫精细勾勒出的生命样本,视为她所有"雄心壮志"的汇聚,这两章也是整部传记最流畅、最引人入胜的部分。比起《达洛维夫人》和《到灯塔去》的盛名,《海浪》在国内学界和读者群体中似乎还没有引起足够重视,或许是因为它过于复杂的写作技法和过于大胆的实验性让人望而却步,然而,一旦破译其密码,整个实验那清晰、严密的图示结构就得以呈现,它甚至像一台严丝合缝的精密仪器,而填充那精密骨架的血肉又是如此丰满,如此饱含诗性和生机,这让《海浪》成为伍尔夫"生命诗学"的经典例证和"表现活泼泼的生命艺术的典范"。* 关于《海浪》如何构筑了伍尔夫的生命样本,戈登已有精彩且详尽的阐释,在此无需赘述,但我们需要注意的是《海浪》这部作品以及"海浪"这个贯穿伍尔夫生命始终的诗性意象,是如何构成了她创作生命的驱动力,决定了她的生命写作的轮廓和走向。

戈登曾在一次访谈中说:"我坚信每一个人生都有它特别的模式(pattern)和与之匹配的形式,而作家本人的作品会告诉你他们需要什么形式。"† 这种模式构成了传记写作中"叙事的势能",驱使传记作家去挖掘某个人生故事的内核,参透某个神秘的谜题,

---

* 高奋,《走向生命诗学——弗吉尼亚·伍尔夫小说理论研究》,人民出版社,2016年,第298—326、335页。
† 许小凡,《林德尔·戈登:为了那些被遗忘的声音》,第179页。

"就像一股滚滚的波涛……把心灵之岸上的卵石全部暴露"。* 在戈登眼里,"海浪"便是伍尔夫的创作生命的模式:"一波浪潮涌上顶峰,接着是一次低谷,但总有另一个浪头从远处涌起。"† 这预示着她不止息的探索精神和在创作上的不断进化。在人生末年追忆往昔的回忆录《往事札记》里,伍尔夫本人也表达过类似的感受,她感到在棉絮般纷乱的日常生活表象之下存在某种"秩序",某种"隐藏的模式",世间万物和所有人都与此相连,这使整个世界变成了"一件艺术品",而我们都是作品的组成部分——"我们就是语言;我们就是音乐;我们就是事物本身"。‡ 年幼的弗吉尼亚·伍尔夫曾在凝视花坛的一朵花时,体悟到人与世间万物的紧密相连,这就像拉姆齐夫人在遥望灯塔那"漫长而稳定"的第三道光束时突然获得了奇妙的认同感一样,拉姆齐夫人与光合为一体,她感到"树木、溪流、花朵……都合而为一(oneness)"。§ 这种"与天地共生,与万物为一"的东方式感悟来自伍尔夫非凡的感受力和敏锐的直觉。在《到灯塔去》中,她用"岁月流逝"一部描写长达十年的四季变迁、万物更替,而将人物的生死一笔带过;在《海浪》里,她用一天之内的潮汐涨落和日光角度的变换对应人物生命历程中的各个阶段;而在《往事札记》中,她将这些外在存在物称作"第三种声音"(the third voice)——海浪的声音、灯塔的光束、圣艾夫斯的育儿室、门前的花朵——在人生旅途的最后

---

* 弗吉尼亚·伍尔夫,《海浪》, 曹元勇译, 上海译文出版社, 2012 年, 第 77 页。
† Gordon, *Virginia Woolf: A Writer's Life*, 359.
‡ Virginia Woolf, *Moments of Being*, 72.
§ Virginia Woolf, *To the Lighthouse*, 1927 (Hertfordshire: Wordsworth Editions Ltd, 2002), 59-60.

阶段，她"一直在追踪着这些声音，一会儿朝着这边航行，一会儿又朝向那边"[*]。正如戈登所言，这"第三种声音"既不属于她试图为自己和亲友的人生谱写一曲挽歌的私人之声，也并非她努力为女性、为普通读者和无名大众发出的公众之声，这种声音超越了个人经验，泯灭了性别的差异，走向了天人合一的胜境。在写作生涯末年，她的关注点已转移到人类的生存境遇以及宇宙自然的神秘造化，她渴望写一部自传，将私人记忆与"第三种声音"相连，将今时与往昔相连，将生命写作（自传、传记、回忆录、日记等）这种文类进行进一步的艺术定型，恰如她曾经宣称的，"传记艺术尚在萌芽阶段——更准确地说——它甚至还没有诞生"。[†]

然而，《往事札记》并没有写完，这种非凡的生命探索也随着伍尔夫的自溺戛然而止，因此，我们很难预知这"第三种声音"本可能将她引向什么样的艺术终曲，但它似乎象征着一种洞悉一切的直觉，吟唱着生命的韵律和节奏，而用文字去捕捉这种节奏，便是一位以书写生命为目标的作家的最终使命。关于伍尔夫的死因，人们已有很多讨论和猜测：疯疾的再度发作、"二战"的威胁、理想的幻灭，种种因素或许共同导致了一个伟大灵魂的陨落。人们纷纷嗟叹她生命的逝去，也礼赞她生时的伟大成就。这让人想起《海浪》的结尾，在为伯纳德英勇对抗死亡的壮举唱颂赞歌之后（"死亡啊，我要朝着你猛扑过去，绝不屈服，绝不投降！"），弗吉尼亚·伍尔夫写下了最后一句话："海浪拍岸，纷纷碎裂。"（The waves broke on the shore.）这是一句不带感情色彩的陈述句，却衬托出人类生命的渺小与短暂，彰显出悲剧的宿命感，点明了

---

[*] Woolf, *Moments of Being*, 110.

[†] Gordon, *Virginia Woolf: A Writer's Life*, x.

天地之"不仁"。这便是弗吉尼亚·伍尔夫的"海浪"——它构筑了她最初的记忆,承载了她远航探索的愿望,形成了她创作生命的模式和节奏,象征着"存在的瞬间"流动翻涌的样态,言说着人与自然同呼吸共命运的和谐统一,同时,也代表着宇宙大化永恒而无情的流转。

从批判父亲的传统传记模式出发,弗吉尼亚·伍尔夫重新选择写作对象,探求完整而真实地记录人的生命的艺术形式,她将挚爱的亲朋好友在作品中永久保存,为女性和边缘群体诉说隐秘的生命经验,让人与自然在艺术中融为一体。戈登在追问伍尔夫的生命书写实践时,也为她的"新传记"写作理念提供了最佳例证,在层层交叠的文本之间,是两颗杰出的艺术心灵超越时空的理解与对话。

本书对弗吉尼亚·伍尔夫作品的翻译主要参考上海译文出版社和人民文学出版社的译本,随笔和短文的翻译参照了中国社会科学出版社 2001 年出版的四卷本《伍尔芙随笔全集》,部分译文有改动。此外,有伍厚恺老师的译作《弗吉尼亚·伍尔夫:一个作家的生命历程》和许小凡老师译戈登《破局者:改变世界的五位女作家》中的伍尔夫一章珠玉在前,一些疑难之处的翻译有所参考。感谢上海文艺出版社的编辑肖海鸥将翻译此书的重任交予我,感谢责任编辑余静双精细的校译工作,也感谢在翻译过程中给予我帮助和鼓励的所有师友。因我个人能力有限,此书的翻译难免还有不足和疏漏之处,愿读者给予批评指正。

2019 年 2 月,我来到了英格兰西南角的康沃尔郡,探访了让伍尔夫魂牵梦萦的戈德雷伊灯塔、圣艾夫斯海湾和塔兰德屋。冬天的圣艾夫斯小镇潮湿多雨，海雾弥漫，游客也很少，仿佛一停下脚步就能听到海浪拍岸的呼啸声，白色的戈德雷伊灯塔和白色的塔兰德屋隔湾相望，矗立在朦胧的烟光雾色里，与《到灯塔去》中描绘的那个"杳无人烟的仙乡梦国"别无二致。塔兰德屋的现居者在墙上贴了一张告示，说他们如何在当地园艺家的帮助下，努力还原伍尔夫笔下的小屋和花园，他们栽种了她在作品里提到的铁线莲花丛和梨树，用鼠刺灌木建起树篱，还把一种明黄色的玫瑰命名为"凡妮莎·贝尔"，他们试图保留下这个承载着伍尔夫最幸福的童年回忆的梦幻空间。我坐在塔兰德屋前的花园里，望着海湾对面的灯塔，心中充满了感动。那时，我刚刚译完这部传记的前两章，就像《到灯塔去》中的那个六岁孩子一样，对我自己的"灯塔之旅"饱含期待。从个人的角度来说，翻译这部作品无疑是一次到灯塔去的旅程，它似乎提供了一个诗性的梦幻空间，接纳着对现实的逃离，而与此同时，由于它追索的是一个实实在在地存在过的生命，又对现实形成了某种扎实可靠的支撑。每当重读这部传记，我仿佛都能再次听到圣艾夫斯的海浪声声拍岸。

图书在版编目（CIP）数据

弗吉尼亚·伍尔夫传：作家的一生 /（英）林德尔·戈登著；
谢雅卿译. -- 上海：上海文艺出版社,2024（2024.8重印）
（艺文志. 人物）
ISBN 978-7-5321-8619-8

Ⅰ.①弗… Ⅱ.①林…②谢… Ⅲ.①伍尔夫(Woolf, Virginia 1882-1941)—传记
Ⅳ.①K835.615.6

中国版本图书馆CIP数据核字(2022)第243800号

Virginia Woolf: A Writer's Life
Copyright © Lyndall Gordon 1984, 2006
Chinese simplified translation copyright © 2024 by Shanghai Literature & Art Publishing House
This edition arranged with Blake Friedmann Literary, TV and Film Agency
through Andrew Nurnberg Associates International Limited
ALL RIGHTS RESERVED
著作权合同登记图字：09-2018-576
本书由上海文化发展基金会资助出版

发 行 人：毕　胜
策划编辑：肖海鸥
责任编辑：余静双
营销编辑：叶梦瑶
装帧设计：周安迪
内文制作：常　亭

书　　　名：弗吉尼亚·伍尔夫传：作家的一生
作　　　者：[英]林德尔·戈登
译　　　者：谢雅卿
出　　　版：上海世纪出版集团　上海文艺出版社
地　　　址：上海市闵行区号景路159弄A座2楼 201101
发　　　行：上海文艺出版社发行中心
　　　　　　上海市闵行区号景路159弄A座2楼206室　201101　www.ewen.co
印　　　刷：苏州市越洋印刷有限公司
开　　　本：1240×890　1/32
印　　　张：16.875
插　　　页：2
字　　　数：372,000
印　　　次：2024年3月第1版　2024年8月第4次印刷
I S B N：978-7-5321-8619-8/K.475
定　　　价：88.00元
告 读 者：如发现本书有质量问题请与印刷厂质量科联系　T:0512-68180628